贵州师范大学博士科研启动课题

全球化时代青少年国家认同教育研究

马文琴　著

中华书局

图书在版编目（CIP）数据

全球化时代青少年国家认同教育研究/马文琴著. —北京：中华书局,2017.12
ISBN 978-7-101-12439-2

Ⅰ.全… Ⅱ.马… Ⅲ.青少年-爱国主义教育-研究-中国
Ⅳ.D647

中国版本图书馆 CIP 数据核字（2017）第 015712 号

书　　名	全球化时代青少年国家认同教育研究
著　　者	马文琴
责任编辑	王传龙　潘媛媛
出版发行	中华书局
	（北京市丰台区太平桥西里 38 号　100073）
	http://www.zhbc.com.cn
	E-mail:zhbc@ zhbc.com.cn
印　　刷	北京瑞古冠中印刷厂
版　　次	2017 年 12 月北京第 1 版
	2017 年 12 月北京第 1 次印刷
规　　格	开本/710×1000 毫米　1/16
	印张 23½　插页 2　字数 290 千字
印　　数	1-1000 册
国际书号	ISBN 978-7-101-12439-2
定　　价	85.00 元

目　录

第一章　国家认同概述

第一节　国家认同相关概念梳理

当今世界，全球化已成为不可阻挡的趋势。英国社会学家安东尼·吉登斯（Anthony Giddens）曾言："我们有充分更客观的理由认为，我们正在经历一个历史变迁的重要时期。而且这些对我们产生影响的变迁并不局限于世界的某个地区，而是几乎延伸到了世界的每一个角落。"吉登斯所指的这个"重要时期"当然就是指全球化时代。全球化时代在推动人类社会发生巨大变革的同时，也在改变、瓦解和重塑着人们的认同。①

一、全球化

"全球化"一词自20世纪60年代开始进入英语世界以来，逐渐引起了学者们的普遍关注。到20世纪90年代，它已成为学术界讨论的核心概念，其深刻影响已渗透到国际社会的各个角落。按照国际货币基金组织的定义，"全球化是指跨国商品与服务交易及国际资本流动规模和形式的增加，以及技术的广泛传播使世界经济的互相依赖性增加"。

美国学者罗伯特·吉尔平（Robert Gilpin）认为，全球化只是一个偶然的历史进程，它主要是由政治逻辑即霸权在国际体系中的兴衰所形成的，全球化最强的时期总是与霸权国家在全球体系中的最强大相联系的，而霸权的衰落则导致不稳定的增长和全球相互依赖的减弱。②

全球化是以经济全球化为起始，包括政治、经济、社会、文化各个领域的综合动态的过程。按照安东尼·吉登斯的观点，全球化的本质是"流动的现代性"。全球化进程就其内容而言主要是由以美国为核心的西方国家的资本及其衍生品所主导，

---

① ［英］安东尼·吉登斯. 失控的世界［M］. 周红云，译. 南昌：江西人民出版社，2001. 2.
② ［英］戴维·赫尔德等. 全球大变革——全球化时代的政治、经济与文化［M］. 杨雪冬等，译. 北京：社会科学文献出版社，2001. 3.

涉及政治、经济、思想文化和社会生活等领域。

俞可平在《全球化与政治发展》一书中指出，全球化不是单纯的一体化或同质化，它是一个合理的悖论：既是普遍化，又是特殊化；既是国际化，又是本土化；既是一体化，又是分散化。全球化首先是一个过程，但它不可避免会引起政治和文化的变迁，从而或多或少成为一种政治和文化现象。经济全球化、政治多极化、文化多样化和信息网络化，将是21世纪的基本特征。①

二、认同

自我意识是人类的基本意识。认同（Identity）是伴随人类的出现而产生的。美国学者罗伯特·墨菲（Robert Murphy）在《文化与社会人类学引论》一书中曾明确提出："人是聪明的文化的动物，是大脑和高度复杂的中枢神经系统的产物。除了抽象思维和运用语言外，硕大脑袋的副产品之一即是自我意识。"在古代，人们对认同就有过很多论述。古希腊雅典娜神庙的圆柱上刻有一句格言——认识你自己。它被苏格拉底规定为哲学家的使命，同时它更是每一个普通的思想者的精神探寻。"我是谁？""我从哪里来？""我将归依何方？"人类这种对自我的觉察与认知，实际上是对自身存在之根的叩问。古希腊人曾经要求人们在认识世界的同时要认识自己，并将"认识你自己"作为人的认识活动中的一项重要任务。②

认同最初是一个心理学概念，其名词形式是Identity，指身份、属性，带有动态含义的词型是Identification，意指"我者"与"他者"联结为一体的心理过程。最早把认同作为一个心理学术语进行讨论的是心理学家西格蒙德·弗洛伊德（Sigmund Freud）。他把认同"看作是一个心理过程，是个人向另一个人或团体的价值、规范与面貌去模仿、内化并形成自己的行为模式的过程，认同是个体与他人有情感联系的原初形式"③。后来，认同演化为人文社会科学领域通用的概念，在哲学、政治学、人类学等学科中广泛使用，指某行为体所具有和表现出来的个性和区别性形象。④认同虽是哲学、心理学、社会学、人类学和政治学等学科中的共有概念，但是不同领

---

① 俞可平. 全球化与政治发展［M］. 北京：社会科学文献出版社，2005. 272.
② 贾英健. 全球化与民族国家［M］. 长沙：湖南人民出版社，2003. 291.
③［美］莱斯利·里普森. 政治学的重大问题［M］. 刘晓等，译. 北京：华夏出版社，2001. 12.
④ 门洪华. 全球化与中国国家认同［N］. 中国社会科学报，2013-07-26.

域对"认同"研究的侧重点是有所不同的。

在社会学领域，"认同"是社会研究中的一个基本概念。社会学家常常将认同视为共有的信仰与情感和维持社会秩序的社会角色与身份。法国社会学家埃米尔·涂尔干（Emil Turgan）将认同称之为"集体良知"的东西，即将一个共同体中不同的个人团结起来的内在凝聚力。认同是自我与他者之间的一种关系的认定，是共同体成员对现实境遇中生存价值归属的自我识别与自我确定。认同不仅事关个体，而且也与共同体紧密相连。认同是个体精神心灵的所指，是一种心理需要和价值诉求。同时，认同也是共同体得以存在、延续与发展的精神纽带和"合法性来源"。因此，无论是个体还是共同体都在积极寻求认同。

认同是形成国家构件的一个重要参数。认同是建立国家和实现现代化、民主政治过程的政治资源。按照英国社会学家齐格蒙特·鲍曼（Zygmunt Bauman）的说法，认同问题基本上是一个"现代性问题"，是近代以启蒙运动和工业革命为特征的现代化潮流开始后才出现的。[①] 在经济全球化浪潮和多元文化思潮的交融冲击下，每一个民族国家，"在每一个地方，我们都遭遇到认同的话语"。

个人是认同的真正主体，无论在理论上还是实践中，多重认同始终统一存在于我们每个人的意识中。认同的内涵十分丰富，其具体表现形式也多种多样。

认同是由多种认同构成的系统。根据西方学者的研究，认同有微观和宏观两个层面。在微观层面上，认同是人类行为与动力的持久源泉，它坚定了人们对自己的看法，又从人们与他人的关系中，派生出生命的意义。在宏观层面上，认同是一个更深的个人意义的代码，它将个人与最一般层面的社会意义相联系。

就认同的层面来看，它包含个体层面上的自我认同和社会层面上的社会认同。个体层面的自我认同指个人对自我的社会角色或身份的理性确认，通过回答"我是谁""我的归属在哪里"，显现出自身的特殊性、差异性和同一性，它是个人社会行为的持久动力。英国社会学家安东尼·吉登斯的"自我认同"概念就属于这个层面；社会层面的社会认同指社会共同体成员对一定信仰和情感的固有和分享，它是维系社会共同体的内在凝聚力。法国社会学家涂尔干的"集体意识""共同意识"就属于

① 石勇. 从文化再造到政治认同 [J]. 南风窗，2011（22）.

这个层面。① 自我认同是社会认同的基础，社会认同是自我认同的表现。

根据认同的主体不同，可以分为个体认同、集体认同；根据认同的层次不同，可以分为族群认同、地域认同、国家认同等。因为个体在多元社会力量的影响和塑造下，拥有多样的品质和特征，其认同也必定是多样的。

就态度而言，认同可分为主动认同和被动认同；就内容而言，认同可分为整体认同和部分认同；就作用而言，认同可分为积极认同和消极认同；就趋势而言，认同可分为顺向认同和逆向认同。②

从认同的存在形态看，认同可以分为文化认同、制度认同和政治认同，也可以分为群体认同、民族认同和国家认同。

从认同的客体来看，认同是丰富的、复杂的。按社会组织分，有家庭认同、亲属认同、阶层认同、阶级认同和国家认同；按地域划分，有城镇认同、省份认同、国家认同和人类认同。此外，还有性别认同、职业认同、年龄认同和种族认同等其他认同。③

从认同的类型上看，认同包括民族认同、种族认同、社会认同、自我认同、文化认同等多种类型，但这些认同的核心是文化认同。"一方面，是因为在民族认同、社会认同和自我认同中都包含着文化认同的内容；另一方面，认同所蕴含的身份或角色合法性，都离不开文化。身份、角色、合法性，都只能在一定的文化中才能具有意义。即使是与认同不可分割的自我概念，从根本上说也是文化的产物。"④

（一）民族认同

民族（Nation）是一个历史范畴。学者分别从政治学、社会学、人类学、文化学等角度对"民族"概念进行了界定。按照斯大林的定义，构成民族的四大要素分别是：共同的地域、共同的语言、共同的经济生活、共同的文化心理素质。瑞士政治理论家布伦奇利（Bluntschli）认为民族具有八种特征：同居一地、同一血统、同一

---

① 周中之、石书臣. 社会主义核心价值体系教育探索［M］. 上海：上海人民出版社，2007. 134.

② 滕星、张俊豪. 试论民族学校的民族认同与国家认同［J］. 中南民族学院学报（哲学社会科学版），1997（04）.

③ 赵晖. 社会转型与公民教育：中国公民教育目标与内容体系的建构［M］. 北京：人民教育出版社，2007. 165.

④ 崔新建. 文化认同及其根源［J］. 北京师范大学学报（社会科学版），2004（04）.

肢体形状、同一语言、同一文字、同一宗教、同一风俗、共同的生计（经济）。尽管关于民族的定义很多，但目前比较通行的解释是：民族是具有共同社会特征（共同的语言、共同的地域、共同的经济生活、共同的心理素质）的人们在历史发展过程中形成的稳定的人类共同体。

由于民族属性是通过遗传而继承下来的，因此民族认同是原始的自然感情。民族认同（Ethical identity）是个体对于他所归属民族的一种原始自然的感情和忠诚，是一个民族的成员对自己民族特有文化风俗的认同。它主要体现为一个民族的人们对其自然及文化倾向的认可与共识，主要依赖于体貌特征、共同记忆、血缘关系和历史文化传统等。[①]

（二）国家认同

国家认同（National identity）一词最早出现在1953年约瑟夫·列文森（Joseph R. Levinson）所著的《梁启超与中国近代思想》一书中。随后，国家认同概念出现在20世纪70年代行为革命时期的政治学领域。后来，学者又对其做了进一步研究。由于学者所在国度、所处立场、所在学科、所用的研究方法及视角不同，因而对国家认同的内涵界定也各不相同，可谓是仁者见仁，智者见智，莫衷一是。

国家认同是一个复杂的概念，从现有研究来看，在国家认同的界定上存在的差异主要表现在以下几个方面。

1. 从国家认同的维度进行界定

在社会学者看来，国家认同是一种集体维度的认同，是最大和最重要的集合体。英国埃塞克斯大学社会学系学者安德烈亚斯·珀尔曼（Andreas Pollmann）认为国家认同可从四个维度去理解，即公民国家身份（Civic national identity）、民族国家身份（Ethnic national identity）、民族自豪感（National pride）、国家归属感（Supranational attachment）。[②]

我国学者陈达云从国家对内对外属性两个层面对国家认同进行了阐释。他认为，在对内方面，国家认同指个人确认自己属于哪一个国家以及对这个国家的归属感、

---

① 吴玉敏. 实现民族认同与国家认同相统一 [N]. 人民日报，2009-12-17.

② Andreas Pollmann. National at tachnient among Berlin and London head teachers: the explanatory impact of national identity, national pride and supranational at tachnient [J]. *Educational Studies*，2012（11）：pp.45-53.

依恋感的心理过程；在对外方面，国家认同是指在有他国存在的环境下，人们构建出归属于某个"国家"的"身份感"。①

吴鲁平、刘涵慧、王静等学者认为，国家认同包含功能与内容两种维度。从功能维度看，国家认同是指一个人确认自己属于哪一个国家以及这个国家究竟是怎样一个国家的心理活动。至于内容维度，有学者将之概括为双元结构：一为国家认同的文化层面，即公民对领土、主权、主流文化传统、信仰等方面的文化认可和心理归属；二为国家认同的政治层面，即公民对国家政权系统、政治制度、治国理念的基本认同。②

郭艳提出，国家认同是一种主观意识和态度，表现为个人和国际两个层面。就个人层面而言，国家认同指个体在主观上认为自己属于国家这样的政治共同体，心理上承认自己具有该国一员的身份资格。③

2. 从公民与国家的关系上进行界定

国家认同是自我认同的一部分，对国家的认同是对自己身份的一种确认。澳大利亚学者罗斯·普尔（Ross Poole）认为："国家认同是一种自我意识的形式，也是一种他者意识的形式，即识别了那些与我们有共同身份的人以及我们具有特殊责任去帮助的人。"美国政治学家白鲁恂（Lucian Pye）和西德尼·维尔伯（Sidney Werba）给国家认同下了一个经典定义：国家认同是处于国家决策范围内的人们的态度取向。

雷克斯（Rex）认为，国家认同是对"自己与国家之间联系的一种意识"，即与别人相比，自己是哪个国家的。④或者从另一个角度来理解，国家认同实际上是国家认异，即"一个民族国家确定自己不同于别国的差异或特性"。

台湾地区学者江宜桦将国家认同定义为"一个人确认自己属于哪一个国家以及这个国家究竟是怎样一个国家的心理活动"。姚大力认为，一般意义上的国家认同，指的是一个国家的公民在领土、语言、政治与文化上体现出的趋同或排斥的政治意

---

① 陈达云. 少数民族大学生国家认同教育创新初探［J］. 中南民族大学学报（人文社会科学版），2009（05）.

② 马得勇. 国家认同、爱国主义与民族主义［J］. 世界民族，2012（03）.

③ 郭艳. 全球化语境下的国家认同［D］. 中共中央党校研究生院，2005.

④ Rex，J.，National Identity in the Democratic Multi-Cultural State，quoted in M. Hjerm，National Identities，National Pride and Xenophobia：A Comparison of Four Western Countries. *Acta Sociologica*，1998，Vol. 41，No. 4.

识。①韩震认为，国家认同是人们对自己国家的忠诚与热爱，对自己的国家有自豪感和骄傲感。②佐斌从社会认知理论出发对国家认同进行界定："国家认同是人们对自己的国家成员身份的知悉和接受。"燕继荣等指出：国家认同实质上是一个民族确认自己的国族身份，将自己的民族自觉归属于国家，形成捍卫国家主权和民族利益的主体意识。人们只有确认了自己的国民身份，了解了自己与国家存在的密切联系，将自我归属于国家，才会关心国家利益，在国家利益受到侵害时愿意挺身而出。③贺金瑞将国家认同定义为："一个国家的公民对自己祖国的历史文化传统、道德价值观、理想信念、国家主权等的认同，即国民认同。"

3. 从国家的属性上进行界定

在国家认同的客体上，由于不同学者对国家属性有不同认识，因而对国家认同的看法也存在着一定差异。在国家属性上，国家到底是"民族共同体""文化共同体""政治共同体"或者是兼而有之？学界对此存在着不同的看法。

国家是民族共同体。新加坡学者郑永年认为，"National Identity"就是民族国家认同，即人们对建立在自己的民族基础上的国家的认同。④

国家是文化共同体。文化认同是人们在一个民族共同体中长期共同生活所形成的对本民族文化的肯定性体认，其核心是对一个民族的基本价值的认同。文化认同是国家认同最重要、最深层的基础，这是因为"国家认同一般起源于共同的祖先、共同的体验、共同的种族背景、共同的语言、共同的文化以及共同的宗教"。

国家是政治共同体。多数学者认为，国家认同是一个政治概念，是近代民族主义发展的产物。国家是人类社会中最重要的组织形式之一，是一种法律上的政治共同体。国家作为一个法律上的政治性组织，拥有要求公民对其顺从和忠诚的权力。国家认同首先体现的是人们的政治认同，表达的是人们对国家的态度与情感，强调的是公民对国家的忠诚与信服，保障的是公民的基本权利，具有鲜明的政治性。国家认同是国家历史发展和个体社会化过程的结果，是一种强调政治上归属的主观态

① 复旦大学历史学系、复旦大学中外现代化进程研究中心. 近代中国的国家形象与国家认同 [M]. 上海：上海古籍出版社，2003. 119，120，121.

② 韩震. 以文化认同熔铸国家认同 [J]. 中国党政干部论坛，2014（05）.

③ 贺金瑞、燕继荣. 论从民族认同到国家认同 [J]. 中央民族大学学报，2008（03）.

④ 郑永年. 中国要建设国家认同 [N]. 环球时报，2004-08-16.

度和心理活动。①学者江宜桦也认为，"一个政体要达到长治久安的目的，必须使全邦各部分（各阶级）的人们都能够参加而且怀抱着让它存在和延续的意愿"。这种意愿是人们对其所属国家的政治生活的一种主观反应，其本质就是人们在政治生活中，对所属国家的政治体制、政治制度、政治领导、意识形态等形成一种政治共识或心理的归属感、认同感，这就是政治认同。现代政治的特征是政党政治，而任何一个政党都努力寻求政治认同，并通过一些政治符号，如国旗、国歌、庆典等形式使公民形成对国家认同的集体记忆，进而实现政治认同的日常化，以确立政治合法性，这是构成国家认同的核心和关键。林震认为，国家认同是一种主观信仰，表现为政治主张或政治立场。②朱锋认为，国家认同就是一个国家所属国民对制度和法律权威的效忠。具体而言，就是效忠于政府、政党、宪法、法制、经济生活以及产生这些公共权威的人民。③江宜桦认为，国家认同是指一个国家的公民对于该国家的主权、象征、国家制度等的认同，它主要体现为个体或群体在心理上认为自己归属于某一国家这一政治共同体，意识到自己具有该国成员的身份资格。④陈茂荣认为，国家是一种政治共同体，国家认同是指公民对国家的政治权力和权威的认同。⑤

　　国家是政治共同体与文化共同体的统一体。国家既是建立在民族文化基础上的历史文化共同体，也是一个建立在社会制度上的政治共同体。许纪霖指出，对于近现代中国民族国家的认同研究，有两种争论观点：民族国家究竟是一个政治共同体，还是历史文化共同体？公民对其认同的基础是政治法律制度，抑或是公共的政治文化，还是历史传统遗留下来的文化、语言或道德宗教？对于这一争论，许纪霖给出的答案是，现代民族国家本身就是一个文化与政治的结合，是在民族的基础上形成的国家共同体。国家认同不仅要有基于民族本身的历史宗教语言的文化认同，也要有对法律和政治制度的政治认同。郑富兴认为，国家认同是个人对所在国家的民族文化特性和政治主张特性（包括其合法性与合理性）的承认和接受，并进而产生归

---

① 莫红梅. 多民族国家视域下的公民身份与国家认同［J］. 教学与研究，2010（09）.
② 转引自郑富兴. 经济全球化与国家认同感的培养［J］. 教育研究与实验，2005（03）.
③ 朱锋. 爱国：中国人的骄傲与忧思［J］. 中国与世界观察，2005（01）.
④ 江宜桦、李强. 华人世界的现代国家结构［M］. 台北：商周出版社，2003. 132.
⑤ 陈茂荣. 论"民族认同"与"国家认同"［J］. 学术界，2011（04）.

属感，它包括政治认同与文化认同。①江宜桦也认为，政治认同和文化认同都是国家认同的重要层面，他们共同创造了公民对国家忠诚的感情。②英国学者安东尼·史密斯（Anthony Smith）认为，现代民族国家既是"法律—政治"共同体，也是历史文化共同体。③国家认同可能因为对该国历史文化传统的接受，也可能因为对该国政治理念和制度安排的支持。因此，国家认同不仅是一种政治认同，更是一种价值认同和文化认同。④

4. 从国家认同的功能进行界定

有学者认为，国家认同是指公民对民族国家的认同，是一个国家的公民对自己归属于哪个国家的认知，以及对这个国家的构成，如政治、文化、族群等要素的评价和情感，是族群认同和文化认同的升华。它有着保证个人本体性安全，维系社会和谐的重要作用。⑤

有学者认为，国家认同是一种直接影响国家凝聚力、发展动力，甚至影响国家存在的合法的、巨大的黏合力量，让人们感觉到如同在家一样。⑥

有学者认为，国家认同也有正负两种功能。从积极方面看，它有助于加强公民的凝聚力，树立公民"国家利益为重"的意识；有助于国家的安定团结和稳定发展；有助于国家统一和整体发展。从消极方面看，国家认同的偏执，可能导致对国内有关群体利益的忽视；可能导致盲目自大，产生国家霸权主义，欺凌别国；或者导致自卑自弃，艳羡他国等。⑦

综合以上学者观点，笔者认为，国家认同是指一国成员因对所属国家的文化传统、历史、国家主权、国家制度、政治主张、法律规范、道德价值、理想信念等的

① 周中之、石书臣. 社会主义核心价值体系教育探索 [M]. 上海：上海人民出版社，2007. 138.
② 江宜桦. 自由主义、民族主义与国家认同 [M]. 台北：扬智文化事业股份有限公司，1998. 90.
③ [英] 安东尼·史密斯. 全球化时代的民族与民族主义 [M]. 龚维斌、良警宇，译. 北京：中央编译出版社，2002. 263.
④ 左高山. 政治忠诚与国家认同 [J]. 马克思主义与现实，2012（02）.
⑤ 张素蓉、张明秀. 论当代大学生的国家认同教育 [J]. 教育评论，2013（02）.
⑥ 吴鲁平、刘涵慧、王静. 公民国家认同的特点及其与对外接纳度的关系研究 [J]. 国际社会科学杂志（中文版），2010（01）.
⑦ 滕星、张俊豪. 试论民族学校的民族认同与国家认同 [J]. 中南民族学院学报（哲学社会科学版），1997（04）.

认可而产生的归属感。国家作为一种想象的共同体，是由政治、历史、文化、族群等多因素复合而成的，而这些因素及因素之间纷繁复杂的关系也影响着国家认同的构建。国家认同包括：认同自己国家的历史、文化；认同本国的边界、山水；认同本国的语言，推崇本国的英雄人物、重大节日；认同本国制度、道德价值观念；认同本国的象征符号，如国旗、国徽、国歌等。

国家本身是一个历史性范畴，由此，国家认同也是个历史性概念，它会随着国家形态的变化而变化。比如现代民族国家的国家认同不同于封建王朝的国家认同，而且现代民族国家本身也是复杂多样的。

三、国家认同相关概念的比较

（一）民族认同与国家认同的比较

民族认同主要体现为一个民族的人们对其自然及文化倾向的认可与共识，主要依赖于体貌特征、共同记忆、血缘关系和历史文化传统等因素。民族认同是一个民族赖以生存和发展的精神支撑，是维系民族团结的纽带，是民族生生不息的精神源泉，体现了一个民族在长期的生活实践中形成并不断发展的思想文化、价值观念、民族性格、民族心理、民族传统等，集中地表现着一个民族的世界观、人生观、价值观，以及所遵循的思维方式和行为方式。[①]

民族认同与国家认同具有一些共同之处，其共同特征表现如下：两者都是其成员对所属群体的认可；两者都需借助特定的象征符号及其他认同媒介；两者都具有正负两方面功能，最突出的正面功能都表现为维护本群体利益，增强本群体凝聚力。在正负两方面功能中，正面功能是主要的。在多数情况下，民族认同和国家认同都发挥着积极作用。但二者都有一个度的限制，超过了这个度，积极作用就会转化为消极作用。民族认同与国家认同都具有强烈的场景性特点，即二者的认同程度随情境不同而有所变化。同时，民族认同与国家认同相辅相成，彼此互相促进。[②]

从理论上讲，在单一民族国家中，民族认同和国家认同是一致的。在单一民族国家中，民族认同越强烈，整个国家的国民就越具有凝聚力，国家也就越具有稳定兴旺、繁荣昌盛的前景。但事实上，绝对的单一民族国家是不存在的，尤其是随着

---

① 李建华. 社会主义核心价值观的提炼［J］. 红旗文稿，2012（05）.

② 滕星、张俊豪. 试论民族学校的民族认同与国家认同［J］. 中南民族学院学报（哲学社会科学版），1997（04）.

当代全球化的发展，人口的国际流动性增强，外来民族的移民也会涌入原来的单一民族国家中。

在当今世界，几乎所有的国家都是由多民族组成，在多民族国家中，民族认同与国家认同之间既有区别又存在一定联系。

民族认同与国家认同的区别主要表现在四个方面。第一，二者的侧重点不同。民族认同主要侧重于本民族群体，是民族成员在交往中，基于身体特征、语言特征、风俗习惯和传统文化等方面所具有的一致性而形成的一种亲近感。①国家认同则侧重于整个国家。第二，民族认同主要涉及经济文化、社会权利等方面。国家认同不仅包括以上内容，同时还涉及国家政权、主权、社会制度等方面，带有较强的政治色彩。国家认同主要体现为个体或群体在心理上认为自己归属于某一国家这一政治共同体，意识到自己具有该国成员的身份资格。第三，对于某些个体或群体而言，民族认同与国家认同可能并不统一，二者之间存在矛盾和冲突。②第四，民族认同往往先于国家认同而出现。由于一个人的民族属性是通过遗传继承下来的，可以说民族认同是在民族聚居的社会生活中自然形成的，而国家认同则由国家通过政治社会化的进程逐步建构而成的。因此，民族认同也就先于国家认同而存在。人们对于本民族的认同是与生俱来的，而对于国家的认同则不一定是与生俱来的，它可以被强化，也可能被弱化，甚至产生背离。③尤其是在建国较晚的多民族国家或是一些移民国家中，各民族民众共同的国家认同缺乏形成的时间和条件，而民族认同则先于国家认同自然存在。

民族认同与国家认同的联系主要表现如下几个方面。

民族认同是国家认同的前提。国家认同和民族认同相互依存，没有民族也无所谓国家。国家以民族为基础，民族以国家为存在形式。④事实上，每个人一定属于某个民族，在现代民族国家体系里，个体也一定属于某一国家。从认同的特点来看，民族认同先于国家认同，民族认同是国家认同的前提和基础。

---

① 黄德展. 对台传播中的国家认同危机 [J]. 青年记者，2010（03）.

② 滕星、张俊豪. 试论民族学校的民族认同与国家认同 [J]. 中南民族学院学报（哲学社会科学版），1997（04）.

③ 郑晓云. 当代边疆地区的民族认同与国家认同 [J]. 中南民族大学学报，2011（04）.

④ 李崇林. 边疆治理视野中的民族认同与国家认同研究探析 [J]. 新疆社会科学，2010（04）.

国家认同认可保护民族认同。无论是欧洲古典民族国家理论还是现代多民族国家的实际，民族的价值追求或归宿一定是国家，民族以国家为存在形式，获得了国家形式的民族才具有了现代意义。在现代国家观念里，国家的价值是高于地方和民族的，甚至在危急时刻，在一定条件下，还高于个人价值。①

民族认同在一定程度上会阻碍国家认同的发展。民族认同阻碍国家认同，主要表现在民族认同阻碍国家认同的建立，这一点在现代国家的成立初始尤为明显。由于少数民族成员生活的社会往往较为传统和封闭，他们过去可能根本不具备国家意识，不知国家为何物，所以更谈不上国家认同。而原始的民族认同的存在，使得他们一直习惯以民族作为感情投射和忠诚的对象。这种传统导致现代国家认同更加难以建立。民族作为具有特殊性的群体，必然存在特殊的群体利益要求，这些要求往往是不能通过国家对公民个体权利的平等保障而得到满足的。民族认同的存在，强调着民族成员身份的特殊性，巩固了他们对于民族利益特殊性的认识。当民族利益由于国家利益的实现而受到损害时，民族的国家认同就会减弱甚至丧失。②在多民族国家中，民众的观念里如果存在着强烈的对于本民族的认同，他很有可能不愿意接受国内其他民族，这就不利于国家认同的发展。狭隘的民族主义会引起国内民族冲突和争端，甚至有可能导致国家的分裂。民众的认同只停留在民族认同，则有可能阻碍国家认同的形成。这一点在现代国家的成立初始尤为明显。原有的民族认同的存在使得他们一直习惯以民族作为感情投射和忠诚的对象。这种传统导致现代国家认同更加难以形成。因此"现代国家政府必须要引导民众建立更广泛的、具有包容性的国家认同，它能令全体国民满意，并且能超越社会各群体的多样性和对各自族群的忠诚"。

国家认同以民族认同为基础又高于民族认同。从历史发展的角度看，民族认同不能超越或凌驾于国家认同之上，国家认同必须高于民族认同。民族认同是国家认同的基础性阶段，国家认同是民族认同的升华和目标。国家认同的范围比民族认同的范围要广，它是超越民族界限的，不仅要接受和认同本民族的文化传统和宗教信仰，而且要接受这个国家内其他民族的文化传统和宗教信仰，因此可以说国家认同

---

① 黄岩. 浅析多民族国家的国家认同［J］. 赤峰学院学报（汉文哲学社会科学版），2007（05）.
② 黄岩. 浅析多民族国家的国家认同［J］. 赤峰学院学报（汉文哲学社会科学版），2007（05）.

高于并且超越了民族认同。在一般情况下，国家认同作为一种共性和共同利益的理性认知以及由此产生的同胞情感，应该居于首位；在绝大多数情况下，对于人类的绝大多数而言，当国家认同与其他政治认同发生冲突时，国家认同仍然具有压倒一切的重要性。国家是人类根本性的政治归属，也是公民最重要的政治效忠对象。只有在极端情况下，如民族内部有人故意制造出分裂，民族认同才会超越国家认同。

对于多民族国家而言，国家能否巩固取决于各民族在保持自身民族认同的同时能否形成更高层次的民族认同，即与国土和国民一致的"国族认同"。① 对于多民族国家民族整合而言，必须确立国家作为民族成员归属层次中的最高单位，这是民族认同与国家认同统一所必须坚持的价值共识。因为民族认同具有相对于国家的依附性，而国家作为满足个体"需要秩序的基本感情"的自在自为的存在，具有逻辑和理性上的至高性；在政治实践中，当今世界没有任何一个族群或族群成员能够离开国家而独立生存，无论是在政治安全和经济依赖的意义上，还是在地理学的意义上，概不例外。②

西方学者更多地认为民族认同与国家认同间存在天然的矛盾，对于两者矛盾的处理，曾出现同化论和多元化论两种针锋相对的理论。同化论强调优势民族对少数民族的同化，而多元化论强调各少数民族文化的百花齐放。

在现代社会，每个个体既一定属于某个民族，同时也一定属于某个国家，民族认同与国家认同应该共存于个体的观念和意识中，有机地统一在一起，而不是非此即彼。一个多民族国家保持国家统一和社会和谐稳定的思想基础就是使民族认同与国家认同相统一。国家认同的出现需要民族国家能够在不同的民族文化和生活方式基础上，不断生成各民族人民赖以生存与发展的物质和精神要素，并使这些要素在人们的情感、认知和行为的积淀中实现固化。然而，这一过程是复杂的，需要各族人民在一定的理性力量（如国家意识）支撑下逐步弥合差异而形成共同的目标与追求，倘若理性力量不充分，人们还是会习惯性地把民族作为情感的归属对象和行为的依托对象，从而出现民族认同超越国家认同的现象，这也是民族价值观出现分化的重要原因。

---

① 刘跃进. 国家安全学［M］. 北京：中国政法大学出版社，2004. 222.
② 钱雪梅. 从认同的基本特征看族群认同与国家认同的关系［J］. 民族研究，2006（06）.

综上所述，民族认同与国家认同之间既有区别又存在一定联系。在多民族国家中，国家认同以民族认同为基础而又高于民族认同，二者既有相互促进的一面，同时民族认同在一定程度上又可能会阻碍国家认同的发展。如果民族认同压过国家认同，那就会造成国家分离的潜在危险。国家认同作为高层次的认同，是国内单一民族认同和地域认同的升华，是维护国家安全统一的坚实基础。民族认同、国家认同对多民族国家的民族团结和社会稳定有着至关重要的作用。

中国是一个多民族的国家，各民族的文化特色不一。各民族对自己民族文化的认同即族群认同，是狭义的民族认同，而广义的民族认同是指对中华民族国家的认同，即国家认同。在共同的国家认同前提下，各民族并存不悖，民族认同和国家认同并不冲突，但在认同序列上，国家认同应保持优先的地位。对各族群文化也只有在对国家认同的前提下才可以得到保护，各民族成员对其权利的要求不能违背中国公民这一共同的政治身份。国家一方面要通过相关制度确立国家主权的至高无上性，另一方面，要对各民族的基本权利加以保护，使其生活得以保障，从而加强其对国家的认同。①在我国，中华民族认同是连结我国各族人民的民族认同和国家认同的天然纽带。因此，我们必须在尊重各族人民民族认同的同时，致力于建立和培养他们对中华民族的认同。

（二）社会认同与国家认同的比较

社会认同理论研究起源于20世纪70年代初期，英国社会心理学家亨利·塔杰菲尔（Henri Tajfel）是该理论的奠基者，它将社会认同定义为："个体认识到他（或她）属于特定的社会团体，同时也认识到作为团体成员带给他（或她）的情感和价值意义。"②美国《社会心理学》教科书把社会认同看成是自我概念的组成部分，它源于个体的社会群体成员身份，以及与此身份相关的价值观和情感。法国社会学家涂尔干指出："社会成员平均具有的信仰和感情的总和，构成了他们自身明确的生活体系，我们可以称之为集体意识或共同意识。"③

我国学者李友梅等认为，任何认同包括自我认同，本质上都属于社会认同，都

① 沈宏华. 当前国家认同教育的缺失与构建［J］. 继续教育研究，2015（07）.
② 张堂瑞、佐斌. 社会认同理论及其发展［J］. 心理科学进展，2006（03）.
③［法］埃米尔·涂尔干. 社会分工论［M］. 渠东，译. 北京：生活·读书·新知三联书店，2000. 42.

是以特定社会中的人或者社会群体为参照而展开的。[①]王春光认为，社会认同包括对自我特性的一致性认可，对周围社会的信任和归属，对有关权威和权力的遵从，等等。[②]孙秀艳认为，社会认同是基于群体相互交往实践过程中的社会主体，对外在环境和群体状况之间的综合互动形成认同感和归属感的动态过程。[③]杜兰晓认为，社会认同是社会群体在与社会政治体系的相互作用中，对于"自我是谁"和"他们是谁"的认识，是自我社会身份的一种认同感与归属感。社会认同是人类作为社会性存在的本质特性，其根本是集体认同的一种形式，也是所属社会成员思想价值、人生信仰和行为取向的集中展现。[④]

国家认同与社会认同之间存在着紧密的联系。一方面，国家认同是社会认同的基础。国家与社会是两个互不相同但却相互依存的范畴。社会包括国家，国家内在于社会之中。无论是市场还是市民社会，从严格意义上说都是近代的产物。相反，国家却早已有之。伴随着民族国家的出现，社会才从国家中分离了出来。社会认同不仅内蕴着对现有秩序合法性的确认，也内蕴着一个社会的道德理想和信念。这些都是培养国家认同感的重要资源。因此在某种程度上说，国家认同也属于深层次的社会认同。另一方面，社会认同促进国家认同。社会认同的成功建构对于个体较好地融入社会生活，维护个人的本体性安全，防止本体性焦虑和对所生存的国家共同体的认同等方面均有重要作用，个体可以通过实现或维持积极的社会认同来提高自尊，维护社会的稳定。由此，一个共同体的成员如果对社会认同了，必然会促进国家认同。[⑤]

（三）国家认同教育与公民教育、爱国主义教育的比较

国家认同无论对个人还是对国家而言都具有非常重要的意义。认同国家是国家对国民最基本的要求。现代国家的合法性来源于民众内心对国家制度及其体现价值的内在认同，通过学校培养一种凝聚的国家意识，对现代国家而言是一种非常普遍

---

① 李友梅、肖琪、黄晓春. 社会认同：一种结构视野的分析［M］. 上海：上海人民出版社，2007. 6，7.

② 王春光. 新生代农村流动人口的社会认同与城乡融合关系［J］. 社会学研究，2001（03）.

③ 孙秀艳. 青年公务员社会认同及其引导研究［D］. 福建师范大学，2011.

④ 杜兰晓. 大学生国家认同研究［D］. 浙江大学，2014.

⑤ 杜兰晓. 大学生国家认同研究［D］. 浙江大学，2014.

的政策。学校教育是建立国家认同的有效途径，国家认同是现代国民教育的核心内容。①世界各国政府无不重视国民的国家认同教育。

我国学者曾水兵和檀传宝认为，国家认同教育是指通过学校培养一种凝聚力和向心力，国家认同教育是国家认同构建中的重要内容和方式。在社会转型时期，由于价值多元化、民族问题多元复杂，国家认同教育关系到国家核心利益。国家认同教育应该包括历史文化共同体的认同教育和政治共同体的认同教育。②学者欧阳常青和苏德认为，国家认同教育是国家形成的产物，学校是开展国家认同教育的重要阵地，其中开展的中华民族认同精神教育即是国家认同教育。③学者余维武认为，国家认同教育是公民教育的主要内容之一，以培养对国家的认同和忠诚为主要目的，即培养公民的国家认同感的教育。④

综合以上学者的观点，笔者认为，国家认同教育是指通过适当的教育途径（学校教育、家庭教育、社会教育等）与方法，培养公民尤其是青少年的国家认同感（政治认同感、文化认同感、历史认同感、语言认同感），从而塑造具有国家意识公民的一种教育实践活动。国家认同教育涵盖的内容主要有：思想政治教育、传统文化教育、历史教育、母语教育等。

1.国家认同教育与公民教育

国家认同教育与公民教育既有区别又有联系。

公民教育是有关公民身份的教育，是公民权利与义务相统一的教育，是旨在培养公民忠于国家、自觉践行公民权利与义务的品格与能力的教育，其主要目标是培养公民的国家认同意识、法律意识、权利与义务意识及公共责任感等。公民教育是培养公民、建构公民身份认同的主要渠道。在现代社会，大中小学里都渗透着公民教育，而在日常生活中也都融汇着公民教育的内容，这是现代社会的必然选择，几乎不存在争议。

国家认同教育是公民教育的基础和核心内容。公民教育的任务就是要培养国家需要的合格公民，为国家的巩固与发展奠定基石，塑造国家的凝聚力和向心力。国

---

① 曾水兵、檀传宝. 国家认同教育的若干问题反思［J］. 中国教育学刊，2013（10）.
② 曾水兵、檀传宝. 国家认同教育的若干问题反思［J］. 中国教育学刊，2013（10）.
③ 欧阳常青、苏德. 学校教育视阈中的国家认同教育［J］. 民族教育研究，2012（05）.
④ 余维武. 全球化背景下的国家认同教育［J］. 湖南师范大学教育科学学报，2013（06）.

家认同是现代民族国家的基本构成要素。国家认同感的生成，是对现代国家国民的基本要求。一个国家如果没有认同感也就不可能有凝聚力，也就不可能在现代化的进程中获得发展和成功。这一点是全球性的通例。公民对于国家认同的一致性是国家发展的重要前提。现代国家的基础就是靠认同感建构起来的。正如德国著名教育家凯兴斯泰纳所指出的："公民教育的最后目标，就是教育人们获得某种国家意识。"① 通过实施国家认同教育，可以有效地捍卫国家主权，进行民族整合，培养国家认同，从整体上增强公民对国家的归属感和责任感。早在古希腊时期，人们就把教育的全部使命定义为：塑造良好的公民，即培养能把公共利益置于个人利益之上，对国家无限忠贞，为了国家利益不惜牺牲自己一切的人。当今社会，全球化的发展也让一些人忽视了自己的国家认同，因此国家认同教育是非常必要的。国家认同教育作为当代公民教育中最重要的组成部分，旨在培养公民的国家意识，培养公民对国家的归属感、责任感和使命感。国家认同教育是现代公民教育的核心内容。在某种意义上，公民教育首先是国家认同的教育，而且本质上就是国家认同的教育。② 国家认同意识是国家对其所属成员最基本的要求，也是公民教育首要的或最基本的目标。

2.国家认同教育与爱国主义教育

（1）国家认同与爱国主义

爱国主义是正确处理个人与他人、社会、国家之间关系的准则，是人们在长期的社会生活实践中形成的一种对自己祖国的深厚感情，并在此基础上产生的对祖国忠诚与奉献的行为。爱国主义反映了个体对自己国家的依存关系，表现了个体对自己国家的热爱。爱国主义既是一种深厚的情感，更是一种自觉的理性。对一个民族而言，爱国主义是一个民族感情维系的纽带，是民族凝聚力的根本源泉，是一个民族生存与发展的重要思想基础。对一个国家而言，爱国主义是坚持国家独立、维护国家利益、推动国家发展的不可或缺的精神动力。爱国主义还是当代维系民族国家政治合法性的重要保障。一个人不管其族籍、信仰和政治立场如何，作为国家的一名成员，在享有各种权利的同时，也必然承担着热爱国家、报效国家的责任和义务。

---

① 郑惠卿. 凯兴斯泰纳教育论著选［M］. 北京：人民教育出版社，2003. 232.

② 韩震. 全球化时代的公民教育与国家认同及文化认同［J］. 社会科学战线，2010（05）.

因此，只要国家存在，爱国主义就必须存在。

国家认同与爱国主义密不可分，二者相辅相成。

爱国主义与国家认同都源于人的本能需要。爱国主义是人类的一种心理归属的本能需要，是人类普遍性的自然情感，是超越社会不同发展阶段而固定永续的情感。如果个人离开国家，没有国家的依靠和保障，就如同"无源之水、无本之木"。而作为个人最重要的集体认同和重要的国家认同，也是个体通过明确"我们"与"他们"的不同，更加确认"我们"之间的相同，从而在彼此内心深处形成一种"准亲属关系"或"同伙的感觉"。[①]国家认同与爱国主义一样，也是个体一种归属于某个群体的归属需要，并且，这种需要都是建立在某个国家的一定历史文化的基础上。因为这种历史文化，构成了国民群体认同的心理基础，唤起了共同的"历史记忆"，从而促进了国民对于国家的深厚感情。当然，国民对国家的深厚感情的重要表现，就是把自己的命运与国家的命运密切结合，积极地为国家的发展效力，为国家的繁荣贡献力量，甚至愿意在国家有危难时奉献自己、牺牲自我。无论是国家认同，还是爱国主义精神，其最终的归属都是奉献和效忠行为的具体体现。不管这种奉献和效忠是国家自上而下规定的一种"义务"，还是个人认为值得追求的一种"私德"，都是国家认同的内在应有之义。[②]

国家认同是爱国主义的内核。[③]国家认同是指一国公民对于自己所属国家的认同，是一种将国家视为"己者"而非"他者"的感受，而爱国主义则往往是指一个公民对其所认同国家的热爱和忠诚。爱国主义作为凝聚国民力量的基本精神动力，在新的国家定位中发挥着重要作用。爱国主义的基础是民族共同体对国家的认同和凝聚。爱国主义产生的前提是人们对于自己的生存、命运、情感与国家紧密联系的共同体认，因此在没有国家认同存在的情况下是没有爱国主义的。[④]国家认同是把公民和国家结合起来的桥梁，它标志着国民与国家结合的紧密程度。只有当个人确认了自己的公民身份，才会将个人的发展与国家的发展联系起来，自愿地承担责任，发扬爱国主义精神。国家认同是公民忠诚于国家的基础，也是爱国主义的基础。在某种意

---

① 苏晓龙. 当代国际意识的变迁和国家认同的建构［D］. 山东大学，2009.

② 曾竞. 国家认同：爱国主义的内核［M］. 辽宁行政学院学报，2012（02）.

③ 寇东亮. 震灾、国家认同与爱国主义教育［J］. 郑州大学学报（哲学社会科学版），2008（06）.

④ 张建军、李乐. 论国家认同与爱国主义［J］. 前沿，2013（07）.

义上，国家认同是公民"爱国主义"的基础和力量之源。国家认同是爱国主义的前提，而爱国主义往往是国家认同的升华。[①]爱国主义就是一个人从内心深处所表达的对于国家的认同感和归属感。加强爱国主义精神的关键在于增强国民对国家的认同，国家认同对发扬爱国主义有着重要的作用。国家认同是爱国主义的最基本的价值认同。[②]

国家认同是弘扬爱国主义的关键。爱国主义意味着"每一个国家公民对所属国家的政治认同，以及基于这一政治认同所担负的保卫国家独立、维护国家统一和尊严、为祖国的强大和发展而努力奋斗的基本政治责任"[③]。积极的国家认同作为一种重要的意识，能深深激励、规范、指导人们的行为，促使人们产生对国家的自豪感和归属感，国家认同意识强的人能够与国家同甘苦、共命运。当公民对国家的认同程度高时，就会产生一种"国家兴亡、匹夫有责"的担当，以及甘愿为国家抛头颅、洒热血的高度忠诚和奉献精神，这时表现的爱国情感即真正的爱国主义。反之，当公民对国家的认同程度低时，自然对国家的命运冷漠，对国家事务疏离，产生"事不关己，高高挂起"的态度。当怀有一种强烈的不满和失落情绪时，公民对国家的感觉是"无所谓，怎样都行""不关我事"，此时爱国主义的凝聚动员作用无疑会大为削弱。

（2）国家认同教育与爱国主义教育

爱国主义是中华民族精神的核心，关系着国家的生存与发展。爱国主义是把中华民族坚强团结在一起的精神力量。这种精神力量，能够成为推动一个民族历史发展的重要因素，甚至决定一个国家的前途和命运。作为一个中国人，必须要热爱自己的国家。爱国主义是动员和鼓舞中国人民团结奋斗的一面旗帜，是推动我国社会历史前进的巨大力量，是各族人民共同的精神支柱。当前，要振奋民族精神，凝聚民族力量，加快现代化建设步伐，增强综合国力，早日实现中华民族的伟大复兴，必须加强爱国主义教育，高扬爱国主义旗帜。[④]

---

① 石茂生、程雪阳. 论当代中国国家认同和国家统一的基础——基于民族主义与宪法爱国主义的考量 [J]. 郑州大学学报（哲学社会科学版），2009（03）.

② 曾竞. 国家认同：爱国主义的内核 [J]. 辽宁行政学院学报，2012（02）.

③ 万俊人. 爱国主义是首要的公民美德 [J]. 道德与文明，2009（05）.

④ 赵存生. 全球化时代的爱国主义教育 [N]. 中国教育报，2008-03-04.

　　爱国主义教育是指按照一定社会（或阶级）的要求，有目的、有计划、有组织、有系统地对受教育者施加一定思想影响，使其树立热爱祖国并为之献身的教育。爱国主义教育以民族国家利益为核心，是传承民族历史文化和弘扬民族精神的重要手段。

　　爱国主义教育的实施离不开国家认同教育，国家认同教育是爱国主义教育的前提和基础。从人们的爱国主义品质形成的内在层次来看，首先是对国家认知、认同，然后在一定国家认同的基础上产生爱国情感，再通过爱国情感的升华形成爱国信念或信仰，最后在一定的情景刺激下做出爱国的行为反应。[1]因此，要进行爱国主义教育首先得对人们实行国家认同教育，只有进行国家认同教育，使人们对国家有了认同感，继而才能培育、巩固和深化人们的爱国情感，最后才会有爱国行为的外显。加强国家认同教育，是培养人们国家认同情感、传承传统文化、弘扬民族精神、增强爱国主义的重要途径。加强国家认同教育，增强国民对国家的认同，提升国民的国家认同意识，也将对发扬爱国主义精神有着重要的推动作用。

---

① 朱桂莲. 爱国主义教育研究［M］. 北京：中国社会科学出版社，2008. 9.

第二节　国家认同的重要性

国家认同源于个人的归属感需要，是个体发展的重要保障。作为一种重要的国民意识和政治资源，国家认同也是维系一国存在和发展的重要纽带，是现代国家的合法性基础，是多民族国家维护民族团结的基本条件。在当今世界上，尽管不同国家的政治制度、经济发展水平和文化传统有所不同，但每个国家都要求本国公民对所属国家怀有强烈的国家认同感。

一、国家认同源于个人的归属感需要

人作为一种社会性的存在，处在一定的社会关系网络中，具有相互依靠、相互扶持的群居本能。所以，人总是希望自己能够成为某个群体中的一分子，被其他成员所接受，获得他人的支持和认可，这种归属感是人的一种基本需要。[①]国家归属感是每个个体生活中不可缺少的组成部分。18世纪德国诗人兼哲学家约翰·哥特弗雷德·赫尔德（Johann Gottfried Herder）就曾强调过国家认同和个人归属感需求之间的关系。他认为，"人既需要吃喝，需要安全感与行动自由，同样也需要归属于某个群体。假如没有可归属的团体，人会觉得没有依靠、孤单、渺小、不快乐"。[②]每一群体都有自己的Volksgeist（意即民族精神），也就是一套习俗与生活方式，一种看事与行为的态度。强调国家认同实际上就是强调人的一种归属感，而这种归属感需要通过民族共同体共同的生活、共同的文化、共同的价值观来实现。[③]

在当代国际政治关系中，国家仍然是国际社会最重要的行为主体，仍然是最重

---

① 曾水兵. 越是全球化越应加强国家认同教育［J］. 中国德育，2016（05）.
② 周中之、石书臣. 社会主义核心价值体系教育探索［M］. 上海：上海人民出版社，2007. 138.
③ 周中之、石书臣. 社会主义核心价值体系教育探索［M］. 上海：上海人民出版社，2007. 139.

要的政治权力主体,它维系民族的共同命运,是国家成员生存和发展的基本依托。作为基本的政治和社会共同体,人们生存在国家之中,受到国家意识的熏陶,培养对国家的忠诚,肩负对国家的责任,并在国家中实现自身价值。正如俄国作家屠格涅夫所说:"没有祖国,就没有幸福,每个人必须植根于祖国的土壤里。"国家意识就是国家认同和忠于祖国的意识,它是一种政治意识,也是一种历史和文化意识。作为目前国际社会中的重要行为体,国家对于每一个个体的重要性是不言而喻的。在现实的法律世界中,每个人都有自己所隶属的国家。每个人都生活在国家无所不在的"关照"之下,"一个人如果他没有国家,他什么也不是"。个体都有把自己归属于某个群体的需要,通过明确"我们"与"他们"的不同,更加确认"我们"之间的相同,从而在彼此内心深处形成一种"准亲属关系"或"同伙的感觉"。①这种心理上的自我归类是人作为社会动物的一种本能。当归属群体的层次定位在国家时,就是我们所讨论的国家认同。国家认同是个人最重要的集体认同,国家是民族整体利益的集中体现,个体一切需要的满足、活动和行为方式,都是以国家这个实体为出发点和归宿的。如果个人离开国家,没有国家的普遍性支撑,就会成为飘忽的"幽灵",个人只有融于民族国家整体利益中才具有现实性和价值性。个人与国家是一个类似血缘关系的命运共同体,是一种生死相依、休戚相关的依存之情。国家是个体生命得以生存和发展的坚实基础,个体的生命只有融于祖国的命运中才会获得更高的道德价值。②

国家认同对现代公民来说也是不可缺少的。世界各国通行以国籍作为判定公民身份的唯一条件,公民身份是人们国家属性的反映,是成为公民和承担责任、行使权利的基本条件,表达出一个政治共同体中完全且平等的成员资格的一种公共认同。③在《不列颠百科全书》中,公民身份的概念指个人同国家之间的关系,这种关系是,个人应对国家保持忠诚,并因而享有受国家保护的权利。公民资格意味着伴随有责任的自由身份。一般地说,完全的政治权利,包括选举权和担任公职权,是根据公民资格获得的。公民资格通常应负的责任有忠诚、纳税和服兵役。④ "国家"

---

① 苏晓龙. 当代中国国际意识的变迁与国家认同的重构 [D]. 山东大学,2009.
② 曾竞. 国家认同:爱国主义的内核 [J]. 辽宁行政学院学报,2012(02).
③ 莫红梅. 多民族国家视域下的公民身份与国家认同 [J]. 教学与研究,2010(09).
④ 不列颠百科全书(第4卷)[Z]. 北京:中国大百科全书出版社,1999. 236.

是公民身份的前提，是公民身份存在的基础和活动平台。即是说国家与公民身份之间是一种缺一不可的互动关系，国家赋予公民身份，给予公民权利；公民由此产生对国家的认同和使命感。但是，有权利就有义务，义务集中表现在公民对国家的责任和义务。权利与义务是相辅相成的，没有只有权利的公民，也不存在只有义务的公民，前者是霸道的野蛮人，后者是被奴役的臣民。现代社会追求的公民是权利与义务的集合，正视公民行动具有改善共同体（国家）的取向，认同公民参与政治、社会决策过程的责任和义务。①

综上所述，公民是国家认同的主体，国家认同要以公民为基础，国家认同必须通过公民的思想行为表现出来。国家认同与社会秩序的生成密切相连，国家认同的水平直接影响着国家的安全和社会的稳定，而公民的国家认同根植于社会中的每一个人。诚如学者高丙中指出："个人、社会和国家是共生的，个人在社会中，在国家中；社会在个人中，在国家中；国家在个人中，在社会中。"②从个人归属来看，公民是国家的成员，与国家密不可分，公民只有生活在国家中，认同国家，才能获得实现其自身生存与发展的基本条件。因此，国家认同关系到个体的自我统一性和幸福感，对所属国家的认同自然是作为公民必须要具备的基本素质。从小养成良好的国家意识，不仅是国家、社会发展的需要，同时也是公民美德的重要表现。国家认同是现代公民社会的基本道德要求，同时也是公民道德建设的重要内容。③

二、国家认同是维系一国存在和发展的重要纽带

有国家存在，才有国家认同；国家若不存在了，国家认同即随之消失。发生在20世纪90年代以来的原社会主义国家的解体以及非洲一些国家的分裂就说明了这一点。国家认同对国家的存在及发展有重要的影响，国家认同是维系一国存在和发展的重要纽带。

国家认同是近代民族主义发展的政治产物。任何一个近代民族国家都包含两个重要的方面，一是民族国家制度，二是境内居民的国家认同。如果说国家制度是现

---

① ［英］T. H. 马歇尔、安东尼·吉登斯. 公民身份与社会阶级［M］. 郭忠华、刘训练，编. 南京：江苏人民出版社，2008.
② 高丙中. 民间的仪式与国家的在场［J］. 北京大学学报（哲学社会科学版），2001（01）.
③ 吴玉敏. 公民道德建设中的民族认同与国家认同相统一探析［J］. 青海师范大学学报（哲学社会科学版），2010（05）.

代国家构建所必需的"硬件",那么国家认同就是国家构建的"软件"。没有国家认同感,已经建立的民族国家就没有稳固的心理基础。没有统一的国家认同,一个国家就容易陷入分裂和冲突状态。因此,如何塑造所属国民共有的认同,是任何国家都必须正视的一个重要问题。[①]国家认同作为一种重要的公民意识,实质上是一个民族确认自己的国族身份,将自己的民族自觉归属于国家,形成捍卫国家主权和民族利益的主体意识。一个人只有认同国家,才会支持和服从国家的制度、法律、政策,并愿意为这个国家的利益去奉献。人们只有确认了自己的国民身份,了解了自己与国家存在的密切联系,将自我归属于国家,才会关心国家利益,在国家利益受到侵害时愿意挺身而出,在国家文化受到歧视时个人的感情会受到伤害,才会自愿担负起对国家发展的责任。相反,一个人如果失去或改变了自己的国家认同,那么,这个国家的兴衰与自己也就没有什么关系了。[②]英国学者雷切尔·沃克(Rachel Walker)指出,所有社会都需要某种集体认同感和共识,缺少这种共识,就会很快分崩离析。[③]

国家认同是增强一个国家凝聚力、向心力的长久策略。一个国家的稳定与发展,需要的是每个个体对它的向心力而非离心力,越能达成国家认同的国家,向心力就越大,目标一致,合力就越大。世界历史发展进程表明,没有哪一个国家是在动乱和一盘散沙中实现发展与崛起的。建立和保持国家的稳定与和谐,对任何国家的发展与崛起都至关重要,但要建立和保持社会的稳定与和谐则离不开国家凝聚力所发挥的促进作用。国家凝聚力是国家目标意志统一条件下的吸引聚合力量,当它作用在不同群体时,能够发挥力量聚合作用;当它作用在国家成员时,能够激发为国争光的积极性和创造性;当它作用在国内人民内部矛盾的各方时,能够在意志和目标共鸣中促进矛盾的化解。[④]正是公民对国家权威的认可、崇敬及其对国家的热爱,使整个国家内部形成了一种强大的凝聚力、向心力。如果高度的国家认同没有形成,民众头脑和观念中只有民族认同和狭隘的民族主义感情,就会造成国家地域化、族

---

① 郑永年. 中国要建设国家认同 [N]. 环球时报, 2004-08-16.

② 黄岩. 试论全球化与国家认同 [J]. 前沿, 2007 (11).

③ [英] 雷切尔·沃克. 震撼世界的六年——戈尔巴乔夫的改革怎样葬送了苏联 [M]. 张金鉴, 译. 北京: 改革出版社, 1999. 58.

④ 刘学谦. 增强国家凝聚力的当下意义 [N]. 中国社会科学报, 2012-01-06.

群化的分裂和冲突，动摇国家统一的根基。①在世界历史上，罗马帝国、波斯帝国、奥匈帝国、大英帝国等称霸世界的时期，也是其国家凝聚力达到巅峰的时期，而这些不可一世的帝国走向没落，也是从丧失国家凝聚力开始的。在我国历史上出现的西汉"文景之治"、唐代"贞观之治"、明代"永宣之治"、清代"康乾盛世"等，都是国家凝聚力空前强大的时期。改革开放以来，我国能够排除世界不利形势的干扰，实现连续30年经济增长，如果没有强大的国家凝聚力也是不可想象的。历史和现实都表明，国家凝聚力是一个国家振兴和发展的不竭动力。任何国家要发展要振兴，要在剧烈的国际竞争中谋求属于自己的位置，就必须增强国家凝聚力。②

三、国家认同是现代国家的合法性基础

国家认同是维系国家团结和统一的重要纽带，也是维系国家安全和发展的重要纽带，它为国家这一共同体维系自身的统一性、独特性和连续性提供保障。国家认同是现代国家合法性的基础。国家认同不仅是现代世界个人最重要的集体认同，同时也是国家主权合法性的来源。③德国社会学家马克斯·韦伯（Max Weber）认为，统治的正当性与对统治认同的总和就构成了统治的合法性。任何形式的统治，只有当它被人们认为具有"正当性"时，才具有合法性。而所谓的正当性，实际上就是指对某种合法秩序的信念，以及行动受这一信念支配的可能性。④国家认同为国家的合法性提供了源泉，并最终赋予国家得以建立和运作的资格。从这个意义上说，国家认同的形成就是现代国家的合法性逐步得到认可的过程。⑤国家认同是一种重要的国民意识和文化资源。没有公民对国家的认同，就意味着国家团结的瓦解，意味着国家的稳定和安全出现了危机。⑥国家之所以是国家，是一个政治、利益、文化等多方面的共同体，而不是一个松散的组织，是因为它必须具有某种程度上的同质性。国家的稳定不只靠制度、法律维系，还要更多地靠公民间心理上的"共同性"和"我们感"。人们只有因为共同的疆域、共同的历史、共同的传统、共同的语言、共同的

---

① 赵明玉、饶从满. 现代化进程中的国家建构与公民教育［J］. 比较教育研究，2008（05）.
② 刘学谦. 增强国家凝聚力的当下意义［N］. 中国社会科学报，2012-01-06.
③ 郭艳. 全球化语境下的国家认同［D］. 中共中央党校，2005.
④ ［德］马克斯·韦伯. 经济与社会（上卷）［M］. 林荣远，译. 北京：商务印书馆，1998. 239.
⑤ 曾竟. 国家认同：爱国主义的内核［J］. 辽宁行政学院学报，2012（02）.
⑥ 冯建军. 公民身份的国家认同：时代挑战与教育应答［J］. 社会科学战线，2012（07）.

价值观等联结成为一个整体，国家才能消除种族间的纷争，具有高度的凝聚力。因此，国家认同既是民族国家的心理基础，又是国家统一和稳定的底线，还是国家统一和稳定的重要条件。没有国家认同，已经建立的民族国家就没有稳固的心理基础。正如哈佛大学教授亨廷顿所言，"只有当人们认为自己同属一国时，国家才会存在"①。

国家认同是国家建构的意识形态基础。国家的存在是建立在一定道义基础上的，其最稳固的支撑就是公民的国家认同感。②国家认同是维系国内社会和谐，降低统治成本，形成政治舆论，维护政治和社会稳定的最为持久和有效的文化软实力。③一个国家如果希望团结稳定，仅仅依靠武力的征服肯定不能长久，这一点已经被历史无数次地证明。对于现代国家而言，其政治合法性的取得和维护，不仅需要军队、警察、监狱、法庭等暴力机器，更为重要的是要得到公民对于国家的认同，进而由这种认同产生公民对国家的忠诚与热爱。国家建立和巩固的过程就是该国人民国家认同感的形成与巩固的过程。国家认同既涉及到公民的身份认同问题，又涉及国家利益与国家安全问题。因为"国家利益来自于国家特性。要知道我们的利益是什么，就得首先知道我们是什么人"④。现代民族国家的构建必须完成的根本任务，首先在于实现公民在归属感上从对民族忠诚向对国家忠诚的转换，因为这是一个人"成为现代公民的先决条件，也是所有民族国家政治体制得以生存的前提"。意大利议员马斯穆德·阿泽利奥（Massimod Azeglio）曾有一句名言："我们已经缔造了意大利，现在是构建意大利人的时候了。"其大体含义是：意大利完成国家统一后，接踵而至的首要任务就是建构一个国家层面上的意大利民族。尽管今天离意大利统一已经过去了两百多年，但阿泽利奥的话对当代国家来说仍是极富教益的。在全球化持续推进和民族主义大行其道的今天，无论是发达国家还是发展中国家，都依然面临着将全体国民整合为一个政治共同体的重要任务。其实质在于"把民族国家建构为迈向现代

---

① ［美］塞缪尔·亨廷顿. 我们是谁？——美国国家特性面临的挑战［M］. 程克雄，译. 北京：新华出版社，2005. 90.

② 郑永年. 中国要建设国家认同［N］. 环球时报，2004-08-16.

③ 李瑞君. 论现代文化的国家认同功能［J］. 理论导刊，2012（03）.

④ ［美］塞缪尔·亨廷顿. 我们是谁？——美国国家特性面临的挑战［M］. 程克雄，译. 北京：新华出版社，2005. 9.

化的历史进程的载体"①。

四、国家认同是多民族国家维护民族团结的基本条件

国家认同是多民族国家生存与发展的力量源泉，是多民族国家巩固、稳定和发展的基本条件。公民对国家的认同是维系一个国家的根基，是国家得以存在的基石，是一个国家屹立于世界之林的重要基础，也是一个国家统一和稳定的重要条件。国家认同的意义重大，直接关乎国家稳定与民族团结。国家认同超越了民族认同感，要求全体公民不是从本民族而是从国家的角度团结和凝聚起来，因而有着强大的号召力。没有国家认同，就没有国内各民族的团结，也就没有跨越式发展和实施长治久安战略的坚实基础。民族国家必须把巩固和提升国家认同作为国家建设的重要任务。

各民族对国家的认同是多民族国家存在与发展的基础。正是这种国家认同使整个国家内部形成一种强大的凝聚力和向心力。国家认同不仅确立了民族国家的身份，而且还使它获得了巨大的凝聚力和复原力，对其统一与稳定起着至关重要的作用。②对于多民族组成的民族国家而言，国家能否巩固"取决于各民族在保持自身民族认同的同时能否形成更高层次的民族认同，即与国土和国民一致的'国族'认同"③，也就是我们所说的国家认同。否则，国内的民族矛盾就会上升，进而危害国家的统一和强大。在一个多民族国家中，国家不仅仅是组成这个国家的每个民族族群的国家，同时还是每个个体的国家。从聚焦民族凝聚力的角度看，对国民根本利益的尊重有利于把这种易于分散的认同整合为一种国家认同，这就是一种积极的、理性的爱国主义，是推动国家统一和发展的聚合力及推动力。如果这种力量演化为大民族主义、地方民族主义甚至民族分裂主义等本能民族主义，就会成为国家统一和发展的心腹大患。④

当今世界，多民族国家是一个比较普遍的趋势。国家认同既是多民族国家的心理基础，也是国家统一和稳定的重要条件。国家认同的构建，关系到多民族国家的

---

① ［美］杜赞奇. 从民族国家中挽救历史——民族主义话语与中国现代史研究［M］. 王宪明，译. 北京：社会科学文献出版社，2003. 12.
② 黄岩. 浅析多民族国家的国家认同［J］. 赤峰学院学报（汉文哲学社会科学版），2007（05）.
③ 刘跃进. 国家安全学［M］. 北京：中国政法大学出版社，2004. 222.
④ 阿迪力·买买提. 论全球化背景下的民族身份认同和爱国主义——对爱国主义情感的民族学解读［J］. 黑龙江民族丛刊，2011（05）.

政治稳定和领土完整。促进少数民族成员在民族认同的基础上形成并维持国家认同，是现代国家寻求统一和发展的重要方面。对于多民族甚至多种族的国家而言，要维护国家统一、增强凝聚力，培育国家认同感异常重要。在多民族国家中，必须确立国家作为各民族公民归属层次中的最高单位，各民族在一系列道德体系、价值观念、行为模式等国家认同的客观基础上，自觉地将本民族归属于国家，确认自己的公民身份，从而形成捍卫国家主权和国家利益的主体意识，这是协调民族自我认同、公民身份与国家认同三者关系相统一时必须坚持的价值共识。[1]在多民族国家中，如果民众的公民身份感缺失，国家认同意识淡漠，只有狭隘的民族主义感情，就会导致认同危机，催生极端的族群认同和狭隘的地域认同，甚至滋生民族分裂主义和地区分离主义，造成国家地域化、族群化分裂，从而危及国家安定和社会发展。国家认同作为软实力，对于增强多民族国家的向心力和凝聚力具有重要的作用，因而受到了世界各国的普遍重视。特别是随着东欧剧变、苏联解体，国家认同问题的重要性日益彰显。无可否认，和平演变也是导致苏联解体的重要原因之一，但是，西方国家的和平演变之所以能够在苏联和东欧地区发挥作用，根本原因还是国民不再认同当时的国家。[2]多民族国家的国家认同意识的强弱，关系到一个国家的向心力和凝聚力，关系到一个国家的长治久安和主权统一。高度的国家认同意识，是多民族国家人心所向、国力强大的重要标志。

　　民族认同与国家认同的冲突是全球多民族国家面临的主要国家安全危机。[3]拥有两种认同是很自然的事情，古罗马教育家西塞罗在《法律篇》(DE LEGIBUS)中写道："祖国有两个，一个是植根于自然，另一个植根于国家。"[4]对于我国这样一个多民族的发展中国家来说，国家认同包括两方面内容：一是个体对自己本民族身份的认同，也就是费孝通指的低层次的认同，另外一个是个体对中华民族统一体的认同，即最高层次的认同。[5]作为一个典型的多民族国家，我国民族认同与国家认同将会长

---

① 莫红梅. 多民族国家视域下的公民身份与国家认同 [J]. 教学与研究，2010（09）.

② 桂银才、徐祗朋等. 关于增强各民族国家认同的几点思考 [J]. 武警学院学报，2006（06）.

③ 徐黎丽. 论多民族国家中民族认同与国家认同的冲突——以中国为例 [J]. 西北师大学报（社会科学版）. 2011（01）.

④ [美] 菲利克斯·格罗斯. 公民与国家：民族、部族和族属身份 [M]. 王建娥、魏强，译. 北京：新华出版社，2003. 183.

⑤ 秦向荣. 中国11—20岁青少年的民族认同及其发展 [D]. 华中师范大学，2005.

期并续共存。如何正确认识和处理民族认同与国家认同的关系，是当下我国必须解决的重大课题。事实上，民族认同与国家认同既有差异性，存在着一定意义上的冲突，同时二者之间也是一种相辅相成、互为补充的关系。只有处理好民族认同与国家认同之间的关系，使少数民族在原有的民族认同的基础之上，形成国家认同，实现从民族认同到国家认同的转变，才能实现各民族的共同繁荣和社会主义现代化建设的宏伟目标。①

我国近代著名思想家梁启超最早在《东籍月旦》一文中使用"中华民族"一词，并在《历史上中国民族之观察》一文中多次使用"中华民族"一词。在该文中，他明确指出："现今中华民族自始本非一族，实由多数民族混合而成。""凡遇一他族而立刻有'我是中国人'之一概念浮于其脑际者，此人即是中华民族一员也。"②梁启超使用"中华民族"一词，反映了近代中国人民一种共同的心愿，即希望"中华民族"这一共同体要"自觉"，要团结起来，共同抗击外来侵略，争取民族独立和解放。中华民族作为一个稳定的民族共同体，维护共同体的利益，就是维护各个民族的利益。事实表明，中华民族只有成为一个坚强的整体，才能在世界历史的进程中争取更为有利的生存环境和发展条件。费孝通在论证中华民族多元一体格局的级序性时，提到作为国家认同的中华民族相对于社会成员的民族认同而言，是高一个层次的民族认同意识。③费孝通指出，在中华民族多元一体格局中，"高层次的认同并不一定取代或排斥低层次的认同，不同层次可以并存不悖，……高层次的民族可说实质上是个既一体又多元的复合体，其间存在着相对立的内部矛盾，是差异的一致，通过消长变化以适应于多变不息的内外条件，而获得这共同体的生存和发展"。

---

① 张宝成. 民族认同与国家认同之比较［J］. 贵州民族研究，2010（03）.
② 梁启超. 梁任公近著（第1辑）［C］. 北京：商务印书馆，1923. 43.
③ 费孝通. 论人类学与文化自觉［M］. 北京：华夏出版社，2004. 163.

第三节　国家认同的维度

国家认同包含的内容非常复杂，在关于国家认同的维度方面，学界存在诸多看法。

社群主义学者迈克·华尔采（Mike Walce）认为，国家认同包含政治与文化两个面向。[①]

学者弗兰克·琼斯（Frank Jones）和菲利普·史密斯（Philip Smith）根据1995年国际社会调查项目对23个国家的社会调查，用因子分析区分出了国家认同的两个维度，即先赋性的（Ascriptive/Objectivist）维度和自愿选择性的（Civic/Voluntarist）维度，前一个维度实际上体现了文化性国家认同，后一个维度则体现了政治性国家认同，其分析结果从实证角度支持了国家认同的文化维度和政治维度内涵。

德国哲学家于尔根·哈贝马斯（Jugen Habermas）也认为，"政治合法性来源于政治权力客体基于一定的社会文化价值对政治系统的评价；不从社会文化视野出发是不能找到政治系统真正的合法性基础的"[②]，"文化对认同的意义在于它很有代表性地提供了认同群体所必需的符号素材"[③]。文化认同是一群人由于分享了共同的历史传统、习俗规范以及无数的集体记忆，从而在全体国民间产生的一种具有较强凝聚力的国家观念、国家情感和国民意识。因而，文化认同的过程其实就是让国民接受一套价值模式，把一定社会的价值观念、价值规范内化为自身的价值取向，并外化为一定的价值行为，以形成共同的价值观念。因而，文化认同的实质就是一种价值认

---

① 江宜桦. 自由主义、民族主义与国家认同［M］. 台北：扬智文化事业股份有限公司，1998. 93.

② ［德］于尔根·哈贝马斯. 交往与社会进化［M］. 张博树，译. 重庆：重庆出版社，1989. 184.

③ T. L. Fitzgerald. *Metaphors of Identity*［M］. N. Y.：State University of New York Press，1993，p.190.

同，它比政治认同更持久、更巩固。国家认同不仅是一种政治认同，更是一种价值认同和文化认同。

新加坡学者符懋濂在《族群认同、文化认同与国家认同》一文中认为，国家作为一种想象的共同体，是一种政治、历史、文化、族群等多种因素复合的共同体，而这些因素及其之间纷繁复杂的关系也影响着国家认同的构建。由此，国家认同可分成三类：一是含有文化认同成分的国家认同，二是不含文化认同成分的国家认同，三是不含族群认同成分的国家认同。其中的政治认同、文化认同、族群认同、宗教认同、历史认同这些概念与国家认同相互交错，关系密切，所以很难用简单的词语解释清楚。[①]

我国学者曾竞认为，国家认同的构成要素既有物质基础，也有精神基础，前者如经济生活、体质等，后者如语言、风俗、历史文化和政治制度等。历史文化认同、经济福利认同和政治法律认同构成了国家认同的主要方面，成为国家凝聚力和向心力的重要表现。[②]

门洪华等学者认为，国家认同包括国际和国内两个层面。国家认同不仅是一个国家相对于国际社会的角色，而且是基于国际社会承认之上的国家形象与特征的自我设定。故此，国家认同体现出个体与集体、国内与国际双重维度。一个国家只有得到本国国民和国际社会的认同才能得以存在。就国内维度而言，国家认同是国民归属感及为国奉献的心理和行为，是国家凝聚力、向心力的重要表现，是国家治理合法性的重要来源。从国际维度看，国家认同关乎一个国家相对于国际社会的定位与角色，"是一个现代意义上的主权国家与主导国际社会的认同程度"。[③]

台湾地区学者江宜桦认为，民族国家的民族并不是严格意义上的单一族群，而是某种文化想象的投射，是"想象的共同体"。公民或者出于客观的血缘纽带或主观认定的族裔身份，或者与一群人共有历史文化传统和集体记忆，或者基于对特定政治、经济、社会制度的价值赞同而产生对特定群体的一体感或归属感。国家认同是一个含有多重意义的体系，可分为三个逐渐递进的层次："族群血缘关系""历史文化传统"与"政治社会经济体制"。国家认同首先是族群认同，其次是文化认同，最后

① 符懋濂. 族群认同、文化认同与国家认同［N］. 新加坡联合早报，1999-12-21.
② 曾竞. 国家认同：爱国主义的内核［J］. 辽宁行政学院学报，2012（02）.
③ 门洪华. 全球化与中国国家认同［N］. 中国社会科学报，2013-07-26.

是制度认同。从客观的血缘纽带与族裔身份认同，到主观地建构起一种基于特定的政治、经济、社会制度而产生的对于某一政治共同体的主动归属感，这是一种层次上的向前推进。事实上，这三个层面通常汇合在一起，但可能以某个层面为主要依据，再辅之以其他层面的支持。①

学者杜兰晓认为，国家认同是指国家成员对所属国家的历史文化传统、国家主权、政治道路、道德价值观念等的认同。当代中国大学生的国家认同主要包含祖国认同、制度认同、道路认同、理论认同四个维度。②

学者吴玉军认为，国家认同感的建构，需要从制度、文化、民族不同层面进行，政治（制度）认同、文化认同和民族认同构成了国家认同不可或缺的三个基本维度。③

学者殷冬水认为，国家认同包括主体维度、时间维度、空间维度、权力维度四个维度。主体维度的国家认同关注的是"我们是谁"。时间维度的国家认同关注的是"我们从哪里来到哪里去"，关注的是国家的过去、现在和未来之间的纵向联系，研究的是集体记忆与国家认同之间的关系，探讨的是国家如何用历史书写和历史叙事来创造合法性。空间维度的国家认同关注的是国家认同的地理因素，研究的是人与领土之间的关系，关注的是人对国家领土的情感，探究的是领土对人的意义。权力维度的国家认同反映的是公民对代表国家的政治权力机构及其行为的态度、情感和评价。

还有学者认为，国家认同可分为公民对国家的政治认同、文化认同、社会认同、经济认同以及国家地理认同五个方面。④另有学者认为，从内容上来看，国家认同可以分为三个层面：文化认同、民族认同和政治认同。

还有学者认为，国家认同含有比较多的文化成分，不全然是纯粹政治的含义，同时也有历史传统的内涵。李素华等学者也认为，国家认同所包含的因素不仅有政治方面，而且有历史、传统、文化、民族等很多其他因素。⑤

---

① 江宜桦. 自由主义、民族主义与国家认同［M］. 台北：扬智文化事业股份有限公司，1998. 15.
② 杜兰晓. 大学生国家认同的四维内涵［N］. 光明日报，2014-02-26.
③ 吴玉军. 论国家认同的基本内涵［J］. 中国特色社会主义研究，2015（01）.
④ 殷冬水. 论国家认同的四个维度［J］. 南京社会科学，2016（05）.
⑤ 李素华. 对政治认同的功能和资源分析［D］. 复旦大学，2005.

综合以上学者的观点，笔者认为，国家认同包含的内容非常丰富。对于一个国家而言，政治是核，文化是魂，历史传统是根，语言是壳。共同的历史传统、文化符号、政治体制、语言文字等是保障国家认同的重要构成性因素。国家认同不仅包含政治成分，同时具有文化成分，不仅表现为公民对国家的归属感，还体现为公民对国家的文化、历史、语言、传统的尊重和认可，对国家制度、法律法规、政策的支持和服从。由此，国家认同的维度主要包括：政治认同、文化认同、历史认同、语言认同。政治认同、文化认同、历史认同、语言认同都是国家认同的重要层面，离开了对本国的政治认同、文化认同、历史认同、语言认同，就谈不上国家认同，也就更谈不上对国家的热爱了。对于中国这样一个有着悠久历史的多民族国家而言，政治认同是国家认同的关键，文化认同是国家认同的核心，历史认同是国家认同的根基，语言认同是国家认同的基础。

一、政治认同：国家认同的关键

政治认同是现代民主政治中的一个重要概念。一般认为，政治认同最早由美国政治学家威尔特·罗森堡姆（Wilt Rosenberg）提出。罗森堡姆在1976年出版的《政治文化》一书中指出："政治认同，是指一个人感觉他属于什么政治单位（国家、民族、城镇、区域）、地理区域和团体，在某些重要的主观意识上，这是他自己的社会认同的一部分，特别地，这些认同包括那些他感觉要强烈效忠、尽义务或责任的单位和团体。"[①]

《中国大百科全书·政治学卷》对"政治认同"作出了如下解释："人们在社会政治生活中产生一种感情和意识上的归属感。它与人们的心理活动有密切的关系。在政治社会化过程中，人们依据一定的政治态度、政治目标确定自己的身份，把自己看作是某一政党的成员、某一政治过程的参与者或某一政治信念的追求者等等，并自觉以组织及过程的要求来规范自己的政治行为，与这个政治组织保持一致，支持这个组织的路线、方针、政策，这就是政治认同。"[②]政治认同的对象多种多样，主要有国家、阶级、政党，此外还有政治理想、政治制度、政策法规等。为此，政治认

---

① ［美］威尔特·罗森堡姆. 政治文化［M］. 陈鸿瑜，译. 台北：桂冠图书有限公司，1984. 6.

② 中国大百科全书编辑委员会. 中国大百科全书·政治学卷［M］. 北京：中国大百科全书出版社，1992. 501.

同往往表征了一种国家意识、阶级意识、政党意识，并通过信仰的坚定、组织的忠诚、法规的遵守来体现。[①]

我国学者马振清在《中国公民政治社会化问题研究》一书中认为："政治认同是指人们在社会政治生活中产生的一种情感和意识上的归属感，它与人们的心理活动有着密切的联系。在政治社会化过程中，人们依据一定的政治态度、政治目标确定自己的身份，把自己看作是某一政党的成员、某一政治过程的参与者或某一政治信念的追求者等等，并自觉以组织及过程的要求来规范自己的政治行为，与这个政治组织保持一致，支持这个组织的路线、方针、政策，这就是政治认同。"[②]

政治认同与国家认同虽然存在着差异，但二者也有众多的契合与联系。一般来讲，政治认同是对其国家疆域内政治共同体的认同，强烈的政治认同有利于国家认同的提升；而国家认同在某种层面上也包含了对政治共同体的认同。比如，近代以来，有了对于"中国""中华民族"的自尊与自豪感才有了对政治共同体的思考。同时，国家认同还包含了对于这个疆域内各民族的历史、文化、习俗等的强烈认同和热爱，以及对国家利益的强烈维护。[③]

政治认同是民族国家构建的核心环节，是国家认同的关键。国家的存在，政治是决定性的，政治认同是国民身份认同的决定性因素。现代国家是一种政治意义上的国家，政治认同作为现代国家认同的核心内容，在形塑一种强烈的国家认同感方面起着十分重要的作用。国家是政治共同体，国家认同在本质上是一种政治认同。国家的稳定有赖于公民的政治认同，政治认同也因此构成国家政权系统合法性的源泉。[④]国家政权系统统治的合法性依赖于公民基于内心自愿的认同、支持与服从。古希腊哲学家亚里士多德认为："一种政体如果要达到长治久安的目的，必须使全邦各部分（各阶级）的人们都能参加而且怀抱着让它存在和延续的意愿。"[⑤]这种意愿就是一种政治归属感，即政治认同。

---

① 陈茂荣. 民族认同与国家认同何以和谐共生——基于民族认同基础理论的分析 [J]. 青海民族研究，2014（02）.
② 薛中国. 关于"政治认同"的一点认识 [N]. 光明日报，2007-03-31.
③ 李永政、王李霞. 文化融合与民族大学生国家认同教育 [J]. 民族学刊，2014（01）.
④ 冯建军. 公民身份的国家认同：时代挑战与教育应答 [J]. 社会科学战线，2012（07）.
⑤ [古希腊]亚里士多德. 政治学 [M]. 吴寿彭，译. 北京：商务印书馆，1965. 88.

政治认同关涉一国的政治稳定。政治认同对于维持政治统治的合法性及一个国家的政治稳定具有重要的作用。国家是人类根本性的政治归属，也是公民最重要的政治效忠对象。政治认同是把人们组织在一起的重要凝聚力量，是政治稳定的重要前提。亨廷顿在《变化社会中的政治秩序》一书中认为，发展中国家政治稳定非常重要，但又容易出现政治上的不稳定。维护政治稳定，不能简单地靠强力手段去"维稳"，提高政治认同度是更深层次的途径。政治认同程度与政治稳定呈正相关关系。人们的政治认同度高，对政治制度有发自内心的归属感，社会稳定就更为可靠和持久。而之所以会出现不稳定，就是人们对政治价值、政治制度、基本政策不认同，从而离心离德，要求加以改变。[1]美国社会学者李普赛（Lipsey）也指出："合法性完全取决于政治系统的价值与其成员的价值是否一致而定。"[2]"如果政治系统具有能力形成并维护一种使其成员确信现有政治制度对于该社会最为恰当的信念，即具有统治的合法性。"[3]公民只有形成了对政治统治的基本认同，他们才会表现出对政治制度的自觉拥护，对政治运作的信任，对意识形态的信仰与认可。现代社会的政治认同对于一个国家、特别是对于发展中国家的社会政治稳定和发展非常重要。而对国家制度的认同构成现代政治认同最基本最稳定的因素。制度认同是公民对于国家制度框架体系的认可与支持，是国家政治合法性和政治稳定的重要前提。一旦制度认同出现危机，不仅一个政治组织、执政党缺乏必要的合法性基础，整个国家也会处于分裂和不稳定当中。[4]一种统治能够得以维持，一种制度能够得以延续，在很大程度上取决于人们对该统治的认可和接受程度。一个人只有在产生认同感的基础上，才能对一个政治组织或一种政治信念表现出最大的热忱和忠诚。缺乏政治认同，或政治认同出现危机，不仅会使一个政治组织、执政政党缺乏必要的合法性基础，而且整个社会也会处于分裂和不稳定当中。

二、文化认同：国家认同的核心

文化是一种复杂的整体，按照英国人类学家爱德华·伯内特·泰勒（Edward Burnett Tylor）的定义，"文化是人类所创造的一切物质财富和精神财富的统称，包括

---

① 陶文昭. 论全球化时代青年学生的政治认同［J］. 思想理论教育，2014（03）.
② 转引自胡伟. 合法性问题研究：政治学研究的新视角［J］. 政治学研究，1996（01）.
③ 李友梅. 社会认同：一种结构视野的分析［M］. 上海：上海人民出版社，2007. 14.
④ 韩震. 公民教育与国家认同［N］. 光明日报，2013-12-27.

知识、信仰、艺术、道德、法律、风俗以及作为社会成员的人所掌握和接受的任何其他的才能和习惯"①。美国社会学家戴维德·波普诺（David Pompano）认为，文化是一整套社会成员所共有的价值观、意义和物质实体。正是文化赋予了人类社会自身的特性。②

文化是国家和民族在长期历史发展过程中沉积下来的精神产品，是国家和民族的血脉、灵魂和品格，是一个民族和国家区别于其他民族和国家的基本特质和身份象征。在一定民族地域内形成和发展起来的共同文化传统，塑造了该民族成员的共同个性、行为模式、心理倾向和精神结构，并表现为一定的民族心理或我们通常所说的国民性。

文化与认同之间是辩证互动的关系。文化本身就是认同的产物，但文化又可以进一步深化认同。认同是文化固有的基本功能之一。拥有共同的文化，往往是民族认同、社会认同的基础。文化具有超越时空的稳定性和极强的凝聚力，一个民族的文化模式一旦形成，必然会持久地支配每个社会成员的思想和行为。文化是一个民族的灵魂，也是国家认同意识的渊源。"一个民族的生命轨迹实质上是它的文化的生命轨迹。民族的凝聚力、融合力和立于世界的能力，说到底都是文化的生命力。"③文化对国家认同可以从两个方面来起作用：对个体而言，文化可以为人们提供有意义的价值选择；对群体而言，文化可以起到社会整合和社会导向的作用。文化是价值系统最核心的部分，重塑核心价值，主流文化建设自然是必须的。④

文化认同是指对人们之间或个人同群体之间的共同文化的确认。使用相同的文化符号、遵循共同的文化理念、秉承共有的思维模式和行为规范，是文化认同的依据。⑤涂尔干将文化认同看作"集体良知"，是民族、国家的一种文化心态，是将一个共同体中不同的个人团结起来的内在凝聚力。……是形成国家，建立国家和现代

---

① ［英］E. B. 泰勒. 原始文化［M］. 连树声，译. 上海：上海文艺出版社，1992. 1.
② ［美］戴维德·波普诺. 社会学［M］. 刘云德等，译. 沈阳：辽宁人民出版社，1988. 120.
③ 赵秋生、贾鼎. 统一战线视域中的国家认同［J］. 河北师范大学学报（哲学社会科学版），2010（05）.
④ ［加］威尔·金利卡. 多元文化的公民身份——一种自由主义的少数群体权利理论［M］. 马莉、张昌耀，译. 北京：中央民族大学出版社，2009. 121.
⑤ 崔新建. 文化认同及其根源［J］. 北京师范大学学报（社会科学版），2004（04）.

化、民主政治过程的政治资源。①亨廷顿认为，"文化认同"回答的是"我们是谁"的问题。不同民族的人常以对他们来说最有意义的事物来回答"我们是谁"，即用"祖先、宗教、语言、历史、价值、习俗和体制来界定自己"，并以某种象征物作为标志来表示自己的文化认同，如旗帜、十字架、新月形甚至头盖等。亨廷顿认为"文化认同对于大多数人来说是最有意义的东西"②。

文化认同是维系国家认同的核心要素。国家认同是一个多面向的概念，每个人认同国家的理由各不相同，但是国家认同首先建立在文化基础上。法国作家罗曼·罗兰（Roman Roland）认为，一个民族的政治生活只是它生命的浮面，一个民族的文化才是它内在的生命和各种行动的源泉，因为文化反映了人们的思想热情和理想。③文化是维持一个国家和民族的精神纽带，是民族凝聚力和国家向心力的动力之源，是国家认同最深厚的心理基础。文化认同是一个国家或民族生存与发展最不可或缺的基础。文化认同是培育社会成员国家统一意识的深层基础，是统一国家公民认同存在的根基，也是国家认同的核心要素，是联结国家认同与公民认同的桥梁和纽带，强烈的文化认同可以加固公民认同，增强国家认同。文化认同一旦形成，再上升到国家层面上就更容易使国家获得并保持这种合法性存在，因为文化认同与意识形态认同是可以相契合的，国家适当合理的介入能强化意识形态认同，从而维护国家的合法性。相反，文化认同的削弱将会导致公民认同和国家认同的弱化。倘若失去了文化认同，公民认同将不复存在，国家认同也难以稳固。

文化认同是保障国家安全的重要机制。国家认同的形成总是需要各种资源和支撑的，与其他认同方式相比，文化认同具有其独特的优势。文化认同对于维护国家安全统一具有特殊的功能：标识民族特性，塑造认同心理。国家认同的本质是一种文化心理、文化认同。使用相同的文化符号、遵循共同的文化理念、秉承共有的思维模式和行为规范，是文化认同的依据。国家的安全统一固然取决于强大的政治实

---

① 宁德业、周磊、张珊. 增进民族文化认同：提升文化软实力的硬要求［J］. 理论导刊，2014（02）.

② ［美］塞缪尔·亨廷顿. 文明的冲突与世界秩序的重建［M］. 周琪、刘绯、张立平、王圆，译. 北京：新华出版社，2002. 6.

③ 宁德业、周磊、张珊. 增进民族文化认同：提升文化软实力的硬要求［J］. 理论导刊，2014（02）.

力、经济实力、军事实力，但文化认同作为国家安全统一的软实力，是物质力量无法替代的，它是一种更为基础性、稳定性、深层次的战略要素。文化认同始终是维系社会秩序的"黏合剂"，是民族凝聚力和国家向心力的动力源泉，是国家认同最深厚的基础。①文化认同能凝聚人心、统一思想、协调行动，从而产生强大的力量，加强民族团结和维系国家的长治久安。②《左传·昭公元年》中有"国与天下，有与立焉"的说法，意谓一个国家、一个民族要立足于世界，必有其足以立国兴邦的根基、心理及精神的凝聚力、感召力。这个根基或心理的、精神的感召力、凝聚力，实际上就是一个民族文化的认同或身份认同。一旦失去了这种认同，则将国之不国矣。这也就是章太炎所谓的"人无自觉，即为他人陵轹；民族无自觉，即为他民族陵轹"。这里所谓的"自觉"，当然是指国学的自觉、文化的自觉。③文化认同实质是一种"自我认同"。章太炎说："对于本国文化，相与尊重发扬之，则虽一时不幸而至山河易色，终必有复兴之一日，设使国民鄙夷史乘，蔑弃本国文化，则真迷失本性，万劫不复矣！"从这个意义上讲，文化认同就是以柔克刚的军队，文化认同就是最坚固的"国防"。

　　文化认同是国家软实力的重要支撑，是构建国家认同的关键环节。在人类历史进程中，同一民族通常都具有共同的精神结构、价值系统、心理特征和行为模式，人们正是在这种共同的文化背景中，获得了归属感和认同感。文化代表着国家的身份和民族形象，相比政治与经济，其产生的吸引力和影响力更为持久，它将日益成为国家软实力竞争的重要组成部分。哈佛大学著名教授约瑟夫·奈（Joseph Nye）最早提出"软实力"的概念。在20世纪90年代初，他将"软实力"定义为美国拥有的除军事实力和经济实力之外影响国际政治和经济事务的能力，后来他又将"软实力"进一步发展为一种与硬实力相对应而存在的国家力量，这种"软力量"以美国文化、政治理念为资源，是一种通过吸引而非强迫或收买的方式来达到自己政治目的的能力。由此可见，"软实力"的强大固然离不开硬实力的基础，但最为突出地体现于一个国家自身的文化魅力中。文化是"软实力"的一个重要源泉。文化软实力是相对

---

① 门洪华. 全球化与中国国家认同［N］. 中国社会科学报，2013-07-26.
② 闫帅旗、杨月和. 文化认同：新时期国家认同建构中的重要向度［J］. 法制与社会，2010（25）.
③ 李中华. 国学、国学热与文化认同［J］. 北京行政学院学报，2007（03）.

于硬实力来说的，是指该国传统文化、价值观念、意识形态等文化因素对内发挥的凝聚力、动员力、精神动力和对外产生的渗透力、吸引力和说服力。文化认同是建构国家软实力的重要维度，是维护国家文化安全的"保护伞"。对一个国家来说，除了物质力量、国防力量之外，另外一个能够改变国家间力量对比关系的就是文化。一个国家不仅要有足够的物质力量、军事实力保卫其疆土安全，还要有足够的精神力量、文化实力保障其文化精神领土的神圣性。[①]

　　文化认同是全球化的又一重要预设。在经济全球化背景下，文化因素的作用越来越突出，成为国家核心利益的一部分。经济全球化趋势的加剧，使文化认同问题本身也凸显为一个普遍的全球性问题。全球化、现代性、文化认同是一个密切相关的问题逻辑链。无论是"文明冲突论"还是"历史终结论"都是基于这种认同危机而提出的。在全球化时代，民族国家都有文化认同和身份建构的需要。民族国家必须通过其历史、语言、伦理、习俗、精神价值的认同，促进国家的发展，维护国家的统一。文化认同涉及文化自主和主权的完整行使，它是同民族国家主权和利益等基本价值诉求联系在一起的。亨廷顿在《文明的冲突与世界秩序的重建》与《我们是谁？——美国国家特性面临的挑战》两书中，分别从"认同与文明"走向"认同与安全"，把眼光从"冷战"后多元文化发展态势转向了美国自身的"认同危机"。亨廷顿在书中用"文明的冲突"模式强调文化在塑造全球政治中的主要作用，唤起了人们对文化因素的注意，因为全世界的人们正在根据文化来重新界定自己的认同。[②]亨廷顿在书中明确指出，"美国应该发扬盎格鲁—新教的文化、传统和价值观，这是美国的根本'特性'，否则美国就有分化和衰落的危险"。这说明，文化构成了美国最根本的内在因素，成为"文化自我"，对这种文化自我的认同，成长出独特的美国；如果美国失去了自身特有的民族文化认同，那么美国也不再是一个完整的美国。可见，民族文化认同的缺乏往往是造成安全威胁的开始，诸多安全问题的凸显或多或少与民族文化认同的缺失有关。何止美国如此，其他民族、其他国家也不例外，对自我文化的认同，促使其产生独特的民族文化，维系着民族的存在和发展，

---

① 胡惠林. 为何要强调"国家文化安全"[J]. 人民论坛，2013（sz）.
② 张兵娟. 全球化时代的仪式传播与国家认同建构[J]. 郑州大学学报（哲学社会科学版），2010（05）.

产生着民族自身的凝聚力。① 历史上，由于民族文化认同的缺位而造成国家分裂的例子比比皆是，苏联的解体即是最好的证明。俄国曾经拥有优秀的文化传统，但在激烈的世界文化竞争中没能在继承文化传统的基础上创新民族文化，致使民族文化认同弱化，最终导致政治危机的发生。② "新的社会认同、特别是民族国家认同以及与之相关的文化认同的再生产，在很大程度上正在变为全球化条件下各个国家捍卫自身利益的最为重要和有效的武器。"③ 这是因为"认同是确定群体的符号边界、实现群体向心力的生产和再生产、确立全体的内向的合法性的必要条件"④。

三、历史认同：国家认同的根基

认同具有多种内涵，而历史认同是基本认同之一。认同是对"我是谁，我们是谁"的理解，历史认同则包含着对"我们从哪里来，我们到哪里去"的理解。德国哲学家威廉·文德尔班（Wilhelm Windelband）曾说，"人是有历史的动物"，了解历史，认同历史，是人类精神生活的固有方面。人们正是从历史中了解自己从哪里来，从历史中获得自己的民族意识和认同感；只有认识到"这是我们的历史"和"这是他们的历史"，才能产生历史认同。

历史认同是文化认同、民族认同乃至国家认同的基础。国家认同作为一种价值认同，首先是对本民族的历史和文化的认同。历史也是国家合法性的渊源，有国必定有史。民族国家属于记忆性共同体，拥有共同的历史记忆和道德传统。这种记忆是集体的记忆、历史的记忆，是国家认同的前提。历史是国家认同的精神基础，历史是国家认同的情感纽带，没有历史，认同就没有了纽带和依据。有了"历史认同"才能产生"民族认同"或"国家认同"。"历史是集体记忆的一种形式，没有这种形式，一种集体的认同感是不可能的。"⑤ 美国著名外交家亨利·阿尔弗雷德·基辛格（Henry Alfred Kissinger）在《重建的世界》一书中说："一个国家的成就只有通过共同的历史

---

① 林伟健. 国家凝聚力：从文化认同到政治认同 [J]. 广东省社会主义学院学报, 2009（03）.
② 宁德业、周磊、张珊. 增进民族文化认同：提升文化软实力的硬要求 [J]. 理论导刊, 2014（02）.
③ 李友梅. 社会认同：一种结构视野的分析 [M]. 上海：上海人民出版社, 2007. 15.
④ ［美］曼纽尔·卡斯特. 认同的力量 [M]. 曹荣湘, 译. 北京：社会科学文献出版社, 2003. 12.
⑤ ［英］德里克·希特. 公民身份——世界史、政治学与教育学中的公民理想 [M]. 郭台辉、余慧元, 译. 长春：吉林出版集团有限责任公司, 2010. 271.

意识来鉴定。这是各个国家仅有的经验，也是它们唯一能从自身学习到的经验。历史就是国家的回忆。"历史记忆是构建国家认同中最为重要的部分，承载着培养和强化民族认同感的社会功能。"没有历史，任何国家都不能享有合法的地位。"历史认同与国家兴亡和维护统一有着密切关系。历史认同是一个关乎民族命运、民族兴亡的大问题。历史文明的继承性是祖国概念形成的基础和前提。祖国观念是生活在一定地域的人们在长期的生产生活实践中形成的，是在一代代人的历史继承中延续的，它贯穿了对祖先所创造的文明成果的历史认同，隐含着继承祖先所创造的文明成果的强烈意识。"历史继承性"也是祖国观念延续和传承的内在动力，没有对历史的继承，没有对文明的历史认同，无论主权国家的认同手段多么强化、宣传多么普及，都不可能使人们产生祖国的观念。① "历史失忆必会产生'数典忘祖''认贼作父'的结果而不自知，'历史认同'发生错乱，必然会产生对民族或国家的疏离感，逐渐地也就不认为是这个民族的一分子了，可见'历史认同'之于'民族认同'具有何等重要的地位。"②

历史是一个民族的精神载体，一个国家民族精神的弘扬离不开历史认同。民族精神是以人为主体，以文化为传承的，它要通过民族的共同记忆来认定，历史用人们熟悉的语言传递着"根"的信息，在每一个同根共祖人的心中形成关联情结，进而构建为认同民族与国家的情感纽带。历史就是民族的记忆。历史以集体记忆的形式记录着一个民族的由来。历史孕育了一个国家的文化传统，建构了一个国家特有的精神符号和意义象征。黑格尔曾说："历史对于一个民族永远是非常重要的，因为他们依靠历史，才能够意识到他们自己的'精神'表现在'法律''礼节''风俗'和'事功'上的发展行程。"③没有丰厚的历史底蕴作为基础，民族精神就成为无源之水、无本之木。恩格斯指出："历史就是我们的一切。"④历史认同的前提是保留"历史记忆"，一个历史失忆的民族是不可能产生历史认同及其基础上的文化认同、民族认同等其他认同的。一旦记忆消失，集体向心力、民族凝聚力、爱国情操、民族精神也

---

① 曾竞. 国家认同：爱国主义的内核［J］. 辽宁行政学院学报，2012（02）.

② 王仲孚. 历史认同与民族认同［J］. 历史教学问题，2001（01）.

③ ［德］黑格尔. 历史哲学［M］. 王造时，译. 上海：生活·读书·新知三联书店，1956. 206.

④ 马克思恩格斯全集（第1卷）［M］. 北京：人民出版社，1956. 650.

会随之消失或改变。如果一个民族没有自己的文化之根，对其历史一无所知，那么这个民族的人们对其民族、国家也一定缺乏深沉之爱，缺少为之奋斗和牺牲的精神，这个民族就很难生存于世。培养国民对于国家的深厚感情，必须先使国民了解认识这个国家的历史和文化。[①]

四、语言认同：国家认同的基础

语言文字是人类用于交际和思维的最为重要的符号体系，语言文字形成和发展的历史，是人类历史演进的组成部分和缩影。语言不仅仅是一种交流工具，还是文化的载体，是人类最重要的文化资源，是文明的表现形式。

语言文字是国家认同的重要标志。国家认同的核心是文化认同，语言无疑是一个最重要的文化标志。语言记录着人类文化发展的历史，反映着社会文明进步的成果，语言是文化的有机组成部分，而且是极其重要的一部分，是延续和发展文化的工具。一个民族在长期的共同生产劳动中，因社会交流的必要性而形成或创造了属于该民族的语言。经由某民族的使用并普遍推广后的语言，无疑会加深民众之间的友谊和个体对于民族的认同情感。民族语言，既是民族之间区别的一种标志，又成为民族繁荣昌盛的精神纽带。尤其是那些发展成熟的语言，成为了自我认同的根本要素，"才是建立一条无形的、比地域性更少专横性、比种族性更少排外性的民族边界的根本要素"。为此，语言作为民族识别的一个标准有其特殊的意义。即使一个人会因诸多原因离开故土漂泊他乡，但母语或地方方言的痕迹总会流露在他的言语中，如同诗人贺知章诗句中"少小离家老大回，乡音无改鬓毛衰"所描述的那样。[②]

语言既是历史的文化积淀，更是民族信念与国民特性的重要组成部分。语言是一个民族最大的特征，是保持一个国家民族身份和特点的主要因素。德国哲学家约翰·戈特利布·费希特（Johann Gottlieb Fichte）在《对德意志民族的演讲》一书中，对语言与民族之间的关系做了如下描述："民族首要的、最初的、并且是真正自然的边界，毫无疑问是他们的内在边界。那些讲相同语言的人们天生就有无形的巨大吸

---

① 曾竞. 国家认同：爱国主义的内核［J］. 辽宁行政学院学报，2012（02）.
② 陈茂荣. 民族认同与国家认同何以和谐共生——基于民族认同基础理论的分析［J］. 青海民族研究，2014（02）.

引力，他们相互聚集起来，……形成不可分割的整体。"①在这里，费希特强调了语言对于民族的身份标志作用。同时，语言还是构建民族精神的基本元素。语言是一个民族的灵魂，是一个民族的标记，它承载着民族的历史与文化，真实记录了一个民族的文化踪迹，成为延续历史与未来的血脉和根植于民族灵魂与血液的文化符号。语言是民族精神的外在表现，民族的语言即民族的精神，民族的精神即民族的语言。德国语言学家威廉·洪堡特（William Humboldt）曾言："一个民族的精神特性和语言形成结合得极为密切，只要有一个方面存在，另一个方面必定能完全从中推演出来。"一个民族往往把自己全部的精神生活痕迹都珍藏在语言里，一个民族的语言总是体现着这个民族的精神。②

　　语言认同是建构和体现国家意识、表达国家情感的基本工具，对国家整合起着十分重要的作用。语言作为文化的一个方面，其重要性怎么估量也不会过分。语言是人类基础性的大众媒介，语言自然演化为某个社会全体的共同语言，这在最初的时候并没有什么明确的政治指向，但是，在现代，语言在社会的整合力量中却发挥了核心作用。世界上许多国家都非常重视本国的语言问题，对语言进行有目的、有计划、有组织的干预和管理，使之更有效地为社会服务。③比如在法国，大家都说法文，以说法文为骄傲，但是大多数人可能不知道，1789年法国大革命的时候，只有一半的法国人可以说法语；直到1871年，只有1/4的人以法语为母语，绝大部分人则操持各地的方言，不说法语。在过去的200年里，法国采取了一系列措施（包括强制性措施）推行法语。到了1989年，学校里的孩子们全部都说法语。今天的局面正是推行这些措施的结果。④世界在进入民族国家时代后，语言政策更多地成为民族及国家认同建构的手段之一。2005年1月，美国政府在其发布的《国家外语能力行动倡议书》中公开宣称："全球化和信息化使语言的功能空前拓展，语言在文化、政治、经济、科技、军事、国家安全、外交等领域的作用日趋重要。语言不仅成为国家软实力的重要组成部分，而且正在转化为硬实力。"无独有偶，英国在本世纪初也出台了

① Fichte，Johann Gottlieb. *Address to the German Nation*，[M]．New York：Harper Torch books，1968，pp. 190-191.

② 张先亮、苏珊．语言认同：通往语言和谐之路 [N]．中国社会科学报，2011-12-06.

③ 苏金智、夏中华．语言、民族与国家 [M]．北京：商务印书馆，2013．127.

④ 王绍光．国家治理与基础性国家能力 [J]．华中科技大学学报（社会科学版），2014（03）.

"国家语言战略"，法国实施了"法语国家语言战略"，亚太经合组织也推出了"英语和其他语言战略行动计划"。在澳大利亚、日本、印度尼西亚、欧盟、非洲等国家、组织和地区，也有多个立足于语言战略的专门机构和行动计划。[①]

　　综上所述，语言认同不只是简单的语言本身的认同问题，语言有助于表达民族认同感和文化认同感，它关乎民族的存亡。[②]语言是一个国家生存最后的底线，民族语言一旦消失，这个民族也就不复存在了，历史上一些民族的消亡首先是从母语的消失开始，一些国家的灭亡亦是如此。墨西哥诺贝尔奖得主奥塔维尔·帕兹（Ottavio Paz）曾经写道："一种语言死亡就代表一种人类形象也消失了。"《世界濒临消失的语种版图》一书也曾警告说："一个语种的死亡和消失，等于永远失去我们对人类思想的认知和理解的不可代替的一部分。"

---

① 唐红丽. 中国国家语言能力建设任重而事急　语言能力关涉社会发展和国家安全［N］. 中国社会科学报，2014-06-06.
② 张先亮、苏珊. 语言认同：通往语言和谐之路［N］. 中国社会科学报，2011-12-06.

第二章　全球化对国家认同的挑战

第一节　全球化对国家认同的挑战

国家在形成与发展的过程中总会面临各种挑战，因此对国家的归属感和忠诚感会受到来自各方面的诱惑和影响。①认同危机通常是民族国家建立时遇到的第一个危机。历史上，这种认同危机在17和18世纪欧洲民族国家形成的时候曾经达到过鼎峰。历史的长河流淌到20世纪90年代，由于全球经济的发展、网络通信和交通条件的极大改善、移民的增多、冷战的终结和苏联政治经济体制的结束，较大的政治群体和联合体从上面对民族国家构成挑战，较小的文化群体则从下面对民族国家形成威胁，人类又出现了全球范围的认同危机。②从政治发展的角度看，无论是发达国家，还是发展中国家，在当下都不同程度地遭受国家认同的危机。正如安东尼·吉登斯所言："今天的民族分化比过去任何一个时代都要严重，全球化并非如你所想象的那样带来的只是民族的统一。全球时代是不同民族、不同文化共同体的新的艰难时代。"③

关于全球化与国家认同的关系问题，学术界近十年来已多有论述，并产生了不少研究成果。大体而言，可归纳为如下两种观点：一是"切割论"，即认为民族国家在全球化时代已经落伍，个体应当放弃对国家的认同，转移到对世界性组织或者普世价值的认同。例如日本学者大前研一所著的《无边的世界》《民族国家的终结》就是这种观点的典型代表。同时，这种观点在世界主义（cosmopolitanism）思潮那里也有诸多体现。二是"维系论"，即面对全球化浪潮的冲击，重新肯定民族国家的重要性，重建公民与民族国家的强固关联。这种观点在许多国家主义者或者文化论者那

① 郭艳. 意识形态、国家认同与苏联解体［J］. 西伯利亚研究，2008（08）.
② 吕芳. 北京部分高校大学生国家认同的调查与分析［J］. 政治学研究，2010（04）.
③ ［英］安东尼·吉登斯. 全球时代的民族国家［M］. 郭忠华，译. 南京：江苏人民出版社，2010. 11.

里表现得比较明显，比如英国思想家戴维·米勒（David Miller）所写的《公民身份与国家认同》等。①

无论学者们如何论述全球化与国家认同的关系问题，有一点是毋庸置疑的，那就是全球化是解构国家认同、威胁国家安全的重要因素，全球化给人们的国家认同带来了较大影响。即在全球化时代，人们在国家认同方面发生了一些变化，次国家认同和跨国认同不断冲击着原来人们对国家的认同。

一、全球化挑战政治认同

当今时代，全球化已成为不可阻挡的世界潮流。在全球化浪潮中，中国也不可避免地被卷入其中。众所周知，一个国家政治体系的合法性和稳定性在很大程度上来自于一定的政治文化支持。但是，在经济全球化进程中，国家政治体系的稳定和文化支持都面临着巨大的挑战。

西方政治文化对社会主义政治文化的冲击。国家认同是人类社会中具有核心意义的政治认同，它是公民政治支持、政治服从、政治忠诚和政治归属的基础。20世纪90年代迅猛推进的全球化，给人类的政治、社会和文化生活带来了剧烈的震荡和变化，影响着人们的政治思维方式，瓦解着传统的社会基础，导致了许多发展中国家的政治认同呈现出新的发展趋向。西方国家打着全球化的幌子，对发展中国家的政治主权、经济主权、信息安全、文化安全进行威胁和蚕食，其根本目的还是为了自己的国家利益。当前中国处于现代化转型时期，社会面临双重压力，政治认同矛盾不断凸显。

全球化背景下各种思潮的兴起，对中国的政治认同带来一定的冲击。在全球化过程中，西方社会的影响占据主导地位，西方国家的话语权及影响力在增强。在这样一种世界格局中，西方社会依靠其强大的经济和军事实力，也在不断强化其在政治和文化中的话语霸权，特别是西方社会在极力推进政治制度和文化的单一化过程中，对于中国而言，所面临的其实是外来政治文化的冲击，或政治文化的多元化。②一方面，全球化进程对民族国家根深蒂固的制度、传统、文化、价值产生了强烈冲击，有时甚至直接影响到国民的身份和利益，从而使许多国民产生出一种无所适从

---

① 郭忠华. 全球化进程中国家认同的三种走向［N］. 中国社会科学报，2013-07-27.
② 陆益龙、邢朝国. 文化多元化与社会认同［R］. 中国人民大学中国社会发展报告，2009.

的感觉，这必然导致人们对传统的民族、国家观念进行重新思考，新的国家主权观（如民族国家终结论、国家主权过时论、国家主权弱化论、国家主权多元论、国家主权强化论、世界政府论、新帝国主义论、新帝国论）①对民族国家的领土、主权和公民认同构成了挑战，容易诱发文化理念上的"全球主义"和所谓的全球认同，引发对民族和国家的认同危机。另一方面，全球化进程使得更多先进的价值、文化和制度具有超越民族国家的普遍性，日益获得各国人民的认可和接受，开始出现一种所谓的全球认同。随着经济全球化的发展，"国家"和"民族"的认同越来越淡化，而一种新的"全球认同"则在慢慢取代传统的国家认同。

在全球化时代，社会主义和资本主义意识形态的对立仍然存在，西方国家凭借在经济、政治、文化上的主导权，确立其在意识形态上的话语权。随着西方政治、经济、文化等霸权在发展中国家和后殖民国家的逐步加强，强劲的政治攻势与裹挟在法治、民主、人权里的政治思想、政治观点和政治信仰，既明目张胆地大力鼓吹，又潜移默化地缓慢渗透。西方某些发达国家还利用全球化的经济浪潮推销自己的政治理念，甚至将全球化自身当作一种特殊的意识形态，宣扬全球化就等于资本主义化，甚至就等于美国式的资本主义，认为只有资本主义制度才是最适合经济发展和人类本性的制度安排。西方国家通过各种手段输入西方意识形态的价值观念，企图瓦解社会主义意识形态，造成社会主义意识形态认同的危机，从而颠覆社会主义国家政权。当强势的西方政治文化与资本在发展中国家扎根后，便对发展中国家人们的思想产生侵蚀作用，致使我们已经坚持的政治认同开始动摇并可能被新的认同所替代或置换，从而构成对国家认同的危机。②

在全球化背景下，中国国家政治制度的稳定和国内政治生活的独立受到了越来越频繁的外来干涉。美国和西方国家以经济全球化的名义，提出一些新的全球政治规则，并自封为人权卫道士，对其他国家实行人道主义干涉，其核心是推翻国家主权原则。③尤其是近年来，以美国为首的西方国家常常打着"民主""自由"和"人权"的幌子，对中国的政治制度和意识形态横加指责和攻击，千方百计将中国"妖魔

① 俞可平. 论全球化与国家主权 [J]. 马克思主义与现实，2004（01）.
② 陈茂荣. 全球化背景下多民族国家的国家认同危机 [J]. 中南民族大学学报（人文社会科学版），2012（05）.
③ 冯向辉. 论全球文化形成中的文化认同与冲突 [J]. 社会科学战线，2007（01）.

化",从而达到西化和分化中国的目的。美国和西方国家把中国存在的一切问题都归结于中国的社会制度和价值观念的所谓弊端,归结于所谓的共产主义"暴政"和"独裁",而且在所谓的异见人士、"法轮功"、西藏、台湾等问题上制造了一波又一波的反华狂潮。这已充分说明他们为了颠覆中国的社会制度是无所不用其极的。①在全球化背景下,西方外来文化、生活方式、价值观念对我国公民的政治认同形成了冲击。消极糟粕文化的侵害,都将直接影响我们的民族心理和文化根基,会使我国的意识形态处于"认同危机"之中,从而动摇社会主义必胜的信念。

二、全球化挑战文化认同

全球化是一个经济、政治、文化等因素相互渗透、相互影响的过程,在这种相互影响和相互渗透中,必然会给民族国家的文化传统带来影响。②全球化作为一种现象,不只是经济领域的产品和资本的跨国流动,而且也是文化意义上的技术-信息的全球扩散。全球化浪潮对人类的社会生活产生了极其深刻的影响。这种影响表现在文化上,就在于全球化一方面促成了全球范围内引人瞩目的国家认同,另一方面也在世界上引起了普遍而激烈的文化冲突。全球化中这一普遍而奇异的矛盾现象本身就构成了全球化运动的一个重要方面。③

（一）西方文化对中国传统文化的挑战

在全球化背景下,交流过程是不平等的,西方文化和其他民族文化在世界体系中的势能是不同的。在经济全球化条件下,经济上的优势衍生出文化上的优势,经济上的强权衍生出文化上的强权,西方文化在全球文化的交流中具有明显优势。西方发达国家掌控着全球经济的主导权和文化的霸权。报纸、电影、电视、广告、互联网等媒体均是维护其文化霸权的强大武器。伴随经济全球化的深入,西方一些发达国家凭借其雄厚的经济实力和高科技优势,大肆推行西方的思想观念、价值标准、意识形态、社会文化,妄图把西方的价值观、意识形态、生活方式等施加给非西方国家。可以说,以美国为代表的西方社会就是凭借着经济的强势和技术上的先进、媒介的发达,通过文化工业和产品消费,来传递其价值观和生活方式的。西方价值

① 冯向辉. 论全球文化形成中的文化认同与冲突 [J]. 社会科学战线,2007（01）.
② 贾英健. 全球化与民族国家 [M]. 长沙:湖南人民出版社,2003. 291.
③ 汪信砚. 全球化中的价值认同与价值观冲突 [J]. 哲学研究,2002（11）.

观借助文化与消费产品，通过对生活方式的全方位渗透，实行"软着陆"。①正如美国著名国际关系理论学家汉斯·摩根索（Hans Morgenthau）所言"文化帝国主义的东西，是最巧妙的，并且它能单独取得成功，也是最成功的帝国主义政策，它的目的，不是征服国土，也不是控制经济生活，而是征服和控制人心，以此为手段而改变两国的强权关系"。②

在全球化过程中，西方文化的"和平入侵"必然会对部分国人的民族意识形成较大冲击。在西方文化的影响下，国人逐渐形成对西方文化的认同，从而造成人们民族意识和文化传统的日渐缺失、民族责任意识的弱化。"西方化"已严重威胁到我国社会、政治、法律等文化价值观，影响到民众对国家的忠诚和认同度。从现实情况看，西方的文化观、价值观、生活方式已渗透到我国的各个领域，非马克思主义的意识形态也有所滋长，享乐主义、拜金主义、极端个人主义在一些地方严重存在。有一些国民崇尚西方的"海洋文明""海洋文化"，全盘否定中国的"黄土文明"，成为"西化"的俘虏，民族文化和爱国主义观念在他们头脑中无形地丧失殆尽。还有一些人，受西方思潮的影响，也在极力散布"淡化意识形态"，鼓吹"意识形态多元化"和"指导思想多元化"等论调。

（二）全球化冲击我国传统价值观

全球化挑战中华民族精神。民族精神是一个民族在长期历史发展过程中形成的为本民族大多数成员所认同的价值取向、思维方式、道德规范、精神气质的总和，它反映一个民族的心理特征、文化传统、精神风貌，是一个民族赖以生存和发展的精神支柱。中华民族精神是中华民族生生不息、发展壮大的强大精神动力。随着经济全球化的发展，我国所面临的国际经济、政治格局再不是此前的割裂、分离状态，外资的大量引进、大批的人员出国以及现代传媒、网络等传播途径的迅猛发展，诸多因素对国家界限、民族文化提出了挑战，传统的民族国家经受着变革，传统的民族精神经受着新浪潮的冲击。由于经济全球化是市场经济体制的全球化，市场经济关系又是以物的依赖关系为基础的经济利益关系。由于利益动机的驱使，在价值取向上出现的舍义取利、金钱拜物教观念，在国民心态上出现的躁动化倾向和社会观

---

① 林滨. 全球化时代的价值教育［M］. 北京：人民出版社，2011. 276.
② ［英］约翰·汤姆林森. 全球化与文化［M］. 郭英健，译. 南京：南京大学出版社，2002. 120.

念上的功利化倾向，这些将直接影响国民的民族自尊心和自信心，冲击和考验中国传统的民族精神。

全球化弱化了人们的民族文化意识。民族文化特性是国家认同的重要方面，经济全球化追求市场的趋同导致了一些弱小民族的民族文化特性渐渐泯灭。虽然人民生活于国家这个共同体中，但个人已不能从国家中找到过去的记忆，于是陷入一种"文化的乡愁"，自然瓦解了国家认同的基础。例如，我国在现代化过程中，一些地方为了经济建设而毁灭了许多历史遗迹，从而也摧毁了我们培养下一代国家认同感的重要资源。①特别是信息技术和全球媒介的发展，使文化传播突破了传统的领土疆域，制造着一种越来越一致的全球意识和全球文化。在经济全球化和媒介全球化的背景下，民族文化尤其是处于弱势地位的民族国家的文化认同危机越来越成为一种严重的问题。

在全球化背景下，我国的文化认同同样面临着现代化、文化多元化的冲击。文化多元化和价值多元化使得更多先进的价值、文化和制度具有超越民族和国家的普遍性，促进人类进步和发展的世界文化日益为世界各国人民所认同和接受，在世界各国中开始出现一种所谓的全球认同趋向。各个国家广泛吸收世界优秀文化成果，各种文化交流、融合，出现了文化的多元化。与此同时，在全球化的进程中，西方的价值观、政治观、人生观、生活方式以及现代化的思想浪潮正在向全球渗透，传统的社会文化和价值观受到了强烈的冲击，出现了价值多元化。中国在社会主义精神文明及社会主义文化建设过程中，社会主义文化及意识形态虽占据着主导地位，但伴随着改革开放和市场经济的不断深化，其面对的文化多元化的冲击力也将越来越大。今天我们在文化上的被动局面，不仅影响到我们的文化权力和文化安全问题，而且已经影响到中国公民的国家认同问题。西方文化的渗透、侵蚀和输出对中国政治和社会大局的挑战，已不仅仅是文化领域的事情，而且直接关系到国家安全的战略问题。特别是在大国博弈的时代，一个国家的文化认同问题很容易被其他国家利用，成为其遏制对方发展的"撒手锏"。如果我们再不站在战略高度进行文化建设，确立自己的核心价值，我们的民族复兴、国家崛起就会受到制约，甚至可能连改革开放的经济成果也无法守住。由于中华民族文化主要由中国上下五千年的传统文化

---

① 郑富兴、高潇怡. 经济全球化与国家认同感的培养 ［J］. 教育研究与实验，2005（03）.

及马克思主义政治文化构成，所以，当前我国民族文化认同问题的凸显，主要体现在人们对中国传统文化的认同危机和对以马克思主义为指导思想的当代中国主流文化的认同危机两个方面。①

文化的核心在于能够为人们提供认同感、归属感与价值观的意义系统。文化认同既是国家认同的基础以及维系民族和国家的重要纽带，也是民族国家的"合法性"来源和国民凝聚力之所在。"文化意义上的民族身份，构成一个民族的精神世界和行为规范"，"一个民族正向的身份感，能产生强大的心理力量，给个体带来安全感、自豪感、独立意识和自我尊重。"因此，如果民族文化受到挑战或者质疑，则民族认同的范畴就会出现危机，随之而来的民族凝聚力的涣散不仅是一个民族衰微败落的征兆，更酝酿着国家危机。所以，民族文化的霸权解构的是一个民族独立自主发展所不可缺少的民族国家的"合法性"，在这种冲突中丧失的是民族利益。②因此，应对这种文化冲突，强化文化认同是最有效的措施之一。

三、全球化挑战语言认同

语言文字是一个民族的重要标志，它既是个人生存和发展的基本技能和基本素质，也是国家软实力的重要组成部分，关系到一个民族的生死存亡。母语是民族文化的根基和纽带，是一个民族的精神家园。汉语母语对所有中国人来说，其重要性永远是要超过外语的。我国母语教育具有优秀的传统，但是，随着全球化的不断深入，在西方强势文化的冲击和当前社会实用至上功利主义等因素的影响下，外语特别是英语备受宠爱，而汉语却越来越不被重视。汉语作为母语在我国的学校教育中面临着一系列问题，我国的母语教育日益处于十分边缘化的位置，甚至一定程度上出现了人们所说的"母语危机"。

（一）重英语轻母语现象严重

1.滥用英文现象比较普遍

当下，在一些报刊、电视、网络上，"WTO""CEO""CBD""CUBA"等英文缩写语铺天盖地。一位大学教授在批评媒体滥用中英文夹杂现象时曾这样写道："APEC

---

① 宁德业、周磊、张珊．增进民族文化认同：提升文化软实力的硬要求［J］．理论导刊，2014（02）.
② 韩源．在全球化背景下维护我国的文化安全的战略思考［J］．毛泽东邓小平理论研究，2004（04）.

记者招待会后，我约了STV的记者和一群MBA、MPA研究生朋友，讨论中国加入WTO（世贸组织）后IT业对GDP的影响。读MBA的张小姐本来想去COM当CEO，但觉得IT业风险大，转而想去Nike公司。读MPA的李先生却认为加入WTO后政府职能将大有改变。随后大家相约关掉BP机，也不上Internet的QQ和BBS聊天，而是去了KTV唱卡拉OK……"事实上，该教授批评的这种现象在媒体上并不鲜见。

在一些内销商品的广告、商标、说明书中，英文标记的字体字号醒目程度大大超过中文标记，明明是草莓饮料非得取个洋名"士多啤梨"（strawberry），明明是薄脆饼干偏要叫"克力架"（cracker）；不少进口产品甚至是国产品竟然没有中文说明；一些电脑软件没有中文版，中文网页中中英文混杂。漫步街头刺激人们感官的是由各类洋招牌、洋店、外文歌曲织成的大网，亨奴、伊丽莎白、伊甸园、乔耐、梦娜、蒙妮娜、马可波罗之类披着洋装的招牌随处可见。就连一些偏僻的乡村，厕所上居然也写上了"WC"。这些洋名背后折射出的文化心理，是颇值得我们深思的。①这些现象正引起人们对母语使用的关注和忧虑。

2.学校过分偏重英语教学

世界上没有哪个国家像中国一样，将英语教学凌驾于母语教学之上。在中小学，母语地位的丧失，最现实的表现就是将英语地位无限抬高。从学校课程设置中就可以明显看出英语的地位比语文高，许多地方在小学一年级甚至幼儿园时就开始了英语教学。一些中小学还有双语教学的要求，甚至对英语的要求高过了对汉语的要求，导致相当一部分人只重视英语，而对汉语学习有所淡化。据悉，北京一些名校的小升初考试要考英语但不考语文，上海部分高校的自主招生也绕开了语文。在家中，家长给孩子请外语家教的比比皆是，但却很少听说有家长给孩子请语文家教的。大学和职称的考级、社会上的就业招聘都有英语的要求。在高校，学生汲汲于四六级英语考试，而对中文学习却漠然视之。

语文（中文）和英语（外语）这两种代表着不同文化体系的学科，在学校教育以及社会中受重视程度的巨大反差，恰好反映出当前中国文化的"失语"与国人民族文化认同感的缺失。重视英语教学，固然可以培养孩子的外语技能和跨文化交际

---

① 刘汉俊. 请尊重我们的母语 [N]. 人民日报，2004-04-20.

意识，但如果过分强调英语教育，并以牺牲母语为代价，不但会弱化学生的母语文化能力和本土的民族认同感，还会对我国传统民族文化造成很大冲击。如果孩子从小就沉浸在英语学习中，而忽视了自己的母语教育，将对孩子的国家认同感、文化认同感的形成十分不利。

3.各级考试中重英语轻汉语

目前在衡量一个人知识水准的社会评价体系中，英语被提到了至高无上的地位。举凡升学、求职以及职称评定等，都把英语作为重要的条件。一些地区的"小升初"考试，只看数学和英语成绩，语文成绩基本不作数；在中考、高考中，英语和汉语平分秋色；在许多高校，大学生必须要参加英语四级、六级考试，英语不过四级就拿不到学位，而汉语水平则无人提出要求。就连大学中与英语毫不相干的古汉语研究专业，也要考英语等级，否则便拿不到学位。在招聘中，许多单位要求求职者英语必须达到几级以上，否则免谈；工作之后，在评定职称时，不管该工作与英语的关联度如何，都要参加职称英语考试；在出国前，要参加托福、雅思等各种外语考试。总之，伴随着学生学习生涯中的各级英语考试，诸如少儿英语考试、期末考试、中考、高考、硕士研究生和博士研究生入学考试，无不一次又一次地强化着人们对英语重要性的认识。

（二）国人母语水平下降

随着全球化进程和中国改革开放步伐的加快，由于人们对英语越来越重视，使得国人的英语水平在不断提高，而母语水平却在不断下降。"汉语危机"成了最近几年媒体屡屡提及的字眼。据国内某媒体发布的数据统计，超八成受访者认为国人的汉语水平下降，存在"汉语危机"。这项有1770人参加的调查显示，83.6%的人认为现在人们的汉语应用水平在下降，其中超过半数的人表示"下降很多"。此外，60.9%的人认为当下中国存在"汉语危机"。①

1.汉语应用能力不容乐观

目前，在语言表达中，国民尤其是青少年学生语文应用能力堪忧，言之无物、词不达意、提笔忘字、汉字书写水平下降、不能顺畅与人交流等现象屡见不鲜。

汉语作为母语，在我国目前的学科教育体系中的重要地位并不明确。考试这根

---

① 黄冲. 83.6%受访者认为国人汉语应用水平下降［N］. 中国青年报，2012-01-10.

指挥棒早已经使中小学语文教育偏离了母语教育的初衷，语文教育仅仅成为升学考试的一块敲门砖。由于我国考试制度的后高中阶段没有强制性的汉语考试项目，这就使得学生不仅对汉语学习不再感兴趣，就是一些高等教育机构也没有把汉语教育当成一回事。不少院校甚至没有开设语文科目。① 母语基础的薄弱导致很多大学生缺乏基本的人文素质，沟通能力、文字表达能力欠缺。有作家撰文称，从幼儿园到中小学直至大学，学生都过多地将精力集中在学习外语上，即使许多考出"托福"和 GRE 高分的人，中文的应用能力也低得可怜，行文常常词不达意。

2009 年，一项针对大学生语言文字应用能力的测试显示，30% 的大学生语言测试不及格，68% 的大学生在 70 分以下。按照常识，对使用母语表达的人来说，经过小学、中学乃至大学的完整教育，运用母语进行基本规范的语言文字表达应是情理中的要求，甚至对报考研究生的考生来说，他们理应具备比前述水平更高的表达能力。可是，事实远没有这样乐观。

国家语言文字工作委员会的一项调查显示：65% 以上的大学生将超过 1/4 的时间用在了外语的学习上。一些博士生导师也反映：能写出文从字顺、逻辑清通论文的硕士、博士并不多，更别提错别字问题了。引用历史学家郭世佑先生的话，我们从中可以感受到高校的母语教育现况："无论是博士生在攻读学位期间所发表的学年论文或练笔作业，还是学位论文，文字表达能力每况愈下，常见文句不通，词不达意，虽名曰'文科'中人，却常使国语委屈蒙羞，有的甚至还不及一个比较像样的中学毕业生的文字表达能力，文化传承令人忧虑。"②

2.汉字书写能力不断下降

汉字是中华民族最宝贵的文化遗产，也是中华民族文化的核心。目前，随着电脑的普及，越来越多的人依靠键盘等输入工具录入文字，减少了手写汉字的机会，正确书写汉字的能力随之逐渐下降。在一些报刊、电视荧屏上，错别字时有所见，广播和电视中的错误读音时有所闻，一些地区和行业还滥用繁体字、乱造简体字等。2008 年 3 月 25 日，《北京晚报》上发表了一篇署名郑北京的《写作危机在逼近》的短文。作者对近 200 名大学生进行了一项测试，发现有 95% 以上的人打个简单的字据都

① 贾宇."中国汉字听写大会"引发文化思考［EB/OL］. http://blog.sina.com.cn/s/blog_6bef90aa0102e3si. html.

② 郭世佑. 学术规范与博士生教育［J］. 社会科学论坛，2005（03）.

会犯写错字或标点、格式不正确等错误。①《光明日报》开展的一项"汉字书写问卷调查"显示，41.52%的人经常提笔忘字，14.23%的人经常写错别字。2013年，中央电视台的《中国汉字听写大会》节目测试了成人的汉字书写能力，结果发现只有三成的人会正确书写"癞蛤蟆"，四成的人写错了"间歇"这个常用词，只有不到一半的人会写常用字"厚"。

汉字是传承中华文化的重要载体，如果未来几代人汉字书写能力持续下降，文明传承的品质就会形成缺损。汉字书写能力的下降绝不是一件小事。不会书写、提笔忘字导致了母语情感的淡化，短时间内虽看不出危机来，如果时间放长点，这种淡化对国民的心理、情感、价值的影响是致命的。②南京师范大学汉语言文学博士后郦波曾感慨："我个人认为危机已经来了。从新文化运动以来有好几次汉字危机，我觉得都是技术层面的，不是根本问题。因为从语言学的角度来讲，影响语言文化发展最关键的是民族生存状态。我们现在键盘录入和语音录入使得大家提笔忘字，其实是对母语情感的淡化。世界历史上所有文明的衰亡都伴随着她们文字的消亡，伴随着对母语情感的淡化，这是文化层面的危机。它短时间可能体现不出来，但是放在几十年甚至一两百年的时间里，它的弊端就可以体现出来。"③

3.汉语使用不规范

2010年，《中国青年报》"社会调查中心"对3269人进行的一项调查显示，在汉语使用中存在着词语贫乏（64.8%）、词语使用不当（28.6%）、行文格式不标准（27.8%）、语法错误较多（17.4%）等问题。在公开的出版物、广告、招牌、标志牌中存在许多不规范的汉语表述，政府机关、学校、公共服务行业也存在不规范使用汉语的情况。一些企业在营销活动中乱造音译词，影视作品中滥用土语、外来语，有的广告乱改成语，有些流行歌曲词不达意，有些网络语言语法混乱等。这些新问题都需要进一步规范和加强管理。④

---

① 栗洪武. 加强习字和作文训练　应对写作危机蔓延［EB/OL］. http://www.csstoday.net/xueshuzixun/guoneixinwen/85126.html.
② 中国汉字听写大会：听写的是汉字　追捧的是文化［EB/OL］. http://news.xinhuanet.com/zgjx/2013−10/12/c_132792426.htm.
③ 贾宇."中国汉字听写大会"引发文化思考［EB/OL］. http://blog.sina.com.cn/s/blog_6bef90aa0102e3si.html.
④ 本报评论员. 为祖国语言的纯洁和健康继续奋斗［N］. 人民日报，2001−06−06.

　　在出版界，一些中文书籍充斥着大量不符合汉语规范的句子，一些翻译过来的外国名著读起来很别扭，有的译者甚至不能正确使用汉语中的"的、地、得"。在2006年中央电视台的春节联欢晚会上，竟然出现了28处汉语使用错误，平均每十分钟就出现一次。据了解，《咬文嚼字》杂志公布的这28处错误，还是扣除了演员的口误和"你""您"混用、"的""地""得"不分、"哟""呦"缠夹等一般性错误。被找到的差错包括："神舟六号"误为"神州六号"，开普敦被当成了一个国家，印刷字体被说成了"书法"，"他、她、它"被不分性别或对象地乱用一气，歌词胡乱拼凑等。

　　近年来，随着互联网的普及，在网络上也出现了大量不规范的网络语言、动漫语言。这些语言一味追求时尚、新奇、刺激，正在随意地改变着母语的表达方式。时下，网络语言在学生中十分流行，一些中小学生甚至在作文中大量使用这些不规范的网络语言。曾有一则报道说，在重庆一个小学生的作文中，短短一段50余字的句子竟然出现了"GG""7饭""MM""BT""粉8稀饭"等十多个新鲜词语，文中大量的"网络语言"也让老师十分困惑。有的青少年还整天沉迷于网络语言之中，习惯了这套所谓"时髦"的表达方式，使语言变得贫乏、单调、粗俗，失去了青少年语言应有的朝气和亲和力。网络语言盛行，随意泛滥，游戏语、性语言、自造语言等任意流行，畅行无阻，防不胜防，严重地蛀蚀着汉语。在网络时代，必须有力地维护汉语的纯正性。"任其自流，无疑将会消解传统汉语的诗意和韵味，割裂汉语的文化传承脉络"，使汉语"陷入游戏和随意改写的危机之中"。①

　　毋庸置疑，在全球化时代，英语作为一种国际语言在人们的生活和工作中扮演着重要的角色，但不能就此而忽略了母语的价值。语言不仅是工具，更负载着一种文化。母语是民族的元素，是文化的符号。认同母语就是认同民族、认同民族文化。母语问题是关系到国家及民族发展的问题，是关系到民族文化的性质和去向的问题。母语危机是教育危机、民族文化危机、语言载体危机。

四、全球化时代强化国家认同的必要性

（一）认同危机与国家安全

　　认同是国家安全的一个重要参数。国家认同既涉及公民的身份认同问题，又涉

---

① 吴锡平. 拯救世界上最美丽的语言［N］. 中国教育报，2006-04-13.

及国家利益与国家安全问题。因为"国家利益来自于国家特性"[①]。在新时期,国家安全的内涵扩大了、丰富了,不再只是领土安全、主权安全,还包括信息安全、文化安全、意识形态安全等。国家认同危机是国家安全隐患的外在表现形式,是一个国家的内患。随着全球化的深入发展,民族国家已出现了普遍的认同危机。而国家认同问题的实质就是国家安全问题。国家认同与国家安全是一个问题的两个方面:对公民个体而言是认同危机,对国家共同体而言则是安全危机。

全球化是一个既带来世界文化交融,同时也带来文化裂变和矛盾冲突的动态过程。当今世界多民族国家共同面临的难题是,在多民族、多元文化共存的社会中,对政治、文化上的国家认同和民族认同之间张力的有效调适,把诸多语言、文化、种族、宗教等存在差异的族裔共同体整合到统一的多民族国家之中。纵然是已经完成了国家建构任务的西方发达国家,也同样面临着国内一些族裔共同体要求文化权利、领土自治乃至分离建国的挑战。在正视多民族国家民族认同与国家认同矛盾的基础上,正确处理民族认同与国家认同的关系,使得国内少数民族成员在其原有民族认同的基础上形成并维持超民族的国家认同,是现代国家寻求统一和发展的必由之路。

长期以来,国家认同问题一直未受到应有重视。随着东欧剧变、苏联解体而引发的第三次民族主义浪潮席卷全球,产生了20多个新的主权国家,许多国家的稳定和完整都受此影响并出现了严重问题,需要重新选择发展方向和进行自我定位。全球化进程的进一步加快也强烈冲击着传统国家主权的观念,国家认同问题的重要性日益彰显。当今世界上一些国家出现的民族主义思潮和民族分离运动,在社会意识上有一个共同特点:都是祖国认同、民族认同、文化认同、道路认同危机或危机爆发的彰显。以极端民族主义为表现形式的所谓民族认同危机,可以导致民族冲突、民族分离;以宗教极端主义为表现形式的所谓信仰认同危机,可以导致教族冲突、思想混乱;以否认现实社会制度为目标的所谓道路认同危机,可以导致社会动荡、制度演变;以独立建国为目标的所谓祖国认同危机,可以导致封疆裂土、政权更替。东欧剧变、苏联解体以及英国的北爱尔兰、加拿大的魁北克、斯里兰卡的泰米尔、土耳其和伊拉克的库尔德、西班牙的巴斯克、法国的科西嘉、俄罗斯的车臣人和菲

---

① 吕芳. 北京部分高校大学生国家认同的调查与分析 [J]. 政治学研究,2010(04).

律宾、印尼人等民族分离运动，尽管表现形式各异，内外原因各有不同，但对祖国、民族、信仰、道路认同的危机都是相同的。我国一些专家学者在寻找苏联解体的原因时认为，"没有注意到国家认同感的教育，太强调民族加盟共和国，过分突出民族"也是导致苏联解体的一个因素。①

国家认同是公民效忠国家的基础，也是爱国主义的基础。如果没有足够的国家认同，国家的政权是不稳定甚至是危险的。国家认同将在很大程度上决定国家利益的走向，从而影响外交政策等国家行为。比较政治学告诉我们，现代国家建设中的最重要问题是国家认同。国家认同对于转型国家的民主巩固来说是至关重要的，国家认同是新兴民族国家民主转型能否成功的基础性因素。②

（二）全球化时代尤其需要强化国家认同

20世纪中后期兴起的全球化浪潮，使得公民身份发生了融合、消蚀、扩展等多重变迁，从而在不同范围及不同层次上引发了身份认同问题。由于国家认同在公民身份认同谱系中居于统摄地位，因此，全球化时代的国家认同只能强化不能削弱。全球化势不可挡的发展趋势使"国家特性、国民身份危机成了一个全球的现象"③。

全球化的始作俑者和主导者是西方发达资本主义国家，他们制定了全球化的游戏规则，且操纵着全球化的进程。他们在控制经济全球化的同时，力图将其国家和民族的政治和文化价值推向全球，使之成为全人类的普遍价值。这严重冲击着其他各民族国家的主体性和特殊性，使其他各民族国家的国家认同遭受前所未有的挑战。在全球化过程中，次国家、超国家和其他一些非国家行为体的力量在上升。"次国家认同""超国家认同""全球认同"直接挑战"国家认同"，由此引发了国家安全问题。但不可否认的是，尽管全球化对国家认同造成了一定影响，但全球化并未完全消融民族国家，即使在全球化时代，主权国家或民族国家依然是国际社会的基本交往主体，民族国家仍是公民维护其合法权益最有力、最可靠的保障。无论是联合国还是欧盟，其功能和目标的实现，都需要借助于国家的力量和认可。一个国家可以越来

① 郝时远、阮西湖. 苏联民族危机与联盟解体［M］. 成都：四川民族出版社，1993. 40，60.

② 张弘. 社会转型中的国家认同：乌克兰的案例研究［J］. 俄罗斯中亚东欧研究，2010（06）.

③［美］塞缪尔·亨廷顿. 我们是谁？——美国国家特性面临的挑战［M］. 程克雄，译. 北京：新华出版社，2005. 12.

越融入世界潮流，通过全球化发展自己，但它不可能因此就放弃自己的国家利益。在全球化时代，国家内部的团结、稳定及和谐发展尤其依赖社会全体成员对国家的高度认同。全球化进程不是无需认同，恰恰更需要认同，认同危机和认同追求的存在才可能保持民族的独立性和独特的价值。国家认同在全球化时代仍有重大价值，不可轻易丢弃。只要这个世界仍是由主权国家占主导地位，维护国家安全就是各国最核心的国家利益。法国社会学家埃米尔·杜尔凯姆（Emile Durkheim）宣称，社会成员因为享有共同的信仰和价值观而联为一体。德国社会学家马克斯·韦伯（Max Weber）坚信，人类的动机和理念是变革背后的动因，思想、价值和信念具有推动转变发生的力量。各国的统治精英都高度重视塑造国民的认知和期望。美国学者罗伯特·赖克（Robert Reich）认为，在全球化时代，国家面临的主要任务"将是对付割断公民联系纽带的全球经济的离心力，赋予最有技能和洞察力的人更多财富，而使技能欠佳的人陷入日趋下降的生活水平"。也就是说，全球化时代的民族国家教育制度不仅要培养优秀的劳动力，还要对付"全球经济的离心力"①。

美国学者加布里埃尔·阿尔蒙德（Gabriel A.Almond）在《比较政治学》一书中认为，国家认同危机是困扰发展中国家合法性及政治稳定的棘手问题，毕竟"合法性意味着某种政治秩序被认可的价值"②。国家认同遭遇威胁，是世界上大多数发展中国家正在经历的事情，只不过程度有所不同而已。在全球化时代，中国作为最大的发展中国家，在迈向现代化的道路上，不可避免地也会出现与其他国家类似的情况。20世纪90年代初，美国一本专门从事中国研究的杂志曾写道："在中国面临的各种危机中，核心的危机是自性危机（Identity Crisis）。"这个自性危机就是我们必须面对的"认同危机"。美国康奈尔大学教授本尼迪克特·安德森（Benedict Anderson）在《想象的共同体》一书中曾言：中国人并不缺乏对民族的想象与认同，但他们一直缺乏有关现代民族国家体系的认知。在现实中，中国的国家认同也受到了多方面的挑战，甚至存在隐忧。对于中国这个多民族聚居的国家来说，当下公民身份、国家认同同样面临着比较复杂的情况，近年来我国相继发生的一些群体性事件，都反映出目前

---

① ［澳大利亚］菲利普·休斯. 教育与工作：两个世界的对话 ［J］. 教育展望（中文版），1998（01）.
② ［德］于尔根·哈贝马斯. 交往与社会进化 ［M］. 张博树，译. 重庆：重庆出版社，1989. 184.

我国在社会转型过程中，群体身份认同方面还存在着对公民身份认识的困惑、倒错、缺失的现象，以及对国家认同意识相对比较淡漠和模糊等一些现实问题，这些将成为推进社会主义民主政治与构建和谐社会的思想屏障。[①]

面对这一形势，中国必须加强国家认同建设，不断巩固和提升国人的国家认同水平。要增强国人的国家认同意识，中国需要作两方面的努力。一方面是体制建设。国家认同、国家制度的建设与人民存在着很大关联。国家制度必须能够向人民提供各种形式的公共福利，使得人民在感受到国家权力存在的同时，获取国家政权所带来的利益。同时，人民参与国家政权的机制也必须加紧建设。如果人民不能成为国家政权或者政治过程的有机部分，人民的国家认同感就会缺少机制的保障。另一方面就是"软件"建设，即国家认同建设。没有一种强有力的国家认同感，中国就很难崛起。在经济全球化的今天，国家内部的团结和社会稳定依赖的是社会全体成员对它的高度认同。只有实现多民族国家社会生活的和谐与稳定，才能在全球化浪潮下，在与各个国家的激烈竞争中取得一席之地。

---

① 莫红梅. 多民族国家视域下的公民身份与国家认同 [J]. 教学与研究，2010（09）.

第二节　全球化对我国青少年国家认同意识的挑战

青少年是国家的未来，是民族的希望。青少年正处在国家意识和爱国精神形成的关键阶段，青少年也是最容易受到消极因素诱导和迷惑的群体。在全球化时代，我国青少年的国家认同意识难免会受到诸多因素的影响。

一、当代青少年的国家认同状况

（一）当代中学生的国家认同状况

1.对国家政治体制的认同

政治体制一般指一个国家政府的组织结构和管理体制，在不同历史时期，不同的国家和地域，政治体制不尽相同。据相关调查表明，在我国，有部分中学生在我国国体（人民民主专政）和我国政体（人民代表大会制度）的认同上存在困惑，53.1%的中学生认同社会主义制度比资本主义制度好，8.5%的中学生表示不赞同或者很不赞同，38.4%的中学生表示说不清楚。超过半数的中学生不了解社会主义核心价值观。有29.2%的中学生认为多党制不适合中国，有37.1%的中学生认为多党制适合中国国情，还有33.7%的中学生认为对此"说不清"。出现这一状况的原因，一方面与我国当前存在的社会问题增多有关，另一方面则与当前社会思潮与文化的多元化有很大的关系。[①]在对政治问题的关注程度上，高中生更多关注自己的学习情况，对政治缺乏兴趣，参与积极性不高，而且女生比男生更不关注政治问题。

2.对国家的自豪感

2011年9月至10月，中国青少年研究中心、日本青少年研究所、韩国青少年开发院联合美国艾迪资源系统公司，开展了"中日韩美四国高中生比较研究"，对中日韩美四国高中生（普通高中1—3年级在校生）的国家意识、生活价值观、现实关注、

---

① 曾水兵、班建武、张志华. 中学生国家认同现状的调查研究［J］. 上海教育科研，2013（08）.

课余生活、留学意识、国民印象等方面进行了调查。中国的2232名高中生分别来自北京、上海、广州、大连、西安5个城市的30所中学，美国、日本、韩国各调查了1029名、2453名、2292名高中生。调查发现，中国高中生对国家发展前景充满信心，有强烈的国家自豪感。88.9%的中国高中生认为国家经济会持续发展，居四国首位，其后是韩国（71.1%）、美国（61.8%）、日本（29.3%）；90.2%的中国高中生对自己是中国人感到自豪，89.2%的美国高中生对自己是美国人感到自豪，日本（75%）和韩国（74.5%）高中生的国家自豪感相对低一些。中国高中生的国家意识在四国中最强，79.4%的中国高中生认为国家发展与个人发展息息相关，其后是韩国（53.3%）、美国（52.8%）、日本（39.4%）。80.7%的中国高中生表示"若国家遇到危机，愿为国家做任何事"，"国家兴亡，匹夫有责"的责任感深入人心，分别比美国、韩国和日本高出24.7个、35.4个和50.9个百分点。①

另据一项针对全国中学生的抽样调查发现，当前中学生的学习目的首先是为自己，其次是为父母和为国家；中学生最想从事收入高、稳定、社会地位高的职业；在中学生最崇拜的偶像中，娱乐明星居首位；当代中学生对有中国特色社会主义和共产主义的信仰占主导；中学生认为个人努力等内在因素是获得成功的最重要的因素；四成多的中学生对自己的未来感到迷茫。中学生对国家的认同度很高；对党员、团员的先锋模范作用的认同度不高；近半数中学生有当学生干部的愿望，他们更认可当学生干部对自身能力的锻炼作用；多数中学生赞同用投票选举的方式产生班干部，具有较强的民主意识；多数中学生对我国法治状况持负面评价；当代中学生的世界观基本是唯物的、科学的。②

全球化引发青少年在国家归属感问题上的矛盾性。全球化和现代性的发展使当代社会出现多样性展示、流变性呈现和断裂性改变，我国社会正面临巨大的社会转型，这使得当代青少年学生在国家归属问题上也呈现出复杂的样态。调查发现，当代中学生在与国家关系上，体现出情感上的高归属感和对国家的相对低评价之间的矛盾。例如，87.7%的中学生"为自己是一个中国人而自豪"，超过80%的学生认为

---

① 中国高中学生的优势与不足——中日韩美高中生比较研究报告［EB/OL］. http://edu.gmw.cn/2012-04/10/content_3932996.htm.
② 陈志科. 当前中学生思想政治状况的基本判断——基于2011年全国中学生思想政治状况的调查与分析［J］. 教育科学，2013（03）.

自己在国家标志——国旗、国歌面前会产生爱国情感。但是积极的情感并不一定带来积极的评价,仅有20%的中学生给予中国人的评价高于80分(总分为100分),将近30%的学生对中国人的评价分数低于60分。调查还显示,超过40%的中学生表示,如果条件允许的话,愿意移民到国外。

3.对中国传统文化的认同

2011年,天津市教育科学研究院一课题组在全国范围内开展了一次关于中学生思想道德状况的调查,调查涉及文化认同方面的内容。据调查显示,42.2%的中学生对我国传统文化很感兴趣,46.4%的人比较感兴趣,10%的人表示不感兴趣,仅有1.3%的人表示反感。由此可以看出,中学生对我国传统文化"很感兴趣"和"比较感兴趣"的近九成,说明大多数中学生对我国传统文化有较高的认同。[①]

另一项调查表明,25%的中学生认为学习《论语》是没有价值的;与传统节日相比,48%的中学生表示自己更喜欢过西方节日;与国产剧相比,58.1%的学生表示自己更喜欢看国外影视剧。[②]

(二)当代大学生的国家认同状况

1.大学生的政治认同状况

最近20多年来,教育部一直都对我国高校学生的思想政治状况进行滚动调查分析。调查工作在京、津、黑、沪、浙、赣、鲁、豫、鄂、粤、川、滇、陕、宁、新等15个省(自治区、市)和新疆生产建设兵团进行,共有146所高校25400余名学生参与了问卷调查,1080余名学生参与了座谈和访谈,同时还在上海开展了网络调查。[③]

2016年是我国大学生思想政治状况滚动调查的第25年。此次调查表明,广大高校学生对中国特色社会主义道路自信、理论自信、制度自信进一步坚定,对党和国家的未来充满信心。大学生衷心拥护党的领导,拥护社会主义制度,对全面建成小康社会和实现中华民族伟大复兴的中国梦充满信心和期待。分别有89.9%、81.0%、83.7%的学生赞同我国必须坚持走"中国特色社会主义道路""人民代表大会制度""公

---

① 陈志科. 当前中学生思想政治状况的基本判断——基于2011年全国中学生思想政治状况的调查与分析[J]. 教育科学,2013(03).
② 曾水兵、班建武、张志华. 中学生国家认同现状的调查研究[J]. 上海教育科研,2013(08).
③ 2014年高校学生思想政治状况滚动调查表明大学生思想主流积极健康向上[EB/OL]. http://www.moe.gov.cn/publicfiles/business/htmlfiles/moe/s5987/201306/152702.html.

有制为主体、多种所有制经济共同发展的基本经济制度"。95.4%的学生认可"中国特色社会主义事业进一步发展，综合国力不断增强，国际地位明显提高"。①

还有研究者对北京24所高校17—35岁的900名学生进行了问卷调查，调查涉及政治认同、文化认同、全球化认同、国家认同的影响因素等内容。其中政治认同选项包括对国旗、国徽和国歌等政治符号的认知，对"作为中国人""在国歌奏起时"的情感以及对国家实力的信任、对政策法规的评价等。通过调查发现，大学生的政治认同度非常高，有92.4%的学生在看到国旗、国徽时，"非常容易"或"容易"想到这是国家的象征；当中国运动员在国际赛事上获得奖牌，国歌奏起时，94.7%的学生觉得"非常自豪"或"自豪"；89.5%的学生觉得国家的发展与自己休戚相关。②

另一项调查发现，当代大学生的文化认同度虽然较高，但是大学生对于"国家"缺乏现实而理性的认知，对国家政治符号、政治制度的认知情况不理想；部分大学生民族主义意识激昂，认为爱国就是抵制一切外来的东西，支持国货；而另有不少大学生整日沉浸在自己的"小世界"里，如看小说、玩网络游戏、追星，以致时事新闻频道在各大学校园内的收视、收听率偏低。可见，大学生的国家认同感主要体现在情感层次上，而不是指向公共文化、政治价值等。③

2. 大学生对中国传统文化的认同状况

相关调查发现，目前大学生对于传统文化的认知状况不容乐观。在青年学生中，广泛存在着对中国传统文化认知缺乏、兴趣不浓、传统文化意识淡薄等趋向。一些青少年学生对中国的传统美德、传统节日、文学名著、诗词歌赋、成语、毛笔字等兴趣不高，但对洋文、洋节日、洋快餐、日韩明星、流行音乐、好莱坞大片、网络游戏等却倍加推崇。

2003年，重庆市组织了一项关于青少年掌握优秀传统文化现状的调查，调查共发出500份问卷，收回292份。通过对收回问卷的分析发现，被调查者对有关爱国主义的人、物、事的问题的回答平均正确率为53.92%，尤其是课本里出现的、社会上广泛流传的问题正确率高达92.47%；但对中国传统文化中有关修身养德的名言警句、

① 2016年大学生思想政治状况滚动调查表明大学生思想主流积极健康、向上向好［EB/OL］. http://www.moe.gov.cn/jyb_xwfb/gzdt_gzdt/s5987/201605/t20160531_247095.html.
② 吕芳. 北京部分高校大学生国家认同的调查与分析［J］. 政治学研究，2010（04）.
③ 张素蓉、张明秀. 论当代大学生的国家认同教育［J］. 教育评论，2013（02）.

典故等的回答平均正确率仅为24.02%，对传统处世知识的回答平均正确率为28.08%，对立志部分的中国传统文化知识的回答平均正确率为29.86%。①

2004年，《中国新闻周刊》杂志对北京大学、清华大学和中国人民大学的文理工科学生开展了一项关于"当代青年对中国传统文化的认知与态度"的调查。虽然这是一份基数较小的"不完全的"答卷，但"窥豹一斑"，可从中透露出传统文化在当代中国青年学生中的分量。调查结果显示：大学生对传统文化的认知不足、了解程度不高。当被问到"对于古代经史子集"的阅读情况时，有79%的学生回答"偶尔翻阅"，13%的学生回答"敬而远之"，表示"深恶痛绝"者有2%，只有6%的学生说"爱不释手"。而对于中国四大文学名著，回答"都看过"的仅有27%，"多次看过"的学生有15%，而"只看过其中一两部"的学生高达48%。问卷题目还考察了人们对传统艺术的喜爱、了解程度。调查显示，有42%的学生表示对于京剧或其他某个地方剧种"可以去看看"，有42%的学生表示"不感兴趣"，还有4%的人表示"非常讨厌"，只有11%的学生表示"非常喜欢"。而对于书法、国画、民族乐器（二胡、古筝等）的掌握程度，"学过点皮毛"（48%）和"一点不懂"（33%）的学生占了绝大多数，只有14%的学生"大致掌握一些"，"精通"者仅5%。这和1994年北京几家研究单位对北京青年与传统文化的调查所得出的结论大致相同：青年人对传统文化的认知、了解程度不高。②

在另一项针对当代青年学生的调查中，当问及"你对中国的历史传统、地理环境了解程度如何"，只有34.5%的学生回答"比较了解"，50.5%的学生回答"一般了解"，还有14.5%的学生回答"不太了解"。③另一项调查结果显示：在青少年群体中，22.1%的青少年学生喜欢并经常观看的电影电视片是"美国电影电视片"，9.7%的青少年学生喜欢并经常观看的电影电视片是"西欧片"，而只有17.3%的青少年学生选择"喜欢并经常观看的电影"是国产片。④

① 都进学、李必勤等. 关于新世纪青年群体掌握优秀传统文化现状的调查报告［J］. 重庆工业高等专科学校学报，2003（12）.
② 丰鸿平、杜斐然. 当代青年如何看传统［J］. 新闻周刊，2004（16）.
③ 张素蓉、张明秀. 论当代大学生的国家认同教育［J］. 教育评论，2013（02）.
④ 李晓娟、董娅. 青少年消费西方文化制品的调查［J］. 青年研究，2005（09）.

二、全球化对我国青少年国家认同意识的挑战

从以上调查可知，当代青少年国家认同总体水平较高，国家认同主流积极正面，他们有较高的爱国热情，对现实状况有较强的忧患意识，有着较强的民族自尊心、自信心、自豪感以及以振兴中华为己任的责任心和使命感。但还有一些大学生由于对中国的国情、民情、文化、历史传统不是很了解，这就使他们的国家认同缺乏牢固的根基，一旦进入社会，这种不稳定就会急剧地表现出来，或者表现为超强的民族自信，或者表现为极度的民族自卑。[①]同时，还必须看到，全球化带来的多元价值观念也导致了部分青少年政治认同观、文化认同感的混乱，部分青少年国家意识淡薄，政治意识、民族意识淡化。在全球化过程中，我国青少年还存在不同程度的国家认同危机。

（一）全球化对青少年政治认同的挑战

1.经济全球化削弱了青少年的国家意识

既然公民是国家的公民，就需要有国家观念、国家意识，国家意识是公民意识的基本要求。国家意识建立在了解祖国的基础上，包括了解祖国的历史、文化、民族、地理、政治和经济，以及祖国在世界上的地位和作用，培养公民意识的首要目标是培养忠诚祖国、具备本民族精神的公民。

全球化是一把双刃剑，它在给我们带来富裕生活和便捷交流的同时，也对传统的民族国家的权力和权威形成了新的挑战。全球化特别是信息和通信技术的发展，必然带来西方的价值观念，而其中的重视商业、追求感官享乐、个人主义等价值观将会淡化一些青年学生的理性关怀和集体观念，从而弱化他们的民族意识和国家意识。另一方面，面对西方国家的强大攻势和我国经济文化相对落后的现实，一些青少年对外国盲目崇拜，对祖国妄自菲薄，对国家与民族的前途信心不足，国家意识受到了冲击。由于经济全球化实际上受西方发达资本主义国家的引导和推动，因而以美国为首的发达国家利用经济和文化上的优势，倚仗其军事、科技实力，在谋取经济利益的同时，在全球范围内推行其强权政治，大肆宣扬西方的意识形态，甚至鼓吹全球意识、民族国家过时论，认为民族国家越来越失去原有的意义，民族意识和国家意识的存在将阻碍全球化进程，主张以全球主义取代国家主义，以全球意识

---

① 张素蓉、张明秀. 论当代大学生的国家认同教育［J］. 教育评论，2013（02）.

取代民族意识，企图使西方价值观成为全球的共同意识，使尚处于不发达阶段的民族国家成为西方国家顺从的羔羊。超越国界的全球意识认同也在很大程度上模糊了人们的主权和民族意识，它使"国家特性、国民身份危机成了一个全球的现象"，对我国部分国民尤其是青少年的国家意识形成冲击。西方国家宣扬的民主观念、全球主义、无国界意识、人权高于主权、全球民族论等观点很容易引起一些青年人的共鸣，使他们产生某种错觉，亲近西方价值观，把全球意识凌驾于国家意识之上，削弱国家民族在青年心目中的权威。

西方国家政治文化输出的一个典型行为是鼓动"颜色革命"。随着中国崛起步伐的加快，一些西方国家加紧对我国策动"颜色革命"。所谓"颜色革命"，是指21世纪以来以美国为首的西方势力策划发动的、由国内反动派组织实施的、以建立亲西方政权为目的的一系列政权更迭事件。进入21世纪以来，在西方国家的策动下，已经发生了"中亚波""西亚北非波""远东波"三个波次的"颜色革命"。每一轮"颜色革命"都指向特定国家，第一波次是俄罗斯，第二波次是伊朗，第三波次则是中国。美国前国务卿希拉里曾放言，要把阿拉伯之春引入中国。事实已经证明，2008年西藏发生的"3.14"事件、2011年发生在北京王府井的"茉莉花革命"、2014年在中国香港发生的"占中事件"，实际上就是中国版的"颜色革命"。[1]"颜色革命"在某种意义上可以说是西方国家在全球化时代所进行的文化战。这种新的文化战与文化冷战不同，文化冷战是意识形态和文化之间的交锋，而"颜色革命"是以文化颠覆政权，是一种文化软战争。[2]

目前，曾在独联体国家"颜色革命"中发挥重要作用的一些美国非政府组织（如"索罗斯基金会""民主基金会""欧亚基金会"等）已开始进入中国。这些西方组织利用传统媒体扩大其影响力，进行思想渗透，千方百计地削弱中国主流舆论的影响；利用互联网等新兴媒体，与中国争夺思想文化阵地；利用其发达的文化产业，冲击中国的文化市场，实施思想文化渗透；利用某些社会敏感问题，造谣污蔑，恶意炒作，攻击中国的政治制度，歪曲和贬损中国共产党的历史，丑化中国党和政府

---

[1] 颜旭. 当前我国意识形态安全面临的主要威胁与对策 [J]. 中国井冈山干部学院学报，2015（06）.

[2] 张小平. 清醒认识西方的文化输出 [EB/OL]. http://www.ahfao.gov.cn/news/NewsDetails.aspx?Id=9633.

的形象；曲解、丑化、淡化中华民族文化传统，消解中华民族的凝聚力，等等。此外，一些境外非政府组织来华人员，广泛搜罗中国国内问题和社会矛盾，打着"扶贫""技术开发"等幌子进行渗透。他们期望依靠这些手段，能对中国的国家和民族产生不可估量的破坏力。由此观之，对抗"颜色革命"、避免国家和民族沦为西方的附庸，已成为中国人必须面临的挑战。①

西方意识形态向全世界渗透，就连西方学者也毫不回避。美国中情局曾经提出："尽量用物质来引诱和败坏他们的青年，鼓励他们藐视、鄙视、公开反对他们原来所受的思想教育，特别是共产主义教条。""一定要尽一切可能，做好传播工作，包括电影、书籍、电视、无线电等……和新式的宗教传播。""一定要把他们青年的注意力，从以政府为中心的传统引开。"

2.全球化冲击青少年的政治信仰

经济全球化对于中国这样一个发展中国家来说，既是机遇又是挑战。这种挑战主要是对国家主流意识形态的挑战。长期以来，西方敌对势力对我国的和平演变阴谋从来没有停止过。互联网已经成为西方某些国家对其他国家青年一代进行意识形态渗透的最佳工具。全球性网络空间战的组织形态是互联网，特别是社交媒体、博客、微博和短信等信息联络与传递渠道；全球性信息空间战的组织形式是CNN（美国有线电视新闻网）、《华尔街日报》、好莱坞大片等，其作用是思想观念的放大器；全球性思想空间战的组织形式是非政府组织、大学、智库、基金会、宗教团体，其功能是策划和生产各种思想观念。以美国为首的西方国家从来就没有放松过对我国进行政治渗透，他们凭借着在经济、科技和军事领域的优势，凭借其信息时代、网络时代、新媒体时代的技术优势和文化产品，传播西方资产阶级思潮，肆意歪曲社会主义意识形态，加紧实施西化、分化和"和平演变"战略。美国中情局臭名昭著的《十条诫令》就明确地把工作重点指向青年学生和民族群众，利用抹黑党和国家领导人形象、鼓吹西式民主价值观、挑拨民族关系，实现民族对立和国家分裂。这些做法挑战着民众对政府与执政党的政治合法性认同，在一定程度上冲击了大学生的政治信仰，以致极少数大学生把西方国家推崇的资本主义普世价值当成世界各国通用的"真理"，他们信奉外来主义思潮的"趋同论"，主张做"世界公民"。

---

① 王梦. 索罗斯基金会与"颜色革命"[J]. 俄罗斯中亚东欧研究，2011（06）.

　　大学校园是东西方文化的交会点，境外大量反动信息通过网络、书刊等形式向校园传播，将出现问题的原因全部归结为中国现行政治体制和领导体制的必然结果，否定党的领导和社会主义制度，动摇社会主义信念，使部分学生只看到西方政治的外表，却没看到其背后权钱交易的制度实质。[①]西方思想文化的不断渗透，使部分学生出现了所谓的"信仰危机"，人生观和价值观被西方文化观念同化，动摇了马克思主义思想基础。这种信仰危机使学生对自己、对社会失去信心，给思想政治教育带来了极大的负面影响。[②]在我国改革开放中成长起来的大学生，虽然绝大多数对坚持社会主义道路表现出极大的认同，但他们也对民主社会主义、历史虚无主义、新自由主义、宪政民主等西方非马克思主义社会思潮产生了极大的兴趣，再加上不能客观地、正确地认识社会主义建设过程中出现的一些社会矛盾，部分学生对走中国特色社会主义道路存在疑虑，信心不足，以致出现了理想迷失、精神支柱倾斜等现象。一些学生在一定程度上产生了对马克思主义的信仰危机，对社会主义制度产生了不同程度的思想动摇，对中国共产党执政能力和政党合法性问题提出了质疑，对政府运作绩效也抱有某种程度的疑虑，在公共生活中虚假认同与政治冷漠现象严重，政治认同危机逐步凸显。由于我国是发展中国家，国家建设、政治制度的民主化程度和物质生活水平较西方国家仍有很大差距，这让一些大学生丧失了对国家的认同度，丧失了对本民族的自豪感、自信心和自尊心。[③]

　　全球化不仅带来了全球性生产，还带来了全球性消费。正是这种全球消费主义带来了消费文化的产生，改变了个别民族国家的生活方式并使之趋同化。全球性消费文化使青年一代淡忘了自己的政治责任，淡化了政治身份的认同。这种全球化改变了青少年对自己民族国家的现实、历史、地理感的形象，也改变了自己的存在形式和形象，自然也改变了其对所在国家形象的认识和接受。全球消费主义网络中，青少年对民族国家的虚无主义态度，降低了其政治认同感。1997年，公民学专家向澳大利亚政府提供了一份报告，报告指出：澳大利亚人尤其是澳大利亚年轻人对国

---

① 崔烨. 西方文化渗透的规避与应对——浅谈大学生思想政治教育工作［J］. 人民论坛，2012（36）.
② 崔烨. 西方文化渗透的规避与应对——浅谈大学生思想政治教育工作［J］. 人民论坛，2012（36）.
③ 张怀重. 加强大学生政治认同教育的探析［J］. 社科纵横（新理论版），2008（06）.

家宪法、政治制度和程序以及公民责任知之甚少，同时其他调查也表明很多澳大利亚青年和老人对政治制度表现出"日趋幻灭、不满和疏远"。该问题不仅是澳大利亚的问题，也是全球化时代各个民族国家所面临的共同问题，即全球化的消费主义和享乐主义消解了各个民族国家成员尤其是青年人的政治责任认同。[①]在我国，西方社会的生活方式、道德观、价值观等往往被一些学生无意识地模仿或接受，并逐渐由浅层次上的文化消费发展成深层次上的政治认同，由感性欣赏变为理性追求，不加抵制地接受西方文化，从而使他们的世界观、人生观、价值观发生扭曲和错位，政治意识淡化，缺少"天下兴亡，匹夫有责"的认识，缺乏为祖国前途命运奋斗的社会责任感，对社会主义制度、共产党的领导等认识模糊。[②]

3. 互联网弱化了青少年的国家认同感

进入 21 世纪以来，互联网在我国呈现出飞速发展的势头。互联网正以空前的广度和深度渗透到人们的生活当中。据第 37 次《中国互联网络发展状况统计报告》显示，中国已成为举世瞩目的网络大国。截至 2015 年 12 月，我国网民规模达 6.88 亿，互联网普及率为 50.3%，我国手机网民规模达 6.20 亿。网民中使用手机上网人群的占比提升至 90.1%，手机依然是拉动网民规模增长的首要设备。[③]由于青少年思维敏捷，接受新生事物和操纵计算机的能力远胜于成年人，因此，青少年是当前我国上网人数最多的群体，是网络中的主力军。最保守的估计，青少年上网人数至少占总人数的 60% 以上（大约 2.4 亿人）。另有数据表明，在 2 亿中小学生中，上网学生的数量已达 3000 万人，中小学生互联网渗透率达到 15.4%，高中学生互联网渗透率已超过一半。

互联网将全世界连为一体，形成一个没有地域、没有国界的全球性媒体，不同的文化形态、思想观念在网络上或交融或冲突，使媒介文化帝国主义的形成成为可能。如今在互联网上，英语内容约占 90%，法语内容约占 5%，其他不同语系的内容仅占 5%。据对互联网上输入、输出信息流量的统计，中国仅占 0.1% 和 0.05%，而美

---

① 郑富兴. 经济全球化与国家认同感的培养［J］. 教育研究与实验，2005（03）.

② 倪云芳. 文化全球化对我国大学生的影响及对策［J］. 学校党建与思想教育，2005（10）.

③ CNNIC. 截至 2015 年中国手机网民规模达 6.2 亿［EB/OL］. http://news.china.com.cn/live/2016−02/01/content_35140921.htm.

国的这两项指标都达到 85% 以上。①这就意味着发达国家垄断着网上的信息资源，能够通过网络向全球受众不断地传递文化信息，冲击发展中国家的思想阵地，从而导致青少年民族观念和爱国主义思想淡薄。②在网络技术迅速发展的今天，网络的公开性、全球性使美国等西方发达国家能够十分方便地突破国界和地域限制来推行文化霸权，渗透价值观念，扩张文化影响，从这个意义上说，网络文化成为实现霸权主义和强权政治的强有力的"武器"。美国凭借网络资源优势，在国际互联网上到处推销"网络影视""网络图片"等，这些信息反映了美国的国家形象、生活方式和价值取向，它以潜移默化的方式影响着"网民"的政治倾向、道德品质、人生价值和文化素质，甚至是民族的感受和价值判断。③

西方某些非政府组织、基金会和智库等利用互联网的跨国界、匿名性、互动性等特点，设置议程、制造新闻框架、制造敏感话题，试图把新一代年轻人培养成"智能化暴民"，通过互联网兵不血刃地输出暴力，在一些国家制造政权更迭的大乱局。在 2014 年初的乌克兰冲突中，示威者是通过网络组织起来的，及时对"前线部队"进行更换和休整，示威行动的参加者主要是大学生和记者。④发生在中东及北非的"颜色革命"，发生在乌克兰的暴力运动，都是在社交网络媒体的参与、组织和推波助澜下完成的。从我国拉萨"3·14"事件和新疆"7·5"事件看，境外分裂势力已经将互联网作为有效的工具，不断向部分少数民族群众灌输"西藏人vs中国人""维吾尔人vs中国人"这种二元对立的分裂主义思想，有意制造了少数民族的血缘、宗教认同与中华民族的国家认同之间的矛盾。

在全球互联网时代，网络信息中的政治文化渗透不断冲击着青少年的世界观和人生观。青少年鉴别"精华"与"糟粕"的思维能力尚未完全成熟，思想观念正处在可塑期。他们深受全球网络传媒的影响，同时又受到不同社会群体或族群文化思想的影响。网络领域和其他领域一样，先进文化不去占领，落后的东西就会乘虚而

---

① 互联网对当代青年的影响调查［EB/OL］. http://www.yn.xinhuanet.com/ynnews/zt/2003/wlfz/wen/z05.htm.
② 互联网对当代青年的影响调查［EB/OL］. http://www.yn.xinhuanet.com/ynnews/zt/2003/wlfz/wen/z05.htm.
③ 高峰. 美国文化的冲击对中国青少年的影响及对策［J］. 中国青年政治学院学报，2007（04）.
④ 李希光、郭晓科. 网络治理与国家认同［J］. 中国党政干部论坛，2014（05）.

入。当今世界，青少年在网络中接触到的多是西方发达国家的宣传论调、文化思想等，这往往与他们头脑中积淀的中国文化观念形成冲突，中国青少年如果过多地接触这些，可能会产生亲近感、信任感甚至认同和依赖。这种文化侵入不仅会模糊青年一代对本民族文化的认可和民族身份的认同，削弱民族感，甚至会使他们成为崇拜美国文化的人，使他们盲目地认为"西方的一切都要比中国好"。青少年国家意识和民族情感的弱化，国家认同感的减弱，国民身份的逐步消解，在某种意义上不利于爱国主义思想的形成。

青少年的政治认同状况不仅关系到自身政治素质的高低，而且影响到未来中国的政治进程，影响到社会主义民主政治的建设和发展。处于民族复兴之中的中国和领导中国特色社会主义事业的中国共产党，离不开广大青少年学生的政治认同。在互联网时代，在日益纷繁的多极思想的影响下，不但不能放松对青少年的国家认同教育，反而更应该重视培养我国青少年的国家意识。①

（二）全球化对青少年文化认同的挑战

在全球化时代，世界各国间的文化交流，在给人们带来各种各样的文化产品，丰富人们的文化生活的同时，也对我们的传统文化和民族自觉性产生了消极影响。全球化使人类在尊重人权、保护生态环境等价值方面趋向共识，但全球化带来的大众文化、消费主义和工具主义等，给民族国家的传统文化价值观念带来了较大冲击。

文化是维系一个民族生存和发展的纽带。经济上的优势衍生出文化上的优势，经济上的强权衍生出文化上的强权。西方国家由于在经济全球化中处于主导地位，它们利用信息的自由流动和在科技和信息技术上的优势，推行西方主流文化，消灭弱小民族的文化特性，把世界变成同一的西方文化。尤其是互联网等全球通信技术的出现，使整个世界变成了"地球村"。正是这种同质化的媒体制造出"没有位置感"的共同体，我们居住的这个世界仿佛是无根的，甚至是精神分裂的。在全球化进程中，以美国为首的西方发达国家充分利用了我国对外开放和融入世界经济体系的机会，不断通过商品、影视文化、网络信息等载体冲击我国的传统文化和价值观，通过营造国际流行时尚和培植直接的消费示范群来引发中国青少年对西方生活方

---

① 夏桂霞. 应重视多民族国家青少年的国家意识认同教育［J］. 民族教育研究，2010（04）.

式的向往和追逐。①

　　西方发达国家充分利用各种商品进行文化渗透，降低了我国青少年的文化认同感。肯德基、可口可乐、万宝路、耐克、宝洁、皮尔卡丹等产品固然质量不错，但产品的外包装、商标设计和广告词折射出了产品生产国浓郁的民族文化。西方文化产品具有较强的扩张力，它所传播的价值观、风俗习惯、意识形态有形无形地从各个层面对消费者群体造成广泛而深入的影响。许多消费品极力宣扬不受约束的个性满足和及时行乐的思想，这种西方消费主义文化对不发达国家构成了极大的思想文化威胁。②全球消费主义网络带来了个人的民族国家历史感和责任感的丧失，带来了青少年一代享乐主义的盛行。西方发达国家借助全球化对我国大量输出文化产品，以潜移默化的方式向我国传播政治制度、价值观念与生活方式，企图削弱各族群众特别是青少年对中华文化的认同，实现其"西化"和"分化"的目的。美国《基督教箴言报》的一篇文章曾这样写道："作为无可比拟的全球性超级大国，美国以一种史无前例的规模输出其文化，从音乐到传媒，从电影到快餐，从语言到文学与体育，美国的观念正不可抗拒地向外传播，与以前的帝国影响相似。"这揭露了美国文化传播与"西化"图谋的内在关联。另有调查显示，"美国目前控制了世界75%的电视节目和60%以上广播节目的生产和制作，尽管美国电影产量仅占世界总量的6%，而市场总体占有率却高达80%"。好莱坞大片、美剧、美国流行文化等内在地包含了西方文化的精神及价值观，它们披着文化产品的外衣，不断侵蚀其他国家的文化认同，进而使这些国家的国家认同失去根基。如果青少年经常接触和使用这些文化制品，就会对其所表达的思想内涵、生活方式、文化习俗等潜移默化地接受和认可，并最终将其内化为自己的东西，从而依赖上它们。长期的文化渗透必然会培养出一批自我封闭型的极端普世主义者和极端民族主义者。③

　　在全球化背景下，青少年学生正面临一个纷繁复杂的文化环境。随着对外开放的进一步深化，对外文化交流和交往不断增加，外来文化对广大青少年的影响越来越大，并潜移默化地影响着他们的思想、言论和行为。目前，外来文化从精神到躯

---

① ［美］阿尔君·阿帕杜莱. 全球文化经济中的断裂与差异［A］. 汪晖、陈燕谷，主编. 文化与公共性［C］. 北京：生活·读书·新知三联书店，1998. 523.
② 倪云芳. 文化全球化对我国大学生的影响及对策［J］. 学校党建与思想教育，2005（10）.
③ 李希光、郭晓科. 网络治理与国家认同［J］. 中国党政干部论坛，2014（05）.

体，已经渗透到青少年生活的方方面面。在我国，青少年学生特别是来自城市的学生，许多人是吃着肯德基、喝着可口可乐、穿着耐克鞋、看着西方动漫、听着英文原声带长大的，他们比其他社会群体更容易接受西方文化。一方面，青少年学生普遍存在追求时髦和猎奇的心理，较容易在商品消费中产生文化的认同，甚至对价值观产生影响；加之青少年社会经验不足，对历史了解不多，对社会主义与资本主义的本质缺乏深刻认识，这必然会弱化青少年对中国传统文化的认同，使青少年对我国优秀传统文化的认可度下降，一些青少年往往不加分析地对待西方文化，甚至对自己接近与熟悉的民族文化缺乏兴趣，从而漠视中国传统文化，盲目崇拜西方文化。另一方面，许多厂家还有意扩大其产品在青少年学生中的影响力，他们通过设立以企业或产品名称冠名的奖学金、助学金，或以奖品的形式赞助学生的大型活动，扩散环绕该产品的文化观念。因而，全球化在客观上为西方的消费主义文化移植到我国高校提供了条件，并对我国的民族文化构成了挑战。[①]

　　总之，全球化促进了世界不同文化之间的融通和交流，也给我国民族文化的延续和发展带来了极大挑战。文化全球化疏远了一部分年轻人与中国传统文化的距离，模糊了文化自觉性。全球化浪潮使中国的文化认同问题再次凸显，重构中国文化认同是我们不能忽视的问题。这种在西方文化与民族文化上的亲近与疏离、认同与排斥现象如任其发展下去，将导致文化断层、精神缺氧、社会道德低下，如果超出一定限度，势必会威胁到我国民族文化的安全。而民族文化的消亡就意味着一个民族的消失。我们能不能在文化全球化面前保持、传承和发展中国民族文化，对国家和民族的未来意义重大。

---

① 倪云芳. 文化全球化对我国大学生的影响及对策［J］. 学校党建与思想教育，2005（10）.

第三节　全球化时代加强国家认同教育的意义

国家认同对个人、对国家都具有非常重要的意义。国家认同既源于个人的归属感需要，同时又是维系一个国家的重要因素，直接关乎国家的稳定与民族的团结。国家认同不是与生俱来且一劳永逸的感情，它的形成总是需要各种资源和支撑的。国家认同感的形成受到国际与国内、物质与非物质、历史与现实、文化与制度等多种因素的影响和制约。

国家的强盛以及国家在国际政治、经济舞台上受关注或受尊敬的程度，最能够直接触及国民内心对于国家的情感，从而增强国民对于国家的向心力。要强化国家认同，从国家层面而言，国家可以通过大力发展经济，凭借经济发展所带来的诸多利益，促使社会成员认同国家；国家还可以通过民族融合、社会整合等方式不断强化国家认同。此外，国家还可以凭借具有感召力的意识形态、制度化的教育、和谐的社会秩序和公平的法律制度树立社会成员对国家的认同。

对于青少年而言，国家认同教育是增进青少年国家认同感的最便捷的方式，这已在世界许多国家达成共识。一个国家青少年的国家认同意识的产生和发展，主要是各国政府实行教育及借助大众传媒（如电影、电视、电台、网络、报刊等）进行宣传和引导的结果。一个国家的青少年在长期社会化过程中，通过教育不断接触并接受关于国家的信息资源，深受本国文化的熏陶，从而逐渐培养起对国家的认同感。[①]

一、国家认同教育有利于增强国家凝聚力

国家认同是一种重要的国民意识，是维系国家生存和发展的精神纽带。从国家发展的角度来讲，培养青少年国家认同意识，增强他们的国家认同十分必要。梁启

---

① 滕星、张俊豪. 试论民族学校的民族认同与国家认同［J］. 中南民族学院学报（哲学社会科学版），1997（04）.

超在《少年中国说》中曾激昂地写道："今日之责任，不在他人，而全在我少年。少年智则国智，少年富则国富，少年强则国强，少年独立则国独立，少年自由则国自由，少年进步则国进步，少年胜于欧洲则国胜于欧洲，少年雄于地球则国雄于地球。"梁启超的话揭示了一个真谛：一个国家的未来如何，与一个国家的年轻人有很大关系。青少年是国家的栋梁，是未来经济和社会发展的中坚力量，青少年教育的成败关乎民族的兴衰。一个国家的富强，归根结底需要靠青少年的努力和创造。而青少年的聪明才干能否得以发挥，很大程度上取决于自己的信仰认同，取决于对国家的认同。如果一个国家的青少年对自己的国家都不认同，你叫他奉献社会也就是一句空话。对青少年进行国家认同教育直接关系到国家的生存与发展。如果年轻人的精神颓废，那么这个国家和民族注定是没有希望的。

在全球化条件下，一方面，西方强势国家倚仗其经济实力推行强权政治，企图动摇象征民族国家主权的政府权威。另一方面，面对国人的政治淡漠和对政府信心的丧失，如何以一种思想或理论来汇聚人心、重建政治合法性，成为中国亟需解决的重大问题。面对这种情形，必须加强国家认同教育，培育和增强公民尤其是青少年的国家认同意识。特别是在我国经济建设取得长足发展的时期，更应该加强国家认同教育。我国现在正处于社会转型时期，国际竞争加剧，民族关系多元复杂，社会阶层分化，利益多元分化。加强民族团结、确保安全稳定、维护祖国统一，在国家全局战略中显得十分重要。面对多重挑战，如何维护国家文化安全、巩固意识形态的统一，如何整合民族文化、保持民族的连续性和统一性，如何促进公民对国家的认同、维护社会的统一团结显得十分迫切。当前，我们应着眼于时代要求，加强和改进国家认同教育，尤其是要着力培育国家认同感，构筑坚不可摧的"精神长城"，形成固若磐石的"思想防线"。①

国家认同教育是增强国家凝聚力和向心力的必然选择。国家认同教育是国家安全与发展的基础性工程，关系到一个国家的政治稳定和领土统一，对于增强全体民众的向心力和凝聚力有着十分重要的作用。可以说，高度而广泛的国家认同是一个

---

① 国家认同感是爱国教育的核心［EB/OL］. http://news.ifeng.com/opinion/gundong/detail_2010_10/08/2719082_0.shtml.

国家崛起的最坚实基础。①"自觉"的国家意识，是反分裂、反骚乱、维护国家和平团结的有力武器。要防止社会离心力，促进社会的整合和团结，不仅要有一套解决社会冲突的整合机制，还要通过一套有效的教育方式来培育公民共同的国家认同感。任何国家在任何时候都不能放松国家认同教育。通过加强国家认同教育来增强公民的民族自信和国家自信，在当今时代有着重要的意义。②

　　青少年担负着振兴中华民族的重任，赢得青少年就赢得了未来。青少年的国家认同状况不仅直接关系到其自身素质的高低，而且影响到中国特色社会主义事业的建设和发展。深入推进国家认同教育，培养青少年对国家的认同感、归属感和使命感，既是培植社会共同理想、构架国家安全基础的重要内容，也是培养社会主义合格公民的必然要求。为了维护国家的统一，必须加强国家认同，把国家认同教育"放在首位"，培育公民的共同性和"我们感"。③

二、国家认同教育是维护我国民族团结和国家稳定的长久策略

　　在当今世界，民族和宗教是两个需要格外慎重对待的问题，有不少国家就是在这个问题上出现了失误而导致内乱甚至分裂的。而各国民族问题、宗教问题的产生和存在，有着历史、现实、经济、政治、文化、国内、国际等多方面的原因，因此解决起来也需要有多方面的举措。在这些措施中，通过进行国家认同教育，强化公民的"国家意识"，树立共同的精神信仰和精神支柱是最为重要和有效的。

　　民族、种族和人种多样的国家，如果民众的公民身份感缺失、国家认同意识淡漠，就会导致认同危机，催生出极端的族群认同和狭隘的地域认同，甚至滋生民族分裂主义和地区分离主义，从而危及国家安定和社会发展。从世界历史的经验看，多民族国家要保持稳定发展，需要超越民族（族群）认同，增强国家认同。

　　我国是一个多民族的国家，各民族大杂居、小聚居、交错杂居，在国家的政治、经济、文化和社会生活中发挥着重要作用，共同构成了一个大家庭。由于历史原因，各民族语言文字、风俗习惯、宗教信仰等各不相同，形成了各具特色的民族文化。

① 韩震. 论国家认同、民族认同及文化认同——一种基于历史哲学的分析与思考［J］. 北京师范大学学报（社会科学版），2010（01）.
② 曾水兵、檀传宝. 国家认同教育的若干问题反思［J］. 中国教育学刊，2013（10）.
③ 韩震. 论国家认同、民族认同及文化认同——一种基于历史哲学的分析与思考［J］. 北京师范大学学报（社会科学版），2010（01）.

新中国成立以来，全国人民在平等、团结、互助的民族政策指导下，各族人民彼此尊重、和睦相处。在我国，由于少数民族大多聚居在西部地区，地区发展的差距不但有引起地方离心力的潜在问题，而且少数民族往往更易于强化本民族的认同感而淡化国家认同感。同时，在全球化时代，特别是在大国博弈的年代，一个国家内部的民族问题容易被其他国家利用，成为遏制对方发展的"撒手锏"。[1]境内外敌对势力也将意识形态渗透和颠覆的矛头对准了我国，千方百计地利用由于历史原因和我国目前经济发展所造成的区域差距，特别是利用民族地区与内地发达地区的差距，利用宗教、民族问题，对少数民族大学生进行思想渗透和政治分化，对我国大学生尤其是边疆少数民族地区的大学生输入资本主义价值观和生活方式，动摇其政治认同、文化认同和历史认同。

少数民族大学生是少数民族的精英群体，是各少数民族的未来和希望。当前，我国部分少数民族大学生由于受生长的地域文化所限，加上缺乏足够的阅历和成熟的心境，辨别是非能力不强，让一些少数民族大学生容易对党和国家的方针政策产生模糊认识甚至否定态度，这对我国边疆地区的发展和稳定无疑是十分不利的。针对敌对分子的蓄意捣乱和破坏，加强青少年学生尤其是少数民族大学生的国家认同教育显得尤为重要。在少数民族地区学校加强国家认同教育，对增强少数民族学生的中华民族归属感、中华文化认同感、祖国自豪感，对弘扬民族传统文化、加强民族团结、维护祖国统一、促进社会主义精神文明建设，都具有重要意义。

三、国家认同教育是建构和提升公民国家认同的基础

国家认同教育关系到国家核心利益。国家是国家认同教育中的利益关涉者之一，国家认同教育的终极目标在于维护国家的安全、稳定。国家认同的形成过程也是政治社会化的过程，通过国家认同教育这种政治社会化的手段来培养国家认同，是每个国家学校教育的重要内容。另外，个体显然是国家认同教育中的另一利益相关者，即在国家认同教育中，个体也应该而且必须从中获得利益。例如，认同自己所在国家，忠诚于自己的国家，就能形成一种内在的凝聚力，就能保证国家建设与发展的持续、稳定与安全。若国家的这种安全、稳定逐渐强大，则为个体日后获得更多更大以及更好的利益提供了强大的后盾。

---

[1] 吴晓林. 国家认同在民族政治整合中的作用［N］. 中国社会科学报，2010-01-21.

　　公民身份是法律赋予公民的国家正式成员身份，基于这种身份或资格，公民享有相应的权利及其带来的各种资源。公民在辨识与确立公民身份或公民权利的时候，必然通过对国家共同体的认可和接受表现出来。因此，公民的身份认同及由此获得的国家归属感构成了公民国家认同的前提和基础。正如亨廷顿所言，"只有当人们认为自己同属一国时，国家才会存在"①。国家对公民身份的法律确认，可以在公民出生时就获得，但公民的身份意识和对国家的归属感却不是与生俱来的，国民的身份意识，是可建可拆、可升可降的。即便在同一个人心目中，国民身份占多大分量，也会随时间有所改变。基于此，培养公民身份认同和国家归属感成为各国国家认同教育的重要目标。

　　国家认同教育是建构和提升公民国家认同的前提和基础。国家的兴衰、稳定与发展尤其依赖公民对国家的高度认同，而国家认同教育则是建构和提升国家认同感的重要途径及有效方式。为此，我们必须全面加强国家认同教育，强化公民的身份认同及国家归属感，促进公民对国家制度、国家核心价值的认同，培养公民的国家责任感。

四、国家认同教育有助于青少年形成正确的世界观、人生观、价值观

　　从青少年自身发展特点来讲，青少年正处于一个理性和经验从不成熟走向成熟的变化过程中，一方面，他们思维活跃，求知欲旺盛，接受新事物的能力很强，并且自我意识也逐渐增强，思想具有一定的独立性；另一方面，由于青少年对于国情和国家发展的历史了解不深，对于世界的状况一知半解，对事物的鉴别力明显欠缺。年青一代特别是求知欲望强烈的青少年，深受全球网络传媒的影响，由于他们鉴别"精华"与"糟粕"的思维能力尚未完全成熟，因此容易受到不同社会群体或族群文化思想的影响。

　　青少年的国家认同意识不是自发产生的，而是要通过完善的教育，启发其智慧，增进其对国家的认知，促进其对国家的认同，从而使其担负起振兴国家的重任。青少年正处于国家意识形成的关键和最佳时期，在日益纷繁的多元思想影响下，在当前少数敌对势力蠢蠢欲动的关键时刻，必须加强青少年的国家认同教育，防止他

①［美］塞缪尔·亨廷顿. 我们是谁？——美国国家特性面临的挑战［M］. 程克雄，译. 北京：新华出版社，2005. 90.

们因思想单纯而被国内外恐怖分子、民族分裂分子、"法轮功"分子等敌对分子所利用。

　　青少年国家认同教育作为教育的一项基础工程，可以有效地帮助他们形成正确的世界观、人生观、价值观，树立正确的国家观和民族观，增强国家认同感、民族自豪感。对青少年进行国家认同教育，对于激发他们热爱中华民族、热爱祖国，实现中华民族伟大复兴具有极强的现实意义。只有青少年真正实现了对国家的认同，他们才能积极拥护党和国家的政治权威，自愿遵守国家的法律和政策，自觉提升国家责任，把爱国意识转化为立志报效祖国的实际行动。

五、国家认同教育是延续中华民族文化、培养未来优秀接班人的可靠保证

　　青少年学生是我国十分宝贵的人才资源，是全面建设小康社会的生力军。他们对国家的认同状况不仅直接关系到自身素质的高低，还关系到中国特色社会主义事业的前途和未来。

　　在全球化影响下，为了吸引中国优秀人才，各国不断出台利好政策（如赴美签证面谈条件的放宽、赴澳读高中条件的放宽、初中版托福考试难度的降低、设立各种奖学金项目等），吸引中国青少年去国外留学。如美国霍尼韦尔公司就在清华、北大和复旦等中国一流高校中设立了奖学金，奖励学习成绩优异的学生。自1995年起，美国通用电气公司（GE）一直为北大、清华、复旦和上海交大等高校提供奖学金和奖教金，迄今已有近千名师生获得此奖。[1]美国托福考试主办机构——美国教育考试服务中心（ETS）还在中国大陆地区实行托福奖学金项目，表彰成绩优异的托福考生。2011年，托福奖学金项目提供了大约82500美元奖金给48个学生，包括3份5000美元的一等奖学金和45份1500美元的二等奖学金。这些奖学金用于奖励学习成绩优秀并计划于2012年赴英国、加拿大和美国等国家留学的中国学生。

　　目前，中国已成为世界第一大留学生输出国。仅2000年，中国赴美的留学生就多达5万人，相当于中国20多所著名大学一年的毕业生总数。清华大学、北京大学等涉及高科技专业的毕业生中分别有82%和76%的人去了美国。有关统计资料显示，中国移居美国的具有本科以上学历的各类专业人才已达45万人之多。2000年北京大学毕业生直接出国留学的有751人，其中有587人选择了美国，比例高达78%。

---

① 高峰. 美国文化的冲击对中国青少年的影响及对策［J］. 中国青年政治学院学报, 2007（04）.

2001年北京大学毕业生直接出国留学的有831人，其中有711人去了美国，比例接近87%，比上一年增长了9个百分点。①

伴随着中国留学市场的持续火热，出国留学人数快速增长，近年本科及以下学历的留学者人数增长、留学低龄化趋势日益明显。自2012年11月27日至2013年4月8日，腾讯网和麦可思数据有限公司对全国7739名高中生出国留学意向进行了跟踪调查。在接受调查的高中生中，有61%的学生希望出国读大学，17%的学生希望出国读高中。②据教育部统计数据显示，2013年中国出国留学总人数为41.39万人，比2012年增长了3.58%，本科及以下学历就读人数增长仍然迅猛，低龄化趋势明显。据美国国土安全局的统计数字显示，中国学生赴美读中学的数字从2005到2006学年的65名增至2012到2013学年的23795名，7年间增加了365倍。另据加拿大媒体报道，赴加读高中的中国学生数量已超过了赴加读本科的中国学生数量，成为主流。根据美国开放报告，2011—2012年赴美就读本科的中国留学生人数增长率为31%，超过平均23%的数字，留美本科生已经接近赴美读研究生人数。据社会科学文献出版社出版的国际人才蓝皮书《中国留学发展报告（2012）》显示，2010年，我国出国留学的高中及以下学历学生人数为7.64万，占当年出国留学总人数的19.8%。2011年，仅高中生出国学习人数就高达7.68万，占当年我国总留学人数的22.6%。与高中生直接出国读本科的情况基本一致，选择出国读中学的人数也出现大幅增长态势。2005年以来，赴美读书的中学生增长了10倍以上。③

从出国留学生的成绩来看，2/3以上的学生成绩十分优秀，是班上的"尖子生"，68.2%的学生出国前成绩在班中排名为前25%，排名前50%的占89.8%，只有10.3%的学生在班级排名为50%以后。④

从留学国度来看，中国学生留学目标的前几个国家分别是美国、英国、澳大利亚、加拿大，这4个国家约占到总留学人数的70%。2012年，中国到以上4个国家留学的人数分别是：美国19.4万人，英国5.6万人，澳大利亚4万人，加拿大2.5万人。

---

① 高峰. 美国文化的冲击对中国青少年的影响及对策［J］. 中国青年政治学院学报，2007（04）.
② 杨桂青. 与发达国家抢夺人才储备［N］. 中国教育报，2013-10-19.
③ 中国教育在线2013年出国留学基本趋势［EB/OL］. http://www.eol.cn/html/lx/baogao2013/page1.shtml.
④ 杨桂青. 与发达国家抢夺人才储备［N］. 中国教育报，2013-10-19.

另外，日本、俄罗斯以及北欧的一些国家，对中国留学生的吸引力也越来越大。据英国《华商报》报道，2012年，在澳大利亚学习的中国留学生约有11.88万人，18岁和19岁的留学生有1.11万人，不到18岁的有5083人，占该年龄段留学生总数的37%左右，遥遥领先于其他国家。2012至2013学年，加拿大温哥华从幼儿园至中学12年级的1086名国际留学生中，来自中国的有645人，占总数的59.39%。①

21世纪，各国综合国力的竞争归根结底是人才的竞争。西方国家招收中国优秀留学生的主要目的是，在新一轮国际人才竞争中取得先机。西方国家意欲通过吸引留学生提前储备人才，先以优质的基础教育和高等教育吸引其留学，并极力把西方的政治文化和价值观念灌输给留学生，潜移默化地影响其世界观、人生观和价值观，学成后再以高薪和优良的科研条件"诱"其留在本地就业。青少年留学群体不仅在扩大，而且更加优秀，可以预见，这些人未来会成长为在某个行业能够做出突出贡献的人才。中国与全球化研究中心主任王辉耀等人感叹，低龄留学日益增多，这对我国长远发展并非好事。低龄留学生观念不成熟，缺乏是非分辨能力，很容易被西方文化同化，对国家和本民族的认同感可能会减少，难以找到归属感。②

青少年是国家的未来和希望，他们将承担建设国家、实现中华民族伟大复兴中国梦的光荣使命，他们的精神面貌如何，有没有高度的国家认同，直接影响到未来公民的爱国之心、立国之志和报国之举，关系到国家和民族的前途和命运。我国老一辈留学人员之所以能在祖国物质生活极为贫乏的时代不失拳拳报国之心，很重要的一点正是他们对中华文化的一种深切的体认。所以，培养国家意识，引导青少年体认中华文化的博大精深，激发他们的民族自尊心、自信心和自豪感是非常重要的。③青少年只有树立了对国家的认同意识和归属感，才能与国家命运休戚相关，荣辱与共。通过加强青少年的国家认同教育，培养他们接受和树立国家所倡导的共同理想和信念，增强他们的政治认同感，提高他们的思想政治素质，把他们培养成中国特色社会主义事业的合格接班人和建设者；通过加强青少年的国家认同教育，让他们接受中国传统文化的熏陶，培养他们的文化自觉、文化认同感，让他们具有保留中华文化之"根"的意识；通过加强青少年的国家认同教育，增强他们的历史认

---

① 数据解读留学低龄化趋势［EB/OL］. http://liuxue.eol.cn/html/lx/dllx/index.shtmll.
② 2013年中国留学发展调查报告［EB/OL］. http://www.cycs.org/Article.asp?ID=18980.
③ 梁景德. 要注重培养青年一代的国家意识［N］. 光明日报，2004-08-04.

同感；通过加强青少年的国家认同教育，增强他们对汉语母语的认同感。

　　总之，对国民尤其是青少年加强国家认同教育具有重大而深远的战略意义，必须高度重视对青少年国家意识的培养。在全球化时代，在多元文化、多种价值体系的相互作用之下，如何采取有效途径培养青少年的国家认同意识成为各国亟待完成的重要任务。

第三章　全球化时代国外青少年国家认同教育探索

国家认同是一个国家的生命之魂，是维系一个国家存在和发展的重要因素，是现代国家合法性存在的基础。国家认同作为软实力，对于增强国家的向心力和凝聚力具有重要作用，因而受到了世界各国的普遍重视。

在全球化潮流的影响下，为了增强国家的凝聚力和向心力，世界各国高度重视对本国公民尤其是青少年进行国家认同教育。各个国家依照自身的历史、政治、社会文化等具体情境，以其主流价值观为依托，开展了涵盖思想政治教育、历史教育、传统文化教育、母语教育在内的国家认同教育。

美国、英国、法国、德国、俄罗斯、日本、韩国、新加坡等国在长期的国家认同教育实践中，积累了丰富的经验，值得我们学习和借鉴。因此，从世界角度对不同国家的国家认同教育进行考察，从中借鉴不同国家青少年国家认同教育的精华，将会使我国青少年的国家认同教育更富有时代精神和有实效性。

第一节　美国的国家认同教育

无论是经济发展水平、科技发展水平还是教育发展水平，恐怕世界上没有几个国家能与美国相提并论。美国能成为当今世界唯一的超级大国，与其长期进行国家认同教育是密不可分的。可以说，美国在进行国家认同教育方面是坚持不懈、不遗余力的。

美国是一个移民国家，国民来自世界各地。作为一个缺乏悠久历史文化传统、族群构成又非常复杂的国家，美国的国家认同一直是一个需要不断面对和解决的问题。正因为如此，美国非常重视国民尤其是青少年的国家认同教育，通过开展国家认同教育，培养青少年形成强烈的"美利坚民族意识"。

在20世纪80年代，美国出版了阿兰·布鲁姆（Alan Blum）的《走向封闭的美国精神》和赫什（Hirsh）的《文化扫盲：全体美国人须知》两本书，它们的共同点就是关注美国社会的认同危机，强调捍卫美国传统价值观，认为认同危机会危及美国社会的凝聚力。[①]

在90年代，面对来自国内外的对以"盎格鲁—新教文化"为核心的"美国特性""美国信念"的挑战，美国更是加强了移民同化、维护英语地位、强化"美国信念"、坚持"美国特性"等在内的国家认同教育。[②]在"9·11"事件以后，美国人的爱国主义热情高涨，而国家领导人也一再强调爱国主义精神。从小布什到奥巴马，尽管治国的方针政策有所不同，但在强调国家认同方面则是一脉相承的。而奥巴马那些充满激情和变革精神的演说，也始终贯穿着一根爱国主义的红线。他曾指出："爱国思想必须永驻你我心中，根植于我们的文化之中，培育于我们孩子幼小的心灵之中。"

2004年，塞缪尔·亨廷顿在其著作《美国是谁？——美国国家特性面临的挑战》一书中，对美国人的爱国主义表现给予了高度评价，认为"在爱国主义和忠于国家这一点上，美国人一向是出类拔萃的"。[③]

一、美国国家认同教育的主要内容

（一）着力弘扬"美国精神"

在美国教育史上，爱国主义是永恒的教育主题。宣传和培养美国精神是美国国家认同教育的主要内容。作为一个移民国家，美国非常重视运用各种宣传手段向青年一代灌输美利坚民族精神，不断激励美国人的民族自豪感、对国家的忠诚感，使美国人富有很强的民族自尊心和民族自豪感。[④]

美国政界对宣传和培养美国精神非常重视。在美国，每次总统就职典礼都是对国人开展国家认同教育的重大时机。从美国历代总统的任职演说来看，尽管就职演说的社会背景、经济形势、对外关系、治国政策等各不相同，但每篇演说辞都有唤

① 彭正梅. 美国社会的认同危机和高等教育［J］. 上海高教研究，1997（07）.
② 赵存生. 全球化时代的爱国主义教育［N］. 中国教育报，2008-03-04.
③ 唐克军. 比较公民教育［M］. 北京：中国社会科学出版社，2008. 47.
④ 付兵儿. 美国中小学的爱国主义教育及启示［J］. 外国中小学教育，2004（04）.

起美国人民爱国主义精神的警句。罗斯福总统在就职演说中说："我们唯一惧怕的就是惧怕本身。"这一振奋人心的话语，给予了美国人无比的勇气；肯尼迪总统"不要问国家为你做了什么，而要问你为国家做了什么"的经典名言，曾经点燃了一代美国人的爱国热情；卡特总统在就职演说中指出："我们必须再次对我们的国家、对彼此充满信心，我相信美国能够更进步，我们能够比过去更强大。"里根总统在他的演说辞中发出要重新建立"伟大及具有信心的美国"的号召。①1993年，46岁的比尔·克林顿在就职典礼上喊出了"振兴美国"的口号，号召青年一代为美国的发展做出贡献。

2002年，布什总统在纽约发表纪念"9·11"一周年的电视讲话中，竟然不提伊拉克，而是大谈美国精神。2011年，当美国总统巴拉克·奥巴马（Barack Obama）站在白宫，郑重地宣布奥萨马·本·拉登（Osama Bin Laden）的死讯时，他频繁提到"国家"一词。

（二）重视历史教育

国家意识是国民对国家的向心力。任何一个国家都很重视历史教育，通过历史教育培养国民的国家意识和国民的爱国主义精神。

美国是一个历史较为短暂的国家，从1776年美国宣布独立，到1781年战胜英国获得正式独立，全部历史加起来还不到250年。正因为美国历史短暂，为了弥补国人的失落感和消除因文化浅薄而产生的自卑感，美国人十分珍视自己短暂的历史，将其作为国家认同教育的宝贵遗产，并以法律形式规定各级各类学校都必须开设美国历史课程。通过开展历史教育，一方面增强了学生对本国历史的了解，另一方面增强了学生作为美国国民的自豪感，并进一步坚定了他们对资本主义制度优越性的信念。美国历来的教育家、历史学家和政治学家都倡导把美国历史的教学作为维系整个国家和民族命运与前途的纽带。"美国历史，既是美国统治者的奋斗史，也是资产阶级的发展史。资产阶级意识形态，集中体现在美国《独立宣言》、美国第一部宪法等开国文件之中。因而，进行美国史与开国文件的教育，是传承美国传统，维护和巩固美国意识形态的关键。"②

---

① 王定华. 美国加强爱国主义教育　增进新一代对国家的认同［EB/OL］. http://i.mtime.com/2339107/blog/4554.619/.
② 郑永廷. 论社会意识形态与思想政治教育的内在联系［J］. 中国高校社会科学，2015（06）.

自1821年波士顿建立了第一所近代意义上的学校——公立中学，历史作为一门独立的课程开始进入美国中学。随后，美国各州相继以立法的形式规定本州中学必须开设历史课程，历史科很快得到了普及。从19世纪80年代到20世纪20年代，一些著名历史学家，如哈特、特纳和詹姆森，对学校的历史课都十分重视。他们为学校课程设置提供指导，并亲自撰写历史课本。

近10年来，历史教育在美国中小学课程计划中的地位得到了空前提高。1991年，全美教育改革文件《美国2000年：教育战略》颁布，要求所有中小学学生在英语、数学、自然科学、历史和地理这五门核心课程的成绩必须合格。1992年，"历史课程全国标准项目"开始启动。

1995年，美国"全国学校历史科中心"编制的《历史科国家课程标准》中，着重强调历史教育在公民教育中的重要意义，认为"历史认识是政治理解的前提"，"没有历史知识和历史的探究，我们就不能成为有学识的、有辨别力的公民，而这对于民主管理进程的实际参与和使全体公民实现国家的民主思想是必不可少的"。

1996年，《世界史课程国家标准：探寻通往今天之路》《美国史课程国家标准：探寻美国的历程》和《幼儿园到4年级历史课程全国标准》正式发布。在美国，无论是小学、中学还是大学，历史课都是学校教育的主课。各学校分别根据学生的年龄特点，对其进行不同侧重点的历史教育。如小学生要学习历史故事、伟人轶事，中学用140多学时系统地学习美国历史，并侧重于学习历史事实和过程。美国现行的中学历史教科书《我们美国人》向中学生讲述了美国的起源、发展和强大，增强中学生对自己民族和国家的自信心和使命感。美国50个州的中小学都不例外地开展了热爱美国历史的历史教育和热爱国家象征的国史教育。

"9·11"事件后，在新保守主义者的积极倡导下，美国社会出现了对美国传统价值观的回归，这一切使许多人将目光投向历史，希望通过学习历史使学生了解、欣赏和理解国家的奋斗史，从而培养学生对美国的热爱；希望通过学习历史，内化那些有助于捍卫美国民主传统的重要价值观，培养学生对美利坚民族的认同；希望通过学习历史来增加公民参与。在此期间，联邦大量资金流向历史教育。国会拨款提高中学的美国史教育水平，尤其强调对美国的"建国之父"们的学习和了解，资助中学教师进修美国史，帮助他们理解美国的传统价值观。

从各州来看，各州中小学也非常重视历史教育。2006年10月，弗吉尼亚教育厅在课程计划中，要求中学生必修"特定的历史事件或文献"课程，比如美国独立战争和《独立宣言》、美国宪法基本原则、弗吉尼亚州宗教自由法则、弗吉尼亚权力宣言、美国国旗演变及弗吉尼亚州旗的寓意等。

美国高校非常重视历史教育。在大学里，每个学生都必须修一门美国历史课，该课程是大学核心课程的主要组成部分，要求大学生对重大历史事件产生的社会背景、重要作用以及历史人物的思想、业绩进行综合学习和相关研讨。在美国的历史教育中，美国史的教学在学生素质培养中占有十分重要的地位。美国高校注重通过讲授历史课程中的独立战争、内战、二战的历史事实、历史人物、经典演讲等内容来强化美国的国家认同感。在历史课上，一些教师在讲授美国西部开发的历史时，讲述了开发西部的艰苦历程，课后就让学生画出向西部开发移民的路线图，沿途所遭受的艰难困苦和流血牺牲的场面，并让学生到图书馆找有关资料，画成各种图画，在班上展览。让学生了解西部开发的艰苦历史，为的是让他们理解今日繁荣的来之不易，是奋斗、流血的结果，使学生更加热爱自己的国家。① 除了学校课程，美国高校还根据大学生的知识、思想、阅历的层次和特点，充分利用博物馆、名人故居等社会资源，通过举行公开的、大型的集体活动塑造学生的美利坚民族精神。

（三）重视核心价值观教育

对于美利坚民族来说，政治制度和价值观念就如同血液一样，维系着美利坚民族，"对于美国人来说，意识形态重于疆域"②。美国社会学教授安东尼·奥勒姆（Anthony Olum）曾说："任何社会为了生存下去都必须成功地向社会成员灌输适合维持其制度的思想。"③ "9·11"事件发生后，美国国内一度出现了国家认同危机，主要表现在对美国已有的政治制度的怀疑。因此，重塑美国国民特性就成了"9·11"事件后摆在美国政府面前的一大任务。美国政府为了强化国家认同，采取了一系列措施加强核心价值观教育。

在美国高校中，从专业必修课到通识选修课，门类繁多的课程都会结合自身特

---

① 付兵儿. 美国中小学的爱国主义教育及启示［J］. 外国中小学教育，2004（04）.
②［美］塞缪尔·亨廷顿. 我们是谁？——美国国家特性面临的挑战［M］. 程克雄，译. 北京：新华出版社，2005. 45.
③［美］安东尼·奥勒姆. 政治社会学导论［M］. 董云虎、李云龙，译. 杭州：浙江人民出版社，1989. 6.

点渗透美国的核心价值观，潜移默化地影响学生的价值观。以哈佛大学为例，该校开设了涵盖外国文化、历史学、文学与艺术、道德思辨、自然科学和社会分析六个领域十大门类的核心课程，其中道德思辨的课程体系包括"民主与平等，公正，自我、自由与存在，政治、道德与法律上的公共与私有，现代主义与极端主义，有神论与道德推理等"，该课程基本包括了美国核心价值观的所有内容。①

（四）强调成就与忧患意识教育

重视美国成就史教育。美国是一个年轻的移民国家，在短短200多年的发展历程中，取得了举世瞩目的经济和科技成就，这是美国人最为自豪的资本，也是美国人产生优越感的根本原因，更是美国学校对青少年进行国家认同教育的绝好材料。美国的一些媒体也在不断宣传，美国是一个伟大、强盛、民主、自由的国家，做一个美国公民是幸福的，是值得骄傲和自豪的。美国中学的"社会研究"课程，就鼓吹美国的责任就是领导世界，鼓励青少年为保持美国在世界上的强大地位、维护世界和平和世界秩序而努力。美国系统完善、无孔不入的成就教育，令美国人普遍具有一种优越感和自豪感。许多美国人总是自恃："我作为美国人是幸福的，是值得自豪骄傲的。"1982年，美国的阿波斯特托莱德应用研究中心进行的一项研究发现：在欧美18个发达国家中，美国人对国家的认同感和自豪感最强，也最愿意为保卫国家而战。在美国青少年中，绝大多数人都认为自己的国家是世界上最好的国家，当一个美国公民比当任何一个国家的公民都好。

美国是一个优越感很强的国家，在美国人眼中，只有美国才是人间天堂，美国的民主制度是最好的，科学技术是一流的。但是，因为美国是一个历史短暂，又是一个世界民族汇集的移民国家，在民族凝聚力上存在不利因素，所以美国在对人们进行其优越性灌输的同时，还不断地对青少年进行忧患意识教育，其目的在于提醒学生：美国的地位、美国的利益正在受到威胁，因此美国必须保持高度警惕，保持强大国力，以保证国家最终能保护自己的利益不受损害②。美国首任总统乔治·华盛顿（George Washington）8年任职下来，奠定了年轻美国成长为世界一流大国的基础，可他在告别演说中仍语重心长地提醒继任者和国民，美国困难重重，要处处小心。

① 周南平、张敏. 美国高校思想政治教育的隐性化及其启示［J］. 南京政治学院学报，2011（06）.
② 朱桂莲. 爱国主义教育研究［M］. 北京：中国社会科学出版社，2008. 102.

200多年后，奥巴马总统在向退伍军人发表演说时，历数的不是二战以来美国种种"值得荣耀的胜利"，而是面临数不清的危险和考验。正是这种几乎遍及美国社会每一个角落的危机意识，一方面使得美国人自己从未陷入过自我陶醉的满足之中，另一方面又使得美国人的爱国意识更加深沉，随时准备应对来自各个方面的挑战。美国常把所遭遇的战争、灾难转换成爱国主义教育的大课堂，"9·11"事件的发生便是生动例证。

（五）重视国旗教育

美国人如此重视国旗，是因为国旗已经成为美国人国家认同的重要象征物。美国是一个移民国家，美国人没有天然的血缘基础，来自不同国家的不同种族、不同信仰的人们能够凝聚在一起，依靠的是最早由《独立宣言》所阐发的一套共同价值观，而在独立战争中诞生的"星条旗"则成为美国价值观的象征物，成为美国人国家认同的重要标志。在美国，热爱国旗是一件极其平常而又非常光荣的事情。美国人认为，到处有国旗，才能到处有国家。时时见国旗，才能时时想国家。

国旗、总统画像这些国家象征物在美国中小学几乎随处可见。在美国中小学，国旗教育普及到了每个课堂，可以说从幼儿园起，国旗教育便浸染到日常教学的每个环节。美国一位普通的乡村教师曾说过一句话："不懂得热爱国旗的学生，无论他多么出色，都不是好学生。"

在美国各地各大商场出售的运动衫和运动帽上，都印刷或编织有"USA"（美国）的字样，并绘制着美国国旗的图案。在开心果、杏仁等许多小食品的包装上也都印有美国国旗的标志，在邮票上也不乏美国国旗图案。就连儿童电子游戏机里都有组合星条旗的类似软件。每逢节日、庆典或集会，家家户户都要挂国旗，此外，许多汽车的尾部也都贴有美国国旗，国旗旁边则贴着标志性口号"支持我们的军队""上帝祝福美国"等。

在美国中小学，几乎每一个班级都悬挂着美国国旗和美国总统的画像，许多州的中小学每天都有升国旗、奏国歌的仪式。一些州的中小学教室都挂有国旗和学校所在州的州旗，每天的每一节课要求学生做的第一件事就是让他们面对国旗肃立，右手置左胸前，神情虔诚，庄严地念："我效忠于国旗和美利坚合众国。"学校里凡举行全校性活动，第一个议程总是全场起立奏（唱）国歌。在美国的大学里，学生桌子上常常放着作为工艺品的小国旗，墙上也贴着美国国旗。在美国教堂里，牧师传教的讲台旁边就插着美国国旗；甚至在球赛开始前，观众们也会起身站立，聆听神职人员的祈祷，然后齐声高唱美国国歌。

在国家面临危难之时，美国人的民族凝聚力和爱国热情空前高涨，这个时候，美国人的国旗意识也最强。"9·11"事件发生后，美国人普遍将"9·11"事件解读为一次针对自己"国家"的袭击，因此"国家"必须团结起来。"2001年9月11日，在全民悲伤的时刻，美国民众团结在一起。……我们还需团结一致，下定决心保卫我们的国家。""9·11"事件当天，几位参与抢险的纽约消防员在世贸中心废墟附近升起了一面美国国旗，这一感人的场景被摄影记者拍下后，成了美国爱国主义教育的标志性作品，无数次出现在电影、电视、报纸、杂志和海报上，美国邮政局专门以此照片发行了一枚名为"美国英雄"的邮票，热销一时。现在，美国许多城市的升旗仪式，都会邀请当地的消防员模拟这一场景。"9·11"事件后，全美国几乎成了星条旗的海洋，各种建筑物和私人住宅都悬挂着国旗，汽车车身、车窗上贴着国旗图案，美国人希望以此表明举国一致、支持政府、应对灾难的决心。"9·11"事件后，美国政府还发行了30多种爱国主义纪念币，纪念币背面有体现各地特色的爱国主义图案和文字。"9·11"恐怖袭击大大强化了美国人的国旗意识和美国社会的凝聚力，这是出乎恐怖分子意料的。

2005年1月4日，为了强化美国核心理念，增强美国国家认同，在第109届国会上，议员提出了《2005年自由展示美国国旗》议案。2006年6月27日，该议案在众议院获得通过；7月17日，在参议院获得通过；7月24日，由布什总统签署成为法律。法案要求美国国旗应该展现在每间教室或美国的其他教育设施上。

（六）重视母语教育

美国学校对母语教育十分重视。美国的母语课被称为"英语语言艺术"，小学英语教学从音标开始，要求掌握读音和拼写规律，迅速扩大词汇量；在高年级则着重训练阅读和口头表达，还会进行大量的英语"八股文"写作训练，确保学生读得懂莎士比亚，写得出观点明晰的文章，还能在公共场合清楚地表达自己的观点和意见。

美国公立学校对母语（英语）教学尤为重视。学生从进入K年级（幼儿园）开始一直到高中毕业，每天必须至少有一个小时的母语学习时间。SAT与ACT考试被称为美国的高考，它们既是美国大学的入学条件之一，又是大学发放奖学金的主要依据之一，这两种考试都很重视对学生母语的检测：SAT考试只考阅读、写作和计算三门课，而这三门课中有两门课是属于母语的，母语占了2/3的比例；ACT考试内容包括的四个部分（数学、语言、阅读、科学推理），其中有两个部分属于母语，母语占了一半。甚至到了大学一、二年级仍然有英语必修课，假如修完后统考不及格，大学是无法毕业的，要重考或者读其他的英语补习课程。美国哈佛大学、普林斯顿大学、加利福尼亚大学伯克利分校和明尼苏达大学均设有面向全校本科学生的母语教育课程，这些课程重在培养学生的思维和写作能力，而且都是公共必修课。其中，哈佛大学的阐释性写作（Expository Writing）课程和普林斯顿大学的专题写作研讨（Writing Seminar）课程都是学校唯一面向全校本科生开设的公共必修课。[1]很多大学更把英语写作规定为研究生入学的考试之一，如考试没通过，学生就不能被录取为研究生。

二、美国国家认同教育的主要途径

（一）政府重视国家认同教育

美国政府一贯重视国家认同教育。美国是较早开始公民教育并具有重要影响的国家。早在美国建立之初，共和国的缔造者杰斐逊、麦迪逊、亚当斯等人就认识到，仅有良好的政治制度还不足以支撑美国宪政民主，一个自由的社会最终必须依赖于它的公民，依赖于公民的知识、技能与道德。自从美利坚合众国成立以来，教育就被赋予了一种培育公民的使命：促进知情的、负责的、人道的公民的发展，增强公民参与民主的政治能力，增进公民对宪政民主的价值与原则的认同。[2]美国第一任总统乔治·华盛顿在1796年的告别演说中曾讲道："不论出生于或选择住在这个共同的国家的公民，这个国家有权要求你们感情专注地爱它。美国人这一名称是属于你们的，你们都是国民。这个名称必须永远凝聚应有的爱国主义自豪感，要高于任何因地域差别产生的名称。你们之间尽管有一些差异，但毕竟有相同的宗教、风俗、习惯和政治原则。你们在共同的事业中战斗在一起，胜利在一起。"[3]

20世纪后期，随着苏联解体、冷战结束，美国的爱国主义一度失去了明确的目

---

① 美国大学的母语教育［EB/OL］. http://www.360doc.com/content/13/1120/16/5654163_330791287.shtml.

② Margaret Stimmann Branson. The Role of Civic Education［EB/OL］. http://www.civiced.org/papers/articles.role.html.

③ 华盛顿告别演说（1796.9）［EB/OL］. http://www.zrcx.com/edu/xxk/lsrw/dy3/200709/856.html.

标。多元文化主义、"政治正确"重新抬头并成为美国的政治话语，给美国国家认同提出了新的挑战，爱国主义的基础随之发生动摇。[①]"9·11"事件激发了美国人的民族主义情绪和爱国主义热情，暂时扭转了美国国家认同衰退的趋势，但战争和危机期间民族情绪的高涨会随着战争时间的延长或危机的消退而逐渐减弱。[②]虽然"9·11"事件使得国家认同在美国人心目中的最高地位得以重建，但寄希望于用偶发的民族灾难来重构整个国民的国家认同绝非治本之策，美国的国家认同需要建立长效机制。"9·11"事件后，美国政府进一步认识到对年青一代加强爱国主义教育一事对美国社会及国家安全的重要性。因此，在"9·11"事件后，美国面临的任务是，一方面要在国外进行反恐战争，另一方面还需在美国国内巩固以传统主流价值观为基础的国家认同。为此，联邦政府因势利导，抓住"9·11"的契机采取了一系列举措来加强国家认同教育。

美国近几年对中小学培养目标提出各种改革方案，但这些方案的共同点，就是要把学生培养成为"具有爱国精神，能对国家尽到责任和义务的公民"。前教育部部长贝内特在提交给总统的报告中呼吁美国学校应加强学生爱国品质的培养；美国新近颁布的21条"学生品德规范准则"中，也包括着热爱祖国、爱护国家财产等方面的内容。

2002年3月，美国发布的《美国联邦教育部2002—2007年教育战略》重申，要加强对学生的思想政治教育，培养新时期具有爱国主义精神的高素质公民。

2003年3月4日，来自田纳西州的国会参议员拉马尔·亚历山大（Lamar Alexander，曾是里根总统时期的教育部部长）和来自密西西比州的参议员罗杰·维克[③]（Roger Wicker）在第108届国会上分别提出《2003年美国历史和公民学教育议案》。亚历山大等政界人士一致认为："在美国，尽管存在着不同的背景和文化，但

---

① 李晓岗. "9·11"后美国的单边主义与世界 [M]. 天津：天津人民出版社，2007. 24.
② 李晓岗. "9·11"后美国的单边主义与世界 [M]. 天津：天津人民出版社，2007. 35.
③ 其他一些发起人还包括以下参议员：哈里·里德（Harry Reid）、贾德·格雷格（Judd Gregg）、瑞克·桑托鲁姆（Rick Santorum）、詹姆斯·英霍夫（James Inhofe）和唐·尼克尔斯（Don Nickles）。

有着一个统一的信仰，存在着一套共同的价值观，这些价值观是需要大家认同的。"①
亚历山大在提出该议案时强调："现在我们国家正处于战争中，我们的原则受到了攻
击，而我们却没有教我们的孩子这些原则是什么。正是这些原则把我们美国人团结
在一起，因而把这些原则教给我们的孩子是非常必要的。……提出该议案的目的就
是要使美国历史和公民学课程回到我们学校的应有位置，使我们的孩子在成长过程
中能明白做一个美国人意味着什么。"②亚历山大还特别强调说："不应该让学生接触多
种意识形态的历史文本，而应教导学生，代表美国的只有一个真正的意识形态。"③

该议案建议向学生传授形成民主遗产的那些"核心人物"（Key Persons）、"核心
事件"（Key Events）、"核心理念"（Key Ideas）、"核心文献"（Key Documents）。④ "核
心文献"指确定或解释美国民主的基本原则的文献，包括《美国宪法和修正案》《权
利法案》《独立宣言》《联邦主义者文集》《解放宣言》等。⑤2004年11月19日，议案在
众议院获得通过；12月7日，在参议院获得通过；12月21日，由布什总统签署成为
法案（Public Law No.108-474）。⑥

（二）通过学校实施国家认同教育

美国是当代西方极为重视学校公民教育的国家。公民教育一直在国家事务中占
据重要位置，美国一贯认为发展公立教育是造就民主公民的最佳途径。因此，可以
毫不夸张地说，公民教育即培养合格公民既是美国公立学校兴起和发展的一个主要
推动力，也始终是美国学校教育的一个主要目标。

---

① Statement of Sen. Alexander - American History And Civics Bill Final Passage［EB/OL］. http://
alexander.senate.gov/public/index.cfm?FuseAction=PressReleases.Detail&PressRelease_id=017f54
2e-0a2a-4953-8889-b47e6b0bf687&Month=12&Year=2004&Region_id=.

② Statement of Sen. Alexander - American History And Civics Bill Final Passage［EB/OL］. http://
alexander.senate.gov/public/index.cfm?FuseAction=PressReleases.Detail&PressRelease_id=017f54.
2e-0a2a-4953-8889-b47e6b0bf687&Month=12&Year=2004&Region_id=.

③ Joel Westheimer. No Child Left Thinking: Democracy At-Risk in American Schools［EB/OL］.
http://www.democraticdialogue.com/DDpdfs/DD17-Westheimer.pdf.

④ National Coalition for History. Senator Alexander's "American History and Civics Education"
Bill Passes Senate, Washington Update, 27 June 2003.

⑤ National Coalition for History. Senator Alexander's "American History and Civics Education"
Bill Passes Senate, Washington Update, 27 June 2003.

⑥ H.R. 5360［108th］: American History and Civics Education Act of 2004［EB/OL］. http://
www.govtrack.us/congress/bill.xpd?bill=h108-5360.

　　在公民教育中，美国学校历来重视学生爱国精神的培养，并利用一切形式强化"美国意识"。美国学校的各门课程都渗透着美国精神。从孩子进幼儿园开始，就连续不断地给他们灌输美国精神，给他们讲星条旗的组成，让3岁的孩子知道华盛顿是"美国之父"，知道南北战争，使孩子们知道美国这个国家是怎样形成的，为此又付出了多少代价。进入小学后，爱国主义教育课程内容由浅到深，由近及远（从社区、城市、州直到国家）。通过介绍华盛顿、杰斐逊、林肯、爱因斯坦、爱迪生等美国杰出人物的生平，学习美国地理和历史，背诵弘扬美国精神的著名演说，反复渲染"美国是世界上最强大和最先进的国家，做一个美国人最值得骄傲"这样一个核心观念。像"不要问祖国为你做了什么，而要问你们为祖国做了什么"等名言，许多美国学生都能脱口而出。

　　为了培养年轻人成为合格的美国公民，美国初中特别开设了社会学科，高中主要开设了地理、美国史、当代社会问题研究、政治学、法律、哲学、心理学、综合人文研究课程或高级研讨课程来加强国家认同教育。除此之外，还开设了社会学、经济学与国防研究等选修课。这些课程的开设主要是为了让学生了解美国的历史、文化、地理、美国政治制度的优越性、美国在全球的地位等，从而增强学生对美国政治、文化的认同。

　　（三）借助宗教力量进行国家认同教育

　　信仰是一个民族、一个国家的灵魂和脊梁，也是一个国家政治制度形成和发展的基础和动力。重视宗教教育，既是西方资本主义国家的传统，也是西方资本主义国家维护意识形态的重要举措。

　　宗教在美国的影响广泛而深远。学者们普遍认为，美国是"世界上最笃信宗教的国家"，是"宗教色彩最浓厚的国家"。[①]宗教是绝大多数美国人生活中的一个重要组成部分。美国民族特性和文化思想在很大程度上依赖于发展变化着的三大宗教——新教、天主教和犹太教。宗教尤其是基督教是美国的立国之教，是美国社会的重要精神支柱，对美国的政治、经济、社会等方面具有十分重要的影响。美元上印着"我们信仰上帝"，国歌里有"上帝保佑美国"的歌词。美国人绝大多数都是基督教徒。美国人常常挂在嘴边的三句话就是"上帝保佑美国""我们信仰上帝""主权

---

① 裴孝贤. 宗教在美国社会中的地位［J］. 美国研究，1998（04）.

属于上帝"。①美国政府极为重视利用宗教来渗透国家认同教育。美国前总统艾森豪威尔曾说："美国如不具有对上帝的信仰就毫无意义——我倒不介意它是哪种宗教。"这里的宗教信仰实际上是对美国的信仰。在历届总统就职典礼中，均保留了向上帝求助的程序。在20世纪50年代的冷战期间，美国将宣誓效忠国旗的誓言做了修改，加上了"追随上帝"的字眼，从而为作为国家象征的国旗增加了更加神圣的光环。在一些正式的宗教仪式上，信徒们都会反复而虔诚地诵读祈祷文："全能的上帝，我们的一切全靠您所赐予，我们祈求您赐福我们：我们的父母、我们的教师和我们的国家。"

在美国青少年国家认同教育中，宗教履行着特殊的职能，成为美国青少年国家认同教育的重要途径。全美有1200家宗教广播电台播放宗教节目，每12家电视台就有一家宗教电视台，有宗教报纸杂志5000多种。②宗教势力每时每刻都以上帝的名义向青少年灌输符合现代社会所需的宗教教条，其中包含许多基本的道德规范和原则。大多数美国人的人生观、价值观和道德观均出自宗教。③

（四）进行渗透教育

渗透式教育是美国国家认同教育的一大特色。美国一贯重视采取多种形式对国民灌输国家认同观念。美国学校的公民教育不仅仅局限于课堂，局限于课本，而是延伸到了课堂以外的社区，让学生在校园环境和社会环境中通过广泛参与而受到教育熏陶。美国国家认同教育的措施可谓无孔不入，渗透到社会的每一角落，这种渗透式教育极大地提高了青少年国家认同教育的成效。

第一，国家认同教育内容渗透于各门课程之中。

美国学校除了通过开设《公民学》《美国政治史》《独立宣言》等显性课程对学生进行政治教育外，还重视用隐性方式来传递社会价值观，这种方式通常被称作"隐蔽课程"（Hidden Curriculum）。美国教育家大卫·克尔（David Kerr）明确指出：公民教育作为一门特殊的课程，它应该是广泛课程体系的一个重要部分，跨学科方法

---

① 王琪. 美国青少年公民教育理论与实践研究［M］. 北京：北京理工大学出版社，2011. 139.

② 郑永廷. 论社会意识形态与思想政治教育的内在联系［J］. 中国高校社会科学，2015（06）.

③ 王琪. 美国青少年公民教育理论与实践研究［M］. 北京：北京理工大学出版社，2011. 138.

是非常重要的方法，公民教育应该渗透到所有课程中去。美国学校的国家认同教育内容要渗透到历史、地理、经济学、社会学、法律、音乐、美术、绘画等学科中。比如，通过历史课程培养学生深厚的爱国情感、强烈的民族自尊心与自信心；通过政府学课程，向学生灌输美国政治制度是最先进的，美国政府是世界上最好的政府，美国的经济制度是最有生命力的，美国是世界上最成功、最强大的国家等观念。美国国家认同教育还渗透到各门自然科学之中，以致学校的所有课程都成了公民教育的重要载体。[①]

第二，通过大众传媒渗透国家认同教育。

报刊、书籍、电视、电影等媒体是资本主义国家对外宣传其政治思想的喉舌，也是向公民进行资产阶级价值观、政治观、人生观教育的主要途径。美国不仅是经济强国，也是文化强国，通过各种文化产品升华国家认同情感是美国国家认同教育的一大优势。在美国，大众传媒是传播美国政治知识、巩固美国政治信念、弘扬美国精神的有力手段。美国政府把其统治阶级的思想和主张渗透于网络等现代化传媒中，美国政府每年将几十甚至几百亿美元的巨资投到传媒事业和出版业上，向国内外青少年传播其价值观、文化观。

书籍是进行国家认同教育的重要载体。"课本、文选和供青年人阅读的历史几乎每一页都讲到爱国主义。一整套故事、英雄传说和格言把一个存在各种地区分歧的民族团结起来，为一个来自四面八方的民族形成自己的传统。"[②]美国著名学者罗伯特·唐斯（Robert Downs）曾列出"对形成美国文化与文明具有重大影响"的25本书，作为推荐给美国人的必读书目。《独立宣言》《联邦宪法》《解放宣言》三个文件是美国的立国之本，同时也是美国国家认同教育的最好教材。三个文件的核心内容是宣传以私有制为基础的资产阶级政治制度、"两院制"、"三权分立"的政治体系和以个人主义价值观为核心的资产阶级的意识形态体系。2003年，美国前总统肯尼迪的女儿卡洛琳·肯尼迪（Caroline Kennedy）出版了《一个爱国者的手册：歌曲，诗歌，故

---

① 陈正桂. 美国公民教育的特征及对我国思想政治教育的启示［J］. 思想政治教育研究，2010（03）.
② 付兵儿. 美国中小学的爱国主义教育及启示［J］. 外国中小学教育，2004（04）.

事和演讲，庆祝我们所热爱的土地》一书，在美国极为畅销。[①]

　　美国的电视节目时刻都在宣扬"美国第一"的思想，以此培养民众尤其是青少年的国家认同感。在美国电视节目中，专门设有历史频道，通过电视节目对民众进行历史教育，教育人民不忘过去，牢记历史经验教训。[②]早在1942年，美国就成立了官方国际广播电台——"美国之音"，并以45种语言向世界各国宣传美国，以此渗透、输出美国的价值观。2003年初，美国总统小布什又颁布法案，正式成立"全球传播办公室"，利用全球传播体系推行以美国文化为中心的西方文明，从而达到意识形态霸权的目的。除历史频道外，美国的传记频道每天也会播放宣扬爱国主义精神的节目。电视节目在观众不加防范的情况下，润物细无声地影响了人们的认知和情感。那些由军方拍摄或资助的大片更是着重于塑造美军战无不胜的神话。2011年在美国纽约第1电视频道热播的电视连续剧《24小时反恐部队》就是一部典型的宣扬美国爱国主义精神的电视剧。

　　案例：《24小时反恐部队》——一部宣扬美国爱国主义的电视连续剧[③]

　　美国纽约第1电视频道热播的电视连续剧《24小时反恐部队》讲述的是美国的反恐机构如何和恐怖分子斗智斗勇，保护无辜美国平民生命的故事。剧中有这样一个情节，恐怖分子在释放了一次病毒造成数百人死亡之后，为了阻碍反恐机构找到他们，要挟政府杀死反恐机构的负责人并且交出尸体，不然的话，就会第二次释放病毒。为了赢得时间来找到这些恐怖分子，防止他们更大规模的袭击行动，最终政府妥协了。执行任务的工作人员虽然痛苦，但是在他们的心目中，国家安全、国家利益高于一切。身为特工人员，在宣誓就职时，就做出过这样的承诺。电视剧宣扬的是：国家利益高于一切。

　　电视剧中还有这样一个情节，一座核电站遭到恐怖分子的破坏而泄漏，需要疏散居民，反恐机构里面的一个工作人员，因为要坚守岗位，不能够帮助其行动不便的老母亲。最后，母亲选择自杀。在母亲和儿子最后的通话当中，希望儿子坚守岗

---

① 温宪. 感受美国人情不自禁的"爱国"［EB/OL］. http://www.huanqiu.com/www/coprdata/hqsb/2014-03/4907482.html.

② 付兵儿. 美国中小学的爱国主义教育及启示［J］. 外国中小学教育，2004（04）.

③ 孙露. 当代美国爱国主义教育对我国思想政治教育的启示［D］. 湖北工业大学，2012.

位，因为更多的美国人，需要他的保护。对白很简单，尤其是那位老母亲，语调平静，只是当她放下电话，准备自杀前那一刻，镜头的特写，是她流着泪却异常坚定的眼神。一切很自然，但却非常煽情。

在该剧中，很多场面都是在宣扬美国的爱国主义情怀。这种情怀不是通过生硬说教，不是通过假大空的人物，而是通过音乐、画面、细节、人物的对白及行为举止，展现在观众面前的。

除电视外，美国还通过电影文化向公民尤其是青少年渗透美国核心价值观。在世界电影业中，美国好莱坞影片的影响力无疑是最大的，"好莱坞"已成为美国电影的同义语，其生产的各种类型的影片令世界不少观众着迷。好莱坞电影看似远离政治，实际上其生产的各种影片带有很浓厚的政治色彩，好莱坞大片蕴含着深层文化价值立场，高扬个性解放和个人主义等价值观，对各国受众产生了深刻的影响。[①]好莱坞电影无时不在向世界宣扬"美国精神"，它无疑是美国向内外输出核心价值观的最有效窗口，是美国进行国家认同教育的绝好媒介。梳理80年来奥斯卡的历史，简直就是梳理"美国精神史"。《泰坦尼克号》《巴顿将军》《兵临城下》《珍珠港》《拯救大兵瑞恩》《爱国者》等影片的主题都生动体现了美国精神。2000年，美国电影协会评出的《永不妥协》《毒品网络》《几近成名》《夜晚降临之前》《最佳表演》《角斗士》《高保真》《梦之挽歌》《天才小子》《诚信无价》被舆论界喻为弘扬"美国精神"的十大影片。在美国，一大批好莱坞大片在带给人们视听享受的时候，通过缜密的叙事以及传奇或日常生活场景的展现和推进，让人们在不知不觉中获得了对美国文化的认同。[②]

大众媒体通过书籍、影视作品和歌曲等手段极力宣传爱国主义精神，对美国民众尤其是青少年产生了潜移默化的影响。美国政府还特别重视发挥互联网的快速、便捷、隐蔽、直观等优势，宣传其倡导的价值观和道德理念。同时，美国不仅通过大众传媒直接向公众传播主流意识形态，推进本国公民对社会核心价值观的认同和践行，同时还向全世界输出自己的核心价值观，以达到"文化殖民"的效果。

---

① 郝一峰. 国外主流意识形态建设经验研究 [J]. 思想政治教育研究，2010（01）.
② 曾水兵、檀传宝. 国家认同教育的若干问题反思 [J]. 中国教育学刊，2013（10）.

第三，透过节日庆典活动渗透国家认同教育。

美国是一个节日很多的国家，利用各种节日庆典渗透国家认同教育也是美国一贯的做法。美国政府总是千方百计地利用各种节日，从不同角度提醒人们要牢记历史、热爱祖国。美国主要的爱国节日有：马丁·路德·金纪念日（1月的第3个星期一）、华盛顿诞辰纪念日（2月22日）、阵亡将士纪念日（5月30日）、退伍军人节（11月11日）、美国国庆日/独立纪念日（7月4日）、国旗制定纪念日（6月14日）等。在美国，各种爱国节日庆典甚至包括民间的感恩节（11月的第4个星期四）、圣诞节（12月25日），这些节日不仅是人们欢聚热闹的机会，也是激发人们爱国主义情感的好时机。

2002年9月11日是美国"9·11"恐怖袭击一周年纪念日，当天上午，在纽约世贸大厦遗址举行的悼念仪式上，仅宣读遇难者名单就用了2小时28分钟，30多家电视台同时播放了3000多名死难者的名单，各大报纸还刊登了2700多幅遇难者的照片。美国政府还宣布，在"9·11"袭击中罹难的外国人，只要其亲属提出申请，都可成为美国公民，享受美国公民的一切优抚权利。美国政府尊重生命价值的做法带给人们强烈的心灵震撼，其效力远胜过千万次空洞的爱国教育。

美国高校还根据大学生的特点，通过举办各种大型节日庆典活动，塑造学生的爱国精神。如在阵亡将士纪念日，让学生缅怀为祖国捐躯的美国军人；在国庆典礼上，让学生集体背诵"我爱这个国家，保卫这个国家"的誓词；在国旗纪念日，让学生背诵《忠诚宣誓》誓言："我宣誓忠诚于美利坚合众国国旗，忠诚于它所代表的共和国，上帝庇佑下的一个国家，不容分割，人人由此享有自由与正义。"美国政府还把在战争中死亡将士的名单刻在各地大理石、纪念碑及学校墙壁上，以示缅怀。譬如，"二战"殉国将士的名单就刻在夏威夷的纪念碑上。凡在海外阵亡的官兵，其遗体都会用军机隆重地接回国内。此举不仅是肯定殉难者的英雄壮举，更重要的是激励在世者认同国家、保家卫国。

第四，国家认同教育渗透于日常活动中。

隐性课程在美国国家认同教育中扮演了极其重要的角色。透过日常活动渗透国家认同教育也不失为一种有效的方式。美国日常生活中铺天盖地的议员、政党与总统竞选的海报、广播、电视与网络信息，建筑物前常年飘扬的星条旗帜，以及大中小学橄榄球比赛前常见的唱国歌仪式，都是人们所熟知的隐性公民教育的具体体现。^①孩子从上学伊始，就要学习唱国歌、画国旗。美国还利用举办各种体育盛会和文艺演出等大型活动的机会，宣扬"美国精神"；在学校，还通过国庆、校庆、毕业典礼等庆典举行升国旗、唱国歌等活动，以此向学生灌输爱国主义和效忠国家的思想。

（五）注重社会政治环境的建设

美国非常重视在环境中渗透国家认同教育内容。在美国各地都有政府斥巨资修建的各种纪念馆、博物馆、艺术馆、科技馆、名人故居、国家公园等文化设施，学校经常鼓励学生去这些场所参观、游览，让他们在耳濡目染中潜移默化地接受美国主流意识形态和价值观念。

美国各地纪念馆、博物馆星罗棋布，堪称世界一流。这些场馆集中表现了美国的物质文明和精神文明，到处都渗透着美国"意识"，是美国向其国民尤其是青少年进行政治、思想、道德教育的重要基地和生动教材。据统计，美国仅博物馆就有7000多家，绝大部分博物馆、纪念馆均免费向青少年开放。首都华盛顿就是一个巨大的政治教育博物馆，在华盛顿，与美国历史和文化相关的建筑物、纪念碑和雕像就有100多处，其中的华盛顿纪念碑、林肯纪念堂、杰斐逊纪念堂、罗斯福纪念堂、肯尼迪文化中心等纪念馆的前面都加有一个"National"，以此增强人们的国家意识。不少博物馆里陈列着当年开拓者的用具，展示艰辛的创业史。洛克菲勒财团捐资建立的历史城市威廉斯堡，直观地再现了美国的历史，每年都会吸引数十万青年学生到此参观。科学博物馆专门展示美国在世界科技的领先水平和辉煌成就，以此来教育年青一代，使他们以成为一个美国公民而感到骄傲自豪。^②美国的宇航博物馆展品琳琅满目，令人目不暇接。展品处处强调美国在世界航空史上的创造，它不仅向参观者普及各种宇航科技知识，也在向美国观众灌输国家认同思想，而这种思想正是推动美国走向繁荣昌盛的力量源泉。著名的华盛顿纪念碑碑高169米、重达9万吨，历来被美国人视为圣地，人们常到此瞻仰华盛顿，缅怀他为美国人民做出的卓越贡献。

---

① 檀传宝. 公民教育引论：国际经验、历史变迁与中国公民教育的选择［M］. 北京：人民出版社，2011. 35.

② 美国是如何进行爱国主义教育的［EB/OL］. http://hi.baidu.com/huhu12006/item/a42db7ea698946f7e0a5d49f.

　　美国政府特别珍惜自己的历史遗产，尤其是对那些彪炳千古的历史伟人更是推崇备至，视为教育后代的宝贵精神财富。在美国，用杰出人物命名城市、街道、林地、公墓、公司、机场、学校以及各种场馆的现象非常普遍。许多名人的故居被改为博物馆，供人们参观，以传递美国文化传统。美国50个州都有用总统名字命名的市或县。每位总统的故乡或所毕业的大学都有私人博物馆，展览他们在位时为美国做出的功绩。这些伟人天才般的思想、不凡的经历、高尚的精神、卓越的贡献，永久性地熏陶、感化和激励着人们。此外，美国人还编印了美国杰出人物的生平事迹，作为美国人的必读书目。①

---

① 美国是如何进行爱国主义教育的［EB/OL］. http://hi.baidu.com/huhu12006/item/a42db7ea698946f7e0a5d49f.

第二节　英国的国家认同教育

英国是最早建立资本主义，也是世界上第一个完成工业革命的国家。作为一个世界经济强国，英国在重视经济发展的同时，对教育尤其是国家认同教育非常重视。通过开展国家认同教育，英国公民的国家意识不断增强，从而为英国资本主义民主制度的发展奠定了深厚基础。

一、英国国家认同教育的内容

英国国家认同教育的核心是公民意识的培养，即公民对自己在国家政治和法律生活中地位的认识，在情感上对于所属的国家和特定社群的认可，在认知上对其公民角色的理解，知道自己所承担的责任及所享有的权利。[①]

（一）加强核心价值观教育

随着全球化进程的深入推进，英国政府感受到国家认同的危机，认为文化和经济的全球化正在威胁其核心认同和国家的凝聚力。甚至有人认为"英国已经死了，将英国人民联系在一起的帝国事业的核心价值、阶级体系、法规和宗教都已经烟消云散，只剩下一个空壳、一面旗子和地图上的一个形状"[②]。英国教育大臣艾伦·约翰逊（Alan Johnson）认为，在英国这样一个种族、民族、信仰多元化的国家，学生对英国传统价值观的继承、对不同文化的理解和尊重是十分重要的；而加强学校核心价值观教育，使每一个学生都能够对种族、信仰多元化有更深刻的认识，并学会如何正确面对和处理种族分歧问题，使学校成为维护社会和谐的关键力量。

英国政府和学校十分注重政治教育在国家认同教育中的作用，使学生对英国传统文化遗产有良好的掌握，认识英国公民权利和义务的历史发展过程，培养民族意

① 杨福禄. 和谐社会构建中的公民教育问题研究［M］. 济南：山东人民出版社，2010. 158.
② Lawson，Helen. Active Citizenship in Schools and the Community［J］. *The Curriculum Journal*，2001，1（2）：p.170.

识、训练公民思维以及树立认同感，获得有关社会责任和公民权利、义务等。

在全球化时代，英国政府越发认识到核心价值观教育的重要作用，将其提升到"国族身份认同"的高度，并结合本国国情旗帜鲜明地强化核心价值观的主导地位，积极宣传核心价值观。

2005年，伦敦发生地铁大爆炸，而炸弹的放置者是在英国接受教育的少数族裔青年，英国各界为之震惊。政府在进行调查并经过反思后发现，这些少数族裔虽在英国接受教育，但思想并未融入英国主流社会。为了抵御伊斯兰极端主义思想的影响，加强社会的凝聚力，英国政府从2005年开始制定核心价值观教育计划，旨在采取将核心价值观教育融入国民教育体系的策略，对青少年学生加强核心价值观的培育。

2006年5月，英国高等教育事务官员比尔·拉梅尔（Bill Rammell）提出，要加强培育学生的共同价值观，以此凝聚英国人的精神；在对学生进行多元文化教育的同时，要对所有学龄青少年进行"英国传统价值观"的教育，加强学生对现代历史的学习，了解移民、英联邦、欧盟等对英国的影响，以及英国社会不同群体对英国社会发展的贡献等，从而增强学生的"国家认同感"，培养多元文化、言论自由、宽容、公正等价值观，协助创造一个更为团结、和谐的社会。①

2007年1月25日，英国教育大臣艾伦·约翰逊在2002年提出的"公民教育"的基础上，正式公布了对青少年进行"英国核心价值观"教育计划，要求把英国传统价值观列入义务教育阶段的必修课程，在全国中小学教授言论自由、多元文化、尊重法治等核心价值观以及英国不同群体对英国社会的贡献等内容。约翰逊说，中小学生在公民教育课程中应学习共享的价值观和英国的生活，"言论自由、宽容和对法治的尊重，是在英国非常受珍视的价值观。虽然它们不是英国所独有的，但却是地道的英国价值观"。②近年来，英国首相卡梅伦在国内外多种场合中多次发声，就英国的核心价值观进行全面、深入的阐述。"我认为我们需要更大力地推广英国价值观。这种价值观不是可有可无的，而是英国生活方式的核心。……坚持英国的价值观从来不是一个选择，而是应尽的义务。"③

---

① 何大隆. 英国：合力传播核心价值观 [J]. 瞭望，2007（22）.
② 何大隆. 英国：合力传播核心价值观 [J]. 瞭望，2007（22）.
③ 沈伟鹏、孔新峰. 英国的核心价值观及其启示 [N]. 法制日报，2015-08-05.

（二）重视传统文化教育

作为崇尚传统和视文化遗产为珍宝的国家，英国传统文化教育历来在中小学教育中占据着重要地位，通过传统文化教育，使文化得到有效的复制、保护、传承和创新。同时，英国还通过传统文化教育促进学生在精神、道德、文化等方面的发展。

英国十分强调通过学科教学进行传统文化教育。在英国中小学的课程中，历史、英国文学、艺术与设计、设计技术、戏剧、电影和音乐是进行传统文化教育的重要途径。英国中小学传统文化教育不仅体现在学校的课程和课堂教学中，而且体现在注重利用丰富的社会文化遗产资源，以丰富多彩的形式对青少年进行传统文化教育。

2011年，英国文化、传媒和体育部发布了《英国文化教育》调查报告，报告对英国传统文化教育现状进行了评估，并对未来中小学传统文化教育的发展提出了以下建议：向所有学生提供宽广的文化教育，并提出各学段学生在文化教育方面的具体目标；在文化部或教育部的领导下，建立文化教育的跨部门协调机构；政府应该制定一个国家文化教育规划，并制定相应的实施计划；在文化教育方面建立合作伙伴关系，艺术委员会、文化遗产六合彩基金委员会、英国电影机构等文化单位应该共同合作，使各自的文化教育计划协调一致起来，形成一个与政府规划相一致的统一计划；建立文化教育网站。[1]

该报告特别提出了各学段学生应该达到的文化教育目标[2]：

5—7岁学段目标：（1）经常性地参加不同文化活动，如阅读和讲故事、艺术和工艺活动、制作简短的动漫、唱歌、音乐制作和舞蹈；（2）参观与年龄相符的事件和场所，例如剧院、电影院、音乐厅、博物馆、美术馆、图书馆和文化遗产场所。

7—11岁学段目标：（1）通过文化教育学科获取相关知识，并进行探究性和创造性活动；（2）与同学合作创造、设计和创作自己的作品；（3）具有创作的经验，例如故事、诗歌和戏剧写作；（4）向观众、听众展示和表演的经验；（5）运用专门术语对自己和他人的艺术作品进行回应、解释、分析、质询和批评；（6）学习运用最新技术了解文化。

11—16岁学段目标：（1）应继续享受高质量和丰富的文化教育课程，包括美术、

---

① 王璐、尤铮. 英国传统文化教育研究［J］. 比较教育研究，2014（06）.

② 王璐、尤铮. 英国传统文化教育研究［J］. 比较教育研究，2014（06）.

舞蹈、戏剧、设计、历史、文学和音乐；（2）继续文化发现之旅，鼓励做出探索性的选择，参加和享受文化活动，增长各方面的文化知识，包括美术、戏剧、设计、文学和音乐的历史发展及背景知识；（3）经常出入博物馆、美术馆、文化遗产场所、剧院和电影院，参加艺术表演；（4）阅读文学经典，经常使用图书馆，通过出版、展览、表演和视频，在学校和当地社区展示自己的作品。

（三）强调历史教育

英国是一个具有古老文化和传统的国家。与其他国家一样，英国传统上也曾把历史课当成"社会科"中的一门课程，主要目标在于使学生"对于英国传统文化遗产有良好的掌握""培养道德""培养民族意识"等。对于历史学科是否与其他社会学科综合设置的问题，曾经在英国教育界和史学界展开过激烈的争论，最终结果是历史学科课程的地位得到了巩固和明确，历史课被视为中学的核心课程。①

1990年4月，"国家课程历史学科工作小组"发布的一份报告，提出通过历史教学"使学生了解自己的家庭和所属的群体、社区、国家、机构、信念、价值观、习俗等事物的由来和经历""了解自己的文化根基和共享的遗产"以及"当今世界其他国家和文化"，并提出了历史教学要"为学生的成年生活做准备。历史可以帮助学生养成公民素质，合理利用闲暇，正确对待工作"。②

注重殖民与联邦史教育。在英国历史教学的教学目标中包括了"树立认同感"的内容。英国历史教育尤为注重殖民与联邦史教育，英国史特别是政治、宪法和文化方面的遗产是历史学习的重点，通过本国历史的教学，增强学生的国家认同和民族自豪感。尽管初高中历史联用的历史教科书只有一册，其侧重点仍然是英国的历史发展进程。③国家课程规定历史教学的目的是培养学生的批判性思维能力，重视历史证据，了解不同观点和发展判断的不同视角，特别提出要知晓英国的过去和英国在世界中的地位，帮助学生理解现在英国所面临的挑战。课程大纲特别规定了该学科的目标，保证学生做到以下几点：（1）了解英国各组成部分的历史故事，英国人民如何造就了这个国家，英国如何影响这个世界；（2）以连贯和编年的叙述形式了解英国历史，从最早的祖先到治理今天生活的社会制度的发展；（3）理解和掌握历史概

① 余伟民. 历史教育展望 ［M］. 上海：华东师范大学出版社，2002. 168.
② 国外历史教育现状研究报告 ［EB/OL］. http://www.zbjy.cn/content/200901/209183.shtml.
③ 余伟民. 历史教育展望 ［M］. 上海：华东师范大学出版社，2002. 156.

念，例如帝国、文明、议会等，连续性和变化，原因和结果，相似性、差异和意义，提出历史性问题，形成结构性的叙述；（4）掌握如何运用证据说明一个历史观点，在地方、区域、国家和国际历史中建立联系，在文化、经济、军事、政治、宗教和社会之间建立联系，在近期和长期之间建立联系。①

（四）重视宗教教育

宗教是英国文化遗产的一部分，在英国文明的发展过程中发挥着重要的作用。宗教教育在英国教育发展史上占据着重要的地位。宗教教育有助于培养学生的国家认同感，有助于增强学生对英国传统文化和核心价值的理解和认同。②

宗教教育在英国经历了从垄断学校教育到成为学校道德教育重要组成部分的演变，在这一演变过程中宗教教育的内容与方法一直积极地改变以适应时代的要求。进入21世纪，在信息化与全球化的背景下，人们的生活方式、思维方式发生了相应的变化，虽然英国政府力图通过法律方式确立宗教教育的地位，但是在现实生活中，宗教教育从内容到形式都不可避免地受到来自各方面的挑战。面对新的挑战，宗教教育积极寻求新的途径和方法，力求适应新的世纪。2000年，英国教育质量与课程局发布的《宗教教育非法定指导》（Non-Statutory Guidance on RE）指出，"宗教教育要通过帮助学生思考现实生活的意义和目的问题并做出回答，帮助学生探讨人类社会价值观特征以促进学生的精神发展；通过帮助学生运用他们在宗教和伦理教学中所获得的知识和理解来思考道德问题并做出回答，帮助学生对道德和宗教问题做出合理和明智的判断，从而促进学生的道德发展"③。

宗教教育是当代英国学校道德教育的重要组成部分。目前，英国中小学宗教教育大体可分为六方面内容：与最亲近的人的关系、与社会的关系（包括劳动与生活中的各种关系）、与人类的关系、与自己的关系、与非人类的关系（即与自然界的关系和环境问题）、与上帝的关系（信仰）。由此可见，英国的宗教教育正在努力将新的时代内容注入到传统的外壳中，使古老的原则与新的时代精神相结合，它一方面已经脱离了宗教知识的讲述和呆板的信仰灌输，更多时候是以思想舆论工具的身份

① 王璐、尤铮. 英国传统文化教育研究［J］. 比较教育研究，2014（06）.
② 张嵘. 英国宗教教育的历史与现状［J］. 世界宗教文化，2016（05）.
③ QCA. Religious Education: Non-statutory Guidance on RE. Sudbury: QCA Pulications，2000，p.13.

出现，是一种精神结构，一种思想、理想、追求、价值、信仰和准则的结构；另一方面，宗教教育已摆脱了排他性的特征，成为促进英国青年一代的人生观、价值观以及精神、道德发展的必要手段，并以开放性、多元性为特征，积极培养英国年青一代宽容、理解的国际公民素质。当代英国宗教教育在世俗化、多元化及公民教育兴起的背景下，依然对英国社会发挥着导向、凝聚、整合等重要作用。[①]

二、英国国家认同教育的方法、途径

（一）政府重视国家认同教育

自20世纪80年代起，英国政府开始从国家层面加强对公民教育的控制与管理。20世纪七八十年代的政治教育计划或政治素养运动，更是将英国政治教育推向公民教育发展历程的顶点，这一时期的政治教育受到了人们的空前关注。[②]

20世纪90年代，英国教育部颁发了《道德教育大纲》，要求学校向学生传授道德价值观。1998年，英国"学校公民教育与民主教育顾问小组"还发布了《科瑞克报告》，就公民教育的必要性、目的、内容、方法、重点等问题作了阐述。《科瑞克报告》的学习规划中还提到有关政治制度的学习，包括议会、刑法与民法的司法系统、欧洲联盟、英联邦以及联合国等方面的内容。全国课程委员会课程指导将公民教育的目标细分为知识（有关公民的各方面知识）、综合技能、态度、道德准则和价值；将公民教育的内容概括为八个方面：社区的根本特性，多元社会中的角色和关系，作为公民的义务、权利和责任，家庭，活动中的民主，公民和法律，工作、就业和休闲，并对每个方面如何开展教学和组织活动提出了建议。

90年代以后，英国政府从认可公民教育逐步发展到积极推进公民教育。这主要是由于国内外政治、经济、环境变化及英国社会问题日益严重所致，如英国公民尤其是年轻人政治参与意识薄弱，远离政治，反社会行为增加。这都使政府认识到确立一种公民的国家认同观念及提高公民意识与责任感的重要性。[③]

随着全球化进程的加快，英国公民教育越来越受到重视。21世纪以来，公民教育逐渐成为英国中小学的必修课。从2000年9月起，英国开始实施新的国家课程，

---

① 张嵘. 英国宗教教育的历史与现状 [J]. 世界宗教文化，2016（05）.

② 檀传宝. 公民教育引论：国际经验、历史变迁与中国公民教育的选择 [M]. 北京：人民出版社，2011. 15.

③ 杨福禄. 和谐社会构建中的公民教育问题研究 [M]. 济南：山东人民出版社，2010. 152.

并将公民教育作为国家课程正式引入中小学，公民科成为国家课程体系中的基础学科。新国家课程对公民教育的具体要求是：培养学生的社会意识和公民意识，……学习本国和各国发展的历史，理解和尊重文化和信仰的差异，并从个人、地区、国家和全球层面为可持续发展做出贡献。①2002年9月，英国政府正式将"公民教育"作为一门独立的学科纳入英国中学必修课程，成为11到16岁中学生的必修课。该课程内容分为三类："成为知情公民所应具备的知识和理解力，问询和沟通的技巧，参与能力和负责任的行为。"其中，16岁的学生应该懂得英国议会的变更，两院之间的关系，英格兰、苏格兰、威尔士和北爱尔兰之间的关系，以及与欧盟和公共事务的关系。将公民教育纳入英国国家课程体系，实现与其他欧洲国家公民教育的同步发展，被认为是2000年英国国家课程修订中最具意义的举措。②

在管理上，英国国家认同教育具有层次性。从《英国公立学校德育大纲》的规定中可以看出，从幼儿园、小学到中学，国家认同教育的内容都是由浅入深的，如在幼儿园和小学低年级，侧重学生良好生活习惯的养成及做人基本品质（包括感谢、真实性和勇气等）的培养。到了高年级，则更多侧重于培养学生对国家的了解和热爱、对社会的责任、对正义的渴望、对真理的追求等。

（二）学校实施国家认同教育

英国在国家认同教育中非常注重渗透教育，尤其是针对16岁以前青少年的国家认同教育更加凸显出渗透式与生活化特征。所谓渗透式、生活化的国家认同教育，就是根据学生的身心发展特点设置国家认同教育课程、编写国家认同教育教材，把国家认同教育渗透到各学科和社会教育之中，在日常学习、游戏和生活中培养学生良好的道德品格。在英国的各类学校中，通常每星期要上1—2节"个人与社会教育"课，该课程是英国学生接受政治教育相对集中的课程。英国一些学校还将政治学列为高级水平课程之一，一些学校则在历史、英语、宗教教育中开展政治教育。③

跨学科主题教学是当代英国国家认同教育课程教学的主要模式。1998年颁布的《科瑞克报告》明确提出学校公民教育应当采取渗透式教学模式。除了通过独立公民

---

① 钟启泉、张华. 世界课程改革趋势研究［M］. 北京：北京师范大学出版社，2001. 123.
② Osler，A. & Starkey，H. Education for democratic citizenship：a review of research，policy and practice 1995-2005［J］. *Research Papers in Education*，2006，21（4）：pp.433-466.
③ 郑永廷. 论社会意识形态与思想政治教育的内在联系［J］. 中国高校社会科学，2015（06）.

学科进行公民教育外，英国还注重通过历史、地理、英语等人文社会学科渗透公民教育。历史课是英国中学的一门核心课程，主要讲授英国的政治史、宪法史、文化史。学生通过学习该门课程，不仅认识了英国公民的权利与义务的历史发展过程，而且培养了学生的民族意识和道德意识。[①]在英语课中开展有关多样性和多重身份概念的教育。通过阅读文学作品、戏剧表演、角色扮演、文学评论等形式，帮助学生理解文化认同问题，并养成挑战传统、进行批判性思维的习惯。在地理课中，通过学习英国、欧洲及世界地理知识，使学生能开阔视野，成为有见识的公民，并懂得尊重和包容不同国家和不同地区在社会、生活、风俗等方面的差异，让学生学会理解和尊重多样性。这些人文学科包含着丰富的公民教育内容，充分挖掘其中丰富的素材，有助于形成合力，对专门的公民教育课程起到辅助和补充作用。

2007年1月，英国教育与技能部特别发布了《课程检视：多样性与公民权利和义务》白皮书，强调公民教育要融入国民教育体系，尤其要加强渗透式教学，把公民教育内容渗透到各学科中。除了在历史、地理、英语等课程中渗透公民教育外，还要求在数学、科学等课程中渗透相关内容。比如数学和信息技术可以在选举制度、判断选票和技巧方面充分发挥作用；科学和技术教育可以在某些方面加深公民对有关社会政策中的民族事务的理解；宗教教育为培养公民的道德意识和社会意识提供了机会。[②]

（三）通过多种途径开展国家认同教育

英国学校采取多种方法加强国家认同教育。在英国高校，国家认同教育多采用间接潜在的方式，较少使用显性教育方式。在具体做法上，多采用艺术型的暗示方法，借助教育、期望、理想、习俗、礼仪、文娱等手段艺术性地达到思想政治教育的目的。例如"在英格兰人尽其责"等期望性的口号、英国餐桌上的各种礼仪等都使学生变相地接受着思想政治教育。在中小学，思想政治教育的方式也是多样的，例如教育学生向国旗敬礼、唱国歌、路过纪念碑时要停下敬礼等行为规范，组织学

---

① 余斐. 走近英国渗透式道德教育［EB/OL］. http://www.banyuetan.org/chcontent/sz/hqkd/20141017/114619.html.
② 王淑琴、王爱霞. 英国中小学公民教育课程之管窥［J］. 现代中小学教育，2005（09）.

生到法院、市长办公室、市政厅参观，等等。①

利用课外活动开展英国国家认同教育。在实施国家认同教育过程中，除了加强"英国史"和"英国社会"教育外，英国还特别重视青少年社会实践活动。英国学校的社会活动主要有社会政治活动和社会服务活动，大多数青少年都积极参与各种社会活动。例如，在申请参加社会服务志愿者组织的全天志愿者工作的人当中，18岁以下的占60%。一份来自英国志愿者中心的1991年的报告显示，在1990年，有55%的18—24岁青年人参与到一些志愿者行动中去。英国青少年理事会经常组织会员参与社区环境治理，或访问精神病院和保育院等。通过有意识、有目的、有组织地开展志愿活动和慈善活动，并将一定的价值观念渗透其中，从而培养学生正确的价值观念及社会责任感，帮助学生理解公民的权利和义务，使学生通过实践净化心灵，培养公民意识，提升道德品质，形成良好的社会风气。

充分利用社会物质资源进行国家认同教育。在进行国家认同教育时，英国学校充分利用各种展览馆、纪念馆、博物馆、科技馆等社会物质资源，以生动的实物资料和光、电、声等现代科技手段，对学生进行国家认同教育。在英国，所有公共机构都可以免费参观。伦敦的博物馆就有200多所，比如伦敦国家艺术馆、丘吉尔故居、南丁格尔纪念馆、威斯敏斯特国会大厦、科学博物馆等。这些场所集中展示了英国的物质文明，宣扬着英国的历史与文化价值观，是重要的思想政治教育基地。通过组织学生参观这些公共机构，可以很好地传递英国的政治制度和核心价值观。

大众传媒是英国国家认同教育的重要工具。一战以来，英国一直把思想政治教育作为大众传播工作的重点。英国主要媒体英国广播公司（BBC）由官方直接控制。英国前首相撒切尔夫人在1985年7月的一次谈话中表示："新闻机构成员要把占统治地位的意识形态的需求放在优先考虑的地位，而不是把职业的需求放在首位。广播电台和电视台的记者进行工作，就是直接参与国家的政治活动和意识形态活动。"②

社区教育也是英国国家认同教育的重要手段。社区教育通过社区民众自觉、自主地参与改善社区政治、经济、文化生活的过程达到思想政治教育的目的。英国的社区教育从20世纪初的"睦邻运动"开始，经过多年的发展，已经成为公民实现社

---

① 张嵘. 英国高校思想政治教育的发展及其启示［J］. 现代教育科学（高教研究版），2011（06）.

② ［英］弗朗默. 英国广播公司和英国政府［J］. 世界广播电视参考，1989（06）.

会参与的重要平台，通过义务劳动、环境治理、教堂服务、选举竞选等社区活动，使受教育者形成正确的价值观，建立起对社会的责任感。^①

总之，英国的国家认同教育是由全社会共同参与的统一体，通过采取各种手段，建立一体化教育网络，使学校同宗教组织、社会团体、慈善机构、家庭、社区中心及政府机构建立起制度化的联系。

---

① 张嵘. 英国高校思想政治教育的发展及其启示［J］. 现代教育科学（高教研究版），2011（06）.

第三节　法国的国家认同教育

法国教育历史悠久。在20世纪后20年中，由于经济增长速度减慢，失业率不断增加，法国政府和社会对教育给予了极大重视，在财政方面为教育投入了大量资金。

在法国教育体系中，公民教育一直占有重要地位。法国是世界上最早实行公民教育的国家，早在1791年法国第一部成文宪法中，便提出了公民教育的思想。1882年法兰西第三共和国为小学生设立公民训导课；二战期间的公民课程则结合反法西斯进行爱国教育；直到八九十年代，公民教育成为了核心教育内容。

法国是一个中央集权体制的国家，重视维护社会的整体利益。这种体制对公民教育影响颇深。在法国的公民教育中，民族、社会意志明显处于至高无上的地位。无论是在历史上还是在当代，法国的政治、经济、文化在世界上都处于相对强势的地位。这使得每一代法国人的心中都积淀着浓厚的法兰西民族自豪感。法国公民教育就是要使这种自豪感代代相传，使学生们在受教育过程中形成共和国的价值观，使他们顺利地融入建基于启蒙运动精神和现代普遍价值基础之上的共同的民族文化当中。①

一、法国国家认同教育的内容

（一）重视政治教育

1.法国的公民教育有着鲜明的政治色彩

在近代史上，法兰西民族是一个有着高度政治自觉性和积极性的民族，素以"政治民族"著称，这一传统深刻影响到法国的公民教育。法国的公民教育有着鲜明的政治教育色彩。公民教育中的政治参与意识有着悠久的历史渊源。在法国大革命时期，民族自豪感和爱国主义价值观的形成及由此萌发出的强烈的政治参与意识，作

---

① 赵明玉. 法国公民教育述评［J］. 外国教育研究，2004（06）.

为公民教育的一个培养内容被传承下来。法国人把国家政治事务看作是与自身利益休戚相关的事情，并相信自己可以通过努力而对其施加影响。法国教育专家指出，"政治是公民资格的重要维度，进行公民教育就是为政治恢复地位"。①法国高中设置的"公民、法律及政治教育"课程足以体现这一点。在公民教育中对学生进行政治教育，不仅是让他们对法国国家制度的运作有所了解，更重要的是让他们了解作为法国公民的权利与义务，树立起一种权利意识，使他们在学校接受公民教育的过程中培养和锻炼政治参与意识。

在开展公民教育的过程中，法国还特别重视人权教育。1984年以来，法国官方强调学校公民教育要遵循《人权宣言》和联合国通过的《世界人权宣言》，必须以"人权"为公民教育的核心，要重视公民的权利，使所有公民都享有自由、集会、结社权、表决权以及劳动权。②这种建立在国家主导地位基础上的人权教育，显示了教育的权威性，同时也直接体现了公民权利的重要性，让公民在行使权利的过程中产生了对国家的认同感和责任感。

2.重视核心价值观教育

在全球化时代，法国也同其他西方国家一样，面临着诸多社会问题的冲击。基于上述社会问题，法国公民教育更加重视公民民族自豪感与社会责任感的培养，重视培养公民在集体生活中如何与他人相处，如何行使公民的权利与义务，从而减少社会紧张与冲突，达到促进社会和谐发展的目的。法国学校的公民教育有四项目标：培养公民正确的思想态度、端正的行为品格、正确的价值观、爱国情操与国际和平思想。③其中爱国主义和社会责任教育是公民教育的核心目标，通过爱国主义教育，培养法兰西共和国公民应有的思想和价值观，增强公民对国家的情感和责任。

（1）实施"共和国价值观学校总动员"计划

2015年1月，巴黎《查理周刊》杂志社遭遇了法国40年来最严重的恐怖袭击，导致17人死亡。在这次恐怖事件中，残忍屠杀12名报社员工的兄弟俩都是法国人，出生于巴黎第10区，父母是阿尔及利亚移民。这一恐怖袭击震惊了全世界，法国多年奉行的文化多元主义价值观教育遭遇了前所未有的挑战。

① 高峰. 法国学校公民教育浅析［J］. 首都师范大学学报（社会科学版），2005（02）.
② 王玄武. 比较德育学［M］. 武汉：武汉大学出版社，2003. 208.
③ 刘国华. 法国学校的公民教育［J］. 思想政治课教学，1997（03）.

　　为传承自启蒙运动、法国大革命以来形成的共和理念，确保年青一代对法国基本价值观的认同，法国国民教育、高等教育与科研部（简称"法国教育部"）推出"共和国价值观学校总动员"新计划，在法国学校开展共和价值观教育。法国国民教育部部长瓦洛·贝勒卡西姆（Najat Vallaud-Belkacem）声称，此举是为了让法国青少年熟知法兰西共和国的价值观，以便更好地对抗各种形式的歧视、暴力与宗教激进主义，使他们成长为有责任感的公民。

　　"共和国价值观学校总动员"新计划将为全体学生设置道德和公民教育课程，就纪律、自由共存、公民共同体等原则进行讲述，课程还涉及对抗种族主义、反犹主义等主题。设置该课程旨在让学生了解个人和集体行为规范的基础（纪律的原则），认识到观点、信仰和生活方式的多样性（自由共处的原则），建立社会和政治关系（公民社会的原则）。在小学、初中、高中共设置300小时课程，其中小学生每周一课时，初高中学生半个月一课时。教学章程主要体现在四个方面：一是要求学生通过分享、认同自己与他人的感情获得道德良知，二是学习共同生活社群中的规则与法律，三是能够通过讨论人生中遭遇的道德选择做出判断，四是形成一种实践自主、合作、对他人负责精神的承诺。学生将在理解自由、平等、团结等共和国价值观基石的基础上，发展与他人共处的能力，并通过以批判性思维看待媒体上的信息与资源，学会判断、推理与辩论，并形成自己的观点，从而逐渐意识到自身在个人及社会生活中肩负的责任。[①]在新计划下，1000名教师将接受培训，学习如何讲授道德与公民课程，如何讲解法国政教分离法。学校也将负责与家长沟通，并对不尊重法国价值观的学生采取一定纪律行动。[②]

　　（2）实施"马赛曲之年"计划

　　2015年9月，法国总统奥朗德宣布，为纪念法国国歌《马赛曲》作者鲁热·德·利尔（Claude Joseph Rouget de Lisle）离世160周年，将2016年定名为"马赛曲之年"。法国教育部对外公布了"马赛曲之年"计划，旨在进一步加强学校中的传统文化及历史教育，广泛传播和弘扬法兰西民族的核心价值观。法国教育部长在对外宣布"马赛曲之年"计划时指出，《马赛曲》承载着法国的文化和历史，是法国

---

① 王远．法国中小学开设道德与公民教育课［N］．人民日报，2015-08-28．
② 巴黎恐怖袭击过后法国学校加强公民价值观教育［EB/OL］．http://www.chinanews.com/gj/2015/02-17/7071269.shtml．

的国家财富，更是学校、城市乃至全国传承法兰西共和国精神的重要载体。法国教育部将秉承法国核心价值观教育的战略规划，结合学生的公民及道德教育课、艺术课等教学，帮助学生建立与《马赛曲》相关的理性判断。课堂将着重打造六个主题："与学生追溯'国歌在法国大革命中的起源'""明晰歌词内容""历史上《马赛曲》所经历的重要时刻""《马赛曲》成为国歌所经历的'身份'转变""宣扬自由的《马赛曲》""《马赛曲》与法国'自由·平等·博爱'格言之间的联系"，从而帮助学生更好地理解并内化法兰西共和国的核心价值观。[①]

（3）开展移民宣誓及测试活动

法国是欧洲最大的移民接纳国，也是除美国和加拿大以外的世界第三移民接纳国。为了促进移民更好地融入法国社会，法国把增强国家认同感的一个重点放在了移民身上。萨科齐在当选总统后随即成立了移民与国家认同部，旨在培养法国人的民族自豪感。

为了培养新移民的国家自豪感，法国政府规定：每个新成为法国公民的外国人都需参加一个盛大的欢迎仪式，以庆祝他们获得法国国籍。所有申请成为法国移民的人都必须签署一项宣言，宣言上阐明了他们的权利和义务。2012年1月1日生效的《法国移民新条例》规定，申请移民者必须通过法国文化、历史知识测试，并且要求其法语语言能力需达到法国人15岁掌握法语的平均水平，并且要在写明自己权利和义务的移民章程上签字。[②]此外，为了使移民更好地融入法国社会，政府还专门为移民开设了相关课程，让他们更好地掌握法语和法国的核心价值观。

（二）重视传统文化教育

在经济全球化背景下，文化因素的作用越来越突出，成为国家核心利益的一部分。作为欧洲文化的交汇点，法国是古罗马文化的直接继承者，拥有悠久的历史和灿烂的文化。从文学到文字，从音乐到建筑，从电影到美食，法兰西民族传统文化可谓源远流长。

1.重视传承和推广法国传统文化

法国拥有丰厚的民族文化遗产，一贯重视对传统文化的继承和发展。在法国历

---

① 刘敏、张自然. 法国进一步加强核心价值观教育［J］. 甘肃教育，2016（06）.
② 法国抬高移民门槛　语言关难过必须忠于法国价值［EB/OL］. http://news.xinhuanet.com/world/2012-01/05/c-111377861.htm

史上，大多数领导人都认可文化作为民族凝聚力和国家"软实力"的重要性，重视保护法兰西民族的文化艺术遗产。法国政府对文化事业的资助和管理可以追溯到中世纪时期。时至今日，法国历届政府，不论是左派还是右派，都将文化看作是法兰西民族"软实力"的重要组成部分，非常重视文化的传承和推广，并将"让全体国人接触到世界的特别是法国的文化结晶"作为己任。政府对于传统文化的保护表现在文化政策、语言政策、教育政策等多方面，国家主导型的治理模式保证了国家内部多民族文化认同和核心价值观的继承，同时为本民族文化在全球化大背景中保持竞争优势和可持续发展提供了支持。①

随着经济全球化趋势的加强，文化认同问题逐渐凸显为一个普遍的全球性问题。20世纪后半叶，在全球化快速发展的大背景下，为了加强文化保护，保持本民族的文化特色和独立性，法国提出了"文化例外"的口号，以对抗美国的文化渗透，特别是好莱坞电影对于法国传统电影产业的冲击。法国政府还拨出专款，在国外积极建立法语学习机构和培训中心，从而大力推广法语，扩大法语在世界的影响力，让全世界人民了解法国的传统文化。

2.推行"甜蜜法兰西"运动

"甜蜜法兰西"是法国作曲家查尔斯·德勒特在1943年谱写的一首歌曲，在法国被德国占领期间，该歌曲曾激发了法国民众的爱国热情。"甜蜜法兰西"后来成为一种爱国生活方式的代名词。"甜蜜法兰西"在二战结束后很少再被人提起。为了保护法国文化免受异国文化"入侵"的影响，为了激发法国民众的爱国热情，萨科齐政府拟重推二战时期的"甜蜜法兰西"运动。推行"甜蜜法兰西"运动的法国人民运动联盟发言人弗瑞得瑞克·勒菲布维热向法国民众发出呼吁，希望他们能够自觉地捍卫法国的文化模式以及"甜蜜法兰西"，因为在全球化浪潮的影响下，每个国家的特色每一天都会被抹去一些，而这种状况的长期影响将会非常可怕。②

（三）重视历史教育

法国人对"集体记忆"的重视表现在他们赋予历史以重要的地位。作为一个历史悠久的国家，法国历届领导人对历史教育尤为重视。1984年，法国教育部长谢韦

① 刘敏. 浅议法国传统文化教育［J］. 比较教育研究，2014（06）.
② 萨科齐拟推动"甜蜜法国"运动增强民众爱国心［EB/OL］. http://world.huanqiu.com/roll/2009-10/614557.html.

纳芒指出，法国"不能没有热爱共和国的原则和法律的公民"，作为法国公民，必须了解法国的历史。学校要形成与保持这样的意识："他们不仅使用同一种语言，生活在同一片领土上、而且还拥有共同的历史和文化遗产。"①谢韦纳芒要求将法国的文化遗产传授给更多的人，要学生理解历史上杰出作品的意义，了解民族的起源和历史。②法国前总统希拉克也要求学生通过学习了解共和国的艰辛历程、伟大的革命精神和绚丽多彩的法兰西文化，培养民族自豪感、认同感，"恢复法国人的信心和希望"。③

1.重视学校历史教学

法国是当今世上为数不多的在小学阶段就开设历史课程的国家。在法国现行五年制小学教育和七年制中等教育（初中四年、高中三年）中，有十年都开设有历史课程。小学、初中和高中三个阶段使用的教学大纲和课本的侧重点也不尽相同。小学以法国史为主，初中主要学习世界通史（包括法国史），高中则更深入地学习世界近现代史。各个阶段相互联系、相辅相成。④

为了使学生对本民族历史有更清醒、更客观、更全面的理解，法国历史教育并不隐讳史实，其历史教科书对诸如法国维希政府帮助纳粹迫害犹太人，以及阿尔及利亚殖民战争等不光彩的本国历史片断同样秉笔直书。⑤在历史教学中，对于二战历史的学习，历史教师也不局限于课本上的描述，而是尽可能让学生接触历史实物。参观二战纪念地和各种博物馆是学校历史课程的重要组成部分。法国学生的历史课很大一部分时间是跟随老师在纪念馆里听讲解。

2.强调国家标志教育

一个国家和民族的象征符号承载着该国民族历史的大量信息，是认识该国民族文化的重要窗口，是该国民族身份认同的重要组成部分。《马赛曲》、玛丽亚娜和蓝白红三色旗是法国的国家象征与标志，这些国家标志代表着法国的核心价值观，是法国人"集体记忆"和法兰西国家认同的重要内容。在法国中小学历史教育中，非

---

① 张人杰. 法国教育改革［M］. 北京：人民教育出版社，1994. 389.
② 唐克军. 比较公民教育［M］. 北京：中国社会科学出版社，2008. 111.
③ 吴军民、齐耀铭. 法国青少年的公民意识与公民教育［J］. 青年研究，2000（08）.
④ 范玉清. 介绍法国中小学的历史教学［J］. 历史教学，1980（03）.
⑤ 侯丹娟. 欧洲中小学公民教育综述［J］. 教学与管理，2012（02）.

常注重对国家标志（国庆日、国旗、国歌、国家座右铭、弗里吉亚帽、玛丽亚娜）的教育。这些象征国家标志的教育从学生进入小学就开始了，并在三年级时进行重复教育。[①]

3.充分利用本国历史遗产进行历史教育

保护民族文化遗产是继承和发扬民族传统文化的重要途径之一。法国政府对国家的历史文化遗产具有强烈的保护意识。迄今为止，法国建筑物中被归为遗产保护的就高达4万处，文物高达26万件。法国政府充分利用本国历史遗产进行历史教育，通过让青少年走进"活着的历史"中，培养青年一代的国家意识。

法国有名目繁多的博物馆，其首都巴黎就素有"世界艺术博物馆之都"的美称，卢浮宫博物馆、奥赛19世纪博物馆、蓬皮杜中心博物馆、罗丹博物馆、毕加索博物馆、雨果博物馆等，均是世界闻名的艺术圣殿。在1789年法国大革命爆发之后，凡尔赛宫逐步对外开放，成为"人民的博物馆"，现在也成了法国年轻人学习历史的无声讲堂。法国政府明文规定，凡国立博物馆都必须对老年人和中小学生实行半价。在周日，卢浮宫博物馆一律免费对外开放。一般去凡尔赛宫每人都需要花上近20欧元的门票钱，为了让更多年轻人看到凡尔赛宫里新增添的一幅幅战争油画，凡尔赛宫特别允许学生可以免费参观。在法国，即使是偏僻小镇也有自己的博物馆。

除了博物馆之外，法国各种各样的纪念馆和纪念碑也为数不少。从1984起，法国政府还把每年9月份的最后一个周末定为全国"历史古迹开放日"（后又改名为"文化历史遗产日"）。开放日当天，全国所有博物馆以及总统府爱丽舍宫、总理马提翁宫、国民议会波旁宫和其他政府部门的古建筑全部免费开放。在法国，凡是对国家做出过贡献的人的遗迹均加以保护，凡是著名文学家、艺术家生活和工作过的地方，除在战乱中遭毁坏的，一般都被完好地保存下来，并被建成名人博物馆或故居，供后人参观。这种方式让更多的人潜移默化地接受国家认同教育，从而增强了爱国意识。

（四）重视母语教育

语言记录着民族文化的历程，语言是一国文化的重要组成部分。学习共同语言是文化认同的前提，也是增强国家和社会凝聚力的基础。法国人有着强烈的法语情

---

① 侯丹娟. 欧洲中小学公民教育综述［J］. 教学与管理，2012（02）.

结，自认为法语是世界上"最高贵的语言"，并把讲法语视作热爱法兰西文化的表现。在法国，如果一个政治家在国际场合不讲法语而讲英语，就会被视为"外交事件"。几年前曾有一位法国学者德里达（Derrida）来北京大学演讲，鉴于他已多年在美国任教，一度曾打算使用英语，但法国使馆坚持要他使用法语，于是他只得使用法语。

近几年来，法语在国民心中的地位越来越受到来自英语的挑战。因此，法国人将提高法语地位寄托于下一代的教育上，希望通过母语教育培养真正的民族特性。

1.政府采取措施捍卫法语的母语地位

1992年，法兰西宪法中增加了"法国官方语言为法语"这一附加条款，此外，法国还成立了直属政府的专门术语和新词审定委员会，对外来语的引进制定严苛的标准。1994年，《法语使用法》（即"杜邦法"）通过，禁止在公告、广告和电台电视台节目中（外语节目除外）使用外语，违反者将被重罚。《法语使用法》还规定："法语是教育、劳动、传媒及公共服务部门使用的语言"，公立和私立的教育机构，在教学、考试、选拔时均应使用法语。在课时方面，法国初小一年级的法语课为每周9—10课时，占每周学时总数的35%—38%，比数学多出4至4个半课时。

2.重视学校母语教育

在学校教育中，法国非常重视学生的法语学习，希望通过法语教育培养公民的民族特性，并通过推广法语来捍卫法兰西文化。在法国的中小学，法语是基础学科，法语学科所占比重甚至占了学校课程量的半数以上。1985年，法国教育部公布了新的初中教学大纲，大纲特别强调要加强法语教学，提高学生的法语阅读能力和书写能力。大纲提出，法语教学的首要任务是巩固和扩大学生用现代法语进行口头和书面表达以及交流能力，并通过语言掌握现代社会的文化。①

法国政府还拨出专款，用于在全球推广使用法语。在法国，许多中小学还专门建立了法语的图书室、阅览室，每个班级都有自己的阅读角，孩子们可以选择课本之外的法语读物。②

2005年，法国颁布《学校教育未来导向法》，规定了义务教育阶段的教学目标

① 秦树理. 国外公民教育概览［M］. 郑州：郑州大学出版社，2005. 34.
② 檀传宝. 公民教育引论：国际经验、历史变迁与中国公民教育的选择［M］. 北京：人民出版社，2011. 50.

以及学生需要掌握的七项《知识与能力的共同基础》，并于2008年正式实施。《知识与能力的共同基础》的出台旨在让学生"能够理解并学习到身为法兰西共和国公民所必须共同享有的共和国精神、价值、知识、语言和实践"，而其中"能够读好、写好、说好法语是学习其他知识和能力的基础。法语是实现教育公平、公民自由及公民权利的首要工具"。[①]

在语言教学中，法国还非常重视传统文学的诵读和学习。在小学阶段，学生每周要有4.5—5.5学时用于阅读经典文学文本（比如夏尔·佩罗的童话集）。初中语文深受2002年"国家教学大纲委员会"起草的《在初中学什么》的影响，非常重视语言和传统文化的学习。法国前教育部长雅克·朗（Jack Lang）在为这本小册子写序时就提出："初中教什么？首先作为绝对的原则，我的回答是'法语'。"初中法语教学有两个密不可分的目标：一是语言的掌握要求学生能够做到清晰表达；二是了解文化和美学领域中里程碑式的内容，以实现文化分享的重要意义。即是说，语文教学要让学生接触与其年龄和学习水平相适合的民族文学和世界文学作品，从而让学生对文学创造形成一个整体概念，并帮助学生形成自己的文化旨趣。"朗读文本，特别是戏剧文本，能够通过个人化的方式来解读，学会认识历史、理解前人、建立文化认同感。"[②]

法国教育部还将初中阅读资料库与历史教学联系在一起，初一年级阅读《圣经》《奥德修斯》等古代文学作品，初二、初三年级阅读中世纪到19世纪的作品，初四年级阅读19到20世纪的作品，从而让学生能够感受到法国传统文化的根基和发展脉络。根据2009年新修订的高中语文教学大纲，高中阶段学生需要学习文学史、戏剧、诗歌和杂文四方面内容，旨在让学生通过阅读经典文献了解法国的文化历史和文学史，领会法兰西民族精神，形成美学意识和批判精神。[③]

二、法国国家认同教育的方法、途径

从宏观上看，法国国家认同教育是一项复杂的工程，主要通过政府、学校、大众媒体等社会机构来共同完成。

---

① Le Socle Commundes Connaissances et des Competences.MEN［EB/OL］. http://cache.media. education.gouv.fr/file/51/3/3513.pdf.2014−03−20.

② 刘敏. 浅议法国传统文化教育［J］. 比较教育研究，2014（06）.

③ 刘敏. 浅议法国传统文化教育［J］. 比较教育研究，2014（06）.

（一）政府重视公民教育

法国公民教育大约有200年的历史。随着时代的发展，法国公民教育也经历了不少曲折，其受重视程度也因政府的更迭而高低不等。法国人对于公民道德教育的重视始于法国大革命。法国大革命旨在建立一个人人机会平等并且财富大致平等的社会，希望把所有社会成员都改造成为具有爱国美德和大公无私精神的"共和主义新人"。巴士底狱被攻占后，1791年法国宪法规定了"忠于国家、忠于法律和忠于君主"的公民美德，并提出了公民教育思想。宪法最后讲道："国民制宪议会将宪法的重任寄托于立法议会、国王和审判官的忠诚，寄托于家长的警惕、妻子和母亲的关怀、青年公民的热爱以及所有法国人的勇敢。"两年后，雅各宾派执政后制定的共和元年（1793）宪法中，"忠于君主"的措辞自然消失，但热爱法律、热爱国家仍被确立为"公民美德"。①

法国公民教育由政府统一领导，全国有统一的教育计划。法国政府的高度重视及相关政策的大力支持，为法国公民教育的有效实施提供了重要保障。法国公民教育在决策方面具有集权特征，法国教育部统一领导全国的公民教育事业，颁布课程大纲，制定统一标准，规定教材、授课时数甚至参考资料等；同时，各地教育行政部门还设立专门机构或指定专人负责。公民教育中涉及政治教育的大纲、教材和参考资料都由政府统一规定，任何人不得更改。教材由教育部指导、审定后再编辑出版。教材编写工作主要由教师、教师培训者在内的专家组来共同完成。公民教育的任课教师通常由历史、地理教师担任，教学指导用书包括历史、地理、公民知识等内容。②

1985年以前，法国的公民教育曾一度受到冷落，为了改变这种状况，让·皮埃尔·舍维尼芒出任教育部长后，着力强化学校公民教育的分量，在课时、内容及师资培训等方面均做出了明确修订。法国的公民教育逐渐进入相对稳定时期。目前，法国学校里的"公民教育"内容就是以当时的修订为依据制定的，其主要内容可概括如下：通过教育培养每个人的"公民意识"，使学生不仅了解自己应该享有的权利，还要树立对国家应尽"责任"的自觉性。这些责任包括纳税意识、法治观念、为国

---

① 吴海云. 道德与公民教育，为何今年成了法国学生的必修课［EB/OL］. http://mt.sohu.com/20150909/n420706110.shtml.

② 赵明玉. 法国公民教育述评［J］. 外国教育研究，2004（06）.

家繁荣做贡献及维护国家主权与自由等。舍维尼芒认为，公民教育中的这些责任观念用现代语言解释就是一种"爱国主义"，一种"共和式的爱国主义"。①

1985年，法国公民教育确立了"培养学生的集体利益意识、法律意识及爱国意识"的目标。1989年，法国成立了"教育高级委员会"，统一领导协调青少年的公民教育工作。1994年，法国教育改革将"公民资格教育"定为学校机制的核心。1995年，在法国右翼政府的领导下，教育部多次召集公民教育专家商讨公民教育问题。1996年，出台了新的初级中学公民教育指导方针及公民教育大纲。这些文件内容又被1997年上台的联合政府分阶段地采纳，到1999年，初中三个年级全部依据新的教学大纲进行教学。政府还决定将公民教育延伸至高中或高等教育机构中，并于1999年在高中开始执行上述指导方针。

近年来，法国国家认同遭遇了严重的危机。2001年，在法国举行了一场法国与阿尔及利亚的足球比赛，当《马赛曲》在球场奏响的时候，法籍阿尔及利亚裔球迷的嘘声盖过了国歌声。在比赛过程中，这些球迷挥舞的也是阿尔及利亚的星月旗而不是象征自由、平等、博爱的法国三色旗。这一事件的发生说明法国国家认同的根基——对法兰西民族独特性和整体性的认同正在遭遇严重危机。为此，必须采取一系列措施增强青少年的国家认同感。

开展"国家认同"全民大讨论。国家认同是萨科齐在2007年成功连任法国总统时提出的一个重要课题。为了增强国民的国家认同感，2009年由萨科奇总统和菲永总理牵头，法国各地市政厅就如何提高民众的国家认同感展开了近4个月的全民大讨论。讨论的主要议题是：当一个法国人意味着什么？议题具体涉及爱国主义、法兰西民族精神、民族主义、法国价值观、移民的社会融入与整合、伊斯兰教法国化、欧洲认同、全球化等方面内容。此举实质上也是在向公民传播和宣传法国的核心价值观。政府希望通过类似的讨论，让民众重温法国的普世价值（自由、平等与博爱），也让法国人重新为法国的深厚文化精粹而骄傲。为配合民众参与"国家认同"讨论，政府还成立了一个全民大讨论的网站。②

---

① 姚立. 学校是法国开展爱国主义教育的主体［EB/OL］. http://www.gmw.cn/01gmrb/2009-04/21/content_911377.htm.

② 刘力达. 法国：国家认同大讨论解决了什么问题［EB/OL］. http://www.mzb.com.cn/html/report/144114-1.htm.

全民大讨论后，为了进一步增强法国国民的国家认同感，法国政府还出台了一系列相关举措：政府成立了一个由议员、智库成员和历史学家组成的特别"专家委员会"，专门用于跟进当前的国家认同政策，并制定新的相关措施；政府在12个地区对拥有子女的移民开展法语及法国价值观的测试；每个学校必须悬挂红白蓝三色国旗；每间教室里应有一本1789年法国大革命时期的《人权宣言》；从小学到大学，给每个法国学生发一本"市民手册"，教导他们如何成为一个更好的法国公民。①

为了唤起民众的自豪感，萨科齐在竞选总统期间，还多次引用二战时期法国反纳粹小英雄居伊·莫凯写给家人的绝笔信。在就任法国总统后，萨科齐颁布的首个命令，就是强制要求全国高中生阅读莫凯的绝笔信。他希望通过这一举措，让青少年学习莫凯热爱祖国、反抗压迫、勇于牺牲的精神。②虽然此举遭到了一些人士的批评，但在法国的大多数地方，孩子们还是阅读了莫凯的绝笔信。

2010年，法国总理弗朗索瓦·菲永（François Fillon）宣称法国政府将采取一系列措施增强民众的国家认同感。在经历了长期大规模的移民潮之后，法国社会的多元化和复杂程度让民众的国家认同出现了前所未有的危机，法国政府希望通过一些举措来挽救国家认同感不断降低的趋势，其中就包括对青少年增加更多的公民教育，在移民成为公民时举行隆重仪式，所有学校必须悬挂法国的红白蓝三色国旗，在每节课上宣扬人权价值观等。

（二）通过学校实施国家认同教育

法国大中小学是实施国家认同教育的主渠道。从幼儿园一直到大学，法国国家认同教育贯穿于学生受教育的全过程。由于中小学阶段是学生公民素质养成与发展时期，因而这一阶段成为国家认同教育的关键时期。在基础教育阶段，公民教育是法国学生的必修课程，学生通过该课程主要学习国家概念，自由、平等、博爱信条，《人权宣言》精神，国家制度与机构，选举过程，政府部门的职责等基本政治知识。③

---

① 颜颖颛. 法国力促民族自豪感　被指自立政绩工程［EB/OL］. http://www.ycmhz.com.cn/jiahe/279387.shtml.

② 刘力达. 法国：国家认同大讨论解决了什么问题［EB/OL］. http://www.mzb.com.cn/html/report/144114-1.htm.

③ 朱新光、苏萍. 西方国家公民廉政教育比较研究［M］. 北京：北京大学出版社，2013. 85.

从1989年起，法国初中阶段实施新的公民教育课程，初中公民教育课程目标定位在对国家制度、价值观念等的了解上，要求学生认识"作为法兰西共和国的基础"（即"民主基础的社会准则"），了解法国宪法和政府机构的职责，掌握关于公共事业、世俗学校、国防和税收制度方面的知识，并能够对这些知识进行综合性思考。同时，学生还要了解政治力量和社会力量，学会对"舆论的形成和信息渠道"进行思考。高中阶段的公民教育课程则与历史、地理结合，课时安排也相应增加，注重传授国家政治、经济和基本价值观。①

在法国学校公民教育课堂上，教师通常通过分析学生们身边发生的事情来启发学生，让学生积极思考每个公民的权利与责任。在语文课上，教师在传授语文知识的同时，还注重分析著名作家及其作品人物所具有的崇高思想境界，并以此感染学生，使其热爱生活，具有正义感、勇敢、善良等品德。在历史、地理课中，教师注重通过教学引导学生从理性上热爱自己的国家、家乡和人民。

（三）通过多种途径开展国家认同教育

利用课外活动进行国家认同教育。除了依靠课堂教学使学生获得关于公民教育的基础知识外，法国还通过开展丰富多彩的课外活动进行国家认同教育。在这些活动中，学生既可以学到各种日常生活常识，又可以深刻体会到自己将来在社会中所拥有的权利与职责。②

利用互联网开展国家认同教育。随着互联网的飞速发展，网络对学生的学习及生活影响越来越大。因此，法国政府积极利用网络对学生进行国家认同教育。早在1999年，法国参议院就开设了一个名为"少年参议院"的网站，对8—12岁的少年进行国家认同教育。该网站是第一个法语国民义务教育网站，网站寓游戏与教育于一体，使少年儿童能够在娱乐中更好地理解社会组织的原则、制度、法规和相关定义。法国参议院院长蓬斯莱（Poncelet）在新闻发布会上说，开设这个网站的目的就是为了增强青少年的社会责任感，让他们从小就树立"工作必须是严肃和有效的"这一理念。社会教育机构以及网络公民教育的介入使得法国的国家认同教育更加贴合实际，更富有活力。

---

① 吴军民、齐耀铭. 法国青少年的公民意识与公民教育［J］. 青年研究，2000（08）.
② 赵明玉. 法国公民教育述评［J］. 外国教育研究，2004（06）.

第四节　德国的国家认同教育

在西方教育史上，德国对于世界教育的发展有着不可磨灭的贡献。不管是在教育思想还是教育制度方面，德国都曾对世界各国产生过很大影响。在西方教育史上，最早明确提出公民教育并发表公民教育专著的学者就是德国的教育家凯兴斯泰纳（Kerschensteiner）。

德意志民族以气质高贵、思维严谨周密、富有尊严与责任感著称于世。19世纪中叶前，由于德国长期处于分裂状态，未能形成一个统一的民族国家。直到第二帝国建立，德意志才结束长达900多年的分裂状态。从此，德国作为一个统一的近代民族国家在欧洲崛起。长期的国家分裂使得德国民众和知识精英们都渴望国家统一，更注重激发德国的国家主义精神。德国在普鲁士复兴时期，就建立了以爱国主义为核心的民族精神传统，这种传统在各个不同历史时期不断得到加强。二战后，德国被分为民主德国和联邦德国。1990年，民主德国和联邦德国的国体和政体重新统一。民主德国全面采用联邦德国的政治制度。

一、德国国家认同教育的内容

（一）注重政治教育

德国的国家认同教育与政治关系密切。国家认同教育在德国教育体系中占据着重要位置。各政党通过各种方式进行政治教育，培养人们在政治上的热情与政治参与意识，宣传自己的政治主张、价值观念，以求得民众的认同与支持。[1]

1.培养民族精神

二战后，德国的爱国主义教育经历了一个漫长的反思过程。据德国媒体报道，"国旗、军乐队、齐步前进的士兵、烈士纪念碑，……对于这些德国的国家象征标志，

---

① 陈立思. 比较思想政治教育 [M]. 北京：中国人民大学出版社，2010. 223.

在德国二战后很长一段时间里是禁区"。这是因为在20世纪纳粹统治时期，纳粹分子滥用了所有历史上德国的国家象征为其服务，使德国人在二战后几乎不敢用"爱国主义""民族"等词语，生怕这些词被极右分子利用，以至于1969年德国前总统古斯塔夫·海涅曼（Gustav Heineman）公开表示："我不爱国，我爱我的夫人。"这种情况直到两德统一之后才有所改观。为了培育新的爱国主义精神，目前德国各级政府设有"形象营销部门"，向本国民众和移民宣传"爱国、爱家乡的感情"。特别是2006年世界杯期间，各家的门窗上面不仅挂上了德国国旗，人们还大声歌唱德国国歌。①

德国人坚信，一个民主的社会需要有在政治上受过教育的公民。民主国家依靠公民对国家的贡献。德国学校公民教育特别强调公民对国家的责任和义务。德国学校政治教育的根本目标和任务旨在唤起学生对政治的兴趣，通过向学生传授关于政治的基本知识，使其在对政治体制、结构功能及其内在联系有所了解的基础上，增强学生对政治基本概念和范畴的理解，培养学生独立的政治分析能力，提高学生的认同和参与能力，并使他们最终成长为政治制度所要求的成熟公民。②

德国国家认同教育注重培养民族精神。德国学校尤其重视德国史、德国地理等课程的教学，强调民族优良文化传统，强调德国民族英雄的高尚气质及著名科学家在国际上的贡献，引导学生继承民族文化传统，发扬民族精神，树立民族自尊心、自信心及自豪感，发扬爱国主义思想。③

2.强调宪法教育

在德国人看来，爱国不能靠空喊政治口号，培养公民的爱国主义情操需要持续地开展政治教育，因为爱国情感建立在公民对国家历史、国情和政体的了解和正确认识基础上，爱国需要公民对宪法绝对忠诚。在德国政治教育中，宪法教育是一项重要的内容。当代德国政治教育以德国宪法的基本价值为核心，将培养青少年形成民主、平等、自由等价值观念、认同民主政治作为目标，贯彻在社会生活的各个方

① 爱国教育是国际惯例［EB/OL］. http://news.xinhuanet.com/world/2012-05/11/c_123114168_3.htm.
② 傅安洲、阮一帆、彭涛. 德国政治教育研究［M］. 北京：人民出版社，2009. 297.
③ 蓝维、高峰、吕秋芳、邢永富. 公民教育：理论、历史与实践探索［M］. 北京：人民教育出版社，2007. 20.

面，极大地夯实了德国资产阶级政治体系的"合法性"基础。①

在德国，学生到了一定年龄，不仅要认真学习德国的宪法——《基本法》，还要研读德国各个时期的宪法，了解宪法的发展历程，从而增强学生对当今宪法的理解，树立遵守宪法的意识。学生在初中毕业时，德国政治教育中心会送给每位学生一本《基本法》作为礼物，希望他们成为遵守宪法和维护宪法的好公民。②

（二）强调历史教育

早在德意志第二帝国时期，德国就很重视历史教育。德皇威廉二世认为，历史教育有助于培养公民的爱国主义精神，有助于增强公民对现存国家政治制度的认同。德国统一后，二战历史和纳粹历史一直是公民教育不可或缺的组成部分。纳粹历史尤其是大屠杀的历史成为德国中学历史课的重点内容。1994年，德国议会通过的《反纳粹与反刑事罪法》规定：不准以任何形式宣传纳粹思想，严格禁止使用纳粹标志的行为，否认德国在二战时对犹太人进行大屠杀的言论与行为也将受到严惩。德国教育法规定，德国历史教科书必须包含足够分量的纳粹时期的历史内容。德国的主要政党及政府为防止新法西斯组织的活动和战争悲剧重演，尤为重视对公民特别是青少年进行多种形式的历史教育，意在使二战后出生的德国人了解希特勒发动的法西斯战争对世界造成的巨大灾难。进行历史教育最主要的目的是教育下一代，防止历史悲剧重演。③

教育部门还多次修订历史教科书，将希特勒的法西斯暴行列为学校历史教科书的中心内容。在德国，中小学广泛开设历史课，一方面通过对德意志民族历史的传授来弘扬爱国主义和民族精神；另一方面帮助学生正确认识纳粹统治，树立正确的二战史观，坚决抵制国家社会主义的政治学说。由于历史上德意志民族对于其他民族的种族歧视、侵略战争和大屠杀，德国政治教育在强调德意志民族认同的同时，也强调对民族和解精神的信奉，要求德国公民应当在交往和生活中掌握民族间相互谅解的艺术，怀着理解、信任与外籍居民共处并支持"和平与正义的政策"，理解世界其他民族的生活条件与文化。④

---

① 傅安洲、阮一帆、彭涛. 德国政治教育研究［M］. 北京：人民出版社，2009. 296.
② 王怀成. 德国爱国主义教育注重普及宪法［N］. 光明日报，2009-04-26.
③ 唐克军. 比较公民教育［M］. 北京：中国社会科学出版社，2008. 114.
④ 唐克军. 比较公民教育［M］. 北京：中国社会科学出版社，2008. 114.

联邦政治教育中心及各种进步组织经常举行历史知识培训，并免费寄送有关二战历史和揭露法西斯野蛮罪行的书刊。同时，德国还将许多二战遗址开辟为青少年的课堂。1995年，公益组织性质的德国文化教育基金会在歌德学院、联邦新闻和信息办公室、外事办公司、罗伯特博士基金会的支持下启动了历史学习网站（http://www.lernenaus-der-geschichte.de）项目。2004年4月，联邦政治教育中心出版了英德双语CD并配有一本小册子，其中包含了50个项目，覆盖了小学、中学、特教班、职业培训、商业学校、纪念馆和青年俱乐部等多个教育机构。项目包含种类繁多的方法论和交叉学科知识，涉及历史、艺术、文学、社会研究、法律和道德等领域，并附有教师的教案和反思、所用的教材、历史照片、文献、学生作品、地图、历史角度的阐述、纪念馆和德国有关机构的地址以及有关此主题的具体事项。

进入信息时代后，媒体在教育中的作用日益凸显。自20世纪90年代以来，除了在中学课堂上普及历史教育之外，德国政府还注重通过各种媒介使反思教育深入普通民众的日常生活中，让民众时刻感受到对二战罪行集体性反思的氛围，在潜移默化中接受精神的洗礼。这种媒介主要表现为报刊、电影、电视的大力宣传，还有各种展览、修建纪念馆、企业员工教育等形式。^①德国媒体在二战历史教育中扮演了重要角色，报纸杂志中常见反思历史、抨击极权主义和"新纳粹"的文章，揭露二战历史的德语书籍也极其丰富。进入90年代后，产生了一大批有关二战历史的影视作品，如《帝国的毁灭》《斯大林格勒战役》《铁皮鼓》等。这些作品更强调人性的关怀和对受害者的同情，在年轻人中反响热烈。近年来，记录二战历史的纪念馆在德国遍地开花。^②

近年来，加强年青一代的历史教育成为德国社会关注的重要话题。2015年5月，在二战结束70周年纪念日临近之际，柏林洪堡大学历史学教授托马斯·桑德库勒推出了《独裁者希特勒的人生之路》一书，希望通过将希特勒的人生经历与历史大背景相融合的手法，为年轻人了解纳粹历史提供一个新的视角。桑德库勒在书中指出："培养历史意识很重要，它能够帮助人们更好地了解本民族的历史。历史一直都很重要，它能够帮助人们更好地生活。人类需要历史，有了历史，人们就能找到方向，

---

① 孙文沛. 联邦德国"二战"历史教育的发展历程及其启示［J］. 外国教育研究，2013（07）.
② 孙文沛. 联邦德国"二战"历史教育的发展历程及其启示［J］. 外国教育研究，2013（07）.

能够更清晰地看待这个世界。"①

（三）重视宗教教育

在德国，宗教一直被视为道德的根本，宗教教育几乎成了道德教育的代名词。②在德国影响最大的两大宗教派别分别是天主教和新教，全国共有24个州立基督教会和27个教区，每平方公里土地上就有两个牧师从事教会工作。教会在宗教教育中，既可以协助学校开设宗教课程，也可以通过直接组织各种宗教仪式和活动进行宗教教育。③

宗教对德国国家认同教育的影响不容忽视。德国始终把宗教教育看作是青少年思想道德教育的有效手段和途径。受德国《基本法》和各州法律保护，宗教课程是德国学校的传统课程，所有学校必须开设宗教课程。尤其是在二战之后，德国政府更是把宗教教育作为控制和改造青少年思想及加强资产阶级政权统治的有效工具。新教教授"圣经学""圣经史""信仰论""教会史"课程，天主教则教授"圣宠论""教会论""教会史""基督教社会论"课程。这些内容除部分传授宗教信条、灌输宗教教规外，大部分是与现实生活相结合。目前，宗教课仍然是德国中小学的必修科目，其目标是对学生进行全面的道德熏陶和教化。

二、德国国家认同教育的方法、途径

（一）政治教育机构在国家认同教育中发挥重要作用

在德国，政府和政党不仅组织、协调有关机构对青少年进行政治教育，而且其本身也是最强有力、最高层次的政治教育机构。为了增强政治教育工作力度，二战后，德国成立了联邦政治教育中心，该中心隶属于德国内务部，是德国公民政治教育的决策、组织、实施和管理机构，它对国家认同教育的目标、内容做出明确规定，并对各级政治教育机构进行组织、协调和监督。④各联邦也相继成立了分支机构，其任务是系统地向公民普及德国的国情、历史和政治制度的知识，增强公民的政治和

---

① 德国学者发布二战历史新书关注年轻人历史教育［EB/OL］．http://news.xinhuanet.com/world/2015-04/29/c_1115129611.htm．

② 王瑞苏．比较思想政治教育学［M］．北京：高等教育出版社，2001．57．

③ 孟迎辉．西方国家掌控宗教意识形态功能的举措［N］．中国民族报，2009-03-03．

④ 檀传宝．公民教育引论：国际经验、历史变迁与中国公民教育的选择［M］．北京：人民出版社，2011．61．

民主参与能力。

联邦政治教育中心每年都会出版大批政治教育书籍，公民可免费或交纳少量费用获取。中心每年在全国各地举办大量报告会、讲座和讨论会，并积极利用互联网开展工作，吸引大量民众参加。联邦政治教育中心会选择一些人们感兴趣和关心的题目进行讨论，并随着时代发展不断补充许多新的主题。2000年5月，联邦政治教育中心在一份公告中明确了21世纪的以下工作主题：民主政治理论、伦理和宗教等问题、德国历史、德国统一后东西部的相互贯通和接受、欧洲的融合与国际关系、社会作用、生活方式、社会市场经济、人口问题与移民的融合、大众媒介和信息社会的发展以及作用、民主文化、政治极端主义、教育和科学、政治教育的方法、出版工作及合作交流。各民主政党都建有政治基金会，国家通过预算资助这些基金会开展对公民的政治教育工作。这些政治教育工作必须以维护宪法为宗旨。[①] 对于个别组织试图蛊惑人们违反宪法的任何宣传活动，国家将坚决取缔。[②]

（二）通过学校加强国家认同教育

在德国，各州根据不同的教育理念或政策取向，确立了自己的国家认同教育课程体系（例如社会科、公民科、公民身份教育或政治教育、道德或伦理、法律、历史以及劳动课、时政等课程）。[③]德国学校虽然未开设独立的"国民课程"，但也通过各种常识课让学生学习德国的政治制度、国旗、国歌等知识，了解本民族在科技、文化等方面为人类所做出的贡献，从而增强学生的民族自豪感。同时，学校还经常组织各种校外教育活动：如每周带领孩子认识当地的教堂、河流；带领学生参观博物馆、德国联邦议院、大屠杀纪念馆和反纳粹人物的纪念地；邀请专家与学生共同讨论，激发学生了解民族历史的兴趣，让学生感到今天的安定与和平及民主制度来之不易。[④]

德国的国家认同教育工作是一项综合工程。为了实现学校的德育目标，除了重视德国史、德国地理教学外，德国中小学还注重将德育贯穿于一切教学工作之中，

① 汪宗田、傅安洲. 德国高校思想道德教育述评 [J]. 思想理论教育，2007（01）.
② 王怀成. 德国爱国主义教育注重普及宪法 [N]. 光明日报，2009-04-26.
③ 檀传宝. 公民教育引论：国际经验、历史变迁与中国公民教育的选择 [M]. 北京：人民出版社，2011. 66.
④ 王怀成. 德国爱国主义教育注重普及宪法 [N]. 光明日报，2009-04-26.

通过各科课程进行爱国主义渗透，培养受教育者表现出对工作、祖国由衷的热情和献身精神。比如，通过劳动课培养个人的品德修养和劳动习惯，通过教育课培养学生的集体观念、协作精神，通过经济课培养学生的社会和职业道德品质。在德语课上，老师还经常向学生推荐有关反战的小说和剧本，像《安妮日记》类的书籍是教师推荐给学生的必读书籍。在德国高校，不仅人文社会科学专业把经济学、政治学、法学、社会学列为基础学习阶段必修课程，而且理工科专业也把经济学、法律等课程列为专业必修课。同时，在大学理科教学中也渗透着德育内容。德国高校要求学生对任何一门主修专业，都要从历史、社会和伦理学角度去学习研究。对于任何一门专业课程，教师都要引导学生回答三个问题：这个领域的历史和传统是什么？其涉及的社会和经济问题是什么？要面对哪些伦理和道德问题？德国高校没有专门的德育课程，而是通过各学科和专业的渗透来进行民主、自由价值观等教育。由此可见，德国高校把对大学生的思想道德教育融入其专业学习的各个环节，贯穿于教育教学的全过程。[①]

（三）国家认同教育注重联系实践

在教学方法和模式上，德国学校的国家认同教育采取了"问题式""研究式"和"探索式"的教学方式。教学注重联系德国社会实际，从现实问题切入，加深学生对所学知识的理解，培养学生提出问题、分析问题和解决问题的能力。通过引导学生进行研究性学习，培养学生的实践能力，激发学生对社会政治问题及其价值的探究意识，培养学生的问题意识、科学态度以及社会责任感。[②]

德国学校的国家认同教育不仅仅存在于课堂之中，社会实践始终贯彻于青少年政治社会化的全过程。为了激发学生学习历史的兴趣，让已经开始有独立判断和分析能力的中学生更深刻地领会二战的有关内容，树立正确的二战史观，进而以史为鉴，德国各中学纷纷开展形式多样的教学活动，例如请历史事件见证人到学校做报告，邀请专家与学生共同讨论，安排学生参观德国现存的集中营旧址和战场遗迹，安排他们赴以色列和波兰这样有重大历史渊源的国家进行考察等。德国境内三大集中营之一的布痕瓦尔德集中营遗址纪念馆就是德国向年青一代进行历史教育的重要

---

① 汪宗田、傅安洲．德国高校思想道德教育述评［J］．思想理论教育，2007（01）．
② 傅安洲、阮一帆、彭涛．德国政治教育研究［M］．北京：人民出版社，2009．316．

基地。这种置身于真实情境中的感官体验，无疑极大地促进了政治教育的实效性。[①]

案例：德国美因茨中学的"路石"调查活动

德国美因茨中学的历史教师在历史教学中不断进行创新，开展了"路石"调查活动。在学生上学进教室的路上，教师错落地摆上不少石块，石块上写着一位位在"二战"期间被纳粹分子杀害的犹太人的名字。学生需要选择一块路石，记下上面的名字，在课外去调查他的历史和被法西斯杀害的经过。学生可以从互联网上检索遇难者的档案记录。最后再让全班学生一起交流各自的调查报告，教师会根据他们的报告完成情况进行打分。[②]教师还带领学生到附近的犹太人居住区，考察犹太人过去的居住遗址，认识从古罗马时代以来犹太人世世代代为当地发展所做的贡献。通过开展此项活动，学生们不仅增长了历史知识，而且增强了学习历史的兴趣。

（四）通过社会机构加强国家认同教育

德国的国家认同教育是建立在广泛的社会合作基础上的。社会机构在国家认同教育中发挥着重要的作用。在德国，除了联邦政府和各州政府成立的"政治养成教育中心"等机构外，还有大量从事政治教育工作的社会团体和公共机构，这些社会机构共同承担着政治教育及思想道德教育工作。著名的阿登纳基金会就是由德国前总理阿登纳在20世纪50年代创立的政治咨询和教育机构。[③]类似这样的组织还有天主教联盟、联邦青年联合会、农村青年联合会、德国志愿服务队等。这些机构经常结合国内外政治形势举办相关讲座、报告会，给青少年讲解法律知识、职业道德及国内外时事等内容。德国的企业、行业协会、教会、图书馆、博物馆等也积极参与青少年国家认同的教育工作。一些非政府组织还为中小学生提供资助，让他们在假期去一些集中营旧址或二战纪念馆打工，或是组织他们为年老的犹太人提供家庭服务。[④]

德国作为世界大众传媒业高度发展的一个国家，德国大众传媒在青少年国家认同教育中发挥了重要的作用。政府充分利用电影、电视、报纸杂志、网络等媒介工

① 傅安洲、阮一帆、彭涛. 德国政治教育研究［M］. 北京：人民出版社，2009. 317.
② 范辉、王洛佳. 欧洲没有忘记二战［N］. 新京报，2005-05-28.
③ 陈立思. 当代世界的思想政治教育［M］. 北京：中国人民大学出版社，1999. 178.
④ 陈立思. 比较思想政治教育［M］. 北京：中国人民大学出版社，2010. 161.

具，不仅向青少年传播政治文化，使之形成共同的政治意识，而且还通过它们控制政治舆论，引导社会政治方向。① 由于历史渊源，德国的地方报业十分发达，每天有1600家报纸出版，发行量达2500万份。每千人的报纸拥有量为328份，居世界第四位，每个县至少有一份本地报纸。除报纸外，德国目前有2万多种杂志，总发行量在2亿册左右，平均每个家庭订有4份杂志。德国的广播电视业为双轨制，公共广播电视台和私人广播电视台同时播出节目。德国政府也十分重视网络建设，通过网络进行政治教育是一种崭新的模式。联邦政治教育中心国际互联网平台通过开辟关注者交流平台，设置专门网页，开辟专栏，邀请政治专家、心理学家、社会学家向访问者深入剖析重大社会、经济、政治问题的社会根源、心理原因及严重后果。通过这些大众传媒，德国每时每刻都在向国人灌输资本主义的民主、自由价值观、宗教信条、道德规范和原则。②

在德国，各学校还与承担政治教育的各类社会组织进行广泛合作，根据青少年的心理发展特点，通过音乐、戏剧、舞蹈艺术表演和电影等艺术形式，增加与那些远离政治的青年的交流对话，以潜移默化的方式影响他们的社会价值观。③

在德国，家庭、学校、政治教育机构、社会团体、大众传媒等机构，在政府的管理下，组成一个相互协调的教育网络，营造出和谐统一的政治文化环境。无论是学校、家庭、社区还是大众传媒，无论是政党还是宗教团体，所有人员、场所、机构都被利用来宣传资本主义的价值观和生活方式。实践证明，德国的国家认同教育工作卓有成效。近几十年来，德国民众在西方民主国家中被公认为民主意识强、政治参与热情高，并且有较高的政治素养。

---

① 檀传宝. 公民教育引论：国际经验、历史变迁与中国公民教育的选择 [M]. 北京：人民出版社，2011. 61.
② 汪宗田、傅安洲. 德国高校思想道德教育述评 [J]. 思想理论教育，2007（01）.
③ 傅安洲、阮一帆、彭涛. 德国政治教育研究 [M]. 北京：人民出版社，2009. 317.

第五节　俄罗斯的国家认同教育

俄罗斯是世界上民族和宗教关系最为复杂的一个国家，其面临的重要任务是构建"国家民族"，增强国家认同，同时，又要满足国内各个族群的发展需要，承认和保护族裔认同。

一、俄罗斯国家认同教育的主要内容

俄罗斯是一个具有爱国主义教育传统的民族，俄罗斯人对爱国主义的推崇与青睐，一如俄罗斯学者伊·阿·伊里奇（И.А. Ильин）所言："她与俄罗斯同龄。"[①]苏联时期的爱国主义教育尤其引人注目。但是，苏联解体后，随着政治与经济体制的剧烈转型，曾经起主导的意识形态被彻底摧毁之后，俄罗斯的政治制度转轨，学校强调非政治化、非意识形态化，一度忽视了爱国主义教育。由此导致年青一代对自己国家、民族的历史不够了解，过去在苏联青年中占有主导地位的政治价值如今处于俄罗斯青年价值观体系的边缘，"爱国主义""祖国"和"责任"等字眼曾一度从俄罗斯青少年教育中消失，历史虚无主义甚嚣尘上，从而导致年轻人公民意识淡薄，国家发展缺乏精神动力。[②]

（一）重视爱国主义教育

苏联解体后，在总结解体的原因时，爱国主义的缺失被认为是重要因素之一。俄罗斯政府从苏联解体后一度忽视爱国主义教育的教训中认识到：爱国者不是天生的，必须重视对青少年的爱国主义教育。新世纪初，弗拉基米尔·普京执政之后，着手拨乱反正，着力加强对年轻人的爱国主义教育，制定俄罗斯公民爱国主义教育纲领。

---

① 转引自冯永刚. 爱国主义：俄罗斯高校公民道德教育的核心内容［J］. 比较教育研究，2015（01）.

② 韩莉. 当代俄罗斯德育问题研究［D］. 黑龙江大学，2012.

俄罗斯官方将爱国主义定义为：尊重国家的传统和价值观、热爱祖国、忠于祖国、努力为国家利益服务、时刻准备保卫祖国，在必要时不惜为国家献出生命。

为增强青年的爱国主义教育，1994年，由国防部会同总统青年工作委员会、教育部、内务部、商业部、监察部、东正教会等机构制定了《对青年进行爱国主义教育大纲》①，大力提倡和宣传爱国主义精神，完善爱国主义教育的法律规范，修订或设立国家安全法、青年法、各机关及社会组织活动法，确立爱国主义教育的法律地位，明确各部门、各组织在爱国主义教育活动中的任务、职责、地位和作用等。②1999年，俄罗斯还专门成立了国家公民教育中心，对全国公民教育进行指导与协调。

2008年5月7日，新任总统梅德韦杰夫在总统就职仪式上发表的宣言也表明将继承爱国主义的传统，把主权民主与爱国主义作为治国基本思想并主导俄罗斯政治与社会改革的总方向。③

近几年来，普京多次表示要构建新型的爱国主义，培养俄罗斯人的爱国精神，特别要对年轻人加强教育，帮助他们树立正确的价值观。普京认为，爱国主义、忠诚和献身精神是构成国家最坚实的基础和最重要的精神核心，爱国主义教育对增强国家实力具有重要意义。在博罗季诺战役200周年纪念活动上，普京说："当我们团结时，俄罗斯民众能为祖国发展做出最大贡献。爱国主义是团结的因素之一，是我们所有伟大胜利的关键。"俄罗斯还计划把爱国主义教育纳入法律范畴。④

2013年2月2日，在会见卫国战争老战士的时候，普京再次强调爱国主义教育的重要性："从维护我们的国家体制和加强我们国家的角度说，爱国主义教育就是原则性问题。正如我们所知道的，爱国主义就是对祖国的热爱。如果没有这一点，任何一个国家都无法生存，国家就会像糖块溶于茶水那样消失。"⑤

---

① 刘沧山．中外高校思想教育研究［M］．北京：人民出版社，2008．23．

② 常喆．俄民众怀念爱国主义教育［N］．环球时报，2004-07-26．

③ 武卉昕、徐宁．俄罗斯公民道德教育的复归［J］．西伯利亚研究，2009（02）．

④ 从历史频道开播看俄罗斯爱国主义教育［EB/OL］．http://news.xinhuanet.com/2013-05/11/c_115728890.htm.

⑤ 张盛发．普京重任总统后再次治理俄罗斯历史教科书问题［J］．俄罗斯东欧中亚研究，2013（06）．

（二）强调历史教育

历史教育是俄罗斯爱国主义教育的主要切入口，在塑造民众国家认同的过程中，俄罗斯领导人特别强调对国民进行历史教育，对国家历史的尊重成为培养国家认同感的重要途径。俄罗斯政治家德米特里·利哈乔夫（Dmitri Likhachev）指出：不能正确了解历史，就无法走向未来。要真正了解俄罗斯的历史，首先应研究其历史文化的特点。[①]普京明确反对在苏联问题上的历史虚无主义态度，他表示，否定苏联时期的一切象征性标志，从原则上讲是错误的，否定历史会使整个民族"数典忘祖"。他曾在《关于国家标志问题的声明》中发出这样的质问："在苏联时期，我国拥有的一切就不值得回忆了吗？我们把杜纳耶夫斯基、肖斯塔科维奇、科罗廖夫（苏联火箭制造和宇航科学家和设计师）和航空航天领域的成就置于何地？我们把宇航员尤里·加加林的飞行置于何地?"[②]

苏联解体后，俄罗斯一度忽视了历史教育，许多年轻人甚至搞不清楚哪一天是建军节，哪一天是卫国战争胜利日。在莫斯科国立大学、俄罗斯人文大学和俄罗斯教育科学院组织心理研究所参与的一项大型民情调查中，只有不到一成的人为俄罗斯的历史感到骄傲。面对俄罗斯民族思想的缺失，普京总统宣布成立"俄罗斯世界基金会"来弘扬和宣传俄罗斯的历史文化，决定从改革历史教学和重编历史教科书入手，从青少年抓起，来带动全社会珍惜本国的历史文化传统，摒弃历史虚无主义和媚外思想，以形成俄罗斯自己的国家意识形态体系和公民的爱国主义思想。[③]

俄罗斯将重要历史日期确定为国家节日，并通过节日进行历史教育。作为历史教育的时间节点，卫国战争是最重要的纪念内容之一。围绕卫国战争重大事件纪念日开展的爱国主义教育活动规模最大，所产生的正面效果也最为显著。每年5月9日胜利日当天，俄罗斯都会在红场举行盛大威武的阅兵式。参加卫国战争的老战士胸前挂满勋章，应邀观摩阅兵式。国家领导人要向无名烈士纪念碑举行献花仪式。许多年轻人都主动与老战士合影，倾听他们讲述战争时期的人与事。对于年轻人来说，阅兵式不仅是一堂生动的历史课，也使他们受到了爱国主义熏陶。同时，在全国各

① 李兴等. 红色风暴会再度爆发吗？——解读俄罗斯的前途和命运 ［M］. 北京：中国城市出版社，2003. 307.

② 施晓慧、林雪丹、张晓东. 俄罗斯爱国主义教育再出发 ［N］. 人民日报，2013-06-04.

③ 朱桂莲. 爱国主义教育研究 ［M］. 北京：中国社会科学出版社，2008. 108.

地还会举行读书、讲座、文艺演出等活动。仅2013年，全国参加5月9日胜利日纪念活动的就有800万人。①除了每年庆祝胜利日外，俄罗斯还隆重纪念卫国战争中的一些重大战役胜利日，以便让全社会牢记历史。

在教科书的出版方面，普京甚至警告出版界必须对出版的教科书承担责任。国家要制定统一的教学标准，鼓励编写和出版新的历史教材。绝对不允许丑化、歪曲俄罗斯民族的历史。②莫斯科友谊大学编撰了一套名为《祖国知识课程》的教材，包括俄国史、俄语、俄罗斯哲学史和俄罗斯文学史四个部分，为的是帮助青少年了解祖国，认清自己在社会中的地位和责任。俄罗斯舆论认为，应该告诉年轻人，如果不尊重自己的国家，不尊重国家的历史和曾经取得的成就，就意味着毁灭自己的未来。2007年，俄罗斯出版了苏联解体后经过国家权威部门认定的第一本历史教科书《俄罗斯现代史1945—2006年》，该书给出了一个评价俄罗斯国家历史的标准，以此指导对学生的爱国主义教育。

2013年5月9日，在俄罗斯举国欢庆卫国战争胜利68周年之际，全俄国家广播电视公司当天下午3时正式开通历史频道。俄罗斯和独联体国家观众可以通过有线和卫星网络收看该频道节目。历史频道除播出国外知名电视制作公司的片子外，将主推原创节目，从全新视角讲述俄罗斯和世界历史。历史频道开播后，先后播出了"卫国战争""俄罗斯象征""勋章里的俄罗斯历史""100场伟大战役""世界100位伟大统帅""武器的历史""还原苏联历史"和"博物馆探秘"等纪录片。俄罗斯官员和学者对历史频道给予了高度评价并寄予厚望。俄罗斯文化部长梅金斯基在开播仪式上说，年轻人要了解历史，这样才能创造历史。俄罗斯国家历史博物馆馆长列维金说，教育下一代首先要让他们了解历史。莫斯科国立大学校长萨多夫尼奇说，历史频道对所有学生乃至全体俄罗斯民众都很重要，相信该频道将成为学校历史课的有益补充。③

---

① 施晓慧、林雪丹、张晓东. 俄罗斯爱国主义教育再出发［N］. 人民日报，2013-06-04.
② 陈辉. 强调国家历史认同是历史教育的常识［EB/OL］. http://www.snedu.gov.cn/sxjy/234/201307/10/2066.html.
③ 从历史频道开播看俄罗斯爱国主义教育［EB/OL］. http://news.xinhuanet.com/2013-05/11/c_115728890.htm.

（三）重视母语教育

俄罗斯宪法规定，"俄语是俄罗斯联邦全境内的国语"，"共和国有权规定自己的国语。在共和国的国家权力机关、地方自治机关和国家机构中，共和国国语和俄罗斯联邦国语一起使用"。在民族自治地区实行双语制（犹太自治州因犹太人所占比例过低，规定只有俄语是官方语言），即主体民族的语言和俄语都是官方语言，在全国范围内则强调俄语是官方语言，要求俄罗斯公民必须掌握俄语。

20世纪90年代，大量美国英语连同罗马字母一起进入了俄罗斯。俄罗斯科学院试图驱逐美国英语或使其符合俄语的书写和形态规范。一些地方当局也采取了相应的措施。例如，1993年，莫斯科市长签发命令，规定从1993年4月1日起，莫斯科一切公司、企业和其他组织所挂的牌子、在公共场所张贴的告示等，凡使用罗马字母的必须改为西里尔字母。1995年12月7日，时任总统的叶利钦正式发布《关于俄罗斯联邦总统直属俄语委员会》的指令。2000年底，外交部部属外交学院举行"把俄语扩展为一种世界语言来运用"的高层会议，强调俄语问题是俄罗斯国家安全的大问题。2001年5月23日（俄国语言文化节），普京甚至签署总统令，严厉禁止媒体语言公开夹杂外来语，并倡导中学语文教育抵制外来语的侵袭。①

2001年5月20日，俄罗斯联邦国家杜马专门制定和通过了《俄罗斯联邦国家语言法》。普京特别重视俄语的作用，他在2013年2月19日民族关系委员会会议上强调："国家统一的基础无疑是俄语，我们的国语，民族间交际的语言。正是俄语形成了共同的公民、文化和教育空间。每个俄罗斯公民都应该高水平地掌握俄语。同时，为了能更深入地研究俄语，需要创造和改善相关的必要条件。"②普京还将每年6月6日诗人普希金的诞辰日确定为俄语日，并要求这一天不能只标在日历上，而且要有实际的庆祝内容。③

在2014年7月3日召开的民族关系委员会会议上，国家杜马、民族事务委员会

---

① 世界上的那些语言纯洁化运动［EB/OL］．http://view.163.com/14/0428/11/9QTQDU2L00012Q9L.html.

② 左凤荣．俄罗斯增强多民族国家认同的主要举措［J］．当代世界与社会主义（双月刊），2015（03）.

③ 普京关注俄罗斯民众母语水平要求加强"俄语日"活动［EB/OL］．http://gb.cri.cn/42071/2013/02/20/5411s4025228.htm.

成员萨法拉利耶夫也说："无论是在过去的苏联，还是在现在的俄罗斯，俄语都是强大的国家构成因素，是国家认同感的基础。遗憾的是近来我们不得不认可这一事实，中学生语言识字水平在下降。根据国家考试委员会提供的数据，下降了12分。"[①] 为了扩大俄语的影响，俄罗斯联邦制定了《2011—2015年俄语目标纲要》，为此，在2015年前拨款25亿卢布。现在俄罗斯98%的国民都掌握了俄语。

二、俄罗斯国家认同教育的方法、途径

俄罗斯把国家认同教育视为一项系统工程，并采取了一系列措施将这一工作推向深入。

（一）政府重视国家认同教育

俄罗斯是最早把爱国主义教育写入国家教育法规的国家之一，并把国家认同感作为对国民进行爱国主义教育的重要内容。苏联解体之初，俄罗斯社会经历了一个严重的道德失范过程，与公民道德堕落呼应的是完全处于"真空"状态的道德教育。在千疮百孔的社会现实面前，国家已无暇顾及道德教育问题，因而对所有教育机构的道德教育放任自流。中小学因面临严重的经费问题而无力在道德教育上投入过多，大学里传统的道德教育和政治理论课早已被取消。随后，道德教育呈现出社会转型时期特有的混乱状况。相当一部分人在信仰真空中感到无所适从，甚至是恐惧。当政府的规范性道德教育举措尚未实施之时，一些具有传统文化根基的道德教育载体便本能地发挥了作用。东正教、俄罗斯思想和俄罗斯民族主义在特定的时间内发挥了特殊的道德教育功能，但因其本身的局限性，仍无力从根本上改变俄罗斯社会道德混乱的状况。[②]

2013年9月19日，在瓦尔代俱乐部会议上，普京在发言中提出了国家认同问题。普京认为，在这个激烈竞争的世界上，"成功主要取决于人与社会的素质：他们的智力、精神和道德的力量。经济增长、社会福利及地缘政治影响，最终还是取决于社会本身，取决于一国民众源于其自身历史、价值观和传统的民族归属感，以及为了共同的目标和责任而团结起来。从这个意义上说，探寻和巩固民族认同对俄罗斯而

---

① 左凤荣. 俄罗斯增强多民族国家认同的主要举措［J］. 当代世界与社会主义（双月刊），2015（03）.

② 武卉昕、徐宁. 俄罗斯公民道德教育的复归［J］. 西伯利亚研究，2009（02）.

言具有根本性"。^①在塑造国家民族、培养民众认同感的问题上，普京特别强调共同价值观的作用。"在一个多民族的大国只通过民族、宗教不能建立认同，正是通过共同的价值观、爱国主义情感、公民责任感和团结、对法律的尊重、不忘自己的民族宗教之根并与俄罗斯共命运，这些是保证国家统一的必要条件。"^②

1.明确指导思想

苏联解体不仅没有迅速给俄罗斯带来民主，反而来了危机，不仅国家威信与国家认同感大大下降，而且种族敌视和冲突日趋严重。随着苏联的解体，以马克思主义思想为指导、以建设"共产主义道德"为核心的苏联思想道德教育体系也随之土崩瓦解。俄罗斯社会人心涣散，经济凋敝，百废待兴。社会思想领域可谓是一盘散沙，沉渣泛起，西式的、复仇的、保皇的，林林总总的政治思潮纷纷登场。^③

普京执政后指出，外部势力正企图对俄罗斯民族文化施加影响。为了使俄罗斯不失去民族独特性，为了实现国家和社会的和谐发展，必须尽快寻找"社会统一的价值观和思想倾向"，积极引导青少年形成正确的价值取向，重塑爱国意识，推动社会前进和民族发展。1999年12月30日，普京发表了被称为"纲领性"文献的《千年之交的俄罗斯》一文，首次明确提出"俄罗斯新思想"概念，对未来俄罗斯国家意识形态进行了勾勒和描述。"俄罗斯新思想"一方面力求构建符合新时期社会发展的统一思想倾向，另一方面突出强调爱国主义对社会发展的重要作用。^④

"俄罗斯新思想"把全人类共同的价值观与经过时间考验的俄罗斯传统价值观、尤其是与经过20世纪波澜壮阔的100年考验的价值观有机结合起来。"俄罗斯新思想"的内容包括"爱国主义""强国意识""国家作用"和"社会团结"，四个方面相辅相成。^⑤在"俄罗斯新思想"中，爱国是最基本的，因为只有爱国才能努力强国。"俄罗斯新思想"既是普京政府施政方针的理论基础，也为俄罗斯国家认同教育在新世纪

---

① 左凤荣. 俄罗斯增强多民族国家认同的主要举措 ［J］. 当代世界与社会主义（双月刊），2015（03）.

② 左凤荣. 俄罗斯增强多民族国家认同的主要举措 ［J］. 当代世界与社会主义（双月刊），2015（03）.

③ 张树华. 当今俄罗斯的历史教育与历史教材 ［J］. 俄罗斯学刊，2015（01）.

④ 雷蕾. "俄罗斯新思想"背景下高校爱国主义教育研究 ［D］. 东北师范大学，2011.

⑤ 张政文. 重塑大国形象：当代俄罗斯文艺形势的总体特征 ［N］. 中国社会科学报，2014-08-27.

的发展指明了方向。在"俄罗斯新思想"的指导下，俄罗斯把加强国家意识形态建设、复兴俄罗斯精神、重塑俄罗斯大国形象确定为重大国策。

2.将爱国主义教育列入国家纲领

苏联解体后，经济的解体、社会的分化和精神价值的贬值导致俄罗斯社会道德退化。调查显示，俄罗斯民众普遍缺乏国家意识，缺少对祖国的热爱和尊重，整个社会道德退化。这种状况对俄罗斯造成的危害极大，威胁着俄罗斯社会的生存能力。于是，制定国家道德教育政策成为形成国家共同价值和民族意识、提高社会道德水平的必然选择。①

近年来，俄专门出台了一系列爱国主义教育文件。2001年，普京首次出任总统时，便要求政府制定《2001—2005年俄联邦爱国主义教育国家纲要》，详细界定了爱国主义教育的内涵、目的、任务和原则。由国防部、文化部、教育部等12个部门负责落实这一纲要，编写了一些教材，并承办了一些全国性活动。

2005年7月，俄政府又公布了《2006—2010年爱国主义教育纲要》，进一步表达了国家推进爱国主义教育的决心，要求国家机构、社会组织共同行动，为爱国主义教育有效发挥作用创造条件，不仅提出了保证落实爱国主义教育的机制，而且提出了评价执行效果的具体措施。《纲要》计划用6.69亿卢布指导国内的军事爱国主义教育活动，其中联邦财政拨款4.06亿卢布，其余由地方财政和军事爱国主义团体支出。2006—2010年间要举办400多场爱国主义教育活动，包括历史知识竞赛、参观博物馆和纪念馆等。之后又通过了《俄罗斯青年政策纲领》《俄青少年公民教育和爱国主义教育纲领》和《2011—2015年俄罗斯联邦公民爱国主义教育国家纲要》，明确要求进一步健全、巩固已基本建成的爱国主义教育系统。

俄罗斯还计划把爱国主义教育纳入到法律范畴。立法部门准备起草一份关于爱国主义教育的法案，让年青一代正确了解历史，特别是俄罗斯在二战中发挥的作用。②

2016年1月2日，俄总理梅德韦杰夫签署决议，批准《2016—2020年爱国主义教育国家计划》。自2001年俄颁布首个爱国主义教育"五年计划"以来，加强爱国主义教育已成为俄政府施政规划的重要组成部分。这表明以爱国主义凝聚俄罗斯社会力

---

① 姜晓燕. 俄罗斯的爱国主义教育及村社意识［J］. 比较教育研究，2008（02）.
② 从历史频道开播看俄罗斯爱国主义教育［EB/OL］. http://news.xinhuanet.com/2013-05/11/c_115728890.htm.

量、重树俄罗斯人道德观念和道德形象的工作已正式被纳入政府工作日程。

3.规范国家标志

国旗、国歌等国家标志代表一个国家的主权、独立和尊严，反映一个国家的历史传统和民族精神，体现一个国家的国体、政体和政治思想。

推广国家象征和国家标志。在俄罗斯的爱国主义教育体系中，特别提出了推广国家象征和国家标志的要求。在新《爱国主义教育纲要》中提出，要在各教育机构、爱国团体及军队装饰俄联邦国旗、国徽，装备国歌视听设备，以此培养俄联邦公民的爱国情感，树立国家威严，形成对国家标志的尊敬。此外，还扩大带有国家象征图像的印刷品的出版，在学生中广泛开展有关国家象征的知识竞赛。

更改国歌。由米哈伊尔·格林卡创作的《爱国者之歌》是俄罗斯联邦自1991年至2000年的国歌。此曲原为一段没有配词的钢琴旋律，并且被配上了"Motif de chant national"的法文标题。2000年12月，普京正式签署了一项关于国旗、国徽、国歌的法案，将前苏联国歌修改歌词后正式定为新国歌。新版歌词提到了俄罗斯人的祖国、俄罗斯的广袤与高贵。

颁布国旗和国歌使用法律。2013年12月，普京签署关于更广泛使用国歌和国旗的宪法法律，建议俄各教育机构更广泛地使用国旗、国歌等国家象征，以此培养年青一代的爱国主义情怀。[①]法案规定，国旗应在所有教育机构建筑物上永久悬挂或在其所在区域内永久安置。此外，在教育机构举行大型体育和健身等活动期间还应升国旗。在新学年开学第一节课前，所有教育机构和职业教育机构应演奏国歌。此外，在纪念碑和纪念标志的揭幕仪式以及国家和市政节日纪念活动开闭幕式上，必须演奏国歌。[②]

4.建立健全爱国主义教育组织

随着苏联解体，曾在青少年道德和政治教育方面发挥过积极作用的青少年组织，如少先队和共青团等已不复存在。但青少年德育工作并未停止，许多新组织正发挥着积极的作用。

为确保爱国主义教育政策的顺利实施，普京上台后，尤为重视建立健全爱国主

---

① 普京魅力唤起俄罗斯民众爱国热情［EB/OL］．http://world.cankaoxiaoxi.com/2014/0422/378642.shtml.

② 普京签署俄国旗法修订案 教育机构需永久挂国旗［EB/OL］．http://www.chinanews.com/gj/2013/12-23/5653073.shtml.

义教育组织。2012年9月，普京在俄南部克拉斯诺达尔边疆区专门召开会议，系统讨论如何完善俄罗斯爱国主义教育体系问题。10月20日，普京签署《关于完善国家爱国主义教育政策》的命令，在总统办公厅框架内成立社会项目管理局（又称"爱国主义管理局"），负责协调与管理整个俄罗斯的爱国主义教育。该组织负责确定爱国主义教育政策的主要方向，通过对各个部门尤其是高校的爱国主义教育进行规范与指导，广泛开展爱国主义教育工作，促进爱国主义教育工作的稳定性、条理性与连续性，巩固俄罗斯社会的精神和道德基础。[①]

目前，俄罗斯全国共有7000多个青少年教育机构，专门负责文化教育、公民教育和爱国主义教育。其中军事爱国主义教育团体就超过500个。[②]其中俄罗斯青年联盟和青年组织"纳什"最引人注目。

俄罗斯青年联盟成立于1990年5月13日，在苏联解体后由于政局不稳导致发展受限。进入21世纪以来，俄罗斯青年联盟得到了俄罗斯政府的支持，发展迅猛。到2006年有会员近30万人。每年有上百万人参加联盟组织的活动。该联盟的政治任务之一是加强俄罗斯青年的思想政治教育，强化青年的爱国意识，引导青年增强团队意识、合作精神和社会责任感。[③]

2005年，在乌克兰爆发橙色革命仅3个月后，为了防止俄罗斯成为"颜色革命"的下一个受害者，俄政府成立了"纳什"组织（意为"我们的"），以对抗西方势力对青年进行思想渗透。该组织是一个政治色彩很浓的青年组织，主要以18到22岁的年轻人为发展对象，重点是大学生等青年知识分子。[④]"纳什"组织得到了普京总统的支持，在总统办公厅的直接领导下开展工作。为了培养成员的组织纪律观念和团队协作精神，增强其爱国意识和政治领悟能力，俄国知名专家经常给成员上课。按克里姆林宫的计划，"纳什"成员总数应发展到20—30万人，而且要在莫斯科、圣彼得堡、下诺夫哥罗德以及罗斯托夫等大城市设立分支机构。"纳什"组织的核心是"爱国主义"和"强国意识"。实践证明，该组织成了保卫俄罗斯的一支"青年近卫军"，

---

① 从历史频道开播看俄罗斯爱国主义教育［EB/OL］. http://news.xinhuanet.com/2013−05/11/c_115728890.htm.

② 蓝瑛波. 当代俄罗斯青年［M］. 北京：光明日报出版社，2007. 18.

③ 陈立思. 比较思想政治教育［M］. 北京：中国人民大学出版社，2010. 280.

④ 陈立思. 比较思想政治教育［M］. 北京：中国人民大学出版社，2010. 280.

在维护俄罗斯国家安全和社会稳定方面发挥了重要作用。

为了落实爱国主义教育国家纲领，更好地组织全国性的爱国主义教育活动，向全社会展示俄罗斯的历史与文化、增强公众的民族自豪感，俄政府还投资上亿卢布，为俄罗斯联邦各主体及地方政府建立了相应的理事会和爱国主义教育中心，推广并落实爱国主义教育项目，树立道德规范，并为保障爱国主义教育的开展创造良好的社会环境。①

5.支持爱国主义教育研究

为了推动爱国主义教育的有序进行，俄政府还积极支持有关德育相关研究，用哲学、教育学、文化学、军事学、心理学、伦理学、医学、社会学等学科研究成果来充实爱国主义教育内容。在俄政府的资助下，俄罗斯社会科学领域的专家积极投入俄罗斯德育理论和实践的研究之中。通过科学研究，学者们不断挖掘和探索适合俄罗斯国情、契合俄罗斯文化和民族精神的教育资源，不断提升俄罗斯民众的国家认同感，增强俄罗斯的民族凝聚力和民族自豪感。

6.颁发爱国奖励

俄罗斯设立"俄罗斯爱国者""潮头奖"等纪念奖章，表彰在爱国主义教育中取得优异成绩的军人及文化、艺术、教育工作者，表彰在国际比赛中表现出爱国主义精神的运动员和编写爱国主义书籍的有才华的作家。②为落实爱国主义教育国家纲领，俄文化部于2011年设立了年度奖项——爱国主义教育成就荣誉奖。2012年，这一荣誉颁发给了135个先进个人和12个先进组织，还授予4家文化机构荣誉奖状，表彰他们为爱国主义教育积极开展工作，此外有44位文化领域的专家获得了"俄罗斯爱国者"荣誉勋章。③地方政府也积极配合中央，鼓励老师上爱国课，用提供或增加奖学金等方法鼓励学生增强爱国意识。④

（二）学校开展国家认同教育

从2000年开始，俄中小学开始恢复20世纪七八十年代的"勇气培养课"，课程

---

① 施晓慧、林雪丹、张晓东. 俄罗斯爱国主义教育再出发［N］. 人民日报，2013-06-04.

② 蓝瑛波. 当代俄罗斯青年［M］. 北京：光明日报出版社，2007. 18.

③ 林雪丹. 俄重视爱国主义教育　多种措施提升国民爱国情感［EB/OL］. http://www.chinanews.com/gj/2013/06-06/4899771.shtml.

④ 何京. 俄罗斯的国家公民道德教育［J］. 外国中小学教育，2007（01）.

通常与一些重要日子结合起来，比如祖国保卫者日（2月23日）、卫国战争胜利日（5月9日）和知识日（9月1日）等。课程往往围绕某一个主题展开，比如斯大林格勒保卫战等卫国战争期间的重大战役。老兵常常应邀在课堂上与学生交流，引导学生们重温历史。中小学每学期还有计划地组织青少年参加有益的教育活动。比如组织学生参加国家重大节日和纪念日的游行与集会，邀请英模人物和老战士给青少年学生作报告，组织学生参加部队开放日，使青年一代加深对军队历史和荣誉的了解，增强他们保家卫国、爱军习武的意识。①

2007年，俄罗斯出版了两本教师手册，呼吁国家认同教育要从学生抓起。手册编辑之一、社会学家利奥尼德·玻利雅可夫认为，苏联解体后，俄罗斯丧失了自己的意识形态，以至于让别的国家来判定自己是否是民主国家。为此，俄罗斯需要一种新的国家意识，让民众对自己的国家、民族产生认同感，让教师在实际教学中培养学生的爱国主义精神。另一位编辑达尼林则表示："我们认为，我们国家民主的唯一保障是我们的主权，是我们强大的国家、强大的军队、强大的经济和强大的民族。这不是一种意识形态，而是一种常识。我的目的是向教师们解释这种常识。"②

一些高校组织大学生帮助警察维护公共秩序，增强其公民意识，并鼓励学生参加社会团体组织的爱国主义活动，追忆战争历史。一些高校通过开展大学生军训、开辟专栏、参观纪念馆与博物馆、观看爱国主义影片等方式，帮助大学生深入了解祖国，明确自己和祖国的依存关系，增强公民意识，催生爱国共鸣，充分领略爱国主义的价值，强化大学生为国效力的自豪感与成就感，促使大学生的爱国热忱与自觉行为不断稳固并得以升华，开拓高校公民道德教育的层次与境界。③

俄罗斯高校还紧扣爱国主义的时代脉搏，积极营造爱国氛围，提高大学生的爱国主义觉悟，让大学生在潜移默化中受到爱国主义精神的感染与熏陶。一方面是借助媒体、橱窗、宣传栏等媒介大力宣传爱国主义教育。另一方面，则是在学校、博物馆、地铁、广场等公共活动场所，爱国主义警句或格言不时跃入眼帘。创设此种氛围，是在告诉青少年，爱国主义与俄罗斯的前途、人民的命运息息相关。"倘若不敬重自己的国家，不尊崇祖国的历史文化与曾经取得的辉煌，则意味着抛弃了自己

① 施晓慧、林雪丹、张晓东. 俄罗斯爱国主义教育再出发［N］. 人民日报，2013-06-04.
② 赵存生. 全球化时代的爱国主义教育［N］. 中国教育报，2008-03-04.
③ 冯永刚. 爱国主义：俄罗斯高校公民道德教育的核心内容［J］. 比较教育研究，2015（01）.

的未来，毁灭了民族的前途。"①

（三）积极利用大众传媒开展国家认同教育

在1994年颁布的《对青年进行爱国主义教育大纲》中，俄政府规定要积极利用大众媒介开展爱国主义宣传，禁止国务活动家和社会活动家利用大众传媒贬低爱国主义思想。普京执政后，重塑大国形象成为俄罗斯的当务之急，俄罗斯媒体被普京视为向世界传达俄罗斯政治价值观和民族文化观、重塑大国形象的发声器。

设专门电视频道宣传爱国主义精神。为了给青少年的成长营造一个良好的社会环境，俄政府加强了对广播、电视、网络等新闻媒体的引导与管理力度。俄政府从2005年2月开设专门的爱国主义频道——"星"，频道属于俄罗斯国防部，每天播出18个小时的军事和爱国教育节目。2013年5月9日，在俄罗斯举国欢庆卫国战争胜利68周年之际，全俄国家广播电视公司当天下午正式开通历史频道。2015年，俄罗斯联邦通过预算将拨款为青年人成立名为"俄罗斯之光"（ROSsvet）的"全俄爱国主义频道"。②

拍摄爱国题材的影片。爱国主义向来是俄罗斯电影的传统，苏联时期的爱国主义战争题材影片《这里的黎明静悄悄》曾影响了一代代人。《第九连》《八月八日》《布列斯特要塞》等影片都堪称经典之作。专门研究苏联—俄罗斯电影的伦敦大学学院教授朱利安说："许多俄罗斯大制作电影都有浓厚的爱国主义因素，这让这些影片在俄国内大受欢迎。"近年来，俄政府大力支持爱国主义影片的拍摄。由国防部支持成立的电影公司通过纪录片、动画片和艺术片等影片形式，向观众展示史实，弘扬爱国主义精神。采用3D现代拍摄手法制作的影片《斯大林格勒》，再现了斯大林格勒保卫战的残酷和苏联抗击侵略者的坚苦卓绝，已被列入俄爱国主义影片名单。③俄文化部还与教育部等多部委协调推广面向中小学生的百部爱国主义影片。2007年11月，由俄政府资助拍摄的爱国主义题材电影《1612》在俄罗斯各大院线公开上映。为了吸引年轻观众，影片借鉴了好莱坞的拍摄手法，将战争和爱情巧妙地融合在一起，从

---

① 冯永刚. 爱国主义：俄罗斯高校公民道德教育的核心内容［J］. 比较教育研究，2015（01）.
② 俄罗斯将开设"青年爱国主义教育"电视频道［EB/OL］. http://world.people.com.cn/n/2015/0520/c1002-27031860.html.
③ 俄国防部进军电影业　将拍爱国主义影片加强教育［EB/OL］. http://news.sohu.com/20130923/n387036249.shtml.

而让年轻人身临其境地体验到爱国主义的真实内涵。^①

　　创作爱国歌曲。每年卫国战争胜利日之际，俄电台和电视台都会播放卫国战争歌曲。为了让青年人喜欢爱国歌曲，艺术家还对歌曲进行了适当改编，或加上摇滚成分，或让流行歌星来演唱，通过这些方式让年轻人喜欢爱国歌曲。一些作曲家还为孩子们创作出了一大批纪念卫国战争的爱国歌曲，感谢为卫国战争做出贡献的退伍老兵。《谢谢爷爷们》和《曾祖父》就是这些新歌中的代表作。这两首歌曲曾在2011年和2012年红场阅兵仪式结束时由孩子们演唱，从而将整个纪念仪式推向高潮，最终流行开来，广为传唱。

谢谢爷爷们

作曲：奥利嘉·尤达希娜

作词：伊万·日加诺夫

谢谢你们，

亲爱的爷爷们呐，

你们开辟伟大的胜利之路。

谢谢带来世界和平的你们，

谢谢带来幸福安宁的你们，

（副歌）

胜利烟花绽放，

欢乐乐队奏响，

让彩旗在阳光下飘扬，

你和我们相依，

千秋万代不分离，

让胜利之星照耀大地，

光荣胜利之星

照耀我们永远向前进。

谢谢你们，

---

① 李培晓、林丽敏. 俄罗斯新型爱国主义教育模式及其启示［J］. 中国青年研究，2013（04）.

亲爱的爷爷们呐，

谢谢你们带来和平的曙光，

这功勋像旗帜率领我们，

我们永远永远高举它们。

曾祖父

作曲：阿列克山德尔·叶尔马洛夫

作词：米哈伊尔·扎戈特

我来到这世界还不久，

学历史只能靠书本文章，

只有那惨烈的大战争，

真实的血肉战常听讲。

有好人喜谈论久远事，

他总把大真理对我讲。

大战争震动我心灵，

曾祖父仿佛在我身旁。

（副歌）

曾祖父呐，

曾祖父呐，

他总是去战斗，

从伏尔加到德国柏林城上。

曾祖父呐，

曾祖父呐，

他保卫了祖国，

他保护了妻儿、亲人和老乡。

曾祖父呐，

曾祖父呐，

用生命去保卫，

为了天空鸟儿重新欢唱，

还为了天空重蔚蓝，

欢笑永留人间，

也为了让我生活充满阳光。

也为了让我生活充满阳光。

曾祖父年少时上战场，

他那时年龄小和我相仿。

穿枪林迎弹雨闯炮火，

如不幸被俘要进牢房。

虽然他还只是大男孩，

杀敌人保祖国好儿郎。

夺胜利他建功立业，

载荣誉佩勋章回故乡。

（副歌）

我自豪有英雄曾祖父，

他是我生活中杰出榜样。

他的路既困难又艰巨，

我为他心忧伤痛断肠。

我依旧不停步向前进，

为选择自己路去奔忙。

超过他当雄鹰翱翔，

就像他战斗时在战场。

举办爱国文化艺术展。2012年11月，在乌格利奇举行了优秀爱国主义艺术和纪实电影节，电影节借助艺术作品探讨了有关责任、荣誉、精神力量和对国家的爱，并组织乌格利奇师范学院学生进行了以"当代小说和纪录片中的爱国主义教育"为主题的圆桌会议。① 为教育民众尊重国家历史、军事荣耀和作出历史壮举的英雄们，

① 林雪丹. 俄重视爱国主义教育 多种措施提升国民爱国情感［EB/OL］. http://www.chinanews.com/gj/2013/06-06/4899771.shtml.

还举办了卫国战争历史事件艺术和摄影作品展——《亲历者和现代艺术家眼中俄罗斯民族壮举》。①

打造爱国游戏。在游戏世界里，俄罗斯一直是欧美游戏里被黑的重点。近年来，以《使命召唤》和《战地》为首的军事射击游戏，都喜欢将俄罗斯塑造为邪恶的世界敌人。为了加强俄罗斯的文化安全，抵制西方价值观的游戏文化入侵，俄政府出台了一项计划，着手打造一批符合俄罗斯价值观的爱国游戏。该计划由俄文化部长弗拉基米尔·梅金斯管辖下的俄罗斯"军事历史学会"（Military History Society）牵头负责。首款爱国游戏以"一战"为背景、以刚崛起的俄罗斯空军为主角，由多个本土游戏开发商参与研发。俄罗斯文化部部长助理表示："游戏不仅拥有娱乐价值，还承担着教化作用，并有利于进行爱国主义教育。""我们希望游戏开发商们能真实表现现实和历史事件，这是最重要的。"俄罗斯政府还计划出资引进一些"爱国游戏"，并禁止进口"抹黑俄罗斯士兵"和"歪曲历史事实"的游戏，比如比利时的独立手机游戏《你别惹普京》和加拿大遗迹娱乐打造的《英雄连2》。前者的题材是俄罗斯总统普京与僵尸大战；后者中的二战东方战线战役内容，则被大量俄罗斯玩家视作扭曲历史事实，无视牺牲的苏联红军和伟大的卫国战争，因而被代理商1C-SoftKlab下架停售。②

（四）通过社会机构进行国家认同教育

近年来，俄罗斯退伍老兵组织、图书馆、纪念馆等社会团体也合力做好青少年的国家认同教育工作。

退伍老兵组织积极参与青少年国家认同教育。无论是在苏联时代还是今天，二战老战士一直都是"最受尊敬的公民"。在俄罗斯，卫国战争老战士备受社会各界尊重，在胜利日、祖国保护者日等重要节日，老战士们都会来到孩子们中间，为他们讲述战争中的人与事，帮助青少年树立履行保卫国家义务的概念。俄罗斯几乎每个大城市都有老战士委员会，每个委员会都会有老战士合唱团。这些老战士合唱团在

---

① 林雪丹. 俄重视爱国主义教育　多种措施提升国民爱国情感［EB/OL］. http://www.chinanews.com/gj/2013/06-06/4899771.shtml.

② 俄罗斯政府欲打造"爱国游戏"抵制文化入侵［EB/OL］. http://games.qq.com/a/20131009/012850.htm.

机关、学校和军营，将当年激励过他们的歌曲带给青年一代。①苏联歌曲《喀秋莎》是最被广泛传唱的一首歌曲。这首歌成为前线战士和后方民众的精神支柱。如今，俄罗斯的孩子们依然传唱着这些广为人知的歌曲，而教会他们这些歌曲的是当年的老战士。吸引老兵参与青少年的爱国主义教育，不仅极大地促进了教育工作的有效性，而且加强了各代祖国保卫者之间的联系，也使军队的英雄主义精神和优良传统得到发扬。②

图书馆在青少年国家认同教育中也发挥了重要作用。俄图书馆采取了多种方法加强国家认同教育。比如莫斯科市集中图书馆通过系统庆祝俄罗斯军人荣誉日，鄂木斯克集中图书馆通过系统编写出版《纪念的书》等书籍，缅泽林斯克轻工业技术学校图书馆通过举办著名统帅纪念日、祖国保卫者日展览等，向参加卫国战争的战士表示感谢。③此外，俄罗斯儿童图书馆在国家认同教育中也发挥了十分重要的作用。沃洛涅日州儿童图书馆、楚瓦什共和国儿童和少年图书馆、罗斯托夫州儿童图书馆等通过系统制定爱国主义教育年度计划，定期开展国家认同教育活动，把国家认同教育融入图书馆的日常工作中。同时，俄罗斯儿童图书馆还与学校和家庭结合，借助于军事部门、老战士委员会等机构和社会组织，有计划、有组织地对儿童进行国家认同教育，培养孩子们对祖国语言、文化和历史的热爱和兴趣。

俄新社发放"圣乔治"丝带活动。"圣乔治"丝带是俄罗斯为纪念卫国战争胜利而创造的一种丝带。2005年，为庆祝反法西斯战争胜利60周年，在俄罗斯一些城市中首次出现了"圣乔治"丝带。丝带由黑、橙两色组成，黑色象征硝烟，橙色象征火焰，是战士英勇精神的标志，也表达了对老兵的致敬。丝带发放活动最初是由俄新社（"今日俄罗斯"通讯社前身）和大学生团体提议并举办的。"圣乔治"丝带亮相后立刻得到了民间的热烈响应和政府首肯。2006年，其发放地域几乎涵盖了俄罗斯所有地区和其他国家。2010年，在上海"世博会"俄罗斯馆也发放了"圣乔治"丝带。2015年是俄罗斯卫国战争胜利70周年纪念，俄罗斯尤为重视此次"圣乔治"丝带的发放活动。一个由民间推动的活动，最终能演变为全国性的爱国主义运动，除了创

---

① 齐旭. 俄罗斯二战纪念　如何让年轻人牢记［N］. 新民晚报，2015-05-14.

② 圣乔治丝带：俄罗斯的爱国主义 LOGO［EB/OL］. http://blog.cntv.cn/12913329-5060453.html.

③ 王林军. 俄罗斯图书馆军事爱国主义教育管窥［J］. 世纪桥，2010（01）.

意本身讨巧以外，更重要的是它契合了俄罗斯政府尤其是普京政府关于大力推动爱国主义教育的战略思想。可以说，"圣乔治"带早已演变成为普京时代的新型爱国主义象征。现在，这种象征着俄罗斯人对先烈追思和对胜利自豪的丝带，已成为纪念卫国战争活动的重要标志之一。

（五）注重环境育人

为培育青少年的爱国主义情感，俄罗斯大力投资建设各种国防教育设施，通过营造浓郁的文化氛围，潜移默化地影响青少年。在俄各地城市的主要广场、公园、街道、湖畔都建有反映不同历史时期重大事件的纪念碑和英雄雕像。城市的许多标志性建筑和街道还以历史上著名民族英雄、政治家和军事将领的名字命名。把历史传统有机地融入城市建设，可让学生在潜移默化中感受到军事爱国主义精神的熏陶。[①]2014年6月，俄罗斯开始在莫斯科州库宾卡市建设名为"爱国者"的大型军事爱国主义教育主题公园，并预计于2017年1月1日对公众开放。公园内规划建设各类博物馆，展示空军、装甲兵和炮兵装备，还将建设体育设施和军队历史展览馆。[②]

博物馆、纪念馆在俄罗斯青少年的生活中占有重要地位。俄罗斯博物馆对学生都是免费的。位于莫斯科俯首山上的卫国战争中央博物馆（简称"卫国战争纪念馆"）是青少年最喜欢的去处。欣赏着珍贵的展品、倾听着细致的解说，再辅以影像资料还有其他多媒体资料，学生们对战争的感知非常立体。纪念馆在俄罗斯国家认同教育中也占有重要地位。俄罗斯纪念馆的观众群体70%是由青少年构成。为了让青少年更好更准确地了解历史，纪念馆还提供参观、展览、讲座、主题晚会、专题会议、音乐会、小组比赛等活动。纪念馆还开展了体验式参观，让青少年穿戴上二战时期的服装，品尝部队饮食，合影留念，然后回答问题。对于年龄较小的孩子，此举可以培养他们基本的历史概念，激发他们对历史传统的兴趣。

俄罗斯近年来采取了一系列有效措施来加强民众尤其是青少年的国家认同教育。通过十余年的国家认同教育，俄罗斯公民的爱国主义情感得到了明显提升，社会凝聚力大大增强，民众对国家领导层的满意度大幅提升。全俄社会舆论研究中心2012年底进行的一项关于爱国主义的社会调查显示，目前俄罗斯有80%的公民认为自己

---

① 施晓慧、林雪丹、张晓东. 俄罗斯爱国主义教育再出发［N］. 人民日报，2013-06-04.
② 俄罗斯开建爱国主义教育主题公园［EB/OL］. http://news.xinhuanet.com/2014-06/10/c_1111077351.htm.

是爱国主义者。有超过半数的受访者在回答"我是谁"的问题时，选择"我是俄罗斯公民"。当问及如何做一名爱国者时，大部分受访者表示，尊重传统，加强家庭价值观，增强对子女的家庭教育是最主要的方式。①

①　施晓慧、林雪丹、张晓东. 俄罗斯爱国主义教育再出发［N］. 人民日报，2013-06-04.

第六节　新加坡的国家认同教育

新加坡是东南亚的一个岛国，是全球最具国际化的国家之一。新加坡以稳定的政局、廉洁高效的政府而著称。新加坡既是一个种族、文化与宗教多元的国家，又是一个建国历史较短的国家，在认同感方面是极为棘手的问题，也是一个艰巨的工程，如果处理不当，会使人民势如水火，国家分崩离析。如有一套国人都接受的共同价值观，就可以协助国人产生一种国家认同感，使国人团结一致，共同为新加坡的前途而努力。①

新加坡1965年独立建国至今不到半个世纪，从一个资源贫乏的弹丸之地一跃而成为繁荣昌盛、政通人和的现代化国家，创造了一个又一个令世人瞩目的奇迹。新加坡的成功，不仅源于其在经济和政治方面选择了适合国情的模式和战略，而且在国家认同教育、国民精神的塑造方面也独树一帜。新加坡一直有"兼存东西方、汇合百家文、流传千国语、容纳万种宗教"的多元文化国家的美誉，从建国之初，在整个现代化进程中，新加坡都十分重视国家认同教育，较为成功地解决了各种族之间、不同价值观之间及传统道德与现代化之间的矛盾冲突，在教育途径的选择方面也颇具特色。新加坡长期以来重视国家认同教育，持续制定相关政策并组织一系列活动以增强国民的国家意识，明确了新加坡和谐、统一、繁荣、稳定的国家意识导向，为新加坡的持续腾飞奠定了坚实的基础。

纵览世界各国，新加坡是世界上培育青少年国家认同感较成功的多民族国家，而且又与中国有着相似的国情，因此，新加坡的国家认同教育经验更值得我们学习与借鉴。

---

① 王永炳. 公民与道德教育——世纪之交的伦理话题［M］. 新加坡：SNP综合出版私人有限公司，2000. 161.

一、新加坡国家认同教育内容

（一）强调国家意识教育

新加坡独立后，新加坡人种复杂，新加坡公民主要来源于四大族群：华人（汉族）占人口的74.2%，马来族占13.3%，印度裔占9.1%，欧亚裔/混血占3.4%。由华人、马来人和印度人组成的新加坡居民，在历史、文化、宗教信仰等方面都存在着很大差异，而且这些移民与原居住国有着密切的联系，甚至对原居住国有着强烈的怀念之情。在信仰方面，新加坡的宗教信仰多种多样，有佛教、印度教、泰米尔教、伊斯兰教、基督教等。在这样一个人种、信仰、道德价值观念多样化的背景下，为避免矛盾和纷争、统一国民思想、开展经济建设，新加坡政府明确指出必须使各种族移民及其后裔淡化对移出国的认同和归属，加强对新加坡的认同和归属。

国家意识（National Ideology）是个人与国家之间发生感情上的结合，在心理上认为我是国家的一部分。在自我内部，国家也被内摄而成为自我的一部分。[①]新加坡政府十分重视培养国民尤其是青少年的国家归属感。新加坡政府通过多种形式向国民灌输"我是新加坡人"的国家意识。"我是新加坡人"代表着统一的国家认同，代表着必须为新加坡建设服务的共同目标。新加坡国民，不论信奉何种宗教，传承何种文化，使用何种语言，各种族、阶层都必须牢固树立"我是新加坡人"的国民意识，在心理上认同"一个民族、一个国家、一个新加坡"。

纵观新加坡的历史，我们发现，20世纪六七十年代新加坡曾一度忽视国家认同教育，随后便出现了社会道德水平滑坡、国民人文素质下降等状况。针对这一现象，新加坡在80年代开始实行并不断加强共同价值观教育，包括效忠国家、增强社会责任感、提升个人品格等内容。新加坡元老李光耀指明了共同价值观在新加坡国家建设中的重要作用，他说："我们是汇合了来自中国、印度以及马来世界不同地域的移民，我们必须传授给我们年青的一代以共同的基本社会行为准则、社会价值观以及道德教条。这些准则、价值观以及教条将能塑造完整的未来新加坡人。"[②]通过共同价值观社会化，协助新加坡政府建设一个各种族和睦、具有道德意识和凝聚力的社会。

---

① ［新加坡］宋明顺. 新加坡青年的意识结构［M］. 北京：教育科学出版社，1980. 226.
② 新加坡《联合早报》. 李光耀40年政论选［M］. 北京：现代出版社，1994. 394，395.

1988年10月，新加坡第一副总理吴作栋在对人民行动党年青一代的演讲中，首次公开建议新加坡应发展自己的国家意识，提出要制定一套各种族人民均能接受的共同价值观作为未来社会发展的基础，并号召在全国范围内开展新加坡共同价值观的大讨论。1989年1月，新加坡总统黄金辉在国会演讲中，首次提出了各民族不同信仰的民众均能接受的国家意识——"五大共同价值观"的主要内容："国家至上，社会为先（Nation Before Community and Society Above Self）；家庭为根，社会为本；关怀扶持，同舟共济；求同存异，协商共识；种族和谐，宗教宽容。"

1991年1月4日，作为对西方价值观渗入作出的一种回应，吴作栋以总理名义向国会提呈《共同价值观白皮书》，并获得批准。"国家至上，社会为先"是共同价值观体系的首要内容，强调公民要把"国家利益必须置于个人利益之上"，各个地区的局部利益应服从国家的整体利益，个人利益也应服从国家和社会的利益；树立献身国家、热爱祖国的道德品质；注意培养全民的爱国主义精神和对国家盛衰、民族兴亡的强烈责任感。"五大共同价值观"提出的目的就是为使新加坡国内各个阶层、各个民族、不同宗教信仰的民众都可以接受和认可。新加坡政府20年始终不渝地倡导并大力践行这一共同价值观。这五条共同价值观，汲取了新加坡各民族价值观的精华，蕴含了促进新加坡长治久安的精神动力。

政府领导人经常公开发表讲话号召国民要牢固树立国家意识。1996年，新加坡总理吴作栋在发表国庆献词时就指出："进入21世纪，我们面对一个比经济更重大的问题，那就是要使全民达成共识，决定我们要一个怎样的新加坡，然后共同努力达到目标。"他还强调："我们现在必须完成比发展经济和创造美好生活更重要的工作，那就是培养新加坡人的认同感和建立国家的特质。"[①]在1996年的教师节集会上，吴作栋总理提出在全国范围内开展国民教育，成立国民教育委员会，尽快培养新加坡人对国家的认同感。1997年5月，新加坡副总理李显龙在国民教育计划实施仪式上指出：新加坡国情和其他国家有很大的不同，是一个不自然的"怪胎"型国家，因此必须从现在开始积极推动国民教育，否则就没有办法把一代人凝聚起来。

1998年，新加坡教育部费时半年、耗资40万新加坡元拟定了一个"国家意识"教育计划，将国家意识教育全面渗透到学校教育中，教育中小学生增强国家认同感。

---

① 马勇. 90年代新加坡的精神文明建设及其对我们的启示［J］. 东南亚，1997（01）.

"国家意识"教育计划包括：在中小学进行国家意识教育，让每名新加坡人在求学的10至12年内，能够全面地了解国土狭小、自然资源奇缺和多元文化的国情，能加深学生对祖国的认识，进而培养他们为国献身的精神。"国家意识"教育计划向360多所学校扩展，分为三个主要部分：一是播放20集《我们是新加坡公民》教育电视节目，目的是给学生灌输社区精神、效忠与归属感、在国际社会中的生存能力、法律与秩序、权力与责任等核心观念。小一到中四的学生都要观看这套电视节目。二是学校带中小学生去探访国家古迹，实施区域游学计划，了解不同民族的习俗以及新加坡的局限，从而使学生珍惜取得的成就。三是配套"我们的祖国，我们的人民"国家知识资料，使中小学生进一步了解新加坡的局限及所需的生存能力。通过播放电视教育节目、寻访国家古迹、实施区域游学计划、学习国家意识资料，使学生全面和彻底了解身为新加坡人的意义，增强青少年的国家意识感。①

（二）重视东方传统文化教育

新加坡地处欧亚两洲的交通要地，曾经历100多年的英国殖民统治，受到东西方文化的双重影响。在现代化发展中，新加坡面临着东西方文化的双重冲击，对此，新加坡政府进行了准确的定位，明确了其文化的东方属性，在对待东西方文化的态度上，坚持"技术上依赖西方，精神上固守东方"。为了反对全盘西化，新加坡在保守本民族文化的基础上，大力弘扬东方传统价值观，确立了以儒家思想道德为基础的共同价值观。所谓"东方传统价值观"，其核心就是借鉴中华民族优秀传统文化，特别是中国古代的儒家思想文化。需要指出的是，新加坡政府所倡导的并不是原原本本的中国古代儒家文化，而是经过改造和选择的现代新儒学。

1990年，在新加坡建国25周年之际，政府提出了"一个民族，一个国家，一个新加坡"的口号。李光耀还把中国传统文化中的"忠孝仁爱礼义廉耻"八德作为治国之纲，提出以忠为首，并对"八德"赋予了现代意义：所谓"忠"就是爱国，忠于国家，就是把国民培养成为具有强烈凝聚力的新一代新加坡人；"孝"就是要孝敬父母、尊老敬贤；"仁"与"爱"就是富有同情心和友爱精神，要关心他人；"礼"和"义"就是讲究礼貌和礼节，对外国人不要卑躬屈膝，对同胞应一视同仁；"廉"就是为官的德行，是做官的基本道德规范，即新加坡官员必须树立为国、为众人服务的

① 王学风. 21世纪新加坡中小学国民教育的特色［J］. 现代中小学教育，2005（11）.

思想，要有为国为民牺牲和奉献的精神；"耻"即人们的羞耻之心，号召国民堂堂正正做人，为社会进步、富国强民做贡献。新"八德"既吸收了儒家的精神，又超越了古代儒家的传统思想，更便于被各族人民所认同。新加坡通过对传统的东方价值观进行不同层面的现代意义的阐释，使其能够更好地适应时代的需要。

新加坡在发展过程中，既坚持了东方传统文化，又在此根基上吸收了西方先进的技术和管理经验，因而有效地抵御了西方价值观尤其是极端个人主义思潮的侵蚀。

（三）重视历史教育

新加坡经历了从早期的一个渔村到受英国殖民统治再到自治合并（与马来西亚）最后过渡到独立建国的过程。新加坡的历史虽然不长，但它的历史变革却是曲折复杂的。新加坡政府认为，每一个青少年必须熟知新加坡的历史，了解新加坡的来源脉络，认识到国家独立来之不易，意识到个人前途与国家命运息息相关，从而本能地去捍卫新加坡的国家利益，并且团结一致，有信心和毅力去面对未来的挑战与威胁。同时，在新加坡的历史教育中，还糅合了新加坡的开国之士及对国家有杰出贡献的英雄人物的事迹，欲以此唤起青少年的"国民精神"，培育他们的国家责任感。

为了培育青少年的国家意识，除了重视对青少年进行历史教育外，新加坡还加强了对青少年的国情教育。通过国情教育，使青少年了解国家的现状及现行的政治制度、国家的组织机构、宪法和其他法律，了解新加坡与邻国的关系及新加坡在亚洲、世界的地位；通过国情教育，使青少年认识到新加坡是一个资源贫乏、国土狭小的多民族国家，认识到新加坡的脆弱与局限，培育青少年的国家"忧患意识"，让他们自觉地维护新加坡的名誉，把新加坡作为"一个民族，一个国家"来关心。①

（四）实施双语教育

新加坡是一个由多种族组成的移民国家。多种族带来多语言，为此，新加坡政府从1966年开始推行双语教育政策，把双语教育作为教育政策的三大基础之一（另两个基础是能力教育和道德教育）。新加坡的双语教育政策规定：在民族语学校，学生要以民族语作为第一语言，以英语作为第二语言；在英语学校，学生则以英语作为第一语言，以各自的母语作为第二语言。这样可以使学生都能接触、了解一定程度的民族语和英语所蕴含的文化因素，可以使学生从以民族语为基础的认同转向以

① 龚群. 新加坡公民道德教育研究 [M]. 北京：首都师范大学出版社，2007. 87.

英语为基础的认同。双语教育是新加坡教育体制的成功因素之一，所有学生都要学习英语和一种官方母语。新加坡把英语提高到共同语的地位，强调以英语为基础的认同，由于超乎各种族之上，就有可能在新加坡这个多元种族社会中培育出国家认同感，成为新加坡认同的象征。卓有成效的双语教育政策，有利于增强青少年"我是新加坡人"的意识，淡化其种族观念，培育青少年的国家归属感。①同时，青少年通过学校双语教育以及与社会的接触，既可以使青少年有兼容东西方文化的语言能力，又发展了学生的全球视野，帮助他们能和具有不同文化背景的人交往。

新加坡在推行双语教育的同时，在华族中还重视华语教育，包括语言基础知识、技能训练，并以"文以载道"的原则在华文教材中反映华族的文化与传统价值观、华人的奋斗史以及中国古代的神话、音乐、戏曲等。通过这些教育使学生认识华族文化，从而增强华族学生的民族自尊心和民族自豪感，以抵御西方文化的侵蚀。

二、新加坡国家认同教育的方法、途径

（一）政府重视国家认同教育

新加坡是一个典型的移民国家，多种族、多宗教和多元文化的历史背景使得新加坡国家认同教育显得尤为重要。新加坡国家认同教育得以有效实施，关键在于新加坡政府强有力的领导、支持和行动。新加坡共同价值观的成功塑造和传播，实质上是政府通过一系列政策、措施，有意识、有目的地使民众产生对国家的信任感、忠诚感和归属感，使民众能够自觉地将自己和国家的命运联系起来，有意识地为国家的发展和稳定做贡献。

新加坡政府十分注重培育公民的国家意识。从1988年起，政府通过各种政策不断引导和强化爱国主义的作用，充分发挥了组织领导、宣传动员、整合力量、机制保障的强有力作用。为了培育国民的国家认同感，政府专门成立了负责国家意识教育的机构——"国家意识委员会"。"新加坡人"国家意识的培养和五大价值观的提出本身就是新加坡政府治国方略的一个组成部分，并得到了法律、制度、政策等的支持和保障。

1998年，新加坡宣布将"国家意识"教育计划付诸实施，称为"国民教育"（National Education，NE）。吴作栋总理在强调国民教育的重要性时指出："我国必须投资在我们的下一代。他们是我们的将来，我们要准备让他们去应付未来，充分发

---

① 谢东宝、梁鹏. 新加坡国家认同感教育［J］. 中国民族教育，2010（06）.

挥他们的潜能，培养他们的态度，使他们长大后能够照顾新加坡。""国民教育，应该是培养出共同的国家意识，使学生了解我们的过去对今日和将来的影响。国民教育必须双管齐下，兼顾到认知和情感。"

政府充分发挥社会团体在宣传、培育和营造共同价值观氛围中的作用。通过利用社会教育机构进行各种"国家意识"的教育活动，包括：举办跨学科"学习周"（如国家意识周、文明礼貌日、华人文化周、印度文化周）系列社会实践活动，帮助青少年从多角度认识和认同国家；新加坡人民协会及其所属的居民委员会、民众俱乐部管委会、青年团及妇女团等基层民众组织，充当政府和人民沟通的桥梁，围绕宣传倡导共同价值观做了大量有效的工作，其工作宗旨和任务是：倡导共同价值观，促进种族和谐，加强社会凝聚力。①

（二）通过学校实施国家认同教育

新加坡中小学开设了"生活与成长""公民与时事""儒家伦理"等德育课程，这些课程除强调要培养学生的良好品德外，还注重培养学生效忠国家的意识和社会责任心。90年代后，随着《白皮书》的颁布，新加坡中小学德育课程设置再次进行了调整，着重围绕《白皮书》的"五大共同价值观"展开，注重培养学生的国家意识、公民意识、合作意识和宽容意识，以及进行社会公德、家庭美德教育等。在制定的中小学公民教育目标中，国家观念、培养爱国意识被放在了第一位，明确提出公民教育的目标就是要培养学生成为有国家意识、有社会责任感和有正确价值观念、能明辨是非的良好公民。②

1992年，新加坡小学开始使用《好公民》教材。开设该课程旨在培养具有以下素质的好公民：社会利益高于个人利益，维护组成社会的家庭，提倡种族和宗教间的宽宏大量和相互体谅，协商解决问题。"好公民"课程涉及五个主题（个人、家庭、学校、社会、国家），涵盖了35个德育指标。在不同年级，教材的具体要求与标准各不相同：低年级偏重发展良好的行为习惯，而高年级则注重培养学生的社会责任感。这种由浅入深的教育，体现了思想政治教育的科学性和实效性。③

---

① 王一程. 浅谈新加坡的成功之道［J］. 当代思潮，1997（05）.

② 侯新才. 新加坡公民教育的启示［J］. 武汉市教育科学研究院学报，2007（02）.

③ 弘扬国家利益第一，强化国家意识［EB/OL］. http://www.dy-edu.cn/newsInfo.aspx?pkId=10360.

1997年，新加坡教育部开始在所有学校中推广国民教育，其首要目的在于培养学生的国民身份意识，增进学生对新加坡近代历史及国家发展所面临的挑战与局限的了解，培养学生对国家未来发展的信心。

1998年，新加坡发布《理想的教育成果》教育纲领，提出了新加坡21世纪的教育目标。其中把理想的中期教育成果描述为：小学毕业生"热爱新加坡"，中学毕业生"熟知、信任新加坡"，初级学院毕业生"了解领导新加坡应具备的素质"。发布《理想的教育成果》的出发点就是要培育青少年的爱国主义情操，号召青少年把新加坡当成是自己的家园，成为自己居住与奋斗的地方，这样青少年才更具奉献精神，才热爱、效忠共同的家园，在被感召时义无反顾地去捍卫国家利益。

1999年，新加坡教育部课程发展署公布了新课程标准。在课程目标设定上，确保学生的品格能稳定、健全的发展，同时使他们热爱国家，并能对国家做出承诺，以此培养学生的"国家意识"，并建议中小学应优先培育学生的五种价值观和态度：个性塑造，与家庭的联系，对学校的归属感，作为社会一分子，以国家为荣并忠于国家。学生从认识个人开始，然后扩展到家庭和学校，最后延伸到社会和国家，从而培养了国民身份认同及承担精神。

新加坡国家认同教育重视个人与家庭、学校、社会、国家、世界的关系。新加坡教育部颁布的《公民与道德教育大纲》规定了中学教育的五大道德价值观念：第一，国家利益高于社区利益，社会利益先于个人利益；第二，家庭是社会基础；第三，支持社会，尊重个人；第四，珍视团结，防止冲突；第五，实现种族和宗教平等。为了加强德育工作，新加坡要求各学校必须设置道德教育室，规定校长必须兼任德育教育室主任。德育课分数要计入学生升学考试的总成绩中。①

寓国家认同教育于各科教学之中。在课程内容上，新加坡学校除了开设"好公民"和"生活与成长"等课程进行"国家意识"教育外，还注重发挥各科课程的"载道作用"和"渗透作用"。学校各门课程中都有关于国民教育的元素。在语文教材中有不少中华民族文化、传统价值观、传统节日、礼仪、风俗、家庭观念、奋斗历史、中国古代神话、音乐、戏曲等方面的内容，让学生通过语文学习了解中华文化，吸收蕴含在课文中的孝亲、礼让、睦邻、公德心等价值观。在历史、地理、社会知识、

---

① 夏家春. 新加坡公民道德教育特色及对我们的启示 [J]. 学术交流，2009（03）.

宗教知识等科目中也规定了国民教育目标。把国民教育内容和具体的学科知识糅合在一起，使学生通过课程学习，接受学科知识，提升国民意识。这种寓"国家意识"教育于各科教学的做法，是新加坡学校国民教育富有成效的重要因素。

（三）国家认同教育分阶段、分层次展开①

年级目录	篇名
一上第五课	尊重我们的国旗
一下第六课	新加坡
二上第三课	唱国歌
二上第十课	我们的节日
二下第二课	挂国旗
二下第五课	大家来唱爱国歌曲
三上第十四课	我关心国家的名声
三下第四课	庆祝国庆节
三下第十二课	我们的习俗
三下第十三课	我们的家园
四上第一课	一次有趣的周会
四上第九课	全国运动
四上第十一课	参观
四上第十五课	保卫我们的祖国
四下第三课	种族和谐日
四下第六课	我们的信约
四下第十三课	我要锻炼身体
五上第七课	我爱新加坡
六上第八课	我们一致同意
六上第十三课	感谢你们的贡献
六上第十四课	尤索夫总统
六上第十五课	新加坡
六下第三课	多元种族
六下第五课	我所怀念的新加坡
六下第六课	让我们一起保家卫国
六下第八课	为将来做好准备

---

① 公民与道德教育教科书与国家认同建构相关内容［EB/OL］. http://www.dseas.ncnu.edu.tw/data/2005_seastw/2k5_seas_tw/.pdf.

　　在课程设置和教学安排上，新加坡的国家认同教育是在小学、中学和大学全方位展开的，但在教育过程中，则针对学生的身心发展规律，分阶段、分层次实施不同的内容。新加坡政府颁布了详细的国家认同教育大纲，从小学到大学，课程循序渐进，涉猎了不同的主题，即使是同一个教育主题，根据不同年龄段学生的身心发展特点，其内容与形式也相互区别，做到由浅入深，循序渐进，既符合学生的认知规律，又符合教育发展规律。

（四）国家认同教育注重实践

　　新加坡的国家认同教育在方法和途径上不断进行改进和创新，不仅强调理论说教，还非常重视社会实践环节，经常组织学生参加各种类型的课外实践活动。

　　为了培养青少年的国家归属感，新加坡的学校非常注重在日常生活中对学生进行潜移默化的影响，把国家意识、政治观念融入日常生活之中，使之化为日常生活观念。新加坡的国家意识教育注重从儿童抓起。每个小学生到学校后，每天都要参加升国旗唱国歌仪式，并举行升旗宣誓："我们是新加坡公民，誓愿不分种族、语言、宗教的异同，团结一致，建设一个公正、平等的民主社会，并愿为国家的幸福、繁荣与进步而共同努力。"

　　组织学生参加各种课外活动。新加坡教育部规定：学生必须参加一定的课外活动，并把分数计入成绩册。新加坡学校通过组织以下课外活动加强青少年的国家认同感：加入学生社团；举办各种讨论会、演讲会、报告会、展览会；组织学生调查各种社会问题，就学生关心的某一问题举行时势研讨会、民意测验等，借以激发学生关心时事、学习现行政策的热情；组织学生参加各类夏令营，带领学生参观监狱、参观社会发展成就展、禁毒展，参与社会服务等。参与社区服务活动是新加坡进行"国家意识"教育的重要途径。社区服务活动是对课堂教学的有益补充，能使学生增加对社会和国情的了解，培养社会责任感。早在1990年，新加坡教育部就制定和推行了一项学生社区服务计划，旨在培养学生建立正确的价值观，从小养成服务精神。[①]社区服务计划包括："好朋友"计划，关怀与分享计划，担负起学校内的领导责任，到福利收养所和儿童组织服务，清洁环境计划，临时服务（如春节慰问活动、慈善乐捐活动等）。通过社区服务活动使学生将课堂理论学习与现实生活的身体力行

---

① 顾成敏. 公民社会与公民教育［M］. 北京：知识产权出版社，2008. 147.

结合起来，有利于实现知行统一。①1993年，新加坡教育部组织了一次夏季历史学习营，组织中二、中三的学生参加樟宜等战争遗迹及国家博物院，模拟新加坡在1942年沦陷以后的生活情节，让学生亲身体验日本侵略军统治时期的苦难生活，教育学生勿忘国耻。

通过举办群众性活动强化公民的国家认同感。新加坡政府经常在社会上举办各种大型的群众性活动。每年举行全国性的公德教育宣传活动，已成为宣传新加坡共同价值观和公共道德、促进国民思想道德建设、增强社会凝聚力和国家认同感的重要手段。从1988年开始，新加坡政府每年都要开展一次"国家意识周"活动，大张旗鼓地号召国民热爱新加坡、建设新加坡，全国不分老少都要参加该项活动。据不完全统计，新加坡每年开展的全国性运动大约有20多个，其中比较著名的有"文明礼貌月""华语运动月""植树运动""生产力运动""爱神运动""礼貌周""敬老周""睦邻周""尊老爱幼运动""忠诚周运动""国民意识周运动"等。这些运动多是围绕新加坡核心价值观展开的，运动不仅赢得了民众，也教育了民众，深化了民众对新加坡核心价值观的理解和认同，为新加坡国民进一步践行核心价值观奠定了良好基础。

实行国民服兵役制度。为了增强青少年的国家意识，新加坡政府还实行国民服兵役制度。新加坡法律规定，学生高中毕业后必须服两年兵役后才能升入大学或就业。退役后进入战备役，但每年仍需回军营参加两周军训。每一个男性公民服兵役，既是为国家尽义务，又是对自己的思想、意志、体魄的锻炼。实践证明，严格的要求和艰苦的军营生活，对于培养青少年的国家意识和纪律观念十分有效。正是由于新加坡实行严格的国民服兵役制度，使新加坡人普遍有一种"为国家安全而献身"的责任感和神圣感，有一种敢于面对困难、不怕困难和勇于克服困难的精神。②

（五）营造良好的社会环境

除了在学校层面进行国家认同教育外，新加坡政府还特别注重营造良好的教育氛围，在社会层面强化公民的国家归属感。新加坡政府积极创立融合学校和社会机构为一体的互动合作文明社区，并建立社会教育网、教育监督站。为了保证各种媒体在舆论引导方面发挥积极作用，新加坡政府还注重发挥舆论的引导作用，通过法

---

① 贾东立. 新加坡中小学道德教育教学特色述评［J］. 外国教育研究，2006（08）.
② 外国是怎样开展爱国主义教育的［EB/OL］. http://blog.sina.com.cn/s/blog_494d802e0100aym9.html.

律法规对各种大众传媒采取严格的管理措施，不准媒体煽动性地评论政府的政策与主张，不准媒体宣传西方个人至上的价值观，保证媒体宣传社会道德"主旋律"。因此有人称，新加坡媒体是"世界上最干净的媒体之一"。在宣传"共同价值观"方面，新加坡媒体发挥了重要作用，报纸、广播、电影、电视、网络等宣传工具通过各种形式，坚持广泛宣传共同价值观，积极组织各种旨在增强国家认同感的活动。

（六）采用"六顺七结合"的教学方法

新加坡在国家认同教育中创立了特殊的"六顺七结合"的教学方法。"六顺"指顺情、顺理、顺性、顺势、顺利、顺真。顺情，指国家认同教育要动之以情；顺理，指国家认同教育要晓之以理；顺性，指针对学生的不同个性采取不同的国家认同教育方法；顺势，即根据不同形势进行国家认同教育；顺利，即因势利导；顺真，即教会学生敢讲真话，实事求是。"七结合"是指：学校与家庭、社会相结合，国家认同教育与生活相结合，正面教育与反面教育相结合，共性教育与特殊教育相结合，无形教育与有形教育相结合，大节教育与小节教育相结合，物质奖励与荣誉感教育相结合。正是这样灵活多变的教育方式，才使得新加坡国家认同教育不至于僵化，始终保持生命力。[①]

总体而言，新加坡公民教育课程内容一直保持着与时俱进的态势，主动求变，以适应时势的变化。尽管其公民道德教育的内容随着时代的变化而变化，但万变不离其宗，始终如一地坚持国家认同和国家利益，注重培育青少年的爱国主义与国家效忠感。

---

① 赵少华、李钰. 新加坡公民道德教育研究 [J]. 思想政治课教学，2007（01）.

第七节　日本的国家认同教育

一、日本国家认同教育的主要内容

日本与中国比邻而居，与中国有着紧密的联系。在日本近现代发展过程中，教育起了非常重要的作用。日本也是一个有着爱国主义教育传统的国家。战前日本教育是"忠君爱国"教育，虽然在二战以后被彻底否定，但是所谓"爱国主义"一直是日本政府所追求的目标。日本的国家认同教育具有军国主义思想、狭隘民族主义思想，这是其狭隘的一面，是应该警惕和批判的，是其他国家应当注意和避免的，但日本国家认同教育中也有一些比较成功的做法值得我们借鉴。

（一）重视民族精神教育

民族精神是民族文化的积淀与升华，是本民族优良传统的结晶，它为本民族的多数成员所共有、信奉，并推动本民族的延续与发展。二战后日本经济的崛起固然与其国内外政治、经济因素有关，但日本民族精神的影响也是巨大的。

日本文化深受中国儒家文化的熏陶，日本在引进西方近代教育体制的同时，仍然把传统的儒家道德教育作为中心任务。"滴水之恩，当涌泉相报"观念已深入日本人心中。日本人的"恩"主要包括"皇恩""亲恩""主恩"及"师恩"。与恩情相对的就要履行一定的"义务"，即"忠""孝"及"敬业"。日本把以"忠"为特征的大和民族精神作为日本的立国之魂，从而实现其政治大国的目的。明治维新后，政府有意识地将天皇塑造为国家的象征，更加强调了天皇的地位，以至于当对父母的"孝"与对天皇的"忠"相冲突时，人们要以"忠"为重，放弃尽"孝"的义务。以报答天皇之恩，为天皇"玉碎"为荣。二战后，经过民主改革的日本，将战时对天皇的"忠"转移到了对国家、集体上来，即被引导到重建家园，振兴经济之中。①

　　在日本，爱国主义教育又被称作"爱国心"教育。日本的保守派认为，战后日本教育质量下降，是民主主义的教育体制所致，因为没有"日本魂"。因此，只能加强集体主义的"爱国心"教育，才能真正解决这些问题。2003年5月3日，日本《朝日新闻》公布的一项调查显示，日本许多学校正积极推行"爱国心"教育。在2006年，日本已有172所中小学开始将"爱国心"列入评价学生品格的项目中，已有117所学校以A、B、C三个等级，在成绩单上给学生的爱国心打"爱国分"。这种以"爱国"标准来评价学生的做法在二战后还属首次。除了考查学生的爱国心外，学校还测量学生们的日本人自觉度，考验他们是不是百分之百的日本人。

　　日本的国家认同教育不仅体现在教导国民怎样爱国上，而且更加突出的是"祖国不会忘记你"。日本国家电视台NHK每天晚上7点的新闻也就30分钟，但在这天日本非正常死亡的，无论是官员名流，还是草民百姓，上至白发老人，下至几个月的婴儿，电视台都一视同仁，郑重其事地予以报道，并深表哀悼；对于被谋害和失踪的人，一律追踪报道，直到找到凶手或尸体为止。至于在日本国境外遇到突发事件的人，NHK也极为牵挂，反反复复地进行报道，把他们的安危讲得非常详细，做到家喻户晓。例如，一次从印尼飞往新加坡的航班中途坠落了，日本电视台立即在屏幕上打出字幕，随后就飞行路线、坠落方位及乘客中的两名日本人的姓氏、年龄、家庭住址、工作单位、亲属、谁去失事地点料理后事等信息进行了详细的报道。直到遇难者的骨灰运回日本，这宗报道才告一段落。生活中的每一位日本人都会从生活中真切地感受到，我是日本大家庭的一员，祖国时时刻刻在真诚地关爱着我。而对于为国家做出贡献的人，社会对他们的关怀更是无微不至。②

　　（二）重视母语教育

　　语言文字是文化的载体，保存一个国家和民族文化的最基本、最持久的手段就是保存其语言文字。"言语的获得，就是认识的获得。"日本教育学者认为，获得了某一民族的语言能力，就认识了该民族的历史和文化，同时也就培养了该民族特有的

---

① 民族精神对战后日本经济崛起的影响［EB/OL］. http://www.zxls.com/Article/Class163/Class 128/200908/20090809124749_90444.html.
② 商金林. 日本的一种"主旋律"——日本的爱国主义教育［EB/OL］. http://bbs.tianya.cn/post-worldlook- 175523-1.shtml.

心理和性格。日本政府充分认识到国语与国家和民族的关系，把国语教育中培养学生对民族文化的认同看作是国家现代化的教育基础，将其置于十分重要的地位。"加深对言语文化的爱好，丰富语感，培养尊重国语的态度"一直是日本母语课程的重要目标。日本国语教学大纲开宗明义地强调对祖国文化的传承和对国语的尊重。日本人尊称母语课程为"国语"，自1900年日本"国语科"独立以来，日本国语教育在不断发展、进步。无论是小学、初中还是高中，日本学校都十分注重培养学生对国语的尊重，从课程总目标到各科分目标都在反复强调"加深对语言文化的关心"，培养学生对民族文化和民族精神的认同。

1998年，文部省颁布了初中《学习指导要领》，该大纲规定国语教学的目标是"培养正确地理解和恰当地使用国语的能力，加深对国语的认识，培养尊重国语的态度"。大纲要求教师在制定学习指导计划时，必须考虑到"奠定学生对古典的古文和汉文的理解基础，加深对祖国文化和传统的关心"。

1999年，文部省又颁布了新的高中《学习指导要领》，该纲要的总目标表述为，"培养学生准确地理解和恰当地表现国语的能力，使学生在提高交流能力的同时，扩展思考能力，涵养情感，锻炼语言感受，加深对语言文化的关心，培养尊重国语以及谋求提高国语能力的态度"。总目标下的各科目标也将这些内容放在十分重要的地位。

2004年，日本文部省修订的《小学国语学习指导纲要》规定，一年级国语课比算术课多158课时，国语课时数占一年级学年课时总数的35%。尽管此后国语课时数所占比例逐年减少，但到六年级时，国语课时数仍然比算术课多出25课时。

（三）强调国旗国歌教育

二战后50多年来，"日之丸"、《君之代》虽然在日本国内外被普遍认为是日本的国旗、国歌，但始终未以法律形式确定下来。"日之丸"和《君之代》曾经成为军国主义的象征。1945年8月，日本宣布无条件投降后，《君之代》虽然一直充当"国歌"的角色，但日本政府一直不敢给它以正式的法律地位。在1989年3月发布的《学校指导要领》中规定，升国旗、齐唱国歌是一种应尽的义务。1990年，日本文部省颁布的新教学大纲要求各中小学在开学及毕业典礼上要搞好升国旗、唱国歌活动，让学生正确理解国旗、国歌的含义。1999年8月，日本国会颁布了《国旗国歌法》，首次明确规定恢复战前日本的"太阳旗"为国旗，战前日本的《君之代》为国歌。在日本，各学校普遍重视在活动中融入有关国家认同的元素。入学仪式是日本学校非常隆重的典礼，升国旗唱国歌是入学仪式及学校各种大型活动的必然环节。《学校指导书》中提出：“入学仪式是加深学生对学校、社会、国家归属感最好的机会。”“对国旗以及国歌的正确认识可以培养作为日本人的自信以及爱国的情感。”①

2003年10月，日本右翼政客石原慎太郎领导的东京都政府通过东京都教育委员会发布通告，要求所有公立学校在入学仪式和毕业仪式上必须举行升日本国旗“日之丸”的仪式，所有师生还得起立齐唱日本国歌《君之代》，而且必须有钢琴等乐器伴奏，违者将受到严惩。2004年5月25日，日本东京都教育委员会认定学生在毕业及开学典礼上齐唱《君之代》时不起立是教师的教导失职，并对8所都立高中的43名教师给予了管教处分。因学生未起立而导致教师受处分的情况此前在日本极其罕见。东京都教育厅长宣称，对于那些升旗不起立或者指导学生唱歌不力的教师，将进行严厉的惩戒。当年，东京都教育厅警告和处分了315名中小学教师，杀鸡儆猴。②

从2004年8月2日起，东京都教育委员会开始为那些拒绝在典礼上起立唱《君之代》的教师们举办训练课程。东京都学校人员在职培训中心称，这一培训课程旨在提高教师们对自己教育公务人员角色的认识，并呼吁他们反省自己的行为。在过去的三年中，东京都教育委员会已对350起不唱国歌、升“太阳旗”时不起立等“不爱国”行为中的教师做出停职、罚款等惩戒处理。东京都立板桥高中退休教师藤田胜久因在毕业典礼上反对强制合唱《君之代》，被指控犯有扰乱秩序罪，东京地方法院2006年5月30日对其做出了罚款20万日元的判决。③

（四）重视历史教育

1989年颁布的《日本初中历史教学大纲》，提出了“使学生从广阔的视野领会日本文化与传统的特色，培养他们的国民觉悟”，“培养他们对国家、社会和文化的发展、人们生活的进步做出贡献的历史人物与流传至今的文化遗产的理解和尊重的态度”，“培养他们关心其他民族文化、生活等状况的国际协调精神”，高中历史教学大

---

① 杜兰晓. 大学生国家认同研究［D］. 浙江大学，2014.
② 日本京都教委会强迫拒唱国歌教师参加培训反省［EB/OL］. http://www.chinanews.com/news/2004year/2004-08-02/26/467031.shtml.
③ 日东京都教委会强迫拒唱国歌教师参加培训反省［EB/OL］. http://www.chinanews.com/news/2004year/2004-08-02/26/467031.shtml.

纲中则提出了要"培育生活在国际社会中的日本人的素质和觉悟"。①

（五）强调传统文化教育

在国家认同教育中，日本重视传承本民族的传统文化（如茶道、花道、书道、武道等），教育孩子从小要具有爱国之心，要正确认识日本文化的历史、传统与个性以及日本文化的特殊性、共同性和普遍性，并为日本发展到今天的文化素养以及它对人类文化的意义而感到自豪。②

为了加强青少年传统文化教育，日本政府为青少年建立了大量的教育设施。据日本总务厅提供的《青少年白皮书》记载，日本政府为青少年提供了如下教育设施：国立奥林匹克纪念青少年中心、13所"国立青年之家"、32所"公立青年之家"、171所"公立少年之家"、14所"国立少年之家"、17344所"公立馆"、799所"博物馆"、1950所"图书馆"等。这些会所经常会举办茶道、插花、料理、绘画、书道等方面的讲座，还会举办各种演讲会和音乐会，每年都会吸引数百万青少年参加。③

（六）注重"危机"教育

众所周知，日本土地狭小、资源贫乏、人口稠密、自然环境恶劣（多火山、海啸和地震），发展现代工业的主要战略资源的自给率严重不足，是当今世界名副其实的"资源小国"和第一进口大国。由于战略资源几乎全部依赖进口，国际上一有风吹草动都会影响到日本的经济，日本人时刻在为自身的生存和发展担忧。同时，国家在教育和舆论引导中也有意识地融入危机感，传播和强化国家生存危机。

在弘扬民族优秀文化传统的基础上，日本学校还特别重视对学生进行"危机"教育，以培养学生的忧患意识，迫使他们把压力变为动力，把危机感变为进取精神，把忧患意识变为民族凝聚力，同舟共进，团结协作。日本人从小所受的教育是：日本是一个充满危机的国家，我们坐在火山口上，如果自己不依靠团结一致而战胜危机的话，别人是不会拯救我们的。④老师们在课堂上讲解日本被元朝进攻的历史（日本课本中称这段历史为"元寇"）时强调："不管你们赞不赞成打仗，保卫日本，让它

① 王玉萍. 论历史知识对中学生成长中的影响［EB/OL］. http://gz2010.qlteacher.com/Article/view/64464.

② 朱桂莲. 爱国主义教育研究［M］. 北京：中国社会科学出版社，2008. 119.

③ 张富国. 民族文化传统影响下的日本教育［J］. 河南教育，2003（04）.

④ 杜兰晓. 大学生国家认同研究［D］. 浙江大学，2014.

不被他国侵略，就是大家应该有的爱国精神。"

二、日本国家认同教育的方法、途径

（一）政府重视国家认同教育

日本政府对爱国主义教育极为重视，通过颁布法案，把爱国主义教育列为义务教育目标。二战后，日本国家意识教育被定义为军国主义教育以后，所有歌唱军国主义、国家主义的歌曲被废止与取消，教育基本法也取消了所谓的爱国心的教育。但是随着二战后日本经济实力的增强，日本又开始强化对年青一代的国家意识教育。近几年，日本开始重提爱国主义教育，重新更改国策，提倡热爱家乡，热爱国家。1958年，中小学校开设了"道德时间"课程，在改版的《中小学校学习指导要领》中，第三章第一节"道德"中有许多有关爱国主义教育的内容，对小学的要求是：应具备"爱国的同时，拥有作为日本人而具备的责任感，并作为国际社会的一员为国家的发展尽力"。对中学的要求就不仅仅是要具备作为"日本人的责任感"，还应拥有"作为国民的自豪感"，并把"爱国"和"爱国际社会、热爱全人类"相结合。

日本的国家认同教育具有强烈的政治倾向和鲜明的政治性，其教育目的、内容、原则和方法均与治国理论密切相关。政府的高度重视和强有力的干预，使国民精神教育成为国家认同教育的主线。日本的国家认同教育在内容上主要依托以爱国主义为核心的道德教育，并在全方位教育中逐步确立了公民道德教育的首要地位，虔敬天皇、忠诚国家以及乡土教育构成了道德教育的主要内容。在德、智、体三大指标上，德育是第一位的。德育表现为崇尚民族自立、弘扬民族传统的自主性，尊重整体利益和社会秩序的公益性，互助合作、精诚团结的协同性，正直勤奋的勤勉性，勇于承担社会责任的奉献性，以及合理主动的效率性等。

日本的教育改革在某种程度上说就是德育改革。自80年代以来，鉴于本国青少年思想道德水平下降、犯罪日益增多等现实，日本各界纷纷呼吁加强思想政治教育。在其规划的《21世纪教育目标》中提出"只有重视思想素质的培养，才能保证人才的健康成长"，同时将二战后"智、德、体"的教育目标顺序改为"德、智、体"，还成立了作为总理大臣咨询机构的日本临时教育审议会，并呼吁学校思想品德教育应与其他学科具有相同的地位，设置为必修课。日本中小学品德教育的首要目标就是培养学生具有爱国忠君，维护国家政治体制、宪法、方针政策等品质。

为了应对全球化挑战，日本文部省组织教育特别委员会在1985—1987年发布了一系列研究报告，报告主要关注国家认同教育改革，提出要把日本儿童培养成为国际社会中具有国家认同感的日本人。1989年，日本政府专门召开了全国德育大会，强调德育在学校教育中的首要地位，并要求全国上下自觉行动，努力做到"家有规、校有章、公司有德行"。日本不仅在学校里开设专门的德育课程，还成立了一个专门的委员会，研究如何在学校课程中增加道德教育的比重。政府和学校在制定各学科目标时，注重使每门学科的目标都具有德育的内涵，并且要求教师在教学实践中加强对学生进行道德情感、道德实践和道德判断能力的培养。

2002年，文部省发布称之为"国定版道德教育的教科书"——《心的笔记本》。教科书分小学一二年级、三四年级、五六年级和中学用书四种，其中有关爱国的内容非常多，并且根据每一个年级细致列出了爱国主义的目标及具体内容。概括说来，是希望人们通过对富士山为代表的自然环境、风土人情的热爱，通过对传统和文化的了解，从而产生作为一名日本人的自豪感。文部省希望通过这样的方式使爱国主义教育走进人们的内心深处，从主观上认同自己的国家，并产生一种民族自豪感。

从2000年，日本开始实质性地修改教育基本法。2006年初，小泉政府向日本国会提交《教育基本法》修正案，进一步强调德育的突出地位。根据该法案，"爱国主义"成为未来日本教育体系的核心理念。2006年11月14日、12月15日，日本参、众议院分别通过了《教育基本法》修正案，并于2006年12月22日颁布施行。该法案是自1947年3月《教育基本法》颁布以来的首次修改，其主题从反省战前教育、提倡"尊重个性"转向重视"公共精神"。这部法律确定了"培养尊重个人尊严、追求真理和正义、尊重公共精神、具有丰富的人性和创造性的人"的总目标，确立了以"公共""传统"和"爱国心"为核心的国家主义教育基本理念。新法案要求学校培养学生"尊重传统和文化，热爱国家和乡土的态度"。新《教育基本法》把"爱国心"表述为"热爱培育传统和文化的我国和乡土"。由于新《教育基本法》加入了爱国心、传统与公共精神等教育内容，社会课和道德教育的内容也随之改变。随着新《教育基本法》改革的完成，爱国主义教育再次受到了极大的重视。

2007年，被日本安倍内阁视为本届国会最重要的教育改革三法案（《学校教育法》《地方教育行政法》《教员许可法》）的修正案，在日本国会参、众议院会议获得通过。在教育改革三法案中，《学校教育法》修正案将"培养爱国与爱家乡的态度"作为义务教育的目标写入法案。这是自二战以来，日本首次以法律的形式将"爱国教育"纳入义务教育的范围之内。

（二）学校重视国家认同教育

日本大学非常重视国家认同教育。日本高校的国家认同教育包括宣扬忠于国家、教育爱乡土、敬爱国家的象征、增强忧患意识和奋斗精神、培育建设日本的气力与热情、勤劳肯干的精神等。如筑波大学的"三爱教育"（爱筑波大学、爱筑波市、爱日本国）使得60%的筑波大学生毕业后都愿意回家乡参加工作。校歌、校服、校庆等也是日本高校对学生进行爱校、爱国教育的重要手段。日本高校通过这些环节培养学生对学校、对国家的热爱，激发学生的爱国理想和抱负。[①]

日本中小学也非常重视国家认同教育。日本中小学国家认同教育内容是根据文部省颁布的德目安排的，由班主任负责教学。文部省规定每个学校都要根据德目制定学校德育的总体规划，并根据总体规划制定出具体的年度指导计划。日本中小学通过公民课、道德课、特别活动课、安全课、友爱课等课程加强国家认同教育。公民课让学生了解社会，对学生进行政治和法制教育；道德必修课主要培养学生的"道德实践力"，并将重点放在培养学生的创造能力、判断能力、思考能力和树立正确的人生观上；特别活动课提供具有丰富人性的教育活动，促进学生形成集体意识和社会意识；安全课旨在培养学生的良好心态和互助精神；友爱课使学生理解人格尊严，自觉尊重他人，消除偏见和歧视。而且，日本的乡土教材促进少年儿童对自己乡土的深刻认识和理解，从而培养他们热爱乡土的真挚情感和良好德行。[②]

2014年，为了提高日本青少年的思想道德水平，日本文部科学省更换了新的"道德教育"教材，用新教材《我们的道德》取代了旧教材《心的笔记》。新教材加入了更多旨在提高学生国家及民族认同感的内容，将宣传日本文化、教育学生爱国的内容增至两倍。2014年4月，新教材在全国中小学正式投入使用。

（三）国家认同教育方式多样

日本的国家认同教育不仅内容广泛，而且教育途径也多种多样。日本高校不仅开设了专门的国家认同课程，而且在各专业课程中也渗透着国家认同教育。日本中小学也极为重视国家认同教育，日本中小学的《学习指导要领》规定，学校中的国

---

① 唐克军. 比较公民教育［M］. 北京：中国社会科学出版社，2008. 100.
② 国外学科教学中的德育研究［EB/OL］. http://www.xsdwyx.com/xssp/Article_Show.asp?ArticleID=754.

家认同教育必须通过学校全体教育活动进行。道德课自不必说，各学科在特别教学活动时间里，也根据自身的学科特点进行适当的德育指导。

日本不仅在学校中通过各学科渗透国家认同教育，还开展丰富多彩的课外活动。通过讲授、班级指导、座谈讨论、看录像、表演戏剧、唱歌、辩论、参观旅行、野外考察、社会实践等方式，提高了日本国家认同教育的有效性。平时，各地学校还会组织学生到东京参观国会，到参议院、众议院的议员会馆与来自家乡的议员见面，从而润物细无声地进行"乡土教育"。学校还经常鼓励学生参加社会公益活动。日本近年来在一些中小学推行一种"上山下乡""土留学"活动，让学生到生活条件差的岛屿、农村和边远山寨去，经过艰苦劳动和磨炼，接受劳动教育和集体主义教育。日本一所学校还组织学生到中国修学旅行，让学生在天安门广场找出过往的小轿车中有多少是"日本制造"的。同时，还利用大众传媒、社区、图书馆等多种途径开展国家认同教育。通过举行各种集体活动，培养学生热爱集体、"忠于"集体的观念，同时也发展学生的个性和创造力。

第八节   韩国的国家认同教育

韩国又称南韩、南朝鲜，成立于1948年8月15日。在短短几十年时间里，韩国从百年前的东方小国一跃而成为"亚洲四小龙"，缔造了令世界瞩目的"汉江奇迹"，并成功举办了1988年汉城奥运会、1993年大田世博会、2002年韩日世界杯、2005年的APEC会议、2012年丽水世博会等。韩国历来有重教兴邦的传统。韩国之所以能取得这样大的成就，与其在二战后十分重视对国民进行国家认同教育是密不可分的。

一、韩国国家认同教育的内容

二战后，韩国教育面临的主要任务是清除殖民统治遗毒，唤起国民的民族自尊心和自信心，重塑民族精神，培养具有独立国民性的人。要快速有效地完成这一任务，首先要靠国家政权的支持。韩国政府把德育、体育、智育作为衡量教育质量的三大指标，把德育置于教育之首，并强调德育的民族性，这种教育理念被有些学者称为"有国籍"的教育。韩国青少年国家认同教育的内容主要涉及个人生活、家庭生活、邻里生活、学校生活、社会生活和国家民族生活六大领域。

（一）培育国民精神

韩国是一个具有深厚儒家文化传统和不断抗击异族侵略历史的国家，儒家文化对韩国教育有着难以磨灭的影响，儒家文化所传播的思想也就成了韩国道德和礼仪教育的理论基石。儒家"为国尽忠，敬信节用；爱民如子；人伦之中，忠孝为本"的思想也已融入了韩国人的血液中，成为国家发展和人生道路的精神能源。韩国人把儒学思想渗透到自己的民族文化中，形成了韩式的文化传统和礼仪风范。儒学中的社视、节义、仁等观念与韩国苦难、屈辱的民族历程相交织，形成了韩国人独特的民族性格，或是韩国的"国民精神"，并成为学校德育和公民素质教育的重要内容，尽管这一精神不乏专制时代的意识形态色彩，但它在凝聚大韩民族的精神力量方面发挥了不可低估的作用。

韩国国民精神培养的一个重要的基础就是家族主义政治体制。这种家族共同体的政体是以儒学"三纲五常"伦理关系为基础、以忠孝一体化为中轴点的。正因为有这样一种"家国一体"的意识，公民很容易将国家看成是一个大家族，所以韩国人在很多方面都依循着忠孝一体的伦理准则，自觉自愿地为国家的繁荣而奋斗。

20世纪60年代以后，韩国历史上形成的这种民族特质被提升为国民精神。在实施公民道德教育过程中，始终把国民精神教育作为德育工作的核心任务，把传统道德教育作为公民道德教育的根本。[1]韩国的"国民精神教育"本质上就是要确立民族自信心和自立自强的民族意识，培养民族自尊和民族复兴的责任，确立民族主体性，以实现韩国的民族理想。韩国国歌里有这样一段歌词："用我们的意志和精神，热爱我们亲爱的祖国，把身心和忠诚献给她，不管面对痛苦还是欢乐。"自此以后，"国民精神教育"一直是韩国公民教育的核心内容。

70年代以后，韩国国民精神教育更加体系化，强调发扬民族共同体意识。韩国的国民精神教育在公民素养的形成上发挥了积极作用，也取得了良好的效果。在六七十年代的国民精神教育的基础上，80年代以来，韩国的国民精神教育进一步向体系化和生活化方向发展。1981年，韩国文教部进行了第四次课程改革，这次课程改革旨在强化国民精神教育，着手建立系统的以国民精神教育为核心的道德教育体系，并从纵横两个方面展开。在纵的方面，要求国民精神教育始终贯穿从幼儿园到大学的学校教育全过程，并根据学生的身心发展特点做到循序渐进、层层深入。1986年12月5日，韩国公布了《国民教育宪章》，阐述了韩国道德教育的基本方向和目标，即对青少年及全体国民进行"国民精神教育"，振兴民族精神，提高民族竞争意识和民族生存精神。[2]

1994年，韩国对道德课进行了改革，民族精神教育仍然是道德教育的基本任务。韩国现行的《教育法》明确规定：教育首要目的就是培养公民热爱国家、热爱民族的精神，为维护国家主权的独立自主、促进社会发展以及世界和平做出应有贡献；教育的主要任务就是为继承和弘扬民族文化而努力。

在韩国现行的《教育法》中，民族精神教育仍然是重点，《教育法》规定了七项

---

① 赖水随. 韩国中小学公民道德教育及其启示［J］. 教学与管理，2007（25）.
② 唐克军. 比较公民教育［M］. 北京：中国社会科学出版社，2008. 136.

基本方针，其中第二项规定：通过教育，要培养青少年热爱国家、热爱民族的精神，维护国家利益，为维护和发展国家的独立自主进而为世界和平做出贡献的大无畏精神。① 为此，幼儿园、小学、初中开设了道德课和社会课，高中和大学开设了国民伦理课，并编写从幼儿园、小学、初中、高中直到大学的一整套国民精神教育新教材；要求学校每门课程都要以各种方式反映出国民精神教育的要求。第一位的是"道德"课、"国民伦理"课以及社会科教材，这部分课程和教材，要求直接反映国民精神教育的内容，做到纲目清楚、内容体系化；第二位是国语、文学等课程与教材，要求间接反映国民精神教育内容；第三位是理科和体育、音乐、美术、实科等课程与教材，这些学科也要用潜在的方法，渗透国民精神教育的内容，使国民精神教育系统化、"生活化"。② 韩国大学的国民伦理课，是在中学道德教育基础上的更高层次的系统伦理教育。内容除涉及社会道德问题外，还有系统的伦理理论知识，目的在于教育青年以国家和民族为重，处理好个人与国家和社会的关系。③

韩国的国家认同教育还注重从乡土教育入手，即以本地区的历史、地理、经济、文化发展为教育内容，通过小家了解大家，通过局部了解全部，从而达到对大韩民族文化的热爱，实现国家认同教育的目标。

（二）重视传统文化教育

珍视传统、突出民族性是全球化时代韩国青少年国家认同教育中最为显著的特征。作为一个具有悠久历史和深远文化传统的国家，韩国政府十分重视对青少年进行民族传统教育。韩国现行的《教育法》第三项规定：教育要继承和弘扬民族优秀文化，为创造和发展世界文化而努力。④

随着全球化时代的来临，为了防止欧美价值观对韩国传统道德观念的冲击和侵蚀，韩国在推行教育国际化的同时，仍然强调要保持本民族优秀文化传统教育，强调"确立韩国文化的主体性"等内容。为了使学生具有作为韩国人的民族自豪感和正确的国家观，各级各类学校教育课程都要充实韩国文化的教育内容，使每个学生

① 王健. 韩国青少年的民族精神教育［J］. 外国中小学教育. 2007（10）.
② 孙启林. 韩国中小学道德教育的现状、趋势和特点［J］. 外国中小学教育，1995（05）.
③ 唐克军. 比较公民教育［M］. 北京：中国社会科学出版社，2008. 136.
④ 田玉敏. 韩的青少年民族精神教育［J］. 外国中小学教育，2007（04）.

至少要学习和掌握一种韩国传统文化艺术。①

韩国学校的教学都涉及民族传统文化方面的内容，很多高校还专门为学生开设了"民族传统文化"必修课程。韩国学校还十分注重发挥本民族能歌善舞的传统，在重大节假日举行各种歌咏比赛，通过传唱传统歌曲对学生进行民族精神教育，使学生切身感受到民族传统文化的巨大魅力。除此以外，学校还为学生举办各种主题鲜明的演讲会、讨论会、报告会等，组织学生参观自然景观、名胜古迹、纪念馆和博物馆，开展社会问题调查等活动。

（三）重视历史教育

韩国政府十分重视历史教育，加强了对课程设置、教材编写体制、教科书等方面的管理。二战后，韩国先后进行了6次历史课程改革，虽然历史教材经过多次调整，但始终都具有强烈的政治意识形态性。从突出民族抗争意识以增强民族精神，到倡导现代自由民主精神、爱国统一观念，韩国政府通过调整历史教学目标等多种途径将政治意识形态渗透其中。韩国政府以法律的形式规定，历史教科书应在内容上强调本民族的主体意识，培养民族自豪感和责任感。不管是初中还是高中历史教科书，都要紧紧围绕"高丽民族诞生、发展和朝鲜半岛政治版图的变迁"这一主题，向学生反复灌输"韩国国家观"，让学生了解本民族的历史，激发学生的民族自豪感及国家自豪感。②

无论在小学、中学还是大学，韩国学生都要接受历史教育。小学阶段的历史知识与社会科知识是完全融合的，进入初中阶段以后，才有了独立的历史课程。在教材内容上，韩国本国史部分内容逐渐增多；在教学方式上，更加重视实践教学。在韩国历史课教学中，尤其强调通过潜移默化的方式渗透民族精神教育。"学生不是被当作只承担'聆听教诲'任务的单向度的静态对象，而是从一开始就被认定为会承担'爱家、建国、服务社会'使命的具有特定发展目标的活生生的人。"③

除了普遍开设历史课外，韩国学校还在各门课程的教学中尽可能地渗透民族历

---

① 陈嬿如. 让高尚成为自然：爱国主义教育效果研究［M］. 厦门：厦门大学出版社，2005. 140.

② 陈辉. 强调国家历史认同是历史教育的常识［EB/OL］. http://www.snedu.gov.cn/sxjy/234/201307/10/2066.html.

③ 宇文利. 学校国民精神教育：韩国的特色与启示［J］. 中国青年研究，2008（02）.

史文化元素。通过这种名实相结合的历史教育，学校着力唤醒学生对韩国历史和文化的记忆，培育学生的文化情怀和历史意识；通过在学校中开展历史教育，着重培养学生的国民精神，增强学生的社会责任感；通过开展历史教育，使韩国人崇尚人权、自由、民主等价值观念，同时对韩国的资本主义制度也充满信心。

（四）重视礼仪教育

礼仪是一种道德规范，是道德意识、道德信念、道德情感等精神内涵的外化。作为道德教育的一个重要分支，礼仪教育的重要作用已深入韩国人的内心。韩国礼仪教育包括个人生活礼节、家庭生活礼节、学校生活礼节、社会生活礼节、国家生活礼节。其中国家生活礼节包括对国旗、国歌的礼节等。

为了加强礼仪教育，韩国中小学开设了专门的礼仪课，强调"坐而言不如起而行"，通过设置"道德教室"、礼节室，模拟生活场景，进行礼仪、礼节演示教育，对学生进行行为规范训练，以此培养其良好的礼仪习惯。[1]每到寒暑假，韩国学生还必须回学校听"忠孝教育"讲座，接受"忠、孝、礼"等传统伦理道德教育。[2]正是通过日常化、生活化的礼仪教育，使青少年逐步形成良好的行为举止，成为懂礼节、有礼貌、品学兼优的学生。[3]作为东方具有浓郁民族风情的"礼仪之邦"和"君子之国"，韩国人温文尔雅、彬彬有礼的风度和温良谦恭的文明形象给世界留下了深刻的印象，这与韩国重视礼仪教育是密不可分的。

二、韩国国家认同教育的方法、途径

（一）政府非常重视青少年的国家认同教育

韩国政府有明确的爱国导向，不仅从宪法高度明确规定爱国、民族团结和统一的政策导向，还将一些重要的民族文化纪念日和重大爱国主义事件纪念日确定为国家法定节日，同时还成立了专门的部门从事爱国主义教育工作，如2002年成立的国家形象委员会等。[4]

---

① 靳义亭. 论韩国对青少年思想政治教育的成功经验与启示［J］. 当代世界与社会主义，2011（05）.

② 靳义亭. 论韩国对青少年思想政治教育的成功经验与启示［J］. 当代世界与社会主义，2011（05）.

③ 赖永随. 韩国中小学公民道德教育及其启示［J］. 教学与管理，2007（25）.

④ 朱桂莲. 爱国主义教育研究［M］. 北京：中国社会科学出版社，2008. 115.

韩国政府对青少年事业发展给予了极大的关心和支持，积极制定青少年相关法规，通过立法确定了青少年的培养目标、方针和政策。1991年，韩国制定了《韩国青少年基本法》，并于1993年正式施行。该法一共10章76款，其基本内容包括：青少年福利政策、青少年进修活动的支援、青少年进修设备、青少年进修地区的指定、青少年福利基金、青少年和辅导等。该法案的实施，为韩国青少年的健康成长提供了法律保障。政府还发动社会各界自觉对青少年甚至是幼儿进行历史的、民族的、本土的文化教育，教育青少年热爱国家、热爱民族。

韩国政府还非常注重青少年活动阵地的建设，为地域社会圈里的青少年提供各种形式的支援、培训和咨询。韩国目前共有800多家青少年修炼院，其中规模最大的韩国国立中央青少年修炼院是一个现代化的青少年修炼基地，占地240万平方米，建筑面积10万平方米，建有32座楼房，配有800席规模的大讲堂和300席规模的同声传译设施的国际会议场馆、文化艺术馆、体育馆、生活馆、语言学习室、音乐室、多功能修炼室、野营场、乘马场、山地自行车运动场、旱冰场、户外公演场等室内外训练设施齐全。青少年修炼院为9—24岁的青少年提供免费服务活动。在青少年修炼院工作的职员的报酬全部由政府承担，活动之家的投资和管理费也由政府承担。这些无偿服务活动场所，为青少年的健康成长提供了重要保证。

韩国政府还十分注重发挥媒体的宣传作用，通过媒体培养青少年的民族自豪感。90年代上半期，韩国学生在国际"教育考试服务机构"组织的对19个国家和地区13岁儿童科学、数学两门学科的考试中，平均分数名列第一。[1]媒体对韩国学生在国际上取得的学业成就予以了广泛的报道，使得这一消息在韩国家喻户晓，成了国家自豪的一种资源。[2]

（二）学校开设国家认同教育课程

在韩国，国家认同教育课程是学校进行公民道德教育的主渠道，直接承担着向青少年正面传授公民与道德知识及行为规范，提高其道德认知水平的重要任务。韩国有关国家认同教育方面的课程主要是以儒学文化为中心开设的，内容包括日常生

---

[1] 在这次测试中，中国台湾学生排名第二，日本学生未参加，中国大陆学生两门学科的成绩均比韩国学生高，但因参加考试的学生样本较为有限，未被记入总排名。

[2] 转引自檀传宝．公民教育引论：国际经验、历史变迁与中国公民教育的选择［M］．北京：人民出版社，2011．90．

活礼节、忠孝精神、独立自主的民族精神和爱国精神等，旨在培养学生的爱国主义精神、民族气节等，使他们具备忠孝、仁爱、善良、勤俭、英勇等高尚的民族气节和爱国情操，让学生成为真正的忠孝两全的栋梁之材。[①]

韩国学校的学生从小就被告知韩国有哪些值得骄傲的地方，以此培养他们对国家的认同感。目前，韩国已形成了较为完整的未成年人公民教育目标体系和符合未成年人年龄特点的、循序渐进的教学内容。在具体内容的编排上，体现了连续性、顺序性的原则，注重各年级教学内容的连贯性，通过部分内容在不同年级的反复出现达到强化的目的。

韩国道德教育课程标准涉及个人、家庭、学校、社会和国家五个方面。从小学三年级到初三年级都开设有公民道德课程，各年级的公民道德课都由"个人生活""家庭近邻学校生活""社会生活""国家民主生活"四部分组成，每部分又包括五个教学要素，其内容体系呈现出放射型的结构模式，即以个人为圆心，逐渐扩展到家庭、学校、社会、国家。"个人生活"部分包括尊重生命、诚实、实践意志、自主、节制等要素，"家庭近邻学校生活"部分包括敬爱、家庭礼节、校内礼节、宽容、热爱家乡等，"社会生活"部分包括社会秩序、相互协助、公益、公正、民主秩序，"国家民主生活"部分包括热爱祖国、热爱民族、统一、国际友好、热爱人类等。围绕这些教学要点，韩国的公民道德课程按照年级特点安排具体的教学内容。在小学阶段，低、中年级主要安排日常生活习惯、礼节、公共道德等方面的内容；高年级增加了传统道德知识等方面的内容。在中学阶段，初一注重与小学衔接，在内容上进行必要的重复；初二到高一则通过安排一些两难问题，以期增强学生的道德判断能力。[②]

韩国的国家认同教育主要通过各门课程来实施，课程的开设为培养学生的道德意识和共同体意识奠定了坚实的基础。为了让学生更好地了解韩国的传统文化，韩国语文教材中有反映传统文化与传统价值观方面的内容，比如韩国的节日、礼仪、风俗、家庭观念、孝亲、礼让、睦邻、公德等价值观。[③]此外，历史、地理、宗教

---

① 刘丹娜. 从韩国中小学传统文化教育透析中国实施经典诵读教育的重要性［J］. 辽宁教育行政学院学报，2008（09）.

② 赖水随. 韩国中小学公民道德教育及其启示［J］. 教学与管理，2007（25）.

③ 檀传宝. 公民教育引论：国际经验、历史变迁与中国公民教育的选择［M］. 北京：人民出版社，2011. 96.

知识等科目中都规定了国家认同教育目标。在"道德""国民伦理"课及社会科教材中，要求直接反映国民精神教育的内容；在"国语"教材中，要求间接反映出国民精神教育的内容；在理科教材和体育、音乐、美术等课程中，要求精神教育系统化，进而要求国民精神教育生活化。为了使国家认同教育更加有效，韩国政府倡导实行全人教育，要求智育、德育、体育诸方面全面协调发展，不偏废任何一方。①这种寓国家认同教育于各科教学的做法，是韩国中小学国家认同教育富有成效的重要原因。

韩国学校普遍开设国民伦理教育课程，其教材都是根据学生身心发展特点进行编写的。不同时期德育课程的侧重点虽然不同，但一直是韩国中小学的必修课程。韩国要求各学校都设置道德教育研究室，并严格挑选合格的教师授课，德育课分数要计入学生升学考试的总成绩中。对道德成绩的评判主要通过道德判断考试来进行，而非以道德行为来衡量。在选拔高中生和大学生时，道德课成绩优先考虑，如果两个学生其他各门学术课成绩相同，将以道德课成绩的高低来判定其名次。

为了提高学校道德教育质量，韩国还对中小学道德课教师的任教资格做出了相应规定。以前，学习教育、哲学、宗教专业的学生毕业后都可担任中学道德课的教师，自1979年韩国在国立大学建立国民伦理系后，从1982年起，韩国教育部规定，只有国民伦理系的毕业生才有资格讲授道德课。由于韩国小学教师要教一个班的所有课程，因此道德课不可能有专门的教师担任，不过，初等师范学校的毕业生必须获得两张国民伦理课的证书、三张道德教育的证书才能教授小学的道德课。②

（三）开展丰富多彩的国家认同教育实践活动

韩国的国家认同教育不仅重视理论教育，还注重实践教育。除了在课堂教学中进行理论知识灌输外，韩国中小学还开展了一系列文化实践活动，使学生在实践中感受本民族的传统文化，体会本民族的传统美德。为了培养学生的民族情感，学校还经常举行英雄故事比赛、爱国故事比赛、演讲比赛、读书会等活动。学校除系统讲授历史上的英雄人物故事外，还经常组织学生观看有关历史事件和英雄人物的影片，积极开展大型歌舞活动，组织学生访问历史名人的故居旧址等，在一些学校中

---

① 邵建防、罗骋. 国外思想政治教育特色及对我国的启示［J］. 湖北社会科学，2004（08）.
② 洪明. 韩国学校公民素质教育探略［J］. 福建师范大学学报（哲学社会科学版），2001（03）.

还设立了传统习俗教室来培养学生良好的礼仪习惯。正是通过开展各种社会实践活动，培养了学生的爱国主义精神与民族意识，使韩国中小学生从小就拥有了强烈的民族自尊心和自豪感，树立了要为国家、为社会乃至为整个民族做出贡献的崇高理想。①

据统计，韩国学校有近百种不同类型的活动，如爱国主义运动、传统艺术活动、国际交流活动、各种仪式活动等。20世纪70年代，朴正熙发动了"新生活运动"，有数千所学校参与进来，从而成为一次全国性的有重大意义的实践活动，对于学生形成忠孝、信义、合作、勤勉、宽容的品德产生了很好的教育作用。②

（四）营造良好的教育氛围

韩国家庭十分注重培养孩子的为国尽忠思想。为国尽忠就是要为国赤诚无私、诚心尽力。为国尽忠思想已融入韩国人的血液中，韩国父母往往将爱国、爱民族这个严肃的主题融入生动具体的实例中去。比如通过给孩子讲述古老的神话，讲述蕴藏爱国思想和民族精神的历史故事，让孩子在浅显易懂的故事中不知不觉地接受爱国思想的熏陶，让孩子懂得家与国之间的关系——首先要有国，有国才有家，要树立为国家为民族做贡献的崇高理想。③一些家长还经常带孩子去参观名胜古迹、纪念馆、历史文化博物馆、历史文化故居、遗迹等，并耐心向孩子讲解。孩子通过去场馆观看录像和各种展品，更好地了解了韩国的历史及现状。

营造良好的校园文化氛围。在韩国的校园内、走廊里、教室和办公室场所都悬挂着历史人物画像及书法、绘画等历史文化艺术作品，校园到处可以看到遒劲有力的书法和传统山水画，书法内容多是先贤哲人关于做人的至理名言，山水画主要描绘的是韩国的三千里锦绣山河。除悬挂著名历史人物的画像外，一些学校还将传统的名言警句作为学校的校训，或者用历史名人来命名学校的楼宇建筑物。学校内还大多设有传统习俗教育室，摆设着有关传统衣食习俗的实物，供学生参观。此外，还有供学生学习传统礼节的场所。④

营造良好的社会环境。为了强化传统文化的教化功能，韩国政府还积极创造良

---

① 刘丹娜. 从韩国中小学传统文化教育透析中国实施经典诵读教育的重要性［J］. 辽宁教育行政学院学报，2008（09）.

② 杜兰晓. 大学生国家认同研究［D］. 浙江大学，2014.

③ 田玉敏. 韩国的青少年民族精神教育［J］. 外国中小学教育，2007（04）.

④ 杜兰晓. 大学生国家认同研究［D］. 浙江大学，2014.

好的社会环境以提高国家认同教育的效果。韩国共有165处事迹地和文化遗址、170多个少年修炼院（夏令营）。另外，韩国还有7处世界遗产，这些都是对青少年进行国家认同教育的活教材。每年有成千上万的韩国学生到这些地方，了解韩国的文化渊源，加深对祖国的热爱。韩国的公共场所，随处可见为抗击日本侵略而光荣牺牲的烈士纪念碑和纪念塑像。博物馆、独立纪念馆等名胜古迹等设施基本上都对青少年免费开放，青少年在参观旅游时，场馆还安排专门人员为其讲解。

在韩国，从政府到学校、从学校到家庭再到社会都十分重视青少年的国家认同教育，都把培养青少年强烈的民族意识和爱国精神作为一项大事来抓，通过多种方法与途径把国家认同教育纳入国民教育的全过程。在爱国爱民族思想的有力熏陶下，绝大多数韩国人都有较强烈的国家意识和民族认同感。学者约翰·埃诺斯（John Enos）曾对韩国人有这样一段描述："所有韩国人，不管是老人还是青年，富人还是穷人，农民还是市民，自谋职业者还是公务员，都无一例外地具有强烈的民族利益意识，把民族利益当作自己的行为准则。"[①] 在韩国，人们购买汽车一般都买国产品牌而不买外国品牌，在首都首尔的大街上、在川流不息的汽车中，多是国产的"现代""双龙""大宇"等品牌，而外国品牌汽车则如凤毛麟角。韩国人一般不愿吸外国烟，在一些自动售烟机上还贴出过"不买外国烟"的警告牌。[②]

韩国国民的集体主义精神、民族主义精神、爱国主义精神、艰苦奋斗的品质和团结协作的团队精神，为韩国的现代化建设提供了强大的精神动力。在20世纪90年代后半期席卷亚洲的金融风暴中，韩国人的"国民精神"让世人再次领略了其巨大的精神力量。韩国人民积极捐出自己的私人物品，支持国家渡过难关，这也是韩国人"人心齐"的突出表现之一。当韩元兑换美元汇率狂跌时，韩国人喊出了"一人一元救国家"的口号，市民们把自己的金银饰品卖给国家，以助国家一臂之力；同时，民间团体和民众也自发地组织起来，增加生产，厉行节约，购买国货，减少出国旅游，齐心协力，共渡难关。[③] 毫无疑问，韩国的"国民精神"是大韩民族的宝贵精神财富。

中韩两国有着共同的文化渊源，在政治、经济和文化交流上有着紧密的联系，

①　李世涛．知识分子立场［M］．长春：时代文艺出版社，2000．130．
②　田玉敏．韩国的青少年民族精神教育［J］．外国中小学教育，2007（04）．
③　卢新德．韩国经济率先全面复苏的原因［J］．当代亚太，1999（08）．

两国在现代化进程中都遇到了东西方文化的冲突和矛盾。韩国通过加强国家认同教育，发扬民族文化特性和精髓，较好地处理了吸收外来文化与重构民族共同价值观的关系问题。韩国国家认同教育的一些成功经验值得我们学习和借鉴。

第九节　其他国家的国家认同教育

一、泰国的国家认同教育

泰国位于中南半岛中部，其西部与北部和缅甸、安达曼海接壤，东北是老挝，东南是柬埔寨，南边狭长的半岛与马来西亚相连。

在全球化社会，虽然外来文化的影响随处可见，但泰国人对本国文化传统的尊崇和自豪并未改变，这得益于泰国实施了符合本国特色的国家认同教育。

注重培养国家意识。泰国的民族情况复杂，宗教信仰多样。在这样一个多种族、多信仰、多元价值观念的背景下，国家极易产生松散分裂的倾向。为了统一人们的思想，集中力量进行经济建设，泰国政府十分重视对国民尤其是青少年进行国家意识的培养，以各民族都能接受的方式向人民灌输"我是泰国人"的民族精神和国家意识，使泰国人树立了对国家的认同感，增强社会内部的凝聚力和向心力，引导全体人民为泰国的经济发展和社会进步而奋斗。[①]

利用大众媒体培养公民的国家意识。泰国的电视台、电台、报纸和网站非常重视制作针对青少年学生的品德教育节目。各社会团体还有意识地成立了专门面向中小学生的组织机构，辅助学校开展国家认同教育，其中最著名的就是"童子军"组织。泰国的"童子军"组织已有100多年历史，目前在每所中小学都有，小学一至四年级叫预备童子军，五年级以上叫正式童子军。学校专门开设有童子军课，讲授组织常识、军事知识、纪律等方面的知识，培养学生的良好作风，每年还要进行评比。此外，泰国还组织国际间"童子军"组织的交流活动。[②]

注重公民道德教育，塑造学生良好品德。泰国政府始终把公民道德教育置于国

---

① 罗良好. 泰国公民道德教育的特点及启示 [J]. 现代企业文化，2008（05）.

② 马勇幼. 泰国教育很有本土特色 [N]. 光明日报，2013-05-11.

家发展的首要位置，并结合本国的文化传统与实际，积极创建现代公民道德教育内容，逐步形成了独具泰国特色的公民道德教育体系。从20世纪60年代开始，泰国政府就在中小学教学中纳入了道德教育内容，并颁布了全国道德教育教学大纲。在中小学生的毕业考试中，道德课是必考科目之一。泰国政府还非常重视培养专门的德育教师，提高德育教师的专业素养，从而使德育课程日益规范化。

弘扬泰国民族文化。泰国有700多年的历史和文化，为了更好地弘扬泰国的历史和文化，泰国教育界把能否欣赏和保护民族艺术文化作为公民的基本素质来培养。泰国教育部门规定，在泰国高校，每个大学生不论学什么专业都要学习泰国民族文化课。为了激发青少年的民族自豪感和责任感，泰国各中小学都要教学生泰国古典舞蹈、民间舞蹈及民间乐器演奏，并经常组织学生参观名胜古迹。以此激发学生的民族自尊心和自信心。①

开展国旗国歌教育。在泰国人的日常生活中，最重要的一件事就是升国旗、唱国歌，这一点早已纳入泰国法律。在泰国，早上8点和晚上6点，各电视台及大多数公共场合都会定时播放国歌。学校也规定，不论刮风下雨，每天学生必须准时到校参加升旗仪式。在升降国旗奏国歌时，学生必须肃立。在泰国街头，每当国歌响起的时候，所有泰国人都会放下手中的工作，赶路的人也会停下脚步，打电话的人马上挂机，甚至发生口角的人也会"息事宁人"，大家肃立聆听国歌或跟着颂唱，直至国歌结束才继续做事情。②

重视宗教教育。佛教是泰国的国教，90%的泰国人都信奉佛教。几百年来，泰国的风俗习惯、文学、艺术、建筑、教育等都和佛教有着密切的关系。在现代化过程中，泰国政府在继承民族古老文化传统的同时，还积极吸收新的价值观，努力使佛教顺应时代发展的需要，并将其与现代学校教育结合在一起，赋予泰国教育新的意义和内容，使泰国教育贯穿着浓厚的佛教精神。在泰国新的教育大纲中，政府对公民品性形成课程和佛教课的教学时间及活动均作了明确的规定，要求学校必须开设佛教课，并作为必修课。学校每周用1课时的时间请高僧到校园讲授佛经、参禅，以此对学生进行人生、道德、仁爱、忠诚、守信、正直等方面的道德教育。泰国教

① 外国是怎样开展爱国主义教育的［EB/OL］. http://blog.gmw.cn/blog-37122-32254.html.
② 马勇幼. 泰国教育很有本土特色［N］. 光明日报，2013-05-11.

育部规定，所有学校在开学第一天都要举行佛教仪式，并背诵佛经，不信佛者可以不念经，但必须参加仪式，私立学校也不例外。[①]学生每天在学校里升旗后就是打禅，学生们席地而坐，伴随着舒缓的乐曲，朗诵佛经片段和学校校训，内容包括佛教所提倡的静心、善良、忍让等诸多方面。午饭前，学生们还要背诵佛经，其中包括不挑食、珍惜食物和感谢国王、政府、学校提供饭食等内容。泰国的学校还设有"感恩"或"祈祷"仪式。每天课程结束后，学校都要举行"感恩"仪式。学生要利用课后简短静默的几分钟，感谢家人对自己的爱，珍惜自己拥有的一切。[②]

二、菲律宾的国家认同教育

菲律宾是东南亚一个群岛国家，位于西太平洋。菲律宾群岛的种族与文化为数众多，其文化包括马来文化、印度文化、华夏文化和伊斯兰文化等。作为一个多种族、多元文化的国家，菲律宾非常重视对青少年进行国家认同教育。

作为一个发展中国家、新兴工业国家及世界新兴市场，菲律宾贫富差距很大。独立至今，菲律宾历经数次经济的快速增长。然而由于政局时常动荡，政府贪污腐败，社会的不安定已成为阻碍其继续发展的一大因素。由于社会动荡加之海外高薪职业的诱惑，导致大批人才和青壮年劳力外流，人才紧缺成为掣肘菲律宾经济发展的因素之一。菲律宾是全球主要人力资源输出国之一，目前有900多万菲律宾劳工散布于世界190多个国家和地区，从事医疗、保姆、海事、娱乐业等多种领域的工作。菲律宾立法规定国家赋予教育最高的优先权，法律保障每个人享有接受良好教育的基本权利。菲政府一方面致力于发展国内经济、扩大就业、增加民众收入，同时也通过改革公民教育课程，加强青少年国家认同教育，从道德价值观上培养青少年的为国服务意识，从而缓解国内人才流失的压力。20世纪80年代后期，菲律宾的政策制定强调了教育在推动人类社会的解放与发展进程中所起的重要作用，指示各级教育机构进行爱国主义和民族主义的教育；培育爱心；教会学生赞赏民族英雄的功绩；通过讲解公民的权利和义务，养成品行和自律。[③]

由于全球化加速了菲律宾人才的外流，菲律宾教育改革委员会在2002年便开始

---

① 马勇幼. 泰国教育很有本土特色［N］. 光明日报，2013-05-11.
② 马勇幼. 泰国教育很有本土特色［N］. 光明日报，2013-05-11.
③ 唐世明. 菲律宾教育的操作导向——为国家富强培养优秀公民［J］. 杭州师范学院学报，1999（01）.

对基础教育课程进行改革，将公民课程贯穿到其他学科之中，旨在紧密结合公民教育与其他自然和社会科学课程，深化爱国主义教育、公民责任教育以及道德价值教育。比如，在改革前，英语教师和德育教师只需要准备各自的专业课讲义，相互之间无需进行任何交流。但2002年的教育改革则要求，不同学科的教师特别是教授公民课程的教师必须与其他学科教师进行学术知识交流与探讨，将爱国主义、公民意识、道德价值等等融会贯通于自然和社会学科之中。

政府十分重视青少年国家认同教育。近年来，菲律宾开展了以提高公民素养为核心的公民教育运动，旨在重建民主制度的根基。全国各大院校不仅开设了社会人文历史课，还立足于实践，让大学生参与社会活动，以便增强国家认同感，提升社会责任感与道德价值观。2001年，菲政府针对高等院校颁布了《国家服务培训计划法案》，该法案明确指出，大学生是国家建设的栋梁，政府必须加强培养学生的社会服务意识、国防意识及爱国主义意识。法案主要包括以下内容：大学生需接受一定程度的军事训练，增强其国防意识；参与社会服务性活动，培养社会责任感；担任义务教员，在社区或中小学义务执教，为提高全民的受教育程度服务。法案还规定，自2002—2003学年起，在老师及社工的组织下，在校生必须利用课余时间完成45个小时的相关培训任务，并记学分。[①]

深化公民教育课程改革。2002年，菲政府推动教育改革，从纵横两方面深化公民教育课程——马卡巴彦课程（MAKABAYAN）。马卡巴彦课程被喻为"生活实验室"，通过将学科教育和社会实践相整合的教育模式，旨在培养青少年的健康人格，增强其民族意识、国家意识，强化个人的社会责任感。马卡巴彦课程贯穿菲律宾初中、高等教育。菲教育部允许各校根据自身特点自行设计和教授马卡巴彦课程，但必须囊括菲律宾历史、政经体制、传统文化（包括菲律宾传统手工艺术、本土文学、艺术、音乐和游戏等）、公民教育、家庭、健康、道德价值等内容。值得一提的是，在中级教育课程中，道德价值教育主要以社会实践和师生互动的形式进行。老师通过组织学生社会实践来引导学生发现、分析、选择并接受良好的价值观教育，同时，开展小组讨论，鼓励学生在公开场合对道德价值各抒己见。在侨中学院，每年8月，

① 王传军. 菲律宾教育大学生爱国 [EB/OL]. http://www.people.com.cn/GB/paper68/13544/1212947.html.

学校都举办"菲律宾周"，通过举办形式多样的文化活动（比如菲语演讲比赛、菲传统游戏比赛等），宣扬菲律宾民族文化的博大精深。[①]

重视英语教育。19世纪末，菲律宾在经历了西班牙革命、美西战争、美菲战争之后，成为美国的殖民地。二战期间，菲律宾又被日本占领，战后获得独立。50多年来，菲律宾一直是美国的殖民地，美国在菲律宾留下了英语的主导地位以及国民对西方文化的认同。菲律宾政府规定英语为官方和商业用语，学校的教学语言也为英语。菲律宾是世界上最多人使用英语的国家之一，英语基本识字率达95%，菲律宾的英语教育在亚洲排名第一。

重视历史教育。菲律宾政府对各学校的教学大纲做出明确规定：每所学校必须加强历史教育，以培养学生良好的爱国意识和爱国行为。为了让学生了解菲律宾国史，菲律宾教育行政部门规定：所有学校和所有班级都必须开设历史课。在小学历史课和道德课上，教师将给学生讲授菲律宾历史，让每个学生牢记祖国饱经苦难的艰难历史，不忘过去，懂得独立来之不易。在中学及大学里，还开设"保卫祖国"课程。除了开设课程外，中学还进行严格的军训，男女学生全部参加军事训练，每周3个小时，军训为期一年。在军训时，由军队派出教员对学生进行高标准军事知识教育和军事技能训练。

注重国旗国歌教育。菲律宾总统专门签署命令，对升国旗奏国歌的规范作出如下规定：在升国旗、奏国歌时如有不恭行为者，处以1000比索（约20美元，折合人民币130元）罚款，严重者甚至要坐牢一年。各级政府官员或雇员如果不认真履行职责，不认真做好升国旗唱国歌的组织安排工作，同样也要受到处罚。每天清晨，学校举行的第一项活动就是在操场上进行升旗仪式，所有学生穿着统一的校服，严肃站立，每班学生整齐列队于操场上向国旗致敬，并右手握拳高高举起，表示永远忠于祖国。[②]

三、印度尼西亚的国家认同教育

印度尼西亚（简称"印尼"）由约17508个岛屿组成，是全世界最大的群岛国

---

① 徐静、王传军. 菲改革公民教育课程深化爱国主义教育［EB/OL］. http://www.gmw.cn/content/2009-05/23/content_925120.htm.

② 外国是怎样开展爱国主义教育的［EB/OL］. http://blog.sina.com.cn/s/blog_494d802e0100aym9.html.

家，疆域横跨亚洲及大洋洲，别称"千岛之国"。印尼人口超过 2.48 亿，为世界上人口第四多的国家。印尼也是亚洲民族最多的国家，有 134 个民族，其中哇族占人口的 47%，华人约 600 万人；印尼又是一个多语种的国家，除了国语印尼语外，每个民族都有自己的方言；印尼又是世界上最大的穆斯林国家，有 88% 的人信仰伊斯兰教，其余人信仰基督教、天主教、印度教和佛教等。

　　长期以来，印尼在发展经济的过程中，并没有实现政治的民主化。相反，国内各个民族之间矛盾严重。作为一个民族、语言、宗教、文化都具有多样性的国家，印尼十分重视对青少年进行国家认同教育。自 1945 年独立后，印尼就把国家认同教育放在学校教育工作的首位。苏加诺时期是这样，苏哈托总统时期也是如此。印尼在多样性之中实现统一的精神主要体现于建国五项原则（又称"建国五基"）中。[①]建国五项原则是印度尼西亚立国的基础，是印尼建立国家基本制度的依据。印尼宪法规定，建国五项原则是建国的基础，因而也是教育的基础。印尼的中小学教育把树立国家意识、造就统一的印度尼西亚人作为最大课题。1950 年颁布的《学校教育和教学基本法》指出："教育和教学要以印尼共和国宪法中的建国五项原则及民族文化为基础。""教育和教学的目的是造就有道德和有文化的人才及具有民主精神、能为祖国和社会谋福利的公民。"1966 年后，人民协商会议反复重申"教育的基础是国家哲学——建国五项原则"，教育的目的就是"造就真正具有建国五项原则精神的公民"。

　　1973 年的协商会议决议指出："教育方面的发展应以建国五项原则为基础，其目的是为了造就具有健全体魄和健康精神、具有知识和技能、可以发挥其创造力和增强责任心、能有助于养成民主作风及宽广胸襟的态度、能发挥聪明才智又有崇高品德，并能按照《宪法》要求热爱民族和同胞的印尼公民。"目前，印尼执行的教育目的和方针是 1983 年人民协商会议通过的三大纲要，纲要深刻地阐明了印尼教育的性质和国家认同教育的职责和目标。根据这一目标，必须在从幼儿园到高等院校的各级学校课程设置中及社会范围内全面贯彻建国五项基本原则，培养高尚的精神道德和情操，加强宗教信仰，将德育摆在第一位。学校德育教育由总统办公室和地方首

---

① 印尼的国徽是神话中的鹰，鹰的胸前挂着一个盾牌，盾分为五个部分，分别代表五个原则，每一原则以一个物件为标志：以五角星象征信仰上帝，以榕树象征民族主义，以野牛象征民主，以铁链象征人道主义，以棉花和谷穗象征社会公平。

脑办公室直接负责，制定统一体系，要求全社会办德育。每次人民协商会议，都要讨论教育，其中必然提到德育。1983年以来，连续对建国五项原则道德教育课程大纲做出了几次大调整，都表现出政府对德育工作的日益重视。①

印尼国家认同教育主要通过如下途径来实施：

设置德育课程。1972年，印尼开始编制全国统一课程，1976起在全国推行，1980年全部使用统编教科书。在印尼小学开设的9门课程中，有宗教课和建国五项原则道德教育课，一二年级每周各两节，三至六年级每周宗教课三节、建国五项原则道德教育课两节。中学也开设宗教课和建国五项原则道德教育课，每周各两节，都属必修课，而且学习内容更深更广，并进行期终考试。印尼教育部规定，宗教课和建国五项原则道德课为13年必修课程，从小学到大学一年级学生，无论学习任何专业都一律修习，从时间上看，该课程是修习时间最长的课程，比印尼语文的修时还长。课堂教学是印尼学校德育的主要途径，宗教课和建国五项原则道德教育课系统讲授宗教原理和国家政治知识，此外，各科教学也注重德育渗透，如印尼语文、英语、社会科学以及体育卫生等课程，都非常注意突出政治教育和道德熏陶的作用。

开展课外活动。印尼学校注重校园生活对学生道德发展的作用，每天除了要举行宗教祈祷、升国旗或唱国歌等仪式外，学校还组织丰富多彩的课外活动，通过活动培养学生的国家认同感。

发挥社会机构在国家认同教育中的重要作用。社会机构是印尼学校国家认同教育的重要组成部分。为了发挥社会机构的重要作用，在印尼国家教育规划中明文规定，以下社会机构在国家认同教育中要负有教育责任：其一是家庭，印尼家庭实际上是一个基本的宗教实体；其二是教会，真主无所不知，无所不在；其三是社会习俗风尚及传统生活模式，谁违背了真主的意愿和传统习俗，谁就会被社会摒弃，其中印尼的领导人必须是民众的楷模，否则人民就不会服从他；其四是大众媒介，如报纸、电视、广播、电影及各种演讲；其五是各种法律、传统的或宗教的仪式或象征物或规章；其六是各种团体或组织，如全国中学生联合会、大学生联合会、青少年娱乐俱乐部、公民管理成员训练队办事处等等。它们对印尼的国家认同教育发挥了重大作用。

---

① 冯增俊. 印度尼西亚学校德育发展［EB/OL］. http://emrc.sysu.edu.cn/xxdyyj/75365.htm.

四、印度的国家认同教育

印度是南亚次大陆最大的国家，其东北部同中国、尼泊尔、不丹接壤，孟加拉国夹在东北部国土之间，东部与缅甸为邻，东南部与斯里兰卡隔海相望，西北部与巴基斯坦交界。印度是世界四大文明古国之一，公元前2500年至前1500年之间创造了印度河文明。作为人类文明最早诞生的地方之一，印度拥有彪炳史册的古代文化。印度独特的历史背景使得它既包含了从远古到现代、从西方到东方、从亚洲到欧洲的多种文化元素，犹如一个庞大的文化博物馆。作为一个历史悠久的文明古国，印度非常重视青少年的国家认同教育。

印度是一个多民族、多宗教、多语言、多文化的发展中国家。1950年1月26日，印度共和国成立，成为英联邦成员国。印度建立民主共和国后，教育就承担了为民主共和国培养公民的重要使命。通过教育，一方面赋予学生民主的公民资格，另一方面灌输体现印度文化传统的道德价值。①独立后，印度公民教育承担起了为民主共和国培养合格公民的重要使命，注重弘扬本民族的优秀历史文化传统，培养公民具有印度优秀传统美德，尊重印度各族人民的语言文化及风俗习惯。②

强化公民义务教育。在印度学者看来，公民的权利和义务是统一的，仅仅享受权利而不承担义务，就会导致道德退化。要履行义务就必须了解义务。1998年，印度政府命维玛委员会提出一份题为"公民基本义务"的报告。该报告规定了每个公民的义务：如遵守宪法，尊重宪法的理想和制度，尊重国旗和国歌；珍视和树立为自由而斗争的高尚理想；维护和保护印度主权、统一和完整；保卫祖国，当国家需要时服务国家；在个人和集体活动方面力求完美，以便把国家提升到更高水平。③

重视核心价值教育。众所周知，一个国家共享的道德价值既是国家团结的基础，也是民主顺利运作的条件。由此，各个国家都重视核心价值教育。印度从建国初期开始就一直重视学生道德价值的培养。1952—1953年，印度教育委员会明确要求，"独立后的印度中小学应向儿童灌输民主爱国思想，培养他们的民族自豪感，加强品德修养"。近年来，为了应对全球化带来的"道德危机"，印度进一步重视开展核心价值教育。1992年，印度的教育政策就把教育作为培养社会和道德价值的有力工具，

① 唐克军. 比较公民教育［M］. 北京：中国社会科学出版社，2008. 129.
② 徐敏. 独立后印度公民教育的特点及启示［J］. 改革与开放，2012（18）.
③ 王长纯. 印度教育［M］. 长春：吉林教育出版社，2000. 208，209.

培养学生普遍的永恒价值，实现国家的统一和人民的团结。其行动纲领建议，在中央和各邦成立道德教育机构，促进求美、求真、奉献和忠诚等道德价值的教育，尤其要培育印度的传统美德。①

1999年，印度查范委员会发布了一项关于人类价值的报告，要求通过教育培养人类的道德价值，报告强调："真理、正当行为、和平、爱和非暴力是普遍的核心价值，可作为教育内容的基石。"这五种价值各自代表五方面的人格（智力、身体、情感、心理和精神），体现知识、技能、平衡、视野和认同五个相互联系的教育目标。该报告要求从初等教育开始进行有计划的价值教育，向学生灌输个人价值、社会价值和国家价值。个人价值教育，即进行尊重父母、长者和教师，真理，守时，清洁，礼貌和性别平等等方面的教育；社会价值教育，即培养关心老人、残疾人和处境不利的人，培养尊重劳动、独立和自持等品质；国家价值教育，即让学生熟悉印度为自由而斗争的历史、文化遗产、宪法的认同和国家认同。该报告认为，初等教育阶段处于敏感时期，易于进行价值灌输，要求价值教育要从小抓起。该报告还认为，教师是儿童道德教育的关键人物，要求教师成为学生品质和行为的榜样。该报告建议，学校组织学生向敬老院和孤儿院提供社会服务，实践各种道德价值；有意识地开展校园活动，营造良好的环境，通过晨会、反省、静思等活动进行道德和宗教价值教育。②

为了保证价值教育系统的实施，查范委员会报告还对价值教育的实施提出了如下建议：为学生、家长和教师准备人类价值教育的适当材料；定期组织家长—教师会议，讨论价值教育相关事务；防止媒体对国家文化和价值的损害，特别要防止学生成为滑向不良价值的牺牲品；政府不允许播放庸俗的电视和广播节目；教育机构需用专门时间进行人类价值教育，让学生在日常生活中明确"应做"和"不应做"的事项；让学生了解世界重要宗教，理解这些宗教所突出的爱、坦率、同情、和平相处、友爱、非暴力等普遍价值；让学生接触包含价值的故事、轶事、诗歌和有关伟大人物生活的材料；利用学校晨会让学生知道人类的价值；通过课程或跨课程的活动灌输所需的价值；组织野营、社会服务周等让学生实践价值。③

① 唐克军、蔡迎旗. 印度公民教育的新进展［J］. 教育评论，2007（05）.
② 转引自唐克军、蔡迎旗. 印度公民教育的新进展［J］. 教育评论，2007（05）.
③ 转引自唐克军、蔡迎旗. 印度公民教育的新进展［J］. 教育评论，2007（05）.

在社会实践中进行国家认同教育。除了通过课堂教学引导学生学习必要的公民知识和道德价值外，印度还非常重视开展各种社会活动，让学生在实践中践行和内化正确的公民职责和伦理道德。近年来，印度开展了一系列社区服务活动，使广大学生能够在社会实践活动中增强社会责任感，磨炼意志，实现道德观念和道德行为的统一。[①]

五、土耳其的国家认同教育

土耳其是一个横跨欧亚两洲的国家。土耳其虽为亚洲国家，但作为欧盟的候选国，土耳其在政治、经济、文化等领域均实行欧洲模式。在教育方面，土耳其积极开展青少年国家认同教育。

土耳其的青少年国家认同教育主要表现在以下几方面：

重视国旗教育。土耳其对中小学生的国家认同教育是从"懂得国旗、爱护国旗、尊敬国旗"入手的。在土耳其，几乎每家每户都有国旗。每逢重大节日或纪念日，土耳其都会举行隆重的升旗仪式，而中小学生又是主要的参加者。中小学每周一和周五都要举行升降旗仪式，升国旗时，不仅在旗杆两旁有护旗队，而每个学生都很认真地对着国旗行注目礼。学生们排得整整齐齐地合唱国歌。在举行重大集会和文体活动时，第一件事必然是奏国歌，每个人在唱国歌时，都是满怀激情，表情严肃庄重。这一切对增强中小学生的国家认同意识都起了潜移默化的作用。

重视历史教育。土耳其注重通过历史教育培养公民的民族自尊心和民族凝聚力。在土耳其，不仅学校重视历史教育，就连军营也把历史教育放在了重要的位置。在土耳其的军营里，无论将军还是士兵，每周都必须在历史专修室上两小时的历史课，主修穆斯塔法·凯末尔[②]（Mustafa Kemal）的军事思想、西方哲学和其他历史知识。[③]为了加强青少年的历史教育，土耳其还积极营造良好的社会文化氛围。在土耳其每座城市的显著位置，都有开国元勋凯末尔的巨幅画像、塑像或者语录。凯末尔是领导土耳其人民走向独立、走向民族复兴之路的"国父"。为表达人们对"国父"的崇敬之情，在土耳其的每个商店及每个家庭的显著位置都张贴着凯末尔的画像、语录

---

① 徐敏. 独立后印度公民教育的特点及启示［J］. 改革与开放，2012（18）.

② 穆斯塔法·凯末尔（又译基马尔，1881.5.19-1938.11.10），土耳其共和国缔造者、第一任总统兼武装力量总司令（1923-1938）、元帅。

③ 土耳其的学校的教育特色是什么［EB/OL］. http://wenda.tianya.cn/question/6fe1fc73866fd1b8.

等。凯末尔已成为土耳其人民的精神支柱和力量源泉，成为统一土耳其全民族思想的民族之魂。①

注重在社会实践中进行国家认同教育。土耳其学校经常组织学生参观新老皇宫、博物馆、公园、国父陵等地方。通过参观这些历史遗址，既可以展示国家和人民走过的苦难历程，又可以激发青少年热爱自己的民族，热爱自己的国家，热爱自己的国父凯末尔，做一名爱国家、爱人民的民族英雄。②

六、意大利的国家认同教育

意大利是一个欧洲国家，主要由南欧的亚平宁半岛及两个位于地中海中的西西里岛与萨丁岛所组成。意大利是欧洲文化的摇篮，曾孕育出罗马文化及伊特拉斯坎文明，13世纪末的意大利更是成为欧洲文艺复兴的发源地。而意大利首都罗马，几个世纪以来都是西方世界的政治中心，也曾经是罗马帝国的首都。在全球化时代，意大利极为重视国家认同教育。

强调民族精神教育。意大利各级各类学校都十分重视对学生进行民族精神教育。在意大利人心目中，但丁不仅是文学巨匠和"诗圣"，而且也是统一意大利语言和道德规范的民族英雄和伟大爱国者。意大利政府把但丁作为民族英雄和爱国诗人大力宣传和颂扬，其杰作《神曲》被定为各类中等学校学生的必修课及必读书籍。

注重传统文化教育。作为文艺复兴的发源地，意大利拥有丰富的文化及历史资源。意大利共有48个联合国教科文组织世界遗产，是全球拥有世界遗产最多的国家，意大利政府十分重视弘扬历史文化、继承民族之魂。意大利政府在强化国家认同教育、弘扬历史文化、继承民族精神等方面投入了大量经费。尽管近年来意大利国债和财政赤字很大，但为了弘扬传统文化，政府宁肯在其他方面"紧缩"开支，也要加大对弘扬传统文化的投入。比如，在意大利，尽管也受到五光十色的现代艺术的影响和冲击，但歌剧一直在民众心目中占有崇高的地位。为了保护和发展歌剧这一国粹艺术，意大利政府长期为13家大歌剧院提供财政补贴。此外，意大利各地每年还举行丰富多彩的传统文化活动，民俗风情、民族精神和爱国爱乡的情操借此流传久远。每年7、8月份，都要在全国各地著名的露天剧场举行古典歌剧演出活动，重

---

① 土耳其的学校的教育特色是什么［EB/OL］. http://wenda.tianya.cn/question/6fe1fc73866fd1b8.
② 吴农. 漫谈·土耳其教育之感［EB/OL］. http://www.ts.cn/special/content/2006-12/12/content_1472512.htm.

大节日庆祝活动也往往伴以歌剧演出。每年春季，政府都组织全国性文化周活动，全国各地的各类博物馆、陈列室、名胜古迹及部分资料馆也免费对所有人开放。"保护文化和艺术遗产"被确定为意大利宪法的基本原则。意大利政府规定，考古、艺术、民俗博物馆、陈列室、名胜古迹、历史文物等，全年对18岁以下青少年免费开放，以加强对学生热爱家乡、热爱国家的教育，在潜移默化中强化青少年的爱国精神和民族意识。此外，古罗马斗兽场、比萨斜塔、庞贝古城等历史遗产的一砖一石都受到严格保护，每个意大利人都十分珍爱这些古迹，绝不会出现乱写乱画等损坏历史古迹的现象，人们可以从历史遗迹、古罗马和文艺复兴的气息中牢记自己的民族精神，使传统文化和民族精神发扬光大。

注重母语教育。在意大利人看来，意大利语是意大利人的文化身份特征，是历史的记录，是意大利人对现实生活知识的诠释。在全球化时代，在英语广泛影响人们语言生活的今天，意大利学者一直坚持意大利语在学校教育中的主导地位。意大利语的语法很复杂，词形变化多样，这使得意大利语教学不得不在语法规则上投入过多的时间和精力，但是学校并没有因此就降低教学要求。意大利语教学的目的不仅仅是教会学生语法结构知识，不仅仅是培养学生单一的交际能力，更重要的是让学生有机会接触优秀的文化遗产并培养学生对现实生活的思考和评判能力，培养学生良好的语言表达能力。在意大利中小学的课程表中，意大利语课几乎占到了全部课时的1/3，可见学校对意大利语的重视程度。

七、葡萄牙的国家认同教育

葡萄牙是一个位于欧洲西南部的共和制国家。在近代西方历史上，葡萄牙是历史文化发源地之一，16—18世纪，葡萄牙和西班牙成为世界最强大的全球性帝国。在全球化时代，葡萄牙十分重视青少年国家认同教育的开展。

重视培养青少年的公民意识。20世纪80年代后期，葡萄牙出现了排斥社会、对政治冷漠、社会归属感和凝聚力淡化、脱离政治的青少年人数不断增加等现象，这受到了人们的广泛关注，同时引发了关于公民职责与权利在政治科学领域的普遍讨论，由此带来的显著结果就是对公民职责和权利教育的重视。20世纪90年代以来，人类社会的发展变化莫测，这种发展变化无不促使人们思考如何更好地培养出健全自律的公民，以迎接飞速发展的世界对当代和未来社会发出的种种挑战。葡萄牙基础教育改革始终把道德价值和公民资质的培养当作重要议题，特别是青少年的公民意识培养成为葡萄牙政府极为关注的话题。在新的基础教育课程改革中，葡萄牙教育界再次把公民教育和公民责任感的培养提到重要的议事日程，旨在更好地培养健全自律的公民，真正实现全体国民在心理、思想意识和行为方式诸方面由传统向现代的转变，实现人的现代化。[①]

注重国旗国歌教育。1991年12月4日，葡萄牙教育部发文规定，小学的每间教室里必须悬挂国旗。葡教育部长在授旗仪式讲话中还指出："要使青少年了解祖国的历史，掌握祖国的语言，学习祖国丰富的文化，热爱自己的家乡，只有了解祖国的人，才能真正热爱祖国。"教育部还免费向全国所有小学发放了27000面国旗。同时，中小学的每间教室、体育活动室、图书阅览室、师生科研成果展览室、教师办公室和学生电脑室等都挂有国旗。在不同年级、不同学科的教材中，也反复出现国旗的图案和相关文字说明，详细介绍国旗的历史、国旗的设计、国旗的含义以及赞美国旗的文字。同时，葡萄牙的国歌内容也多次出现在中小学的各种教科书中。在音乐课上，教师不仅对学生进行民族音乐教育，还教学生唱葡萄牙的国歌，向学生讲解国歌产生的历史背景、歌词的真正含义，以加深学生对国歌的理解，从而达到国家认同教育的目的。[②]

把国家认同教育贯穿于各科教学活动之中。为了有效进行中小学国家认同教育，葡萄牙还把国家认同教育的内容渗透到语文、社会科学常识、历史、音乐等学科中。在中小学生使用的语文、历史、音乐等课本中，葡萄牙的民族历史文化知识和著名人物事迹等方面的内容十分突出。

八、保加利亚的国家认同教育

保加利亚是欧洲东南部巴尔干半岛东南部的一个国家，它与罗马尼亚、塞尔维亚、马其顿、希腊和土耳其接壤，东部濒临黑海。

根据本国国情对青少年进行国家认同教育。在保加利亚，一些中小学的校名改用历史上的民族英雄、杰出人物和对国家有重大贡献的名人的姓名来命名，让中小学生跨进校门时就想到为国奋斗了一生的民族英雄、杰出人物和建设祖国的名人及

---

① 袁利平. 从艰难起步到历史跨越——葡萄牙基础教育课程演进中的公民教育变革［J］. 外国中小学教育，2013（01）.
② 中小学生爱国教育亟待加强　看国外的爱国教育［EB/OL］. http://learning.sohu.com/20121207/n359753264.shtml.

其精神，以此来激发学生的爱国主义情感和民族精神，激发学生为建设祖国而努力求知，为国家繁荣富强而奋斗。各中小学又常在周末组织学生前往一些古战场遗址进行参观，实地接受国家认同教育，让学生牢记国史。①

九、瑞士的国家认同教育

瑞士是一个由多个语言区组成的、多宗教信仰的多元文化融合体。在多元文化背景和直接民主的政治体制之下，培养什么样的公民，如何培养，是瑞士政府十分关心的重大问题。作为一个发达的资本主义民主制国家，瑞士非常重视国家认同教育对维护国家统一所起的作用，十分注重国民的思想道德素养、政治观念和政治行为能力的培养。

重视国家意识教育。瑞士十分重视培养民众尤其是青少年对联邦的认同感和归属感。在国家认同教育中，瑞士并非依靠统一性的价值理念灌输，而是奉行文化、政治、教育等多元化发展的路线，在自由、民主、平等的框架内，在尊重各个民族的基础上，使之产生共同的价值观念和政治意愿，打造一个团结的民族共同体，使得不同语言区的居民，尽管有着较大的文化差异，但都认为自己是"瑞士人"，代表的都是瑞士文化。②

在多元文化背景下，瑞士思想政治教育的总体目标就是通过有效的教育活动，促使国民接受资产阶级的政治、思想、道德等价值理念，养成良好的政治自觉性和思想道德情操，统一国民的思想、道德和政治立场、政治态度，维护统治阶级的统治以及国家的稳定、团结与统一。思想政治教育是围绕"人"开展的实践活动，而人是文化的现实存在物，因此，思想政治教育必定沉浸于一定的文化情境中，并按照一定的文化运作，实现价值与规范在受众中的普遍接受与认同。同时，思想政治教育"又是一种政治现象，它以政治取向来汲取文化资源，以政治需要来规导育人规格，以文化教化来实现政治目的"③，这是政治性对于文化性的制约。瑞士联邦正是从自身的政治体制和多元文化背景出发，制定和实施思想政治教育的目标，从而彰

---

① 中小学生爱国教育亟待加强　看国外的爱国教育［EB/OL］．http://learning.sohu.com/20121207/n359753264.shtml.

② 转引自 Anna Melich. *Les Valeurs des Suisse*［M］.Berne：Editions scientifiques europ-éennes，1991：p.20.

③ 沈壮海．关注思想政治教育的文化性［J］．思想理论教育，2008（03）．

显了文化差异性与政治统一性的有机结合。

实施"四位一体"互动教育模式。"四位一体"互动教育模式是瑞士思想政治教育的一个典型特征。一是注重家庭在思想政治教育中的重要作用。瑞士教育家裴斯泰洛齐认为，个体天生就具有"爱的种子"，即孩子对母亲的爱。因此，用母爱的精神进行教育是最好的途径。思想政治教育的目的就是要唤起、激活和培养"爱的种子"，进而扩及到对他人、对社会、对人类的爱。二是学校真正把德育放到首位，对学生进行道德教育，培养学生的道德素质，强调对他人、对法律的尊重，强调社会利益的重要性。学校的教师也应该像母亲一样，发扬母爱的精神，起到以身示范的感召作用。这种作用，显然不是靠纯粹的说教，而是靠亲切的语言与自身实际行动的感化，把道德教育渗透到日常社会行为之中。三是学校设有学校管理委员会作为学校的决策机构，由家长代表、学生代表和教师代表组成。学校还设有教师会与学生会，促进学生、家长和学校之间的联系与沟通。家长积极参与学校的教育和管理过程；学校所在的社区也积极参与学校的管理活动。此外，社会上的各类博物馆、展览馆等公共文化设施都免费向学生开放。总之，在社会这个大舞台上，个体正是通过这种复合途径广泛参与到各类教育实践中来，在亲身体验中提升和超越自我。①

利用网络资源加强公民政治教育。就拿选举活动来说，瑞士巧妙利用网络资源加强对公民政治自觉性的培育。比如"明智选举网"就为公民表达政治意见、开展投票活动、收集各种政治信息建立了一个互动平台。借助网络媒介，公民一方面可以表达自己的政治见解，一方面不断接受来自政府、政党的政治宣传，从而在互动参与中强化人们的"民主意识"，增强人们对国家政权和共同体的支持度。②

十、丹麦的国家认同教育

丹麦作为北欧五国之一，是一个君主立宪制国家。丹麦政府十分重视青少年的国家认同教育。

丹麦政府和教育部门十分重视运用历史人物来加强青少年的国家认同教育。丹麦特别注重历史名人在本国历史上所作出的功绩，并为之树碑立传详载史册，设纪念馆、建陈列馆，凡逢五或十周年之际都要举行纪念活动，还让青少年学生通过参

---

① 陈宗章、颜素珍. 瑞士思想政治教育特色探析［J］. 思想政治教育研究，2014（03）.
② 陈宗章、颜素珍. 瑞士思想政治教育特色探析［J］. 思想政治教育研究，2014（03）.

观历史遗址，接受国家认同教育。

丹麦是世界著名童话作家安徒生的故乡。在丹麦，政府把安徒生视为"国宝"，为了纪念这位伟大的作家，丹麦政府把安徒生童年住过的一幢普通乡间平房建为纪念馆，馆内各种陈列物琳琅满目。在丹麦，所有写有城市名称的交通路标两旁分别立着一只丑小鸭和一只漂亮的天鹅。哥本哈根市中心的一条繁华商业街还被命名为"安徒生大街"，街头耸立着四米高的安徒生铜质雕像。安徒生故居虽经历了200多年的风风雨雨，依然保护得完好如初，门口钉着一块铜牌，清清楚楚地写着安徒生居住的年代，激励着一代一代青少年为国效力。[①]

为了帮助中学生更好地了解国家的历史和现状，丹麦教育部门还鼓励中学生在进入大学前，花一些时间到国内去旅行，然后再进入大学选择自己喜欢的专业，为今后服务社会打好心理基础。

十一、波兰的国家认同教育

波兰是中欧国家，历史上曾是欧洲强国，后国力衰退，并于俄普奥三次瓜分波兰中亡国几个世纪，一战后复国，但不久又在二战中被苏联和德国瓜分，冷战时期处于苏联势力范围之下，苏联解体后，加入欧盟和北约。近年来波兰无论在欧盟还是在国际舞台的地位与日俱增，自1918年11月11日恢复独立以来，经过90年的发展变迁，特别是在21世纪初的十几年里，波兰在欧洲的重要性越来越引起重视。在全球化时代，波兰极为重视国家认同教育。

波兰各类学校除专门开设国家认同教育课程外，还把国家认同教育融入历史、地理、语文、文学、美术、音乐以及数理化等课程中。同时，学校还经常组织学生参观各种纪念性的建筑物和纪念碑。通过参观学习，使青少年重温历史，不忘过去，以此激发学生的爱国之情。二战期间遗留下来的奥斯维辛集中营就是波兰最重要的一个青少年爱国主义教育基地。奥斯维辛集中营每天的参观者络绎不绝，其中80％的参观者是青少年，很多学生在参观后，有感于二战给祖国乃至整个世界人民带来的深重灾难，一致表示：要和平，永远不要战争，和平万岁。

利用历史名人进行国家认同教育。波兰历史上有许多世界名人，如哥白尼、居

---

① 陈娴如. 让高尚成为自然：爱国主义教育效果研究［M］. 厦门：厦门大学出版社，2005. 138.

里夫人、肖邦等，这些杰出人物的思想和业绩在中小学课堂教学中也屡屡被提及。波兰历史上有许多充满爱国主义和浪漫主义情怀的诗人，其中最具代表性、影响最大的当属亚当·米茨凯维奇（Adam Mickiewic）。在不同时代，米茨凯维奇的作品都能激发起波兰民众的爱国热情。1830年华沙起义时，其著名的诗篇《青春颂》号召青年起来推翻旧世界，建立新生活，歌颂争取自由和民族解放的斗争，给起义战士以很大鼓舞。1967年华沙大剧院上演根据其诗篇《先人祭》改编的同名舞台剧，每当剧中人淋漓尽致地斥责沙皇的残暴统治时，观众也都跟着朗诵台词，并报以热烈的掌声和欢呼声。2012年9月8日，在布罗尼斯瓦夫·科莫罗夫斯基（Bronislaw Komorowski）总统的倡议下，波兰全国举行了"全民族阅读《塔杜施先生》"[1]的活动，科莫罗夫斯基亲自参加并朗诵了著名片段，全国32个城市同时以不同形式参加此次活动，纪念为了波兰的自由和独立做出贡献的诗人。波兰还将米茨凯维奇的墓碑安放在皇家和总统墓地所在地克拉科夫瓦韦尔大教堂。波兰每个大城市几乎都有一条以米茨凯维奇命名的道路。克拉科夫老城区中央广场矗立着一座巨大的米茨凯维奇纪念铜像，但它只是波兰境内31座米茨凯维奇雕像之一。许多大中小学也以米茨凯维奇的名字命名，波兰最有名的大学之一就是位于波兹南的亚当·米茨凯维奇大学。波兰高考题目中也常会有针对米茨凯维奇的问题。因为，在波兰人看来，米茨凯维奇的作品中有着波兰民族自觉、自强和团结奋斗的精神。[2]

十二、埃及的国家认同教育

埃及既是非洲大国之一，也是阿拉伯国家中一个具有较大影响力的国家。埃及作为世界文明古国之一，其教育也有着悠久的历史。1952年，埃及取得民主革命胜利，推翻了专制王朝后，共和国政府大规模地办学，教育经费逐渐增加。1962年后，埃及实行公立学校全免费政策，并逐步建立起包括大、中、小学以及职业学校和师范教育的教育体系。埃及作为人口较多的发展中国家，相对于经济发展水平来说，

---

① 波兰诗人亚当·米茨凯维奇给后世留下了许多不朽的诗篇，《塔杜施先生》是他的最后一部长诗，代表了诗人创作的最高成就。长诗围绕霍雷什科和索普利查两个家族两代人的悲欢离合，展现出一个时代的辉煌画卷，描绘出各个阶级、各个阶层众多人物在变幻莫测的政治风云中错综复杂的经历和心态，交织着强烈而执着的恩怨情仇，字里行间处处激荡着诗人对故国家园崇高的爱和浓郁的思恋之苦。

② 韩梅. 综述：波兰诗人的爱国主义情怀［EB/OL］. http://news.xinhuanet.com/edu/2012-10/01/c_113267639.htm.

其教育普及程度是较高的，除了幼儿教育普及率和成人识字率之外，其教育普及水平的多数指标都高于发展中国家和阿拉伯国家的平均水平。

埃及青少年国家认同教育以国歌为主要内容。在埃及所有广播电台或电视台，每天节目开始前和结束后都要播放一遍国歌，该活动搞得生动活泼，家喻户晓。在埃及，凡是庆典集会和重大国际活动，奏国歌自然而然成为这些活动的开场，不论是开幕式还是闭幕式必奏国歌。每当时间一到，国歌在无预告的情况下奏起，人们听到国歌声后立即停止喧哗，自觉起立，待国歌奏完之后，才能坐下。

在埃及，从小学生入学的第一天起，学校就教他们唱国歌。中小学的庆典集会和各种活动都必奏（唱）国歌，即使没有被邀请参加活动的中小学生，当听到国歌声后也应立即停止喧哗，并自觉肃立不动。在埃及，无论哪一层面的学生都能熟练地高唱国歌。

十三、突尼斯的国家认同教育

突尼斯位于非洲大陆最北端，北部和东部临地中海，隔突尼斯海峡与意大利的西西里岛相望，扼地中海东西航运的要冲，东南与利比亚为邻，西与阿尔及利亚接壤。突尼斯是世界上少数几个集中了海滩、沙漠、山林和古文明的国家之一，是一个具有悠久文明和多元文化的融合之地。

突尼斯获得独立以后，1958年便着手进行教育改革，改革计划首先涉及小学教育。改革的原则如下：民主化，大力普及初级教育，改善年青一代的教育条件；民族化，促进民族文化的发展，并吸收现代文化和技术文明；统一教育制度和教学大纲；培养和使用本国师资；培养适应社会经济发展需要的人才。

政府把保护、继承和发展古代优秀文化遗产作为青少年国家认同教育的一项重要内容。为了使珍贵的历史文化遗产能完好无损地保存下来，突尼斯政府在财政并不富裕的情况下拨出专款，雇请能工巧匠，在最大限度维持历史原貌的情况下进行精细修缮，并制订了有关保护名胜古迹的法律条文。同时，还印制了大量精美的宣传小册子免费发放给全国中小学生，册子上标明名胜古迹的具体方位、历史年代、设计者姓氏、建筑特点等内容。"保护古迹人人有责"的意识在广大青少年心目中不断深化。[1]

---

[1] 中小学生爱国教育亟待加强　看国外的爱国教育［EB/OL］. http://learning.sohu.com/20121207/n359753264.shtml.

重视传统音乐教育。在突尼斯，孩子从小就开始接受民族音乐的熏陶。突尼斯中小学各年级都开设有基本乐理、视唱练耳、阿拉伯音乐史和民族器乐演奏等课程，教材全部采用民间音乐和传统音乐作品。正是因为突尼斯有植根于本民族传统音乐的音乐教育体系，本民族的传统音乐不但没有失传，反而日益发扬光大。在实行对外开放中，突尼斯的广大青少年都为本民族的音乐遗产感到自豪和骄傲。①

十四、加拿大的国家认同教育

加拿大是北美洲最北的国家，西抵太平洋，东迄大西洋，北至北冰洋，东北部和丹麦领地格陵兰岛相望，东部和法属圣皮埃尔和密克隆群岛相望，南部与美国本土接壤，西北方与美国阿拉斯加州为邻。加拿大领土面积为998万平方千米，居世界第二位，加拿大是典型的英法双语国家。

尽管加拿大联邦政府的教育管辖权有限，但还是通过教育立法等手段积极实现联邦政府的公民教育目标。公民教育在加拿大被认为是促进社会稳定、增强社会凝聚力的重要手段。全社会已经基本形成了这样的共识："如果加拿大是一个由有知识的和受过教育的人构成的国家，那么我们既不需要担心政治上的极端激进主义者，也不需要担心反动分子。教育是最好的国家安全措施"。②各省和各地区也对公民教育给予了高度重视。在加拿大，由各州（省）自行审定的历史教科书，无论是历史教科书大纲的拟定、历史教科书的审查、历史教科书内容的增减取舍，还是历史教学活动的开展，处处体现着国家意识和政府教育部门的监控、审查、调整的力度。③加拿大公民教育的目的不仅仅在于使学生获得知识，而且重在培养国家公民，促进学生对国家具有情感上的承诺或认同，有忠诚感和责任感。与此同时，这种国家认同感通常是与其他认同，如地区、文化、伦理、宗教、阶级和性别认同等共存的。因此，公民教育的关键问题就是如何将这些不同水平的认同有机地结合在一起。

重视政治教育。在过去，加拿大学生所学的政治学准确地说是公民学，算不上是真正的政治教育。课程内容虽涉及政府的结构和制度，但重点放在历史背景的学习上，力图避免政治话题。课程内容不涉及时事问题，与学生的经历和兴趣点联系

---

① 突尼斯音乐教育注重传统音乐［EB/OL］. http://www.cmii.com.cn/news/content-141915.aspx.
② 杨尊伟、王红. 加拿大公民教育探究［J］. 外国教育研究，2004（02）.
③ 陈辉. 强调国家历史认同是历史教育的常识［EB/OL］. http://www.snedu.gov.cn/sxjy/234/201307/10/2066.html.

不大。近年来，公民教育开始从过去理想化的、消极被动的传统公民学教育转向更为真实的政治教育。这种政治教育的重点集中在有关政治和政治行为的现实世界，更加关注问题与争端，注重参与和批判性探究的教育。为了加强课堂与外面政治世界的联系，课程把当地社区看作学生探究和实践的场所。各省中小学生都开始参与到与社会和政治问题有关的活动中，像参加竞选活动、有关环境和其他政治行为的运动、社区行动小组、人权运动、反对种族主义和其他反歧视的活动等。①

　　多学科渗透公民教育。作为拥有多民族、多种族的移民国家，加拿大奉行差异公民身份理念。这种关注个体差异的公民身份理念促使其中小学公民教育以培养国家和自身族群的双重认同感为目的，传授与国家和社会相关的公民权利和责任。加拿大中小学的公民课程内容主要围绕帮助学生了解加拿大而展开，通过此种方式激发学生的国家认同感。课程内容包括学习加拿大的历史、地理以及社会问题。具体来讲，学生需要学习英裔的历史、法裔的历史以及土著居民的历史；学习加拿大历史中的重要人物和事件，了解本国优秀的文化遗产，从而对本国的历史有清楚的认识；学习加拿大的地理状况、自然与人口、人口结构、风土人情等；了解加拿大多元文化社会的现实，了解并反思当前社会存在的问题。②

　　加拿大的公民教育课程已形成一套完整的课程体系。就课程设置而言，公民教育课程已不再局限于某一学科领域，而是形成了渗透多门学科领域、涉及多方面主题的立体课程体系。虽然目前社会科课程仍然是加拿大公民教育的主要课程，但公民教育的内容已经渗透到多门学科中，由历史、地理、政治等社会学课程扩展到自然学科、语言学等课程领域。③历史课为学生提供加拿大发展概况的相关知识，从历史课中学生可以理解过去的经验和教训是如何影响未来决策的。此外，通过对各种观点的探究和对各种历史事件的评价，学生还应形成一种全面的观点。历史学习的主要目的是要把学生培养成为为社会尽责尽力的公民。地理学习涉及地球的物理体系和地球上的人们，还有人与环境之间的相互关系。学生通过实地调查、模型、模拟实验、航空照片、卫星成像、地图、计算机等途径学习如何收集、组织、分析、总结信息。地理课主要通过整合有关场所的各方面知识，使学生有机会了解身边的

① 杨尊伟、王红. 加拿大公民教育探究 ［J］. 外国教育研究，2004（02）.
② 杨婕. 加拿大中小学公民教育实践路径及特点 ［J］. 现代教育管理，2015（03）.
③ 杨婕. 加拿大中小学公民教育实践路径及特点 ［J］. 现代教育管理，2015（03）.

世界。①

　　国家认同教育注重实践。学生公民意识的培养不仅来源于课堂中的知识学习，更来源于大量的社会实践活动。加拿大的公民教育尤其重视实践，公民教育以学校为中心，把学生所有可能的实践场所（家庭、社区、NGO等）都纳入实践活动中，形成了多维度的公民教育实践途径。其中，学校作为培养良好公民意识的重要场所，是公民教育实践的核心场所。学校公民教育的课堂以学生为中心、以活动为基础，鼓励学生积极参与并发展自己的判断思维，开展小组实践活动，允许学生在课堂决策制定过程中拥有话语权。另外，学校并不是社会化进程中的唯一场所。公民教育还通过家庭或其他社会场所向青少年传授公民身份和良好的公民意识概念，在社会中直接参与公民实践活动比通过学校课程获得的公民知识更加直接、有效。这些直接参与实践的机会，使得学生可以深刻体会到自己在参与社会事务、变革社会中所发挥的作用，从而提高学生参与社会生活的热情。②

　　利用节日庆典开展国家认同教育活动。每逢国庆节，加拿大政府都会对庆祝活动做出详细安排：早上9时在议会大厦广场由"渥太华城85人"合唱团演唱《向加拿大致敬》；9时30分，总理出席升国旗仪式，奏国歌；随后，军乐队和军队仪仗队表演。与此同时，各公园游园活动也随之开始。晚上，在议会大厦的天幕上放映声光录影《加拿大的光辉历程》，直至午夜。

　　开展国旗国歌教育。为了强化人们的国家意识，加拿大政府还发起了"再悬挂100万面国旗活动"，要求加拿大人在屋前、阳台、课桌、办公室、汽车、轮船等物体上插上国旗。在加拿大的每一座城市和村庄，国旗随处可见。唱国歌也成为加拿大人日常生活的一部分。新移民入籍，要举行唱国歌仪式；就连观看加拿大斗牛节表演前，观众也需要全体肃立，高唱国歌。加拿大学校也非常重视对学生进行国旗国歌教育，比如在学校门前都悬挂有加拿大国旗，学生每天早上都要集体唱加拿大国歌，小学生放学了也要唱国歌，举行重大活动时学生也要唱国歌。③

---

① 宋雪敏、王建梁. 加拿大主动公民教育改革探析［J］. 文学教育，2010（06）.

② 杨婕. 加拿大中小学公民教育实践路径及特点［J］. 现代教育管理，2015（03）.

③ 加拿大：爱国教育深入民间［EB/OL］. http://news.people.com.cn/GB/71648/71652/5906367.html.

十五、墨西哥的国家认同教育

墨西哥位于北美洲，是美洲大陆印第安人古老文明中心之一。闻名于世的玛雅文化、托尔特克文化和阿兹特克文化均为墨西哥古印第安人创造。墨西哥重视国家认同教育，并采取多种途径加强国家认同教育。

举行节日纪念活动。在墨西哥，纪念重大历史事件及历史人物的节日特别多，一年中的重要节日有宪法日、国旗日、石油国有化纪念日、胡亚雷斯总统诞辰日、抗法胜利日、独立日、革命日。每到一个节日，墨西哥政府和民间都要举行隆重的纪念活动，以表达继承光荣革命斗争传统、捍卫国家独立和主权、建设国家的决心。①

通过纪念历史人物进行国家认同教育。在墨西哥，凡为国家的独立、进步、发展做出过贡献的历史人物，不管其政治信仰如何、结局如何，都会有他的纪念碑或以他的名字命名的街道。仅在墨西哥城改革大街两侧，就耸立着20多尊为墨西哥战争做出贡献的名人雕像。电视里也经常播放少年儿童结队向墨西哥英雄人物和伟人雕像献花致敬的宣传片。墨西哥为纪念1847年9月为保卫国旗而牺牲的六位小英雄，在查普尔特克山下建造了一座祖国纪念碑，并在每年9月小英雄牺牲的日子举行全国性的纪念活动，而且总统会亲自主持纪念仪式。纪念活动上，总统逐一呼唤六位小英雄的名字，在场的人齐声响应，表达对英雄的怀念之情。15日晚，在墨西哥城市中心宪法广场，举行纪念国家独立斗争日仪式，总统和手持国旗或头戴革命时期农民革命军大草帽的民众共同高呼"独立万岁！""独立英雄万岁！""墨西哥万岁！"等口号。

开展独具特色的国旗教育。墨西哥国旗由绿、白、红三色长方形纵排而成，中间绘有老鹰叼蛇站在仙人掌上的图案。自1821年宣布独立以来，墨西哥独立军使用的绿白红三色旗就开始履行国旗的作用，并沿用至今。②在墨西哥青少年的国家认同教育中，政府和教育行政部门十分注重增强学生的国旗意识。每年的2月24日被墨西哥政府确定为国旗日。为了强化人们的国旗意识，政府把每年国庆日（9月16日）

---

① 张金江. 墨西哥爱国明礼有秩序［N］. 人民日报，2002-02-01.
② 张金江. 墨西哥爱国明礼有秩序［N］. 人民日报，2002-02-01.

所在的9月份定为"国旗月""祖国月"。①每年一进入9月，全国就成了国旗的海洋，各机关、企业、学校、居民纷纷升挂国旗。每年9月，在全国中小学生中开展以国旗、国歌为主题的"祖国月"征文活动，在全国中小学教师中举行国家历史教育评比活动，总统将在首都独立纪念碑前举行的仪式上向获奖师生颁发证书。政府要求在9月份里国人走客访友、相互拜望时，都要以国旗作为礼品互相赠送，在这段时间，如果邀请墨西哥人来家里做客，他们往往会带来一面小国旗作礼物。这在国际上是绝无仅有的。②据相关资料显示，在当今世界上，在"国旗人均持有率"和"国旗使用普及率"指标上，墨西哥均名列榜首。墨西哥的所有政府机构，上自政府各部门，下至各行政单位，主要会议厅室及官员的办公室都在一个特制的长玻璃罩中插着一面国旗。在墨西哥的私人银行、公司、企业的会客厅里，在董事长和经理的办公室中也都有国旗。即使在边远小山村的村长办公室内，也都端端正正地插着国旗。如果是群众集会、特别是国际体育比赛，国旗简直会到铺天盖地的程度。③在墨西哥学校的每间教室里都悬挂有国旗，学生食堂、阅览室等场所也悬挂有国旗。生活在这样的环境里，学生的国旗意识会特别强。为了强化中小学生的国旗意识，墨西哥过往的车辆大多会在车窗上插一面国旗。放眼望去，流动的车河组成了流动的旗河，满街的绿白红三色，十分悦目。在墨西哥，中小学生无论在什么场合，只要听到国歌声，他们都会不约而同地站立，并郑重地随曲而歌，还将右手手心朝下，平放在胸前，行注目礼。

十六、澳大利亚的国家认同教育

澳大利亚是世界上唯一一个国土覆盖整个大陆的国家，澳大利亚还是一个奉行多元文化的移民国家。作为一个移民文化极为丰富的国家，澳大利亚极为重视青少年的国家认同教育。

重视公民教育。20世纪80年代澳大利亚就把学校公民教育问题列为政府决策的重点项目。为了制定公民教育战略计划，1994年，成立了澳大利亚公民学专家小组，该小组提交了题为《鉴于人民：公民学与公民教育》的报告，报告为强化学校公民

① 9月对墨西哥有着特殊的历史意义。在1810年9月，墨西哥爆发了争取国家独立的斗争；在1847年9月，墨西哥军民以血肉之躯英勇抵抗美国侵略军进攻墨西哥城。
② 张金江. 墨西哥爱国明礼有秩序［N］. 人民日报，2002-02-01.
③ 外国中小学爱国主义教育简介［EB/OL］. http://www.fjzzjy.gov.cn/newsInfo.aspx?pkId=3849.

教育教学举措奠定了基础。1997年，澳大利亚有史以来规模最大的一项公民教育课程计划《发现民主计划》产生。①澳大利亚公民教育由公民学教育和公民身份教育组成。公民学教育是教给学生关于民主政治文化与机构的知识，通过正规课程来完成。在澳大利亚所有的州和地区，公民学教育都是通过社会与环境科、历史或地理来教学的。公民身份教育主要是提高参与能力，通过正规和非正规课程进行。5—10年级是公民教育的重点阶段，比较有特色的教育方式包括课堂上的商谈课程、班级议会、学生代表委员会公民身份表彰、纪念日的学生自发活动、自主管理的学术社团建设、实地调研等。教育的主要目的是：培养学生的公民身份，在一个处于多元文化背景的民主社会中，为维护大众利益做出合理、正确决定的能力。②

重视历史教育。澳大利亚仅有100多年的历史，尽管国史较短，但澳大利亚政府和教育部门却非常重视历史教育，将历史课定位为中小学教育的主要课程，旨在消除国民的历史自卑感，将历史作为维系民族和国家之间关系的精神纽带。历史教育不仅要让学生学习历史知识，还要加强学生对澳大利亚的认同感。③在中小学历史课上，教师要求每个学生必须对曾经为国效命、出过力的人格外尊敬，并要认真学习他们的精神。为了对青少年进行有效的国家认同教育，澳大利亚利用各种博物馆、纪念馆对学生进行国家自豪感和民族意识的培养。在澳大利亚，几乎每座城市都建有纪念馆、纪念碑，免费让青少年学生参观，让其自觉接受爱国思想的熏陶，以此加强学生的国家意识。

通过各种途径加强国家认同教育。在澳大利亚的中小学，随处可见澳大利亚国旗。此外，澳大利亚的学校还经常组织学生举行宣誓仪式，表达对国家的忠诚和敬意，增强学生对国家的认同感。每逢澳大利亚建国日，政府都会组织军队游行和举行庆典活动，这不仅弘扬了澳大利亚文化，同时也增强了学生的国家意识及民族自豪感。④澳大利亚还积极利用文学作品、电影等各种文化副产品进行国家认同教育。

---

① 赵晖. 社会转型与公民教育［M］. 北京：人民教育出版社，2007. 4.

② 郑可君. 国外如何培养小公民——8国公民教育特色概览［N］. 中国社会科学报，2011-06-02.

③ 赵诗、黄德林. 澳大利亚国家认同教育的形式及其启示［J］. 学校党建与思想教育，2015（11）.

④ 赵诗、黄德林. 澳大利亚国家认同教育的形式及其启示［J］. 学校党建与思想教育，2015（11）.

澳大利亚还十分重视青少年的社会实践，社会组织或机构为学生提供学习或实习机会，让学生走出校园，亲身参与到管理工作中，这种经历极大地增强了学生的社会责任感及国家归属感。澳大利亚每年都会开展"公民社会领导力培养项目"活动，在这个为期8个月的大型社会教育活动中，参与者需要利用有限资源来解决两个社会问题。通过参与社会实践活动，国民运用所学知识解决实际问题，不仅加深了国民对相关知识的理解，还能增强国民的自信心，提高国民参与活动的积极性，从而达到提升国民国家认同的效果。①

十七、新西兰的国家认同教育

新西兰是一个实行君主立宪制混合英国式议会民主制的国家，现为英联邦成员国之一。新西兰作为一个高度发达的资本主义国家，世界一流的教育体制在全球享有较好的声誉，特别是该国在学校核心价值观教育方面取得了较为显著的成效。

在过去，新西兰也和其他西方国家一样主张价值相对主义，认为个人是道德价值标准的创造者和评判者，不存在凌驾于个体之上的价值标准。对于学校而言，没有责任和必要对个体施加价值观影响，学校对价值观教育应该保持中立立场。但是，价值相对主义给新西兰社会带来了巨大的危机。从20世纪60—90年代，虽然新西兰GDP增长了一倍，政府在教育和卫生方面的投入也有了显著增长，但与此同时，新西兰的犯罪率也增加了4倍，青少年自杀率增加了4倍，30%的儿童生活在单亲家庭。②

90年代以来，新西兰教育部门和研究者开始全面反思过去的做法，并重构学校核心价值观教育的指向及途径。1993年，鉴于新西兰主流社会中所面临的种种问题，新西兰基金会提议在全国学校范围内对学生进行基础价值观的教育。1996年，新西兰基金会在调查问卷的基础上，依据学校和家长对未来学生品质的期望，制定了一项基础价值观教育计划。2006年，新西兰提出重塑价值观教育，教育部颁布了《2007年课程草案》，特别强调价值观教育的重要性，明确提出新西兰的学校应教育学生具有以下八种价值观：追求卓越、创新与好奇、多样化、尊重他人、公正、团结合作、关心环境、诚实正直。并且提出必须将基础价值观教育融入到学校各门课程的教学

---

① 赵诗、黄德林. 澳大利亚国家认同教育的形式及其启示［J］. 学校党建与思想教育，2015（11）.

② 闫宁宁. 新西兰重塑价值观教育［J］. 上海教育，2006（11）.

中。①2007年，新西兰教育部发布了新课程实施方案，推进基础价值观教育，并详细解释了基础价值观的每个要点。2011年，新西兰《国家安全体系报告》将"捍卫价值观"列为国家安全的一部分，使其提升到与民主体制、公共安全同等重要的位置。②

作为一个多元文化、多种族群、多种社会形态、多种宗教生活并存的移民国家，其社会经济的长期持续发展、国家社会秩序的长期稳定和谐、国民素质教育的较高美誉度，无一不在证明着新西兰学校核心价值观教育的有效性、实用性。具体而言，新西兰的价值观教育确立了一种连续、普遍和广泛适用的价值观念，既适用于个体生活，又适用于社会生活；既适用于家庭教育，又适用于学校教育。其实现途径和方式呈现出以下特点：

新西兰核心价值观教育的内容设计与本国国情充分结合，在平等与包容中构建分层有序的多元化教育体系。新西兰在建国之初，就在《威坦哲条约》（即1840年英国与毛利人族长签订的共处和约）中明确指出：致力于通过新西兰的双重文化传统来履行《威坦哲条约》中对道德教育的规定。1986年国家课程委员会发布的大纲进一步明确规定："道德价值是新西兰文化整体的一部分，基督精神建构了盎格鲁—撒克逊民族传统的基础，巫术则是毛利民族传统的基础，两者都相互作用于新西兰社会生活和人民的全部态度和关系。"根据以上精神，新西兰所有小学都可进行这两种文化教育，可采用两种不同教学语言，传授相应的价值观，不因某类特殊人群的价值观凌驾于其他价值观之上，尽可能让学生在小学阶段就学会包容他者、包容他人不同的文化传统。但是作为一个国家的公民，多重价值观的认同往往也容易带来国家公民意识认同的混乱和削弱，因此，新西兰在学校核心价值观教育的层级上做出明确而有序的规定：小学阶段的多元化传统价值观传授不适用于中学，根据新西兰教育法，中学是统一的，是没有教派性的，中学阶段的核心价值观传授必须回到基础价值观教育中来。③

把提升教师教育水平作为实现核心价值观教育的重要保障。新西兰政府指出，校长和学校的主要负责人应该在学校教学中起关键作用，他们应该成为落实基础价值观计划的带头人，应该对计划的实施投以极大的热情和支持。同时，要坚持文学

---

① 闫宁宁. 新西兰重塑价值观教育［J］. 上海教育，2006（11）.
② 周丽. 新西兰核心价值观教育的认同机理及其启示［J］. 学术探索，2014（08）.
③ 周丽. 新西兰核心价值观教育的认同机理及其启示［J］. 学术探索，2014（08）.

作品在基础价值观教育计划中的核心地位，因为文学作品不像单纯的道德说教，而是能以一种心灵交流的方式打动学生，使学生在情绪感染中净化自己的心灵。对于教育工作者而言，在学校教学工作中，基础价值观教育计划要遵从三个教学原则：主动教育原则，教育工作者要主动告诉学生这八项基础价值观的重要性，通过设计具体场景来让学生理解这些价值观；后果教育原则，在教学前首先要向学生讲述相应的行为会产生什么样的后果，使学生认识到这些后果，从内心接受法则对他们行为的约束性；三步决策原则，教育工作者要让学生学会在做每一项选择时，都要充分考虑选择行为所造成的影响。①

课程实施重视体验与实践。教师教学不是对学生的道德说教和政治训诫，而是以友好合作者的身份帮助学生在不同情境下积极思考、自主体验、合作探究，通过对模块的实践培养合格公民的基本素质。不同模块的教学均要求学生收集、分析和交流信息，反思过程与结果的关系，深入理解过程的本质。 如社会组织模块要求学生就自己选择的议题与别人展开讨论，在解决问题的过程中体验到不同观点的碰撞与价值选择，以培养积极公民（Active Citizen）为终极诉求。②在新西兰的核心价值观教育中，并不是简单作为意识形态教育来体现，而是结合实际创造性地开展核心价值观教育教学实践。如在2007年的教学新大纲中，专门在核心价值教育体系中划定了社会生存能力、数学、健康与幸福、创造性与审美能力等多个相互关联作用着的教育领域，将其作为新课程的结合点，并且鼓励教师和学校在价值观教育与个人生存能力提高相结合的范围内，结合实际创造性地开展德育教学实践。③

在国家认同教育课程内容的组织上，新西兰的社会研究课程内容注重遵循学生的认知发展规律和学科的逻辑顺序，编排方式符合学生的生活经验，由近及远，由具体到抽象，注重渐进性和系统性。新西兰的社会研究课程由模块和议题组成，包括五大模块内容。社会组织模块要求学生理解：团队形成与发展、领袖养成与实践、法律制定与实施、公民权利与义务、社会正义与人权维护、经济改革与发展等；文化遗产模块要求学生理解：国家发展、人员流动与文化传统间的关系，对变革的适

---

① 周丽. 新西兰核心价值观教育的认同机理及其启示［J］. 学术探索，2014（08）.
② 陈效飞、傅敏."良好的公民是通过教育塑造的"——新西兰公民教育课程的历史发展及启示［J］.外国教育研究，2013（09）.
③ 周丽. 新西兰核心价值观教育的认同机理及其启示［J］. 学术探索，2014（08）.

应等；场域和环境模块要求学生思考：变化、运动与交互作用，如何解决物理空间上的混乱等；时间和连续体模块：帮助学生理解不同时代的特征、博古通今，使学生生活得更美好；资源和经济模块要求学生知道：资源的分配和管理、经济活动的参与、工作的变动性和经济变化带来的社会影响等。[①]

---

① 陈效飞、傅敏．"良好的公民是通过教育塑造的"——新西兰公民教育课程的历史发展及启示 [J]．外国教育研究，2013（09）．

第四章　国外青少年国家认同教育的特点

第一节　国外青少年国家认同教育的内容

当今世界各国，尽管各个国家的历史、文化传统、社会制度不同，但各国政府都很重视加强青少年的国家认同教育，都把国家认同教育作为重要职责，并运用各种资源开展国家认同教育。概括起来，各国青少年国家认同教育的内容大致包括以下方面。

一、思想政治教育

思想政治教育是指国家或社会群体运用一定的思想观念、政治观点、道德规范，对受教育者进行的有关国家和社会倡导的政治方向、政治立场、人生观、价值观、世界观的教育，使其认同社会的道德和行为规范，形成共同的理想和信念，使其关心和认同社会，参与社会事务，以国家和社会利益为重，成为社会稳定和发展的积极因素。

思想政治教育是人类社会自阶级形成和国家产生以来普遍存在的一种教育实践活动。历史证明，各个历史时期的统治阶级，为了巩固自己的统治地位，都十分重视思想政治教育，不遗余力地把本阶级的政治思想及价值观念，通过一定的教育方式，灌输给社会成员。[1]尽管在不同国家和地区，思想政治教育的形式和做法各异，但其实质都是相同的，都是为统治阶级服务的。

随着全球化的发展，不同国家之间广泛地开展了经济、科技、文化等方面的交流。在这些交流、融合之中，各个国家不但没有淡化思想政治教育，反而更加重视思想政治教育的政治功能，并把它作为巩固本阶级政治地位和促进社会进步发展的重要手段。在现代利益关系错综复杂的社会条件下，唯有认同国家才能最大限度地团结一切可以团结的力量，找到利益冲突各方都可以接受的某种共同点、结合点。

---

[1]　王瑞荪. 比较思想政治教育学 [M]. 北京：高等教育出版社，2001. 43.

正是基于此种认识，许多国家都不约而同地把对"国家意识"的宣扬与灌输放在国家认同教育的重要地位，并以此来指导和处理爱国与民族、宗教的关系，个人与社会的关系。各国现行思想政治教育，旨在让青少年一代认识本国现行政治、经济、文化、教育等制度的合理性、正确性、神圣性，进而拥护、热爱本国的现行制度。在西方国家，学校思想政治教育的主要任务是以不同的方式向学生传播灌输资产阶级的意识形态，并将其作为确保资产阶级统治地位、巩固和发展资本主义制度的重要工具，强化思想政治教育就是其政治功能的集中体现。

各个国家在思想政治教育中，十分注重青少年民族精神的培养。民族精神是在长期的历史进程和积淀中形成的民族意识、民族文化、民族习俗、民族性格、民族信仰、民族宗教、民族价值观念和价值追求等的共同特质，是指民族传统文化中维系、协调、指导、推动民族生存和发展的精粹思想，是一个民族生命力、创造力和凝聚力的集中体现，是一个民族赖以生存、共同生活、共同发展的核心和灵魂。民族精神是爱国主义教育精神内涵的扩展和延伸，是民族文化的核心和灵魂。在世界各国的思想政治教育体系中，无论是发达的资本主义国家——美国和日本，还是新兴的工业化国家——韩国和新加坡，都非常重视民族精神的培育和弘扬，并把其作为国家认同教育的主要内容。[①]美国作为一个多种族的移民国家，非常注重"美国精神"的培养。美国从国家独立到现在发展成为世界头号强国，一直都很注重对学生进行"美利坚民族"意识教育，主张爱美国的制度和生活方式，进而由爱和信任产生信念和忠诚。日本把以"忠"为特征的大和民族精神作为立国之魂，从而实现其政治大国的目的。在新加坡，政府也很重视青少年国家意识的培养，通过实施"社会认同工程"，使新加坡人树立了国家认同感和归属感，增强了社会凝聚力和向心力。在韩国，政府提出了"改造国民性以适应经济增长和国家现代化"的"第二经济理论"，通过不断加强民族精神教育，增强了国家凝聚力，推动了韩国经济的发展。

二、传统文化教育

民族传统是指一个民族受社会经济、历史传统、生活方式以及地理环境等影响而体现出的语言和文学艺术、社会风尚、生活习俗、宗教信仰以及对祖国和人民的

---

① 李庆杨、刘晓鸥. 国外爱国主义教育及其对我国的启示［J］. 沈阳大学学报（社会科学版），2012（03）.

热爱、对乡土眷恋的情感等。

在全球化时代，各个国家都重视传承本国民族传统文化，注重从本民族传统文化中汲取营养，通过传统文化教育培养年青一代的民族自尊心和自信心，增强国家意识和团队精神，鼓励青少年以高度的历史责任感为祖国的富强、民族的复兴做出贡献。

作为一个在相当长的历史时期内拥有强大国力和政治抱负的国家，法国曾一度称雄欧洲，影响遍及世界。直到今天，它仍在国际舞台上发挥着重要作用。在全球化时代，法国人一直担忧美国文化的长驱直入，忧虑自身文化的发展前景与影响力。[①]法国政府将文化看作是法兰西民族"软实力"的重要组成部分，非常重视对本国传统文化的传承和推广。意大利政府也十分重视弘扬本国历史文化，政府投入大量经费来弘扬历史文化。在推行国家认同教育过程中，新加坡、韩国等并未一味照搬西方的教育经验和模式。为了防止欧美价值观对韩国传统道德观念的冲击和侵蚀，韩国选取了经典的儒家文化作为基石，尤为重视民族传统道德教育及民族传统文化教育的传承。[②]突尼斯政府把保护、继承和发展古代优秀文化遗产作为青少年国家认同教育的一项重要内容，在最大限度维持历史原貌的情况下对文物进行了精细的修缮，并制定了有关保护名胜古迹的法律条文。

三、历史教育

每一个国家的文化传统都是在自己独特生活方式的历史传承上建立起来的，对一个国家历史的了解是建立公民文化认同、历史认同的基础。

对任何一个国家而言，历史教育都十分重要。历史教育关系到国家和民族的兴衰，通过历史教育不仅在于让学生了解本国的历史，还影响其对国家的归属感。

当今世界，虽然各国的教育模式、课程设置大相径庭，但各国学校都非常重视历史课程的开设，注重对本国青少年进行历史教育。通过历史教育使青少年熟知本国的历史，了解本国的国情，知晓本国的民主政体及相关准则、行政机构、宪法和法律，

---

① 檀传宝. 公民教育引论：国际经验、历史变迁与中国公民教育的选择［M］. 北京：人民出版社，2011. 51.
② 李庆杨、刘晓鸥. 国外爱国主义教育及其对我国的启示［J］. 沈阳大学学报（社会科学版），2012（03）.

懂得自己作为一个公民应尽的义务和应享有的权利，培养公民的爱国主义情怀。[①]

　　世界各国在历史教育中还着眼于历史知识的灌输、民族自豪感的培养和国家精神的发扬。无论采取哪种途径，首先是在知的层面上告诉公民国家的历史和现实状况，并且进行积极引导。在了解国家历史的基础上，公民产生强烈的自豪感和归属感，培养起热爱祖国的深厚感情。纵观世界各国的历史教育，不难发现，历史教育在培养国家认同观念中起到了关键作用。[②]

　　澳大利亚政府和教育部门非常重视历史教育，将历史课定位为中小学教育的主课，旨在消除国民的历史自卑感，将历史作为维系民族和国家之间关系的精神纽带。美国历届政府都把历史教育放在学校教育的重要位置。在美国，无论是小学、中学还是大学，都开设有历史课。从幼儿园开始，教师就给孩子讲星条旗的组成，让孩子知道"华盛顿"是美国之父，知道"南北战争"。土耳其注重通过历史教育培养公民的民族自尊心和民族凝聚力。在意大利、葡萄牙、法国、丹麦、德国甚至整个欧洲，无不重视对学生进行历史教育，通过广建博物馆、在街头广场塑历代名人雕像、保护历史文化古迹、大力宣扬本国的优秀文化典籍、经常举办祖国文化知识竞赛等，强化青少年的国家意识，深化其爱国情结。

　　各国政府和教育部门十分重视和运用历史人物来加强对青少年的历史教育。在各国历史教育中，一些表现民族优良文化传统和高尚气质的民族英雄和有突出贡献的科学家，无疑成为培养青少年民族意识和爱国主义情怀的榜样。凡是为民族、为国家的政治、经济、军事、科技、文化等做出贡献的人物，各国政府都很重视对他们进行宣传，并把他们作为一个民族、一个国家重要的精神财富加以珍惜，通过为他们建纪念馆、树纪念碑、出版著作或拍电影、电视，让人们铭记，让青少年以英雄人物为榜样，学习英雄们为国奉献的精神。

四、母语教育

　　母语不仅仅是一种工具，还是一个民族国家主权的象征。在全球化时代，征服土地式的主权侵犯变得不太可能，但是，有种主权侵犯是潜移默化、无声无息的，这就是文化侵犯。在全球化背景下，保护母语就是保护主权，重视母语教育，是绝

---

① 王兆璟、白尚祯. 西方公民教育发展的时代展望［J］. 社会科学战线，2011（11）.
② 国外爱国主义教育的内容和途径［EB/OL］. http://gz.eywedu.com/21cnjy/TS013004/0014_ts013004.htm.

对的国家战略，是涉及国家发展、文化传承的大事，不容有失。

加强母语教育就是增强民族的文化认同感和民族自豪感。母语教育本身是一种文化传承活动，它对培养人们的民族情操、增强民族的凝聚力具有重大的意义。在全球化时代，各国都很重视母语教育的开展。英、德、法、俄、意、加等国都以立法的形式保护本国官方语言文字在大众传媒和公共领域的使用和主权地位。以色列人不懈地捍卫自己的母语希伯来文，印度在建国后花大气力复活其梵文，法国政府更是不惜血本来对抗英语的话语霸权。不少国家拒绝在自己的文字中夹杂英文，德国柏林和法国巴黎的街头几乎没有英文标牌，德国的高速公路路标全部使用德文，日本的路标也看不见英文单词，而俄罗斯总统普京甚至签署命令，要求维护俄语的纯洁性。加拿大魁北克省作为北美唯一使用法语的地区，政府制定了极为严厉的法律和详细的政策来保护法语的使用。

五、国旗国歌教育

国旗、国歌是一个国家的象征，代表了国家的尊严。热爱国旗、国歌是认同国家的重要表现之一。对国旗的崇拜也是现代民族国家对国民进行国家认同教育的重要途径。世界各国普遍重视对青少年进行国旗国歌教育，以此来培养他们的国家认同意识。升国旗、唱国歌和观看升国旗仪式已成为各国学校及社会向学生灌输国家身份意识的重要手段。

在加拿大，政府要求市民在屋前、阳台、课桌、办公室、汽车、轮船等物体上插上国旗。加拿大学校门前都悬挂有国旗，学生每天早上都要集体唱加拿大国歌，小学生放学了也要唱国歌，举行重大活动也要唱国歌。在土耳其，中小学国家认同教育是让学生从"懂得国旗、爱护国旗、尊敬国旗"入手的。在埃及，小学生从入学的第一天起，学校就教他们唱国歌，中小学的庆典集会和各种活动的开幕式或闭幕式都要奏（唱）国歌。在菲律宾，总统专门签署命令，对升国旗奏国歌的规范进行规定。在泰国，升国旗、唱国歌已被纳入国家法律。在新加坡，每天早晨，学生必须参加庄严的升国旗仪式，并要高唱国歌、朗诵誓言。在美国，国旗、总统画像这些国家象征物随处可见，中小学生每天在上第一节课前做的第一件事就是全体起立，手放胸前，唱国歌，向国旗敬礼，并背诵誓言。

第二节　国外青少年国家认同教育的途径

一、政府高度重视国家认同教育

冷战结束后，国家间的综合国力竞争愈演愈烈，但竞争的焦点发生了重大转化，以文化为核心的"软实力"成为各国竞相追逐的目标。对于一个国家而言，意识形态是否被高度重视和有效构建、主流意识形态是否被高度认同、意识形态是否具有强大的吸引力和凝聚力，既是文化问题，更是政治问题和外交问题。一个不重视本国意识形态建设的民族不可能屹立于世界民族之林。

政府在国家认同教育中发挥主导作用。政府是国家认同教育的领导者、规划者、推动者和实施者，政府强有力的领导和领导人的高度重视，是保持国家认同教育良好效果的坚强后盾。[①]无论是国家认同教育目标的确立，还是国家共同价值观的倡导，政府在其中都应发挥主导作用。各个国家国家认同教育的顺利实施，都离不开政府强有力的导向，政府的主导作用和舆论的导向作用非常重要。诸如政府在政策上进行引导，在舆论上进行宣传，在法律上进行规定，在经费上进行支持等等。各国政府还力求动员社会一切力量，营造一种良好的社会文化氛围。在这种文化氛围里，青少年的国家认同感得到激发，爱国情操得到陶冶。

在全球化时代，不管是发达国家还是发展中国家，都面临着国家认同的建设问题。每个国家都深刻认识到国家认同教育和国家利益之间的关系，政府都高度重视国家认同教育。各国都把灌输国家意识、培养国家意识放在重要地位，重视国家整体利益，强调国家利益至上。在全球化时代，美国、英国、法国、俄罗斯、德国、日本、新加坡、韩国等国政府都采取了各种措施加强青少年的国家认同教育。就拿韩国来说，韩国不仅是世界上最重视教育的国家之一，而且还十分注重公民的思想

---

① 杜兰晓. 韩国、新加坡国家认同教育的特点及启示［J］. 学校党建与思想教育，2012（34）.

政治教育和道德教化。韩国政府为了排除阻碍经济增长的旧生活方式、旧价值观，大声疾呼民族的觉醒，鞭挞民族的愚昧懒惰，号召改造国民性，提出了"改造国民性以适应经济增长和国家现代化"的"第二经济理论"。①

二、学校是开展国家认同教育的主渠道

从各国国家认同教育的实施来看，学校是进行国家认同教育的主阵地，是开展国家认同教育最正式、最系统、最有效的载体。学校通过开设思想政治、历史、语言、文学等课程，或者通过开展校园活动、创设文化氛围等，传授国家文化、政治、民族等知识，影响青少年学生对国家的政治态度和行为，使青少年学生形成正确的国家民族意识和社会民主意识，增强学生的民族自信和国家自信，培植学生对国家的归属感。②

世界各国学校国家认同教育的开展，一方面通过开设国家认同教育专门课程进行，另一方面则注重发挥各门课程在国家认同教育中的渗透作用。各个国家都专门设置了相应课程，通过课堂教学传授国家认同的相关知识。各国开设的课程不一，如美国高中的社会学科包括美国史、美国政府、法律、世界史、欧洲史、现代史、世界地理、美国文化、东西文化、世界文化、政治学、经济学、社会学等20门，并规定这类课程高中毕业课时数为360，占高中毕业总课时数的8.6%。波兰各类学校不仅专门开设了国家认同教育课程，还把爱国教育融入历史、地理、语文、文学、美术和音乐以及数理化等课程中。除开设专门课程外，葡萄牙还注重把国家认同教育的内容渗透到语文、社会科学常识、历史、音乐等学科中。新加坡除开设"好公民"和"生活与成长"等课程进行"国家意识"教育外，还注重发挥各科课程的"载道作用"和"渗透作用"。从幼儿园一直到大学，法国国家认同教育贯穿于学生受教育的全过程。英国高中通过开设历史、地理、社会学、政治学、宗教、英国宪法、法律等社会科课程进行国家认同教育。

三、学校教育与家庭教育、社会教育相结合

学校教育是培养青少年国家认同感的重要途径，但是仅仅靠学校教育是远远不够的。法国启蒙思想家孟德斯鸠强调通过社会化教育以提高公民对国家的认同。孟

---

① 陈立思. 当代世界的思想政治教育［M］. 北京：中国人民大学出版社，1999. 320.
② 曾水兵、陈油华. 论青少年国家认同教育的三种基本途径［J］. 教育科学研究，2016（04）.

德斯鸠主张共和国的教育需要全部力量的投入，需要家庭、学校和社会的通力合作。在家庭教育方面，他特别强调父母对子女的言传身教，他认为，要培养儿童对法律和国家的爱，比较有用的办法就是父母必须先有这种爱。孟德斯鸠的这种思想，深深影响着人们的思想和行为，并成为许多国家国家认同教育的思想基础。

一个人一生中除了接受学校教育外，大部分时间都是在家庭和社会上度过的，每个人一生大多要受到家庭教育、学校教育和社会教育的影响。纵观世界各国的情况，各国国家认同教育的范围和途径，主要来自家庭教育、学校教育和社会教育三个方面。

国家认同教育是一项系统工程，要使其有效开展，需要充分发挥政府、家庭、学校和社会几方面的合力，需要全社会共同努力和关注，齐抓共管，才能落到实处。政府、学校、家庭、社会机构在国家认同教育中应结成一个相互作用、不断协调的统一体。从世界各国的实践经验可以看出，在国家认同教育过程中，除了要加强政府的主导作用外，还要充分发挥学校教育的主阵地作用，充分发挥大众传媒的舆论导向作用，充分发挥社会团体、民间机构、社区组织的协助共管作用，从而形成辐射全社会的全方位国家认同教育网络，实现国家认同教育合力的最大化。

美国主要通过政府、家庭、学校和社会等途径实施国家认同教育。在美国，无论是学校、家庭还是社会，无论是政党还是宗教团体，无论是家长还是老师，都在充分利用一切场合和时机宣传美国的生活方式和价值观念。就连美国新总统的就职演讲也是在给人民做思想政治教育工作。纵观美国前总统克林顿的演说，可以看到其中就贯穿了政治鼓动、爱国宣传和价值灌输，如"每一代美国人，都必须为作为一个美国人意味着什么下定义""我们必须像家庭供养子女那样供养自己的国家"。

学校教育与家庭教育、社会教育相结合，既是新加坡国家认同教育的重要途径，也是新加坡国家认同教育的成功经验。在新加坡，家长适时地采取各种方式对孩子的思想品德进行积极引导，学校积极开展国家认同教育，政府通过强化家庭教育、营造良好的社会氛围等手段，来为学校的国家认同教育创造良好的外部环境。新加坡的国家认同教育十分重视发挥环境的作用，倡导创造良好的社会环境与提高全民的道德品质并举的方针，通过开展各种群众性活动，进行社会总动员，在社会形成自觉加强道德建设的良好风气，促进国民思想道德建设，增强社会凝聚力和责任感。

日本在国家认同教育中重视学校教育与社会教育相结合，营造了一个以学校为中心、呈辐射状的全方位的"国家认同教育"网络。在充分发挥学校国家认同教育功能的同时，有效利用社会教育。不仅在学校中通过各学科进行渗透，还开展丰富多彩的实践活动。比如学校经常带领学生观看弘扬主旋律的影片或展览，组织学生远足，由此培养学生爱自然、爱家乡、爱国家的情感。

在韩国，从政府到学校、从学校到家庭，都把国家认同教育作为自己义不容辞的职责加以履行。从总统到家长，都能积极主动、以身作则地承担国家认同教育的重任。

四、重视开发和利用国家认同教育资源

国家认同教育的资源非常广泛，从历史到现实，从物质文明到精神文明，从自然风光到物产资源，社会生活的各个领域均蕴藏着极为丰富的教育资源。各种纪念馆、博物馆、历史遗址、各种民族传统节日、国家纪念日等都是重要的国家认同教育资源。良好的社会环境对人的价值观的形成和发展具有重要的作用。除了课堂教学外，各国政府特别重视环境建设，不惜花费巨资修建各类博物馆、纪念馆、名人故居、文化历史遗址等等，并且将这些资源免费向青少年开放，借此帮助青少年一代了解历史，对青少年进行国家认同教育。在美国，纪念馆、博物馆星罗棋布，堪称世界一流，而且每座城市都建有纪念馆、纪念碑，免费让中小学生参观，以此加强学生的爱国意识。丹麦特别注重历史名人在本国历史上所做出的功绩，并为之树碑立传，详载史册，设纪念馆、建陈列馆。在澳大利亚，政府充分利用各种博物馆、纪念馆进行国家自豪感和民族意识的培养，国内几乎每座城市都建有纪念馆、纪念碑，免费让青少年学生参观，让其自觉接受爱国思想的熏陶，以此加强学生的国家意识。在俄罗斯，著名的特列季亚科夫画廊等博物馆都有定期的免费开放日，供学生参观。英国伦敦建设了各种大型纪念馆、图书馆，并免费向18岁以下的未成年人开放。在法国，政府充分利用本国博物馆、纪念馆的资源优势，广泛持久地开展以历史文化为重点的国家认同教育。

各个国家还充分发掘一些纪念日、重要活动、重要事件中蕴藏着的宝贵教育资源进行国家认同教育。一些国家凡逢国家的五或十周年之际都要举行庆祝纪念活动，让青少年学生接受国家认同教育。

五、利用大众传媒加强国家认同教育

在信息社会，大众传媒具有覆盖面广、辐射力强的特点。当代社会迅猛发展的

互联网络、影视广告、手机通讯等信息传播媒介，从各个层面潜移默化地影响着受众的价值观。

　　大众传媒是影响青少年国家认同意识的重要载体，大众传媒的迅速发展为国家认同教育的实施拓宽了领域，利用大众传媒和现代信息技术可大大增强国家认同教育的效果。国家认同教育的有效实施不仅需要政府的大力支持，而且需要社会主流媒体的积极导向来营造良好的社会氛围。在国外，除了学校，大众媒体也成为各国国家认同教育的有利工具和重要途径。无论是东方国家还是西方国家，报纸、书籍、广播、电影、电视、互联网等媒体已被各个国家广泛运用于国家认同教育活动中。政府通过各种媒体宣传官方的政治道德信息，影响公民的政治倾向、价值取向和生活方式。由于网络对学生的学习生活影响日益增大，各个国家还积极利用互联网平台开辟交流平台，设置专门网页，开辟专栏，邀请政治专家、心理学家、社会学家深入剖析重大社会、经济、政治问题。目前，电影、广播、网络、高保真唱片等技术已被国外学校广泛运用于各类教学中，包括德育教学。教学手段和教学技术的现代化提高了教学效果，也有益于提高学生的道德知识水平和政治觉悟水平。①

---

① 吴琼. 当代国外思想政治教育方法及其启示［J］. 求实，2000（15）.

第三节　国外青少年国家认同教育的方法

一、教育目标明确

一个国家人民的思想政治态度如何，直接关系到统治地位是否巩固，关系到这个国家的长治久安和社会文明进步。教育的目标是为了培养人。历史上任何一个有见地的政府、政党，都把争取人心当作国家认同教育的重要任务。众所周知，要增强一个国家的民族凝聚力和公民的国家意识，就必须对公民尤其是青少年进行国家认同教育。无论是东方国家还是西方国家，无论是发达国家还是发展中国家，均对国家认同教育设立了明确的目标。

美国历来重视公民爱国主义精神的培养，把培养具有美国精神的公民作为国家认同教育的主要目标。美国中小学国家认同教育的主要目标是把学生培养成为爱国的、能为国家承担责任和义务的合格公民。美国高校国家认同教育目标是使学生热爱美国，形成对美国政治制度的忠诚，遵纪守法，成为有健全人格、掌握现代科学文化知识的积极进取的美国公民。

法国的国家认同教育目标是让学生成为重人权、重自由、有责任感的国家公民，其具体目标为：培养公民正确的思想态度、培养公民端正的行为品格、培养公民正确的价值观、培养公民的爱国情操与国际和平思想。这些目标在学校里分别通过小学、初中和高中三个阶段来实施。[①]

新加坡的国家认同教育目标是培养"新加坡人"，即培养人们对国家的归属感和认同感。新加坡《中小学公民课程及训练纲要》中提出的中小学德育目标是：通过对各项必要的道德价值观念和社会态度的培养，造就良好的公民，必须使年青一代在个人行为品质、社会责任意识和忠于国家等方面得到良好的发展。

---

① 龙花. 法国公民教育研究 ［D］. 西南大学，2008.

日本将培养公民完美人格作为国家认同教育的目标，注重以"忠"为特征的大和民族精神和以茶道、武道等为主要内容的民族传统教育。

韩国国家认同教育注重培养"身土不二"的韩国国民精神，教育人民传承和珍爱自己的文化，使用本国生产的产品。[①]

尽管不同国家的国家认同教育目标表述略有不同，但有一点是共同的，即都普遍重视青少年国家认同教育，都强调通过教育来培养学生的国家认同意识。

二、在不同年龄阶段实施不同层次的教育

国家认同教育的对象主要是青少年，因此，在进行国家认司教育时，应遵循青少年的身心发展规律，在不同的年龄阶段实施不同层次的教育。各个国家在开展国家认同教育时，都遵循了这一原则，做到小学、中学、大学的国家认同教育课程设置界定分明，各阶段学校国家认同教育目标层次化、内容规范化、方法科学化、操作形式具体化。国家认同教育由简到繁、由浅入深、层层递进。

日本在进行国家认同教育时，注重教育目标的多层次化和针对性。日本针对学生发展的不同阶段，结合学生的认知能力水平，提出了不同的目标，从而逐步实现国家认同教育的总目标。在初级阶段主要培养学生对基本的礼仪、文化、传统的认识，中级阶段进行爱故乡和国家情感的培养，高级阶段则上升到对人生观、国际情感的培养。

韩国根据未成年人的年龄特点，构建了较为完整的未成年人公民教育目标体系和循序渐进的教学内容。

新加坡是亚洲实施公民教育较早也是较为成功的国家。从新加坡推行公民教育的经验来看，新加坡的公民教育从小学到高校不同年级都设有不同的课程，同时配有专门的教材。

新西兰在开展国家认同教育时，其社会研究课程内容遵循学生的认知发展规律和学科逻辑顺序，编排方式照顾到学生的生活经验，由近及远，由具体到抽象，注重渐进性和系统性。

三、教育方法多样化

在全球化背景下，国外青少年国家认同教育的方法多样，注重运用政府引导、

---

① 李卫. 全球化背景下爱国主义教育探析［D］. 吉林大学，2013.

学校课程、宗教教育、大众传媒以及社会活动等方式。

在教育方法上，各国在开展国家认同教育时，都遵循青少年心理发展的特点，对青少年进行适合年龄特点的教育。例如，英国在孩子很小的时候并没有刻意要求他们爱国，而是把重点放在爱的情感教育上，并针对不同年龄孩子的特点提出了具体要求：6岁以下要学习爱父母，每天向父母问好等；7岁要学会爱朋友，爱小动物；8岁要有同情心；9岁要学会帮助他人，向困难的人伸出援手；10岁要懂得爱他人，要了解消防员、救护员、医生、养老院和红十字会的工作人员都在做着爱他人的工作，要学会尊敬这些人；11岁要学习爱家乡；12岁要开始懂得爱国家，学习维护国家主权。美国教师对学生进行爱国主义教育时，会先从地图、孩子的出生地、家乡的特产和著名人物、风土人情等方面来循循善诱，使少年儿童逐步形成对国家的亲近感、认同感和归属感。另外，学校里进行的各种活动，都要先从升国旗、唱国歌开始，即使是一个学生的足球比赛，也要先升国旗、唱国歌。层层递进的教育目标有助于培养学生的爱国主义精神。

当今世界各国国家认同教育主要采用的方法有如下几种：

显性教育与隐性教育方法。显性教育是指充分利用各种公开手段、公共场所，有领导、有组织、有系统地实施国家认同教育。隐性教育是指运用多种喜闻乐见的手段，寓教于乐，把国家认同教育贯穿于其中，使人们在潜移默化中接受教育。[①]当今世界各国的国家认同教育除了通过学校正面的、直接的显性教育外，还注重显性与隐性教育的有机整合。

理论灌输法。理论灌输法是一种传统的教育方法，即通过讲解、传播等方式，将思想政治教育内容传输给受教育者。尽管这种方法不断遭到人们的抨击，但它至今仍是各国国家认同教育普遍采用的基本方法。这种方法的特点是把一些具体的、相对固定的道德规则和美德灌输给学生，通过训练、榜样、惩罚等方式巩固和强化灌输的效果。[②]

问题讨论法。当代国外国家认同教育非常重视学生认知能力的培养，认为唯有发展学生的判断力才能使学生较好地适应多变的社会，才能根据不同情境和具体情

---

① 王瑞荪. 比较思想政治教育学［M］. 北京：高等教育出版社，2001. 288.
② 李春霈. 西方国家公民教育的内容、特点及其对我国思想政治工作的启示［D］. 河北师范大学，2001.

况做出正确的判断。反之，如果仅记住公民知识或培养某方面的行为习惯，不仅不能应付变化了的情况，而且还会产生副作用，会因为已有的定势而无法学习和顺应新情况，满足新需求。现在很多国家的公民教育课都引进了科尔伯格的道德认知理论，采用问题讨论法，把培养判断力作为公民教育的中心任务。①

实践锻炼法。西方许多学者都认为，道德伦理规范的灌输无济于学生道德水准的提高，真正的教育途径就是实践，要让学生在实践中增强社会责任感和伦理道德观念。各个国家在国家认同教育中都重视实践和切身体验，重视通过社会参与、实践活动增强教育的效果。比如，美国、法国、韩国等国的国家认同教育活动比较贴近学生生活，重视生活体验和社会实践，重视调动被教育者的积极性。日本、菲律宾等国则注重劳动教育。劳动教育的内容一般包括美化环境、参加社区生产劳动和志愿服务性劳动及学习某种劳动技能。②法国的国家认同教育特别重视实践法，即通过实践来促进学生国家认同感的发展。

情感陶冶法。情感陶冶一般包括人格感化、环境陶冶和艺术熏陶等形式。教师的人格和校风等对学生的成长有重要的影响作用，西方社会称这些影响为"隐蔽课程"。美国、英国、澳大利亚等国都特别重视隐蔽课程对学生的教育作用。

自我教育法。国外许多国家在国家认同教育中，摒弃灌输方式，采用"以学生为中心"的自我教育模式，重视启发式学习，倡导"活动教学""情境教学"方式，即注重学生参与实际情境，亲身体验，获得感性认识。这种教学模式的优点是尊重受教育者的自主性，让学生在现实生活中增强辨析能力，发展自主意识，实现自主发展。如英国学校推崇"开放和均衡的讨论"，成立"学校议会"，推进校政民主化，以此使学生了解民主选举的程序并掌握相关技能。美国学校尤其注重学生的自我教育，通过加强"校园民主"，组织学生参观法院、市长办公室、市政厅，鼓励他们的"政治参与"，同时还鼓励学生自发组织社团。学生在这些社团组织的活动中能

---

① 李春霈. 西方国家公民教育的内容、特点及其对我国思想政治工作的启示 [D]. 河北师范大学，2001.

② 李春霈. 西方国家公民教育的内容、特点及其对我国思想政治工作的启示 [D]. 河北师范大学，2001.

充分表现自我，从而达到自我完善。[①]法国学校常常把学校、班级模拟成社会，组织"市长竞选""议会辩论"等活动。应当说，西方学校的这些措施在确立学生的价值观，使其自觉地接受资产阶级自由、民主、平等、人权等思想观念方面，的确卓有成效。[②]

渗透法。各国在开展国家认同教育时都采取了渗透式的教育方式，即把国家认同教育内容渗透到学校教育及社会生活的各个领域。当今世界，各个国家都有各种教育设施（如博物馆、纪念馆、历史遗迹、名人故居等），这些设施是向其国民尤其是青少年进行政治、思想、道德教育的重要基地和生动教材。各国政府都非常重视这些文化设施的建设，通过这些设施来宣扬本国的政治制度和价值观念。

四、校内教育与校外教育紧密结合

各国在进行国家认同教育时，既重视开设专门的国家认同教育课程，讲授政治理论基本知识，又注重通过各种活动对学生进行国家认同教育。具体而言，当前世界各国的学校国家认同教育主要有课堂教学和课外活动两种形式。课堂教学一般又分为两种方式：开设专门的公民教育课程进行系统教育及通过各科教学渗透进行国家认同教育。

课外、校外活动也是各国国家认同教育的重要途径。为了使国家认同教育具体化，将知与行统一起来，有效地培养良好的行为习惯，许多国家都非常重视课外教育活动。课外活动的范围一般包括社会活动、体育活动、学术活动、慈善活动及环境保护与卫生活动等。当今世界各国都非常注重通过开展课外活动和社会服务来加强国家认同教育。各国政府和社会非常支持学生参加社会性服务，通过开展丰富多彩、形式多样的实践活动，可以培养学生自我管理、自我教育和社会生存的能力。比如通过举办各种讨论会、演讲会、报告会、展览会，组织学生调查各种社会问题，就学生关心的某一问题举行时势研讨会、民意测验等，以激发学生关心时事、学习现行政策的热情。

在法国，除了学习正规课程外，学生还需要积极参与课外活动，这也是课程体系中必不可少的部分，并且正在发挥着日益重要的辅助作用。法国的公民教育活动

---

① 李春霈. 西方国家公民教育的内容、特点及其对我国思想政治工作的启示［D］. 河北师范大学，2001.

② 王珊、胡利民. 西方国家的思想政治教育［J］. 河南教育，2003（09）.

具有综合性、开放性、灵活性、兴趣性、自主性等特征。日本的国家认同教育是通过学校的各种教育活动来进行的，除了"道德"时间以外，各学科、特别活动和综合学习时间也会进行适当的国家认同教育。组织学生参加各类夏令营是新加坡国家认同教育的重要形式。新加坡教育部1993年夏季主办的历史学习营，组织中二、中三学生参观樟宜等战争遗迹、国家博物院，模拟新加坡在1942年沦陷以后的生活情节，让学生亲身体验日本侵略军统治时期的苦难生活，教育学生勿忘国耻。社区服务是美国国家认同教育的一种特色课程，也是的重要途径。美国高校一直把培养服务社会的公民作为办学宗旨。美国学生经常参与社会志愿活动。比如经常到孤儿院义务担任教师，为中小学生补课，访问老年之家和为社区机构义务帮忙等。通过参与社区服务，学生理解了不同群体的需要，解决了社区问题，从而培养学生的社会责任感。

第五章　全球化时代中国青少年国家认同教育的构建

　　当前，我国青少年的国家认同意识受到了全球化的强烈冲击。面对新形势，我国国家认同教育既要放眼国际，借鉴吸收他国国家认同教育的成功经验，更要立足于我国国内的实际进行探索，继承和发扬优良传统，锐意创新，拓展教育渠道，创新教育手段，不断提高国家认同教育的实效性。

第一节　通过思想政治教育增强政治认同

一、思想政治教育的重要性

　　思想政治教育是指在一定的政治思想指导下开展的、旨在达成社会成员的政治认同和政治拥护、影响社会成员的心理与行为的社会实践活动的总和。一个国家的政治体系想要维护其政治权威的合法性和维持稳定的政治秩序，首先要使其意识形态得以建立并获得国民的接受，发挥主流意识形态在社会政治生活中的作用，整合政治力量凝聚社会成员的功能，这就是政治认同。政治认同表现出人们在社会政治生活中产生的对政治体系的情感和意识上的归属感，表现为对民族国家、政治制度、政治体制、政治过程、政治权威和政治意识形态等方面的理解、认可、支持和服从，本质上是人们对政治体系的信任，是人的政治信念和信仰，也是国家凝聚力的基础。①

　　（一）加强思想政治教育有助于维护社会的稳定

　　思想政治教育贯穿于人类社会的全部历史。有史以来，世界上任何国家、任何当政者为了社会的巩固和发展，总是注重通过各种途径和方式，加强对其社会成员

---

① 林伟健. 国家凝聚力：从文化认同到政治认同 [J]. 广东省社会主义学院学报，2009（03）.

的思想灌输和教育，以形成一定的社会导向和行为准则。例如，中国封建社会的统治者总是用"君为臣纲、父为子纲""忠孝仁义礼"等封建社会主流文化、主流意识和价值观念来维护自己的统治。同样，西方资本主义社会也时时刻刻向其社会成员不断地灌输所谓的"自由、平等、民主、和平""私有财产不可侵犯""人权"等思想意识，以维护其统治和社会制度。①

无论社会结构和政治文化发生何种改变，通过思想政治教育加强政治认同十分重要。世界各国都在充分利用、积极配置各种政治、文化、教育资源，极力提高本国人民对该国政治体系的认同程度，巩固本国人民对该国政治体系的认同成果，完善本国人民对该国政治体系的认识水平。②通过政治认同，一国不仅为本国经济、社会稳定发展奠定了广泛的民众基础，还为本国综合国力的提升提供了强大动力和可靠支撑。③总之，为了将本国现行的社会制度和政治模式灌输到国民头脑之中以利于社会的安定和谐与繁荣发展，任何国家都缺少不了思想政治教育。

（二）加强思想政治教育有助于增强国民的政治素质

思想政治教育是政治认同的重要载体，加强政治认同始终是思想政治教育的关键环节与核心内容。在现代利益关系错综复杂的社会条件下，唯有爱国才能最大限度地团结一切可以团结的力量，找到利益冲突各方都可以接受的某一共同点、结合点。正是基于此种认识，许多国家都不约而同地把对"国家意识"的宣扬与灌输放在思想政治教育的重要位置。通过思想政治教育，传播政治理论和政治价值观，旗帜鲜明地宣传本国占统治地位的意识形态，帮助受教育者建立起相应的政治信仰。

在我国大力推进经济、政治、文化和社会建设中，特别是随着我国社会经济成分、组织形式、物质利益、就业方式日益多样化，人们思想活动的独立性、选择性、多样性、差异性明显增强，思想政治教育显得十分迫切和必要。思想政治教育的核心与重点是政治思想教育，通过传播政治理论和政治价值观，帮助国民进一步建立对马克思主义的信仰和对中国特色社会主义的信念，增强国民的政治素质，保证经济工作和其他一切工作的社会主义性质和方向，保证共产党的路线、方针和政策的

---

① 冯建军. 公民身份的国家认同：时代挑战与教育应答［J］. 社会科学战线，2012（07）.
② 阮一帆、傅安洲. 思想政治教育与政治认同［N］. 光明日报，2015-01-24.
③ 阮一帆、傅安洲. 思想政治教育与政治认同［N］. 光明日报，2015-01-24.

贯彻落实，为实现中华民族伟大复兴的中国梦保驾护航。①

（三）加强思想政治教育有助于培养新时期所需要的高素质人才

人的全面发展离不开全面教育，而思想政治教育不仅是全面教育的重要组成部分，而且是发展全面教育的根本性保证。思想政治教育是一种有目的、有计划、有组织的综合教育活动，既包括政治思想教育，也包括哲学思想、法学思想、经济思想等综合思想教育；既包括道德品质教育，也包括心理素质教育。思想政治教育从本质上而言就是一种培养人、塑造人、发展人的教育活动，它以培养"有理想、有道德、有文化、有纪律"的四有新人为目的，以帮助个体实现其在政治素质、道德品质和人生价值观方面的全面发展为己任。因此，思想政治教育是一种完善人格的综合教育实践，在新时期高素质人才培养中将发挥重要的作用。

当今世界正在发生广泛而深刻的变化，当代中国正在发生广泛而深刻的变革。随着改革开放的深入推进，各种思想文化相互交织碰撞，人们的思想受到大量西方文化思潮和价值观念的冲击。西方国家采用"西化""分化"的措施，目的在于动摇人们的社会主义信念，弱化人们对社会主义的认同。西方发达国家竭力宣扬资产阶级人生观、价值观和生活方式，以个人主义为本位的价值观冲击着我国传统的以集体主义为本位的价值观念，淡化了一部分人的集体观念、民族意识和爱国主义情感，甚至摧毁了他们追求社会主义信念和共产主义理想的信心。部分青少年学生不同程度地存在政治信仰迷茫、理想信念模糊、价值取向扭曲等问题。一些大学生在人生价值目标选择上呈现出功利化和世俗化倾向，在个人目标与社会目标矛盾时，重个人目标而轻社会目标。因此，在全球化时代，对青少年学生加强思想政治教育十分必要。

二、思想政治教育的主要内容

（一）社会主义核心价值教育

当代认同问题的核心是价值观认同问题。更直接地说，所谓身份感本身就是一种价值认同。②一个国家、一个民族、一个社会在长期共同的认识和实践活动中，必然要形成一定的价值观念体系。在这个体系中居核心地位、起主导和统领作用的，就是核心价值或共同价值。每一个社会制度或同一社会制度下的不同发展时期，都

---

① 杨光坤. 当前加强思想政治教育工作具有重要意义［EB/OL］. http://theory.people.com.cn/n/2013/0809/c40537-22509059.html.

② 王成兵. 当代认同的人学解读［M］. 北京：中国社会科学出版社，2004. 6.

有相应的核心价值观。从中外历史来看，一个国家一旦建立，便开始强化共同意识和共同价值观，以维护国家的统一和稳定。中国历史上如此，外国也一样。无论是美国、日本等发达资本主义国家，还是韩国、新加坡等新兴现代化国家，都形成了具有自己特色的共同核心价值理念。人类社会发展的历史表明，对一个民族、一个国家来说，最持久、最深层的力量是全社会共同认可的核心价值观。中国之所以能够保持长期统一和稳定，与历代王朝在全国各民族中强化共同意识和共同价值观有密切的关系。因此，共同意识和共同价值观是凝聚一个国家的重要思想武器。

核心价值观，承载着一个民族、一个国家的精神追求，体现着一个社会评判是非曲直的价值标准。对于一个国家、一个民族来说，形成价值共识、促进价值认同，是其生存和发展最不可或缺的基本功课。核心价值观的认同，是公民对文化认同的最重要的要求。没有共同的核心价值观，就不能构成真正统一的国家。①核心价值观是国家团结与统一的共同价值基础，是培育社会成员国家统一意识的深层基础，是统领国家的精神之魂，是维系社会秩序的"黏合剂"，是物质力量无法替代的"软实力"，是一种更为基础性、稳定性、深层次的战略要素。一个民族、一个国家的向心力和凝聚力的大小，很大程度上取决于全社会成员对民族和国家价值目标的认同程度。任何国家都有自己的核心价值体系，这是国家发展、社会团结的精神力量和精神纽带。一个国家一个社会，如果没有一种为大多数人所认同的核心价值观，那么这个国家这个社会就难以形成统一的精神力量，就会丧失凝聚力和战斗力，其发展就不可能健康、快速和持续。即便是在多元社会，任何一个国家都不会放弃对核心价值观的追求和坚守。西方国家在价值观教育方面的教训值得我们借鉴。正如美国学者菲利克斯·格罗斯（Felix Gross）所言："正常运转的社会以及正常运转的民族国家，其前提条件之一，就是所谓民族的社会凝聚力，一种社会成员彼此休戚相关、具有共同传统和共同目的的意识。"②马克思曾经指出："统治阶级的思想在每一时代都是占统治地位的思想。这就是说，一个阶级是社会上占统治地位的物质力量，同时也是社会上占统治地位的精神力量。"③

---

① 冯建军. 公民身份的国家认同：时代挑战与教育应答［J］. 社会科学战线，2012（07）.
② ［美］菲利克斯·格罗斯. 公民与国家——民族、部属和族属身份［M］. 王建娥、魏强，译. 北京：新华出版社，2003. 286.
③ 马克思恩格斯选集（第1卷）［M］. 北京：人民出版社，1995. 98.

　　社会主义核心价值体系是兴国之魂，是社会主义先进文化的精髓。社会主义核心价值体系是社会主义意识形态的核心内容，决定着社会主义意识形态的性质和方向，为经济建设、政治建设、文化建设和社会建设的协调发展提供精神动力。建设社会主义核心价值体系，开展社会主义核心价值观教育，就是为了促进国家的文化认同，构建中华民族共同的精神家园。建设社会主义核心价值体系的过程，就是塑造全国各族人民文化认同的过程。社会主义核心价值体系引导人们物质追求与精神追求的和谐发展，以指导思想、理想信念、精神境界、道德规范的同一性为基础来塑造文化认同，为国家发展、民族振兴、人民幸福、社会和谐提供思想保证和精神动力。国家软实力不仅体现在具有吸引力的制度上，更表现在具有感召力的文化上，渗透在思想意识和价值观念中。文化软实力在很大程度上表现为民族凝聚力，而这种凝聚力主要来自人们对核心价值体系的认同。因此，塑造社会主义核心价值认同，是提高文化软实力的关键环节。社会主义核心价值体系超越血缘、民族、语言、地域、宗教或传统，是塑造文化认同、构建中华民族集体身份的价值依据。①

　　在当今社会，中国面临着全球化带来的各种新挑战，各种思想文化相互激荡，社会利益关系甚为复杂。改革开放以来，社会价值观的多元化促进了思想活跃、观念碰撞、文化交融，对于经济的发展和社会的进步起到了重要的推动作用。但是，由于价值主体、价值标准、价值取向等越来越多元化，自然就会出现多元价值观对社会核心价值观的冲击。在社会转型时期，"核心价值观"与"多元价值观"的这种张力关系将长期存在。在我国，要塑造"民族国家"的根基，就必须构建中华民族的共同理想和全体人民普遍接受的核心价值观。无论在国内还是在全人类面前，中国要建立真正稳定、和谐、富强的大国，必须有自己稳定而又持续的核心价值理念，创造出符合历史发展方向并具有世界历史意义的价值理念。如果没有这样的理念，我们既不能构筑永续又有深度的认同感来巩固多民族国家的统一，也无法形成持续而又强大的感召力来赢得全世界的理解和尊重。公民教育必须下功夫建设和渗透中国自身的核心价值理念。②

　　青少年正处在世界观、人生观、价值观形成的关键时期，他们接受新鲜事物的

---

① 张军. 全球化视域下的国家认同及其建构［J］. 青海社会科学，2012（02）.
② 韩震. 全球化时代的公民教育与国家认同及文化认同［J］. 社会科学战线，2010（05）.

能力很强，但由于人生经验不足、思想不够成熟、缺乏社会实践，一些青少年鉴别力明显欠缺，对社会思潮和信息的甄别能力不强，容易受到外界不良因素的影响。当前，社会思想价值观念日益多元多样，拜金主义、个人主义、享乐主义等对青少年影响很大，容易导致青少年思想的困惑和价值迷失。[①]青少年是中国特色社会主义事业的接班人，青少年的价值取向决定了未来整个社会的价值取向，赢得青年就赢得了未来，青少年能否树立社会主义核心价值观关系到国家和民族的未来。对青少年进行社会主义核心价值观教育，弘扬主流意识，把他们培养成为社会主义制度的接班人，也是我国社会主义制度赖以延续和发展的一个重要方面。抓好这一时期的价值观养成十分重要。"大学之道，在明明德，在亲民，在止于至善。"如果核心价值观就是一种德，那么，大学就应当成为培育和践行社会主义核心价值观的主阵地、先行者和推动者；如果说大学之道在"明德"，那么，培育和践行社会主义核心价值观就是大学之"大道"。只有用社会主义核心价值观教育广大学生，才能使其明辨是非、正确区分马克思主义世界观和各种非马克思主义甚至是反马克思主义世界观；才能使其排除干扰，驱除杂念，坚定信仰，为党和国家的事业做出应有的贡献。以中华优秀传统文化为立足点进行社会主义核心价值观的培育，能够极大地唤起人们内心深处的文化心理认同，激发起青年投身民族伟大复兴事业的情感力量，增强社会主义核心价值观教育的广度和深度。[②]

（二）社会主义理想信念教育

德国哲学家马尔库赛曾说过："观念的东西不能改变世界，但是观念可以改变人的行为，人的行为可以改变世界。"理想信念是人类特有的一种精神，反映了人们的人生诉求、政治立场和政治主张。共同理想是民族意志、价值和感情的集中体现。任何民族、任何国家都有一个占主导地位的社会共同理想信念，这是民族国家统一行动、团结人心、凝聚力量的精神支柱。一个民族要有理想信念，一个政党也要有理想信念，没有了理想信念，就没有了精神支柱和动力。无数事实和实践证明，一个政党要有战斗力，一个民族要有生命力，离不开政党、民族成员的团结凝聚力，而这种团结凝聚力主要来自一个政党、民族本身的坚定的信念和理想追求。中国共

---

① 崔展华. 引导青年树立社会主义核心价值观［N］. 人民日报，2013-06-20.
② 张瑜. 增强社会主义核心价值观教育的广度和深度［EB/OL］. http://theory.gmw.cn/2014-06/19/content_11664133.htm.

产党九十多年革命、建设、改革的实践充分说明了这一点，"我们过去几十年艰苦奋斗，就是靠用坚定的信念把人民团结起来，为人民自己的利益而奋斗。没有这样的信念，就没有凝聚力。没有这样的信念，就没有一切"①。在艰难困苦的岁月，中国共产党能够带领人民取得胜利，就是靠坚定的理想信念。社会主义、共产主义的理想信念，是无产阶级和共产党人对人类社会发展规律和自身历史使命自觉意识的集中体现，人类历史上还没有哪一种理想信念能够达到如此崇高的境界。

在全球化时代，加强社会主义意识形态认同是维护社会主义国家独立的有力保证。②意识形态与国家政权结合在一起，靠国家政权来维护与传播，同时也为国家政权的"合法性"提供文化基础。国民的意识形态认同直接关系到政权的巩固和稳定，缺少意识形态认同就意味着政权丧失其"合法性"，意识形态的危机必然导致政权危机，因此，意识形态扩张的最终指向是一国政权以及该政权保护下的特定利益。③我国是社会主义国家，以马克思列宁主义、毛泽东思想、邓小平理论、"三个代表"重要思想、科学发展观为指导，以共同富裕为理想，以集体主义为道德原则，作为社会主义国家的公民应该认同这些理念。当前在我国国内，改革开放和社会主义现代化建设取得了举世瞩目的成就，但随着经济体制的深刻变革，社会结构的深刻变化，利益格局的深刻调整，人们的思想观念在发生变化的同时，也出现了共同理想淡化，对社会公益事业不太关心，缺乏社会责任感和集体荣誉感，对社会主义前途产生怀疑等问题。再加上利益多元化形成了不同的社会利益群体，导致阶层分化，出现不同群众意见分歧的现象。加强共同理想教育有利于在不同利益群体之间提倡求同存异，有利于形成人与人之间和谐发展的局面。在国际上，一些西方国家西化、分化、渗透我国的企图一刻也不曾减弱，再加上苏东剧变后，共产主义信念面临严峻的挑战，致使有些人精神空虚，对中国特色社会主义共同理想产生了困惑和疑虑，尤其是严重缺乏对人生终极价值的思考与远大目标的追求。随着我国经济成分和经济利益多样化、社会生产方式多样化、社会组织形式多样化、就业岗位和就业方式多样

---

① 邓小平文选（第3卷）[M]. 北京：人民出版社，1993. 190.

② 张文彦. 国家意识形态认同探析 [J]. 理论学刊，2010（12）.

③ 韩源. 在全球化背景下维护我国的文化安全的战略思考 [J]. 毛泽东邓小平理论研究，2004（04）.

化、分配方式多样化，使一些青年对社会主义制度的根本产生了动摇与怀疑。①中国特色社会主义共同理想教育已到了刻不容缓的地步。

在全球化背景下，中国比以往任何时候更需要有强大的精神力量作支撑，更需要有正确的思想作导向，更需要有坚定的社会主义理想信念，否则中国就会乱，就会成为一盘散沙，在全球化进程中就会演变为西方资本主义国家的附庸。苏东剧变的残酷事实已经告知我们这绝不是危言耸听。无数事实已经证明，只有社会主义才能救中国，只有社会主义才能发展中国。社会主义制度是我们的立国之本，走社会主义道路，是中国近代历史发展的必然。在新时期，高举社会主义旗帜，是实现中华民族伟大复兴的根基。当前，在我国一些高校还存在诸如对学生理想信念教育工作重视不够、理想信念教育与大学生思想实际结合不紧、大学生理想信念教育方法不多等问题。在全球化不断深入的背景下，高校理想信念教育既需要继承和发扬传统优势，又需要结合新的时代特征，更需要不断整合现代化手段，在教育内容、教育渠道、教育环境等方面做出合乎时代发展要求的改革和创新，不断提高理想信念教育的针对性和实效性。

（三）中华民族精神教育

民族精神是一个民族在历史活动中表现出来的富有生命力的优秀思想、高尚品格和坚定志向。民族精神是民族文化的精髓，是一个民族赖以生存和发展的精神支柱。一个民族，没有振奋的精神和高尚的品格，就不可能屹立于世界民族之林。在经济全球化的时代大潮中，一个民族尤其是原先经济文化比较落后的发展中国家，要维护民族独立，不仅需要独立自主的民族经济，而且需要独立自主的民族文化、民族精神。

中华民族在五千年的历史发展中，形成了以爱国主义为核心的团结统一、爱好和平、勤劳勇敢、自强不息的伟大民族精神。在中国革命、建设和改革的不同时期，又先后形成了井冈山精神、长征精神、延安精神、铁人精神、雷锋精神、焦裕禄精神、"两弹一星"精神、"九八"抗洪精神、抗击"非典"精神、抗震救灾精神、奥运精神、载人航天精神等。②中华民族精神是中华文化的灵魂和核心，是中国人精神风貌及其思想道德的高度概括和凝练，它是中华民族在艰难环境中得以繁衍、发展、

---

① 闵小益. 多元化与主旋律——关于新时期在青年中开展主流意识教育的思考［EB/OL］. http://www.cycs.org/article.asp?category=1&column=101&id=1183.
② 王东虓、王一平. 论社会主义合格公民的文化维度［J］. 学校党建与思想教育，2015（02）.

壮大的精神支柱，是激励和鼓舞中华民族成员朝着美好目标积极奋进的精神动力。中华民族之所以能在几千年的历史长河中历经坎坷而巍然屹立于当今世界，最重要的就是中国优秀传统文化中蕴含着的民族精神。这一特性决定了每当国家存亡、民族兴衰的关键时刻，都能够激发出民众强大的国家意识和民族精神。中华民族精神是民族凝聚力、创造力、推动力的核心，是中国文化软实力的重要底蕴和文化基础，是一种内在的、隐性的文化竞争力，是中国人素质的主要标志。可以说，中华民族精神是构成中国文化软实力的重要精神资源和人力资本。优秀的民族精神为中国经济社会的快速发展提供了良好的文化条件和文化氛围，成为中国竞争力极为重要的支撑力量。

　　在全球化时代，中华民族精神教育面临着极大挑战。我国社会主义初级阶段的国民精神信仰整体上是良好的，但是随着经济改革的深入，又面临着过度的物质主义和实用主义吞没理想主义和真诚信仰的危机，国民精神信仰的一部分一度出现短暂性"真空"。[①]近年来，虽然我国市场经济得到不断发展，但与之相适应的社会主义市场经济道德体系尚未完全建立，市场经济所带来的负效应已对青少年学生的行为产生了一定的负面影响，"金钱至上"的人生价值观在部分大学生中占有一定市场；有的大学生缺乏远大的理想和正确的信念，不求上进，得过且过；一些大学生喜欢坐而论道，乏力践行，自私贪利，不能摆正个人与国家之间的关系。与此同时，党内的一些腐败现象、政府工作人员的部分失信行为、某些暴利领域的不公平竞争、下岗职工增多、就业困难等社会问题，致使一些大学生不能理性对待，于是对党和国家的前途与未来缺乏信心，动摇了民族精神。宣传思想领域内的一些杂音也影响着青少年民族精神教育的正确导向。比如有些杂志文章公开鼓吹"全盘西化"，经济上推崇私有化，主张把国有企业全部"民营化"；政治上鼓吹资产阶级的多党制、议会制；一些媒体对西方的东西不加分析地宣传，从而对部分辨识能力较差的学生产生了不同程度的误导，使他们在国情判断的矛盾心理中动摇对本民族的信心与信念。这些不良因素的存在，都不同程度地影响了青少年民族精神教育的效果。[②]由此可见，在青少年中开展中华民族精神教育是十分必要的。当前，我们应该把培育和弘扬中华民族精神作为提升文化软实力的重要手段，以提升中国的竞争力。弘扬和培育中

---

① 牟钟鉴. 关于宗教与社会主义社会相互关系的思考［J］. 中央民族大学学报，1999（05）.

② 徐绍华. 大学生民族精神教育的挑战与对策［J］. 思想教育研究，2011（01）.

华民族精神，增强民族的创造力和凝聚力，是历史赋予我们的重任。

三、加强思想政治教育的方法、途径

2004年，中共中央、国务院发出《关于进一步加强和改进大学生思想政治教育的意见》。《意见》指出，大学生是十分宝贵的人才资源，是民族的希望，是祖国的未来。加强和改进大学生的思想政治教育，提高他们的思想政治素质，把他们培养成中国特色社会主义事业的建设者和接班人，对于全面实施科教兴国和人才强国战略，确保我国在激烈的国际竞争中始终立于不败之地，确保实现全面建设小康社会、加快推进社会主义现代化的宏伟目标，确保中国特色社会主义事业兴旺发达、后继有人，具有重大而深远的战略意义。

2005年，教育部颁布了《关于整体规划大中小学德育体系的意见》，提出整体规划大中小学德育体系，要坚持把邓小平理论和"三个代表"重要思想作为根本指导方针，把培养有理想、有道德、有文化、有纪律的"四有"公民作为根本目标，把帮助青少年学生树立正确的世界观、人生观、价值观作为根本任务，把课堂教学和社会实践作为根本途径，把有效衔接、分层实施、循序渐进、整体推进作为根本要求，把学校、家庭、社会共同参与、相互配合作为根本举措。

长期以来，在片面追求"升学教育""精英教育"的影响下，一些学校对思想政治教育重视不够，在强调培养学生国际视野与世界公民素养的同时，却忽略了国家意识、民族文化认同和自主公民人格的培育。同时，现有的思想政治教育课程也缺乏整体性科学架构，从小学到大学没有形成科学递进系列。中学思想政治教育课程存在"知识化""成人化"的倾向，而大学德育课程在培育民族精神方面的力度则显不足，不能满足大学生理性思考的要求。[①]

在全球化时代，传统的国家认同观正在遭受强烈冲击。在这样的形势下，大中小学更应进一步重视思想政治教育，应根据青少年的特点构建思想政治教育课程体系，创新思想政治教育方式和教学方法，增强学生对国家和民族的认同。

（一）加强和改进中小学思想政治教育

1.重视中小学思想政治教育

在当前中小学教育中，由于存在一定的功利化倾向，学校片面追求升学率，重

---

① 卢丽君. 让学生更有文化自信和民族自尊［N］. 中国教育报，2006-03-03.

智轻德现象十分普遍，思想政治教育并未受到应有的重视。中小学是为培养社会主义建设人才奠定基础的重要阶段，而思想政治教育在人才成长过程中具有决定性作用。因此，各级学校必须坚持社会主义办学方针，把坚定正确的政治方向放在首位，通过思想政治教育确立学生对社会主义政治制度的认同，引导学生学会用马克思主义辩证唯物主义观点看待政治问题，逐步形成对社会主义政治价值信仰的认同。

2. 思想政治课教师要不断提高自身素质

思想政治课教师要不断提高自身的政治素质和业务素质，担负起"传道、授业、解惑"的职责，要为学生的学习起好启动、引导、调节、激发、定向的作用。教师要具备创设各种情景的能力，如语言表达能力、演示能力、调动积极性的能力、吸引学生注意力的能力。教师只有具备这些能力，并充分利用这些能力，才能创设出良好的陶冶情景。思想政治教师在平时的教学过程当中要不断学习，提升自己的专业知识素养，同时还应该经常进行培训和参观学习，借鉴其他学校在思想政治教学中的先进经验，不断提高自身理论素质。①

3. 改进中小学思想政治教育方法

长期以来，我国中小学在进行思想政治教育时，由于受到应试教育等因素的影响，不少学校的思想教育内容与现实严重脱节，一味以灌输为主，教育形式呆板、教育方法滞后，思想政治教育不仅对中小学生缺乏足够的吸引力，而且还引发了中小学生一定程度的排斥和反感。因此，要提高中小学思想政治教育的实效，必须改进中小学思想政治教育的方法，激发中小学生学习思想政治课的积极性。

中小学开展思想政治教育，需要更新教育理念，采取多种途径，密切联系学生关注和感兴趣的问题，将课堂教学与课外活动相结合。可通过举办研讨会、报告会、调研活动、参观展览馆、纪念馆、博物馆等方式进行思想政治教育，也可通过节日庆典、文艺演出、影视歌剧等形式渗透思想政治教育。

案例：在国家典籍博物馆上"思想品德课"②

实施新课程改革后，初中《思想品德课程标准》指出：教学资源的开发和使用

---

① 孙琦. 中学思想政治教育课的现状与对策分析 [D]. 吉林大学，2013.

② 刘秀洪. 典籍课堂　感悟人生——思想品德课原来可以这样上 [EB/OL]. http://old.pep.com. cn/sxpd/js/jxyj/kg/201506/t20150608_1235391.htm.

要求树立融合、开放、发展的课程资源观，整合并优化课程资源，充分发挥各种课程资源的人文教育功能，使之为课程实施和教学服务。

依据课程标准、教材内容和新课改精神，北京市朝阳区中国科学院附属中学一名政治教师对初中"思想品德课"中《灿烂的中华文化》一课做了如下设计。

［教学地点］国家典籍博物馆

［教学的参与者］思想品德、历史、地理教师及典籍博物馆工作人员

［学习方式］一听二看三做四寻五展示

众所周知，中华文明薪火相传、没有消失在历史长河里，其重要原因之一就是因为古代一直秉承"国有史，方有志，家有谱"的传统，有些古人思想、科技、器物虽然消失了，但是它们都被记载在典籍里面，中华文明通过典籍记载的形式一代代传承。国家典籍博物馆展出了中华民族历经千年传承下来的珍贵文献，于是我们做了如下的教学设计：走进国家典籍博物馆，体验社会大课堂。从文字的起源开始，在一听二看三做四寻五展中，走进典籍课堂，感受中华文化的源远流长、博大精深。

听——文字背后的故事，了解文字的起源；

看——文字的演变，感受中华文化的源远流长；

做——写书法，刻甲骨文，体验文字的魅力；

寻——参观展馆，感受中华文化的博大精深；分组寻宝，探寻灿烂的中华文化（学习单略）（分小组参观典籍简史厅、名家手稿厅、少数民族文字展厅、三山五园展厅）；

展——分享学生探寻灿烂文化的收获，传承灿烂的中华文化。

以史为鉴，可以知兴替，以古为鉴，可以知兴衰。在国家典籍博物馆，每一件典籍都记录和述说着一段历史。通过观看这些藏品，学生可以浏览中国古代的典籍史，目睹中国典籍从萌芽到历代出版和制作的全过程；可以透过一件件传承千年的甲骨和拓片探寻中国文字的源头，看到我们引以为豪的汉字及少数民族文字历经了怎样的发展变化；还可以看到集合了司马光手迹、范纯仁书札和司马光"谢人惠物状"的《资治通鉴》残稿；也可以通过一幅幅中国古代舆图看到祖国疆域的扩展变化历程，看到古人对天地世界的认识。在这里能看到带有作者涂改痕迹的《从百草园到三味书屋》《藤野先生》的手稿，还有巴金的《家》《春》《秋》，丁玲的《太阳照在桑干河上》等名家创作手稿。

通过对丰富的博物馆资源直观感受、实地展品讲解、探寻互动等多种项目结合的方式，让学生感受典籍魅力，体会中华文化的源远流长、博大精深，由此加深了学生对于学习内容理解的深度，让学生在欢声笑语中扩展了自己的视野与知识面，提高了学生的观察思考等能力，使课堂教学从学习形式到学习内容均得到延伸。

显性思想政治教育和隐性思想政治教育相结合。显性思想政治教育采用直接的、注入式的教学方法，隐性思想政治教育则采用内隐的、渗透式的教学方法。显性教育和隐性教育二者各有优势与不足，在教学过程中应相互依存、相互补充。在中小学思想政治教育中，把隐性教育和显性教育结合起来能够收到更好的教学效果。在中学思想政治教育中，一味地灌输理论知识并不可取，要结合学生的生活实际去扩展教学思路，灵活地运用教学方法，把学习理论知识和开展生活实践结合起来，这就需要借助隐性教育。[①]

运用新媒体开展思想政治教育。夸美纽斯指出："一切知识都是从感官的感知开始的。"通过感官获得对外界事物的感觉经验，能帮助学生理解抽象的理论观点。在以往的思想政治课教学中，教师往往唱"独角戏"，一般是"一块黑板、一支粉笔、一张嘴，从头讲到尾"。为增加学生的感性认识，教师有时会挂上一些图片，但手段依然比较单一，无法激发出学生学习的欲望。学生在课堂上无精打采，提不起精神。时代在前进，中小学思想政治课教学的手段也应该不断创新。新媒体技术集图、文、声、像于一体，形式活泼，特别是虚拟仿真技术能让人有身临其境之感，改变了传统媒体形式单一的弊端，可以使抽象的知识具体化、形象化，有助于学生感性认识的发展，并促进理性认识的形成。中小学思想政治教育工作者应把新媒体引入中小学思想政治教育工作中，利用论坛、博客、微博和专业网站等对中小学生进行思想政治教育，从而拓展思想政治教育工作的空间。

4.完善中小学思想政治课评价机制

《高中思想政治课程标准》强调，在思想政治课的评价上，要改变过分注重知识性和单一纸笔测验的评价方式，立足思想政治素质的提高，建立能够激励学生不断进步的评价机制。然而，在目前的学校教育中，绝大多数仍然是用学生的考试成绩

---

① 高帅. 中学思想政治教育中的隐性教育研究 [D]. 河南大学，2013.

来衡量教师的教学水平，评价学生的思想觉悟和道德境界。这种评价方式，过分注重考试结果，而忽视学习过程；过分偏重知识记忆，而忽视学生能力的培养和情感、态度与价值观的提高，思想政治课的德育功能被"异化"，学生成为接纳知识的"容器"。单一的评价方式不仅影响到师生、生生关系的和谐，而且影响到学生主观能动性的发挥。因此，应改革思想政治课的考核方式，完善思想政治课评价机制。思想政治课考试可采取演讲、小论文、调查报告等多种方式对学生进行综合评价。通过这些形式，可以鞭策学生在日常的学习中更加重视思想政治课。

5.加强中小学校园文化建设

校园文化具有导向、激励等功能，良好的校园文化可以帮助中小学生树立社会所倡导的价值观念、道德规范和行为准则，可以潜移默化地引导和规范学生的思想行为。在校园文化活动中，要始终坚持以国家认同教育为重点，引导青少年正确认识中华民族的文化、道德伦理等，使学生在丰富多彩的校园文化活动中自觉地接受思想政治教育。①

中小学应充分利用校园文化传播的有效载体（校报、黑板报、广播等），生动活泼地开展思想政治教育活动。通过邀请各个领域的名家名师做专题讲座，既可以加强交流，感受名师的风采，又可以启发学生的智慧；通过举办知识竞赛、演讲比赛等活动，既可使学生领略到中国的传统文化，又可以提高他们的人文素质及实践能力；通过组织学生观看优秀革命传统影片，参观各种革命历史博物馆，开展革命纪念活动等，既可使学生了解中华民族悠久的历史和光辉灿烂的文化传统，又能激发学生的爱国情感和学习热情。同时，还可以在校园主要活动场所建造高雅的人文景观，在教室及走廊悬挂名人的画像、标语，营造一种文明、健康、品位高的人文氛围和精神氛围，从而陶冶学生的情操，提高学生的审美情趣，增强他们的自尊心、自信心和自豪感。②

（二）加强和改进高校思想政治教育工作

1.进一步重视高校思想政治教育工作

大学生是中国特色社会主义事业的接班人，是支撑国家未来发展的栋梁，是社

---

① 郑慧. 初中生国家认同教育研究［D］. 郑州大学，2012.
② 郑慧. 初中生国家认同教育研究［D］. 郑州大学，2012.

会进步的希望。目前，我国在校大学生包括本科生、专科生和研究生约有2000万人。大学生的思想道德素质、科学文化素质如何，直接关系到党和国家的生死存亡，关系到中国特色社会主义事业的兴衰成败，关系到全面小康社会和中华民族伟大复兴中国梦的实现。

当代大学生成长于改革开放新时期，具有鲜明的时代特征：首先，当代大学生具有强烈的爱国热情。中国特色社会主义伟大事业的快速推进、我国国际地位的日益提升，使当代大学生对国家和民族充满了自信心和自豪感，绝大多数青年学生愿意为祖国的强盛、民族的振兴贡献自己的青春和热血。但是，我们也必须清醒地看到，还有一部分学生对政治原则缺乏深刻的认识，对当前社会上存在的新自由主义、普世价值观、历史虚无主义、民主社会主义等社会思潮的危害性认识不足，对中国近现代史、国史、党史还存在一些错误认识。其次，当代大学生理想信念和道德观念趋向多元化。随着经济全球化和社会主义市场经济体制的逐步建立和发展，我国的政治、经济、社会、文化等各项事业取得了长足的进步。大部分青年学生能够坚定中国特色社会主义道路自信、制度自信和理论自信。但也有少部分学生对中国特色社会主义事业缺乏信心，盲目崇拜西方价值观念。在道德观念上，当代大学生注重自我价值的实现，但有些学生个人主义倾向表现明显，有时易受错误的道德观念影响。①

"大学，作为知识和思想的创造之地、集散之源，成为各种思想思潮争夺的前沿阵地，高校意识形态领域由此呈现出纷繁复杂的局面。"高校是各种思想文化交流、交融、交锋的前沿阵地，更是各种意识形态争夺的重要场所。高校肩负着学习、研究、宣传马克思主义、培养中国特色社会主义事业建设者和接班人的重要任务。加强和改进大学生的思想政治教育，是事关国家前途和民族命运的战略工程，是确保中国特色社会主义事业兴旺发达的"希望工程"。一个有远见的民族，总是把关注的目光投向青年；一个有远见的政党，总是把青年看作推动历史发展和社会前进的重要力量。②在历史上，我们曾有过因忽略和放松大学生思想政治教育而导致党和国家事业受到严重影响的深刻教训。目前，仍有许多高校仅重视学生专业水平的提升，将精力放在教学质量和技能水平、就业率的提高上，而对于思想政治教育多以应付

① 姜迎春. 积极而扎实地做好高校社会主义核心价值观建设工作［EB/OL］. http://theory.gmw. cn/2014-05/26/content_11421739_2.htm.
② 程天权. 充分认识加强和改进大学生思想政治教育的重要性［N］. 光明日报，2004-12-29.

态度对待。因此，在全球化时代，要强化政治认同，还需进一步重视高校思想政治教育。历史和现实昭示，帮助大学生树立正确的世界观、人生观和价值观，确立中国特色社会主义的理想信念，是保证中国特色社会主义事业长治久安、实现中华民族伟大复兴的希望所在，是关系国家前途和民族命运，确保中国特色社会主义事业兴旺发达的"希望工程"。①

要强化思想政治理论课教学的主渠道作用。思想政治理论课是高校宣传思想工作和大学生思想政治教育的主渠道，是高校意识形态工作的重中之重。实践证明，思想政治理论课教学在帮助大学生树立正确的世界观、人生观和价值观方面发挥着不可替代的作用。"马克思主义基本原理概论"课对于在大学生中普及马克思主义，帮助大学生树立科学世界观、掌握科学方法论，具有重要意义。"毛泽东思想邓小平理论和'三个代表'重要思想概论"课对于在大学生中普及马克思主义中国化，帮助大学生树立中国特色社会主义理想、认识当代中国发展规律，具有重要意义。"中国近现代史纲要"课对于在大学生中普及中国近现代史知识、培育大学生的爱国主义精神，具有重要意义。"思想道德修养与法律基础"课，对于在大学生中普及道德知识和法律知识，帮助大学生正确把握人生、加强道德修养、培育法律意识，具有重要意义。②

要充分发挥各科课程的育人功能。一是发挥哲学社会科学课程教学的育人功能。哲学社会科学课程是培养大学生人文素质和科学精神的重要途径。要加强哲学社会科学课程建设，用科学理论武装大学生，用优秀文化培育大学生，用民族精神塑造大学生，不断提高大学生的理论水平、道德修养、精神境界和人文素养。二是大力加强形势政策教育。开展形势政策教育，对于引导大学生正确分析国际国内形势、理解党和国家的路线方针政策、了解社会的发展变化、选择正确的人生道路，具有重要意义。三是发挥专业课程教学的育人功能。高校中每门专业课程的教学都具有育人功能，要把思想政治教育融入大学生专业学习的各个环节，深入发掘各类课程的思想政治教育资源，使思想政治教育与科学文化知识学习有效对接。每一位教师都有育人职责，广大教师要引导大学生在掌握知识的基础上形成科学的世界观和方

---

① 程天权. 充分认识加强和改进大学生思想政治教育的重要性［N］. 光明日报，2004-12-29.
② 赵有田、李丹. 在大学生中加强社会主义核心价值体系教育［N］. 光明日报，2010-01-18.

法论，在不断增强科学文化素质的同时，逐步提高自己的思想道德素质。①

2.改变高校思想政治教育方式

课堂教学是高校思想政治教育的主渠道。长期以来，我国高校思想政治教育主要以传统授课和讲座形式为主，内容枯燥，手段单一，难以激发青少年学生的学习兴趣，导致思想政治教育的实效性较差。随着社会转型带来的新问题，提高思想政治教育的艺术性、综合性和协调性就成了高校思想政治教育工作迫切需要解决的问题。在全球化时代，应学习借鉴国外一些国家的思想政治教育经验，积极改进高校思想政治教育的教学方式，把课堂讨论、师生互动、情景再现等融入课堂学习中，使青少年在丰富多样的教学和学习方式中加深对社会主义核心价值观的理解。②

案例：日本高校的思想政治教育③

日本高校思想政治教育的实施主要通过课堂讲授、课程讨论、讲座、实习等环节和过程来完成。

一、专门课程教学

日本高校思想政治教育的授课对象主要是一二年级的大学生。在入学后，学生要根据学校、学院的课程设置，明确自己所修的关于思想政治教育的科目和学分，在学校开出相关的科目后，除了班级开设的必修课外，其他课程一般都是学生在开学后的2至3周内上网选课。日本高校思想政治教育课的开设一般由教养学院的教师主讲和授课，未设教养学院的学校则由各个学院开出全校共通的教养科目，承担思想政治课的教学。同时，还对承担思想政治教育的教师提出了更高的要求，要求教师必须要对教养教育具有改革的意识。

二、小组讨论

小组研究和讨论是日本高校普遍采用的思想政治教育方式，对深化思想政治教育的内容有着独特的作用。如早稻田大学的水岛讨论小组是教师水岛朝穗主持的关于"宪法的动态"研究的小组，已经成立了九年。一般是在晚上开课，学生人数40人左右，来自不同的专业和学科。内容不是对宪法知识的简单讲授，而是以社会问

① 赵有田、李丹. 在大学生中加强社会主义核心价值体系教育［N］. 光明日报，2010-01-18.
② 崔展华. 引导青年树立社会主义核心价值观［N］. 人民日报，2013-06-20.
③ 倪愫襄. 日本高校思想政治教育实施简介［J］. 学校党建与思想教育，2012（07）.

题为视角讨论和探讨宪法问题。每次的讨论主要是围绕一个主题进行，从判例的调查，到事件的时代背景、社会背景、诉讼过程等方面进行分析，即注重宪法的社会学层面的研究。通过小组讨论，极大地提高了学生的兴趣，学生学习热情很高，不仅在课堂上踊跃发言，甚至课后还自发性地组织频繁的交流和讨论。

三、主题讲座

开设主题讲座，是日本高校进行思想政治教育的重要一环。围绕相关主题，邀请社会各界人士来校演讲、座谈，对丰富思想政治教育体系和内容均有裨益。早稻田大学开放讲座一年计划开设900讲，涉及人文科学和自然科学各个领域。2006年以来开设的讲座和演讲与思想政治教育相关的主题有"创业立志——信心与勇气""亚洲、人文、交流的探索——面向人类的网络安全保障的建构""了解异文化""中国经济与中国股市""对产业界的贡献""关于政治经济学的因果推论""亚洲的科技战略与危机管理""寻求日本的政治领导""欧洲思考史中的自由""国际共同研究与伦理""国际社会与人才育成""东亚的协力与新日中关系"等。

四、其他方式

日本各高校通过专业教育、各科教育来灌输教养教育课程的内容和目标，这也是日本大学思想政治教育建设的途径之一。课外活动，诸如俱乐部活动、社会调查、假期旅游、海外游学等形式，也是对思想政治教育建设的有效补充。各大学不仅在小组讨论课程中加入游学、考察、调查教育的环节，而且还在专门的思想政治教育和专门课程中增加实习、实践的环节和过程，这对思想政治教育的完善是有效的补益。另外，近年来日本各高校普遍建立了心理健康咨询中心或咨询室，对学生的心理健康问题进行调查和研究，为学生提供心理咨询服务和交流，这也是一个有效的方式和措施。

学习日本高校思想政治教育的实施途径和方法，可以为我国高校思想政治教育的有效实施提供很好借鉴。

思想政治教育要树立人文关怀的育人理念，坚持以学生为本，充分尊重大学生的情感、价值和追求，解决他们在价值追求、人生理想、信念信仰、情感和人际交往中的各种困惑和迷茫。当代大学生多为独生子女，个性张扬，抗挫能力不强，当面对学业、情感、发展、就业等一系列问题考验时，如果不能给予及时关注，提供有效的干预和指导，就很可能酿成事端，给家庭、学校和社会造成损失。因此，思想政治教育要充分考虑到大学生身心发展阶段的特殊性，提供个体关怀、情感感化，及时对他们进行帮助和引导。①

　　思想政治教育要增强释疑解惑的针对性。释疑解惑重在"讲清楚、说明白"。"讲清楚、说明白"包含两层含义：一是对理论问题能够从学理上"讲清楚、说明白"。这就要求思想政治教育教师必须具备深厚的马克思主义理论学科知识。针对学生提出的一些重大理论问题，思想政治教育教师能够从理论上给学生"讲清楚、说明白"，要让学生真正了解当代中国的社会实践、了解中国特色社会主义理论和中国特色社会主义道路的发展脉络，真正了解全球化时代的经济发展状况和社会变迁趋势。二是要对学生关心的最现实、最困惑、最尖锐、最敏感的问题，能够"讲清楚、说明白"。在全球化时代，学生在现实世界中，尤其是在校园和社会这两个相差极大的共同体中，难免会发现这样那样的问题，而且许多问题与他们的现实生活息息相关。针对这样的问题，教师能否"讲清楚、说明白"关系到思想政治教育的效果。从根本上说就是要增强理论的说服力、感染力、洞察力和批判力。②

　　要采用切合实际、潜移默化、直指人心的方式进行思想政治教育。思想政治理论课教学不能离开教材而由教师随便讲，但也不能完全照本宣科。实践证明，那种照本宣科的办法，大学生不爱听，不可能达到引领学生和提高学生思想认识的目的。要讲好思想政治理论课，任课教师不仅需要十分熟悉教材所表达的教学内容，而且要善于关注学生对政治问题的兴趣点，重点探讨和解决学生成长过程中以及现实生活中遇到的"热点""难点""疑点"问题，贴近现实、贴近生活、贴近学生，进而把这些热点难点与教材内容相结合，提高学生的政治思维能力。比如，思想政治教育要恰当选择与大学生的学习、生活、阅历有共同之处，能够引起学生思想、情感共鸣的人与事。如：20世纪80年代从北京大学走出的第一个村支书吴奇修，义无反顾地奔赴西藏的"理想主义者"胡春华等，他们在恶劣的环境、落后的设施、贫乏的生活中几十年如一日，在舒适与艰苦之间，在平坦与崎岖之间，在个人幸福与国家需要之间，毅然选择了后者，在为社会做出贡献的同时实现了自己的理想和抱负。

---

① 曾喜平. 文化自觉管理视域下高校思想政治教育工作创新研究［J］. 思想理论教育，2016（04）.

② 邱仁富. 论增强思想政治教育的针对性［J］. 思想教育研究，2012（06）.

这些艰难玉成的典型案例，说服力强，对大学生教育深刻，能收到启发引导、学思并重的良好效果。①

在改革思想政治理论课教学方法、创新教学模式的实践中，大连理工大学、上海大学等高校进行了积极探索，总结出了许多富有特色的做法和经验。

大连理工大学在思想政治理论课教学中采用的"大班授课、小班研讨"新模式，极大地拓展了思想政治理论课的教学空间，提高了思想政治课堂教学实效。

案例：大连理工大学的"大班授课、小班讨论"思想政治教学模式

大连理工大学的思政课"大班授课"多数都是一二百人的课堂。"大班授课"广泛采用了案例教学法。学校成立了思政课案例教学研究中心，拨专项经费加强案例教学研究，摸索出了思政课教学案例编写的基本规律，编写出版了4门课程案例解析和案例教学教师用书，制作了可视化教学案例等，逐渐形成了思政课专题式案例教学法，强调以统编教材为依据，以"专题"为单位提炼教学内容，通过"以案论理"的方式，综合运用多媒体教学等多种教学方法和手段把理论呈现出来，注重调动教师和学生的双向参与互动，增强了教学感染力和针对性，提高了教学质量。

"小班讨论"以自然班级30人为单位，结合"大班授课"所涉及的热点难点问题展开讨论，占授课学时的18%。"小班讨论"重在突出教师的指导作用。"小班讨论"设有指导教师，在部分院系和专业实行2年制跟班式，连续指导同一个班的"小班讨论"，跟踪学生的思想发展动态。指导教师要做好讨论前的准备，确定主题和讨论形式，指导学生查阅相关文献资料、写作讨论提纲等；教师引导和掌控讨论过程，对偏激的观点和理论误区及时进行廓清和纠正；总结提升讨论情况，使"小班讨论"热烈中不失理性，争鸣中把握方向。

"小班讨论"立足学生的思想实际，针对学生提出的问题，教师梳理出若干个与"大班授课"专题教学内容相衔接、相匹配的讨论主题。学生要按照讨论主题，查阅相关文献资料、撰写讨论提纲等。指导教师按照学生喜欢和乐于接受的方式组织开展讨论，如自由发言、辩论、答记者问、以寝室为单位选代表发言、自愿组合发言、个人直接发言、自编情景剧、模拟社区、模拟法庭、模拟联合国大会、知识竞赛等。

---

① 祖嘉合. 论当代大学生社会共同理想的教育和引导 [J]. 思想理论教育导刊，2012（07）.

学生全过程参与其中，在交流中加深了对基本理论的理解，学会了科学全面地分析问题、解决问题，增强了课程教学的说服力和影响力。

"大班授课"与"小班讨论"均将案例教学融入其中，同时又各有侧重、相辅相成、相互促进。一方面，通过"大班授课"讲清理论渊源、理论体系、重点内容，使学生掌握理论知识；另一方面，通过"小班讨论"联系国际、国内形势和大学生的思想实际展开讨论，使学生在交流中加深对基本理论的理解，实现思政课教学"进头脑"的目的。

"大班授课、小班讨论"教学模式注重理论联系实际，提高了学生运用所学理论分析和解决现实问题的能力。这一教学模式能够充分调动学生学习的积极性和主动性，有助于提高学生的思想认识，促进知识体系向学生信仰体系的转化。"大班授课、小班讨论"教学模式还有助于教师与学生之间平等沟通、双向交流，拉近教师与学生之间的距离，形成民主、和谐的新型师生关系，有助于促进教师课堂教学向学生自我教育的转化。

上海大学在思想政治理论课教学中，注重联系改革开放和社会主义现代化建设的实际，注重联系大学生的思想实际，把传授知识与思想教育结合起来，把系统教学与专题教育结合起来，把理论武装与实践育人结合起来，切实改革教学内容和教学方法，先后实行了"问题解析式""项链模式"等教学法改革。其"项链模式"教学法，由思政课专职教师把握课程的主线，构成"项链"的基底，同时聘请其他学科专家以讲座或访谈的形式讲授课程的重点专题，像"钻石"那样镶嵌在"项链"的基底上，这种专、兼职教师相结合的教学模式，极大地丰富了教师资源，有效地增强了思想政治理论课的教学效果。

案例：上海大学的思想政治理论课教学改革[①]
一、"问题解析式"教学
释疑解惑是高校思想政治理论课（以下简称"思政课"）的重要价值取向。"问

[①] 上海大学积极探索"六个为什么"进思政课的有效途径［EB/OL］. http://www.shmec.gov.cn/html/article/201006/58324.php.

题解析式"教学的关键在于抓住来自学生的问题、解答学生的疑惑。

为了有效提升思政课教学的针对性和有效性，上海大学积极探索思政课的有效途径。2009年，上海大学受教育部委托，在全校64个班级、近万名学生中开展"六个为什么"进思政课的试点工作，积极探索"问题解析式"教学模式。

1.编写"六个为什么"讲义，加强与思政课教材的有效融合

学校以中宣部理论局《六个"为什么"——对几个重大问题的回答》为蓝本，将"六个为什么"系统融入思政课教材相关章节的内容之中，形成了讲义编写机制。讲义中"章"和"节"的标题严格按照"六个为什么"问题体系，讲义中"目"的标题则与教材体系灵活结合。

2.探索"问题解析式"教学方式，优化教学过程

"问题解析式"教学分三步。第一步，分析学生成长需求，围绕六个重大问题，广泛调研学生的思想状况和成长需求，准确把握学生的思想实际和认知特点；第二步，引导学生提出问题；第三步，准确解答学生提出的问题。

在实施过程中，学校一是从学生的需求中发现问题。以"六个为什么"为顶层问题，层层深入分解；并通过课堂互动、问卷调研、主题研讨、座谈研讨、网络教学、社会实践等多种渠道，从学生中收集了近2000个问题。学校坚持不回避任何问题，重视每个问题的价值，全方位为大学生释疑解惑。二是在凝练提升中建立问题体系。通过整合马克思主义理论及其他哲学社会科学的学科资源，组织专家团队，对采集的问题进行分类分层分析，提炼出大学生关注的200个重点、热点、难点问题，并探究这些问题背后的逻辑体系，把这些问题与"六个为什么"有效对接，与思政课教学内容有机衔接，从而确立课堂教学的重点和难点，并在此基础上编写讲义，丰富和发展教学内容。三是改革思政课考核方式。学校以随堂反馈取代期末考试，建立新的考核指标体系，包括学生提出问题、表达感受、确认理解和阐述观点四个要素，引导、鼓励学生在课堂上踊跃提问，教师及时反馈解答，回应反问和追问。在互动中，学生的学习热情、思维能力和知识资源得到充分提高，对重大问题的认识不断深化。

3.整合优质教学资源，促进教师专业发展

"问题式教学"对教师素质提出了更高要求，引发了队伍建设的连锁反应，为队伍建设注入了新的活力。学校充分挖掘哲学社会科学学科资源，使得多学科教师共同参与思政课教学。

　　"问题式教学"激发了思政课教师内在发展的动力,多渠道提升了教师水平。回答学生大量各种层次的问题,对教师是一个巨大的考验,也是一个学习的过程,教师"充电"的内需显著提升。学校积极组织教师参加校内外培训研讨,着力培养中青年骨干教师,对入选上海市"阳光计划"(即思想政治教育中青年骨干教师培养计划)的教师专门配备导师,支持课题研究,给予重点培养。学校还设立了"李梁工作室""胡申生工作室"等上海思政课名师工作室,依托工作室开展教师培训,举办教学观摩,实现优质教学资源的全市共建共享。针对试点工作提出的新任务、新要求和新问题,学校组织开展学术攻关,用研究成果指导并推动教学。如:学校组织团队参与上海市"六个为什么"系列丛书的编写,同时学校边试点边总结,推出了《拓展与深化——"六个为什么"基本理论研究》《教学与实证——来自一线教师的思考》《思考与解读——"六个为什么"试点讲义》《释疑解惑——来自大学生的问题》《"项链模式"——教学方法探索》等教学成果。

　　在"六个为什么"试点中,学校引进20多名专业教师走进思政课课堂,与思政课教师形成良性互动,引导学生从多学科角度深入思考问题,把道理讲得更加透彻,更加明白。思政课教师与专业课教师共同备课、上课,不仅让学生得到更多的优质教学资源,也使思政课教师在思想的碰撞、学科的交融中不断成长,专业课教师也从中获得了育人的成就感。

　　这些措施激发出教师想干事业的激情,职业荣誉感和认同感得到不断增强,越来越多的教师自觉地把个人职业发展与思政课建设事业的发展紧密结合起来,不少教师成为学生信任、信服的良师益友,涌现了一批拥有众多大学生"粉丝"、课堂"一座难求"的明星教师。

　　学校还实践了课内外联动型基于问题逻辑的思政课教学模式,激发学生的问题意识和创新思维;探索构建了教学内容与学生问题对接的教学体系,多渠道收集学生问题,建立问题体系,实现思政课教学内容与学生问题对接;依托"李梁工作室",积极构建积件式多媒体现代教学手段支撑体系;鼓励和吸引相关学科教师参与"思政课"教学,组建名师领衔的专、兼职基础教学团队,构建名师领衔的教学科研一体化团队连接模式等等。

　　二、"项链模式"教学改革

　　从2007年起,上海大学社科学院推出了思政课教师与专业教师组合授课的"项链模式"。即在课堂教学中，思政课专职教师把握课程主线，将教材内容准确传授给学生，同时聘请其他学科专家和社会典范人物以访谈或问题解答等形式讲授课程重点专题，尝试邀请校内外不同学科专家学者作为"珍珠"镶嵌在思政课这一"基底"上。这种模式主要包括三部分内容：配置优质教学资源，专、兼职教师合作教学；强化多媒体课件研发，丰富创新教学方法；释疑解惑，有效互动。

"项链模式"大大提升了思政课的针对性和吸引力。"项链模式"中的教学互动，并不是简单、机械的"教师问""学生答"，而是激励学生与教师一起，成为课堂教学的"主人翁"。在课堂上，师生间相互提示、相互补充，不仅活跃了课堂教学气氛，而且深化了学生对于教学内容的进一步理解。"项链模式"借用以珍珠串项链的方式，有机整合多种教学要素，摒弃"一言堂""满堂灌"的教学方式，充分发挥教师及学生的积极性，进而达到教学相长、不断提高教育教学质量的目的。[①]

"项链模式"教学法经过多年实践，已取得了丰硕成果，相继得到中央、教育部、上海市委等领导的肯定和鼓励。这些改革实践成果，在学生中受到普遍欢迎，在同行中获得充分认可，在社会主流媒体上赢得了广泛关注，在全国产生了重大影响。该模式荣获2013年上海市级教学成果一等奖。2014年，上海大学忻平教授牵头申报的《问题导向的思想政治理论课"项链模式"改革与创新》被评为国家级教学成果二等奖（高教类），是上海高校思政课在这一领域获得的最高奖项。

此外，还有一些高校也在思政课教学模式上进行了积极探索。比如中央财经大学以"主题教学模式"来构建教师—学生—教材三维互动平台，以"行走的课堂"拓展教学时空，促进知识体系向信仰体系转化。北京理工大学采用了"423"螺旋式集体备课四步法和"地毯式全方位推进"实践教学模式。深圳大学积极探索"基础"课教学的实验室化。苏州大学实行"主—客—主"教学模式。吉林大学建构了"基本课型＋辅助课型"的"课型群"教学模式。

3.利用新媒体开展高校思想政治教育

在信息化时代，青少年的学习、生活日益呈现出数字化的特点，互联网成为学

① 寒劲."项链模式"创始人顾晓英为致远学生讲解习近平外交战略思想［EB/OL］. http://news.sjtu.edu.cn/info/1010/368905.htm.

生了解信息、表达自我、联系外界的主要渠道。以数字技术、网络技术、移动通信技术为依托的新媒体迅速发展，在改变大学生学习方式、生活方式、思维方式的同时，也给大学生思想政治教育工作带来了新的机遇和挑战。

青年学生历来都是意识形态斗争的重要争夺对象，谁抓住了青年学生，谁就把握了未来的主导权。近年来，敌对势力借助资本渗透、煽动传播、数据挖掘等手段，千方百计地利用网络平台吸引学生，并以或明或暗的方式试图引导青年学生去政治认同甚至反政治认同，妄图在思想观念上误导学生、在价值取向上左右学生、在理想信念上动摇学生。为此，我们必须以直面挑战、主动而为的态度创新网络思想政治教育工作，尤其要着力建设好符合学生需求特点、兼具教育性和安全性的网络阵地。[1]在高校"两课"教学中，应积极关注青少年的困惑、回应青少年的诉求，积极构建并逐步完善青少年思想政治教育网络平台，积极引导青少提高辨识能力，学会理性分析问题。还需充分利用网络传播的即时性、快捷性、广泛性等特点，广泛及时地宣传发生在现实生活中、发生在青年身边的生动事例和典型案例。更要加强校园网络内容建设，积极营造良好的网络舆论环境，形成健康文明、积极向上的主流网络舆论，不断增强青少年对社会主义核心价值观的认同。[2]

案例：利用互联网开展高校思想政治教育

清华大学在进行"毛泽东思想概论"（以下简称"概论"）课教学时，在采用专题教学的同时，还采用自媒体教学的方式，巩固学生对社会主义核心价值观的理论认知和情感认同。自媒体教学就是充分利用互联网技术带来的革新，通过建立公众号或者APP软件，将"概论"课的基本内容，特别是与社会主义核心价值观相关的内容，以网络为载体，以学生熟悉、喜欢的方式呈现在学生面前，从而将"概论"课的教学延伸到课堂之外，融入学生的生活之中。清华大学"概论"课教师都开通了自己的微博、微信，同时还开通了"教学相长""求是学会""清华马院"的微信公众号。这些公众号会不定期地推介与社会主义核心价值观相关的文章、讲座及一些小型学术讨论的内容，从而对学生进行社会主义核心价值观教育。此外，清华大学

---

① 苏明. 创新网络思想政治教育［N］. 中国教育报，2015-02-05.

② 崔展华. 引导青年树立社会主义核心价值观［N］. 人民日报，2013-06-20.

还依托学校的"微沙龙"平台定期组织学生举行与社会主义核心价值观相关的读书会，讨论时下热点问题，以"微沙龙"为平台引导学生树立社会主义核心价值观。[①]

为满足网络化时代大学生的接受意趣，上海大学在思想政治课教学中，积极利用互联网，率先于2004年在校园网开辟"思政课"课程网络交互论坛，将课堂教学延伸至课外。该校的"毛泽东思想和中国特色社会主义理论体系概论"和"形势与政策""思想道德修养和法律"课程，分别拥有成千上万的主题帖和回复帖，拥有百万的点击率，这引起了业内同行的关注。课堂内的互动和课堂外的互动，增强了学生的学习主动性和积极性，学生不再是简单的"听客"，更成了"主角"，让"思政课"课堂真正"活"了起来。通过参与各个互动环节，学生的主动学习能力、创新能力、动手能力、灵活运用知识能力以及口头与书面语言表达能力均得到了很好的锻炼和提高。[②]

利用新媒体创新思政课教学观念。在全球化时代，随着信息技术的发展，传统的思想政治教育方式已不能完全适应大学生的需要。美国麻省理工学院语言学家宫川繁（Shigeru Miyagawa）在其公开课"个人媒体"中曾提出：新媒体时代下大众媒体正受到个人媒体的挑战。如果将传统课堂视作大众媒体世界，老师就是信息和知识的传播者。而在个人媒体世界里，学生是知识的消费者，他们使用新的方法创建自己的媒体。因此，教育必须转变观念以适应新的学习方法，将新媒体技能融入课程，学生会表现出极大的兴趣。[③]

利用新媒体增强高校思想政治教育工作效果。传统高校思想政治教育模式具有较强的单向性特征，而新媒体条件下的大学生思想政治教育工作是双向、交互、开放的。新媒体信息海量、传播快速、功能强大、应用广泛，为大学生思想政治教育工作提供了新载体、新平台。新媒体符合大学生希望平等交流的心理特征和接受习惯，有利于增强大学生思想政治教育工作的吸引力、感染力，有利于提高思想政治

---

① 杨万山. 社会主义核心价值观融入"概论"课教学过程探析［J］. 思想理论教育导刊，2016（05）.

② 上海大学《高等学校思想政治理论课建设标准（暂行）》自查报告［EB/OL］. http://www.shkxxy.shu.edu.cn/Default.aspx?tabid=8875.

③ 刘邵宏. 新媒体与大学生社会主义核心价值观培育［N］. 光明日报，2014-07-02.

理论教育的针对性、实效性。在高校思想政治教育工作中，积极利用新媒体，可以极大地激发大学生的求知欲和想象力，可使学生在形象、生动、直观的情境中升华思想，在图文并茂、声情融汇的语境中感知教育信息，在寻求视觉听觉愉悦感的过程中不知不觉地受到教育。①高校思想政治教育工作者应尽可能地通过新媒体与大学生加强互动，及时了解他们的思想动态，认真做好相应的引导工作。一方面，可以利用论坛、博客、微博等进行一对一、一对多、多对多的沟通交流，针对大学生的特点和思想困惑，有的放矢地进行引导，把思想政治教育工作做到大学生的心坎上；另一方面，建设和完善专业的思想政治教育网站，丰富其内容，改进其形式，为大学生提供互动平台。同时，学校各部门还应加强协调、形成合力，建立必要的信息监督机制，倡导健康文明上网，营造良好的网络环境。②

案例：思政教育："微博"之力不微薄③

作为一种通过关注机制分享简短实时信息的社交网络平台，微博以其内容简短、传播广泛、迅速便捷，成为新的沟通工具和信息发布平台。现在，"微博文化"已成为大学校园中新的文化现象，"微博世界"以它独有的平等性、开放性、丰富性、真实性，成为大学生生活的"常态世界"。

微博作为信息传播的载体，对提升高校大学生思想政治教育和日常管理服务工作的重要作用日益显现。当代大学生思想丰富、性格突出，用网络的方式交流，会收到较好的教育效果，也容易弥补传统教育方式中的许多不足。微博营造了平等的交流氛围，师生可以随时随地沟通，有利于师生之间持久性对话和交流。微博的流行为高校大学生心理教育带来了新机遇，利用微博的"跨越时空"性，对大学生心理进行积极影响，在其学业、交友和社会生活中充分发挥作用，让学生在一个相对自由的环境中畅所欲言，甚至宣泄负面情绪。这样，可以更真切的了解学生的心理状态，及时发现问题，有针对性地采取应对措施，做好突发事件应急预案工作。另外，辅导员可以借助微博参与话题这一功能，针对一个热门话题诚邀学生一起对话，

① 刘邵宏. 新媒体与大学生社会主义核心价值观培育［N］. 光明日报，2014-07-02.
② 卢昌军. 利用新媒体创新大学生思想政治教育［N］. 人民日报，2011-12-06.
③ 高菲. 思政教育："微博"之力不微薄［EB/OL］. http://www.hprc.org.cn/leidaxinxi/whjykj/201206/t20120602_190892.html.

有针对性地设置"入学心得""健康生活""选修体会""就业择友"等贴近学生学习生活的话题，让大家积极参与到讨论之中。这样既可以填充"两课"和"谈心"方式的盲点，同时也避免了硬性的单向灌输，从而更好地营造师生之间平等的交流气氛，随时解决学生的困惑和困难。

微博日益影响并改变着大学生的生活、学习和交流方式，影响着他们的价值观念和行为准则。高校辅导员必须顺势而为，发挥好微博的德育功能，采取多种途径占领"微博"这一新阵地。高校辅导员还要充分利用好微博，发挥"微博世界"的正面影响，开阔视野，及时了解学生动态，引领学生思想发展。

总之，利用新媒体开展高校思想政治教育工作具有很多优势，但同时，新媒体也会给高校思想政治教育带来一些挑战。新媒体尤其是互联网上的信息繁多而芜杂，加之大学生由于存在一定猎奇心理又判断力不足，他们的思想意识难免会受到一些消极影响。在这种情况下，广大高校思想政治教育工作者应全面把握新媒体的特性，趋利避害，发挥优势，积极利用新媒体创新大学生思想政治教育。[①]

4.提升高校思想政治课教师素质

高校是开展大学生思想政治教育的主阵地，思想政治理论课是对大学生进行马克思主义理论教育和思想政治教育的主渠道。提高高校思想政治理论课教育质量的关键在教师。高校思想政治课教师是学生思想政治教育的主要实施者，其政治理论水平如何直接决定着教育教学的质量和效果。目前在许多高校，一些思想政治课教师的政治理论素质不高，一些教师还存在立场不正确等问题，因此提升高校思想政治课教师政治理论水平已迫在眉睫。高校教师要加强学习党的路线、方针、政策，学习重要文件精神，要加强马克思主义理论的学习与研究，全面提高自身素质。

思想政治课教师要不断提高自己的思想政治素质。教育者要先受教育。教师价值观的正确与否、能力的高与低，直接关系到思想政治教育的效果，因此必须抓好提升教师素质这一关键环节，真正做到既教书又育人，自觉把社会主义核心价值观融入高校各门课程之中，既言传又身教，以良好的师德师风影响学生、教育学生、

---

① 卢昌军. 利用新媒体创新大学生思想政治教育［N］. 人民日报，2011-12-06.

感染学生。① 在政治上，高校思想政治理论课教师要用马克思主义武装自己，要始终坚持正确的政治方向，用马克思主义的立场、观点和方法去分析国内外重大社会问题。如果教师自己的立场都不坚定，就不可能担负起政治认同的教育责任。教师要言传身教，引导青年学生认同我们的国家、认同我们的制度、认同我们的道路。② 思想政治课教师需要有坚实的马克思主义理论基础，不仅要了解当代中国知识，更要了解党和政府所制定的重要方针政策，能够及时准确地回答学生提出的各种社会问题，如遇到一时不能回答的问题，就需要"边教边学、边学边教"，加强自身的学习，扩大自身的知识，提高自身的素质。③ 思想政治课教师授课要增强专业化，要专业化地了解和研究国情、省情、社情、党情、世情，思政课老师至少应是"中国通"。④

思想政治课教师要积极提高自身业务素质。思想政治课教师要广泛借鉴社会科学研究的成果与方法，要以学术的方法研究教学，以创新意识和探究精神对待教学，体现教学内容的学术性。在教学过程的设计和教学方法的采用上，教师要尊重学生的主体地位，激发学生的积极性、主动性，教学过程要实现从信息单向流动向双向交流转换，从单一的授受模式向构建学习共同体转换，实现教师主导性与学生主体性相统一。教学要联系学生的思想实际，在课堂上提出学生普遍关注并与思想政治理论课教学内容密切相关的各种热点、难点问题，引导学生进行思考，并在课堂上集中讨论。同时，教师要运用课本理论知识，结合讨论情况进行引导、总结、归纳，促进大学生对社会主义核心价值观进行多方面、深层次的理解。⑤

思想政治课教师要积极关注网络意识形态热点问题。目前，高校思想政治理论课要求采用马克思主义理论研究和建设工程专家精心编写的国家统一教材。该教材

---

① 杨业华. 把培育和践行核心价值观融入大学生思想政治教育全过程［N］. 光明日报，2014-01-15.

② 陶文昭. 论全球化时代青年学生的政治认同［J］. 思想理论教育，2014（03）.

③ 胡鞍钢. 中国高校教师不应是西方话语的传声筒［EB/OL］. http://news.youth.cn/wztt/201502/t20150211_6469997.htm.

④ 胡鞍钢. 中国高校教师不应是西方话语的传声筒［EB/OL］. http://news.youth.cn/wztt/201502/t20150211_6469997.htm.

⑤ 张丽. 认同与践行：大学生核心价值观培育的着力点［EB/OL］. http://theory.gmw.cn/2014-03/27/content_10815326.htm.

较充分地反映了马克思主义中国化的最新成果，反映了中国特色社会主义的新实践，反映了各学科领域研究的新进展，体现了政治性、思想性、学术性的统一。这套教材是教师上课的蓝本，确立了基本的教学基调。但在实际教学运用中，有些教师对教材的使用存在误区：或简单地照本宣科，教学内容枯燥干涩；或缺少对社会现实的关照，根本不在意外面发生了什么，教学内容陈年老调。学生的思想是极其活跃的，他们关心国家大事，关心网络热点问题，对网络中广为流传的观点有自己的独立思考，但有时对黑白颠倒、是非不分的事情也存在思想困惑，迫切希望得到教师的指导。例如：有人宣称"钓鱼岛没有GDP，中日为此冲突不合算"，如果不把这个问题分析清楚，中日钓鱼岛之争就成为莫名其妙的事情；网络上关于"中国国民党是抗战的中流砥柱，中国共产党的抗战贡献没有国民党大，因为牺牲的将领比人家少很多"的观点一度盛行，学生对此也有些模糊认识；"三年自然灾害"时期"饿死三千万"的谣言一度甚嚣尘上，国内首部系统驳斥此谣言的专著已出版，很多网友却因不了解而继续相信错误观点。诸如此类的言论混淆了学生们的思想认识，严重阻碍了思想政治理论课的教学效果。我们常说"要教育学生感动，更要教育学生行动"。但是，如果教师自己"两耳不闻窗外事，一心只教圣贤书"，又如何引导学生正确认识窗外的世界呢？[①]

高校思想政治课教师要积极参与网上意识形态斗争。当前意识形态斗争形势尖锐复杂。部分教师对意识形态斗争的游移，损害了高校思政课教师队伍的整体形象。一些教师为了取悦学生，竟然问学生想听正统的还是非正统的政治理论内容；少数教师甚至在课堂上公开发表反党反社会主义的言论，散播西方宪政民主、普世价值、新自由主义等错误思潮。高校讲坛不是教师的私人领域！在意识形态斗争中，有的教师虽然观点正确，但选择明哲保身，不敢旗帜鲜明地表明自己的政治态度和政治立场，不敢旗帜鲜明地高举马克思主义旗帜，不敢旗帜鲜明地抵制错误观点和言论，甘当"好好先生"，有意无意地与马克思主义者拉开距离，似乎坚持马克思主义、坚持党的领导、坚持社会主义成了理亏、害羞、耻于明说的事情。高校思政课教师作为马克思主义的研究者和宣传者，必须坚决与党中央保持一致，要敢于为正确舆论氛围"铺路搭桥"，为受到围攻的同志"仗义执言"，对错误言论"鞭挞讨伐"，对糊

---

① 龙斌. 新媒体时代高校思政课教师如何有效传播正能量［J］. 红旗文稿，2015（09）.

涂认识"当头棒喝"。①

除了思想政治理论课外，高校各门课程都具有育人功能，所有教师都负有育人责任。哲学社会科学中的绝大部分学科都具有鲜明的意识形态属性，对于帮助大学生树立坚定正确的政治方向，正确认识和分析复杂的社会现象，提高思想道德修养和精神境界具有十分重要的作用。因此，高校各科教师都要率先垂范、言传身教，以良好的思想政治品质和人格给大学生以潜移默化的影响。

5.坚持正确的舆论导向

在信息时代，各种社会思潮相互激荡。由于大学生个体之间的差异性，不同学生在对信息进行加工之后有可能会产生不同的观念，有些观念甚至失之偏颇，这就需要加强高校舆论宣传的引导和管理，坚持正面宣传，正确引导。要大力弘扬主旋律、传播正能量。要坚持典型引路，发挥榜样的力量，传播有利于大学生成长成才、凝聚青年力量、推动社会进步的精神力量，把握核心价值观宣传的主导权和话语权。此外，还要不断创新核心价值观舆论宣传的方式，用大学生喜闻乐见、爱听爱看的方式，将社会主义核心价值观这一时代发展的价值航标以贴近学生、贴近实际、贴近生活的话语进行宣传，让社会主义核心价值观接地气、贴民意，增强宣传教育的吸引力、感染力和说服力。②

在信息化时代，如果青少年在网上长期得不到先进思想文化的正确引导，反而受到的是西方文化的影响和不良信息的侵害，那么要让他们形成正确的世界观、人生观和价值观是不可能的事情。因此，要充分利用互联网尤其是大数据手段，对校园网络的相关数据进行采集、存储、分析、挖掘和预测，及时掌握网络舆情，将一些潜在的错误观点、言论或者可能发生的状况通过分析研判，使其消失在萌芽状态；要充分关注师生们通过QQ、博客、微博、微信等即时通信工具进行的社交活动，对师生中出现的非主流舆论"网络大V"，要及时进行沟通、交流，引导他们用正确的世界观看待问题；要结合移动通信技术为师生量身打造实用的、有亮点的软件和APP产品，通过"嵌入式"手段进行思想引领，做到春风化雨、润物无声，开辟高校宣传思想新阵地、新领域；要通过采取网上直播、互动交流等方式开展各种校园文化

---

① 龙斌. 新媒体时代高校思政课教师如何有效传播正能量［J］. 红旗文稿，2015（09）.
② 吴舸. 营造大学生核心价值观教育的无形环境［N］. 光明日报，2015-08-26.

活动；要将现有的思想理论读物、爱国主义教育基地进行数字化、视听化、网络化改造，打造出各式各样、特色鲜明、吸引力强的宣传思想传播平台。①

6.加强校园文化建设

马克思和恩格斯认为，"人创造环境，同样环境也创造人"②。大学生每天在校园内生活学习，校园景观、校园文化氛围和校园活动对大学生价值观的形成会产生潜移默化的影响。校园文化环境，既有看得见摸得着的硬环境，也有软环境，既有现实空间的校园文化环境，也有虚拟空间的校园文化环境，因此要做到各类校园文化环境统筹兼顾，全面建设。③大学校园文化是社会主义先进文化的重要组成部分，同时也是引领大学生成长成才的重要载体。高校思想政治理论课的教学实践证明，以校园文化活动为核心的隐性课程对人的非智力因素的发展有着潜移默化的作用，能使大学生在不知不觉中形成正确的价值观。

创新大学生思想政治教育，需要优化大学校园环境，挖掘校园环境的育人价值，提高育人效果。高校要重视校园文化建设在培育和践行社会主义核心价值观中的作用，把培育和践行社会主义核心价值观融入大学生校园文化建设的全过程，充分发挥文化育人的功能。④要着力培育集校园精神文化、校园制度文化、校园行为文化为一体的校园文化环境。一是营造和谐文明、富于进取的校园精神文化。要从大学优良办学传统出发，实现校园精神文化营造与中国传统文化相结合，凸显"明德、亲民、止于至善"的大学之道，形成"和谐、文明、进取、创新"的校园精神风气。二是建立平等公正、公开透明的校园制度文化。"没有规矩，不成方圆。"建立核心价值观教育的制度文化，就是要把核心价值观的内容和要求融入高校教育治理、现代大学制度建设的实践中来，实现制度的平等公正。三是营造诚信友爱、崇德向善的校园行为文化。必须坚持以核心价值观来引领校园文化活动建设，形成诚信友爱、崇德向善的校园行为文化风尚，真正把大学生培养成为有高尚道德情操的人。⑤

---

① 谢晓尧. 高校宣传思想工作，也要"互联网+"[N]. 人民日报，2015-09-11.
② 马克思恩格斯选集（第1卷）[M]. 北京：人民出版社，1995. 67.
③ 骆郁廷、魏强. 文化发展视域下的大学生思想政治教育[J]. 思想理论教育，2012（03）.
④ 杨业华. 把培育和践行核心价值观融入大学生思想政治教育全过程[N]. 光明日报，2014-01-15.
⑤ 吴舸. 营造大学生核心价值观教育的无形环境[N]. 光明日报，2015-08-26.

此外，还需重视虚拟空间的校园文化这一领地，要以各种手段和方式发挥虚拟空间的育人能力。①一方面，要运用技术手段对校园网络进行有效的管理，依法依规及时清理网站上、论坛中政治方向错误的文章、帖子，杜绝"人肉搜索"、造谣、诽谤等不正当网络行为的发生。另一方面，紧跟时代步伐，大力发展新媒体，加快包括校报、校刊在内的数字化建设，建设示范性思想理论教育资源网站、学生主题教育网站和网络互动社区，建设辅导员博客、思想理论课教师博客、校务微博、校园微信公众号等网络新媒体，占领网络新阵地，壮大主流思想舆论，正面引导大学生积极向上。②

7.强化社会实践的育人功能

充分发挥社会实践的育人功能。著名教育家陶行知曾经说过："没有生活做中心的教育是死教育，没有生活做中心的学校是死学校。"培育和践行社会主义核心价值观，关键要在知、行、情上下功夫。社会主义核心价值观的培育，既需要理论积淀，也需要实践养成。日常生活实践对于培育青少年的核心价值观具有春风化雨、润物无声的养成功能。让青少年接受并践行社会主义核心价值观，需要把思想政治教育与青少年的日常生活结合起来，充分挖掘青少年日常生活中的积极因素，通过课堂引导、实践养成、文化熏陶等方式，把社会主义核心价值观与大学生日常的学习生活紧密联系起来，促使社会主义核心价值观成为大学生的精神追求和自觉行动。通过日常升、降国旗仪式等活动，强化学生对国旗、国徽、国歌等象征性政治符号的认同。以重大节庆日等为契机开展主题教育活动，引导学生正确认识中国特色社会主义，树立道路自信、理论自信、制度自信。组织学生参观我国各类爱国主义教育基地，充分挖掘和诠释各类爱国主义教育基地的人文内涵，让青少年了解祖国的灿烂文明，掌握历史知识，激发爱国情感，弘扬民族精神。③青少年参加社会实践，对于了解社会、认识国情、增长才干、奉献社会、锻炼毅力、培养品格，具有不可替代的重要作用。应积极组织青年开展志愿者服务、公益活动、义务劳动、社会实践

---

① 曾喜平. 文化自觉管理视域下高校思想政治教育工作创新研究［J］. 思想理论教育，2016（04）.

② 文大山. 新自由主义对大学生的消极影响及其应对［J］. 思想教育研究，2016（02）.

③ 张珍. 边疆民族地区大学生国家认同教育存在的问题及对策［J］. 广西社会主义学院学报，2013（12）.

等，让青少年在实践中进一步了解国家和社会，明确自己所肩负的社会责任和历史使命，从内心深处增强对社会主义核心价值观的认同，并逐步将其转化为自觉行动。[①]

（三）通过影视作品进行思想政治教育

影视文化是文化软实力中极为重要的组成部分，成为世界各国塑造国家形象、传播文化理念、输出价值观的重要渠道和载体。纵观全球，一些发达国家高度重视影视文化软实力建设，借助媒介传播力、艺术感染力与文化向心力，凝聚民众，增进文化认同。凭借着强大的影视文化软实力，美、英、日、韩等国成为全球与区域文化话语权的主导者，在全球范围内掀起一波又一波的影视文化潮流，产生了巨大的经济与文化效应，及不容低估的政治影响，对于传播国家价值、提升国家影响力起着极其重要的作用。韩国通过《冬日恋歌》《大长今》《来自星星的你》等影视作品，不断美化提升本民族的文化形象，不仅引发了亚洲受众对剧情、人物的好感，而且激发了人们对韩国文化价值、生活方式、风俗民情的喜爱与崇拜，极大地提升了韩国的公信力、吸引力。[②]

现代认知心理学家认为，学习的过程不是被动接受现成知识理论的过程，而是学生主动探索、改进已有认知经验、构建认知结构的过程。如果教师能在教育教学中营造一个民主、宽容、开放的学习环境和心理环境，学生就会获得激励，产生探究的欲望与兴趣，积极主动地投入到学习中去，并乐此不疲。[③]寓教于乐在现代教育中显得越来越重要，它把思想教育和欣赏体验、理智提升和情感融入、审美愉悦和德行培养等紧密联系起来。思想政治教育应该高度重视寓教于乐的方式，在这方面，文学艺术特别是电影、电视剧等发挥着不可低估的作用。要充分发挥影视、网络等大众传媒的作用，多生产爱国主义题材的电影、电视剧。把爱国主义题材的影视等文化产品纳入国家文化发展战略，凝聚各方面力量创作精品力作，利用政策导向积极推动，以形成多元投资主体；同时，要加大国家、政府的投资、扶持力度。[④]

① 崔展华. 引导青年树立社会主义核心价值观［N］. 人民日报，2013-06-20.

② 胡智锋、杨乘虎. 聚议中国影视文化软实力：提升引领力放飞中国梦［N］. 光明日报，2015-06-29.

③ 倪治云. 开发电影课程资源，提升思想品德教育教学的实效性［EB/OL］. http://www.pep.com.cn/sxpd/js/jxyj/kt/201308/t20130801_1161804.htm.

④ 张博颖. 当前加强爱国主义教育的创新性研究［J］. 道德与文明，2014（04）.

电影集文学、音乐、美术、表演于一体，能生动、深入地反映社会生活，具有影响人们精神生活的非凡能力。优秀电影作品是一种重要的课程资源，是青少年学习做人道理和做事规范的一个便捷途径，在引导青少年树立正确的世界观、人生观和价值观的过程中有着其他教学资源无法比拟的优越性。早在70年前，爱因斯坦在写给纽约罗里奇博物馆的一封信中说："电影，作为一种对人类精神幼年时期的教育方法，是无与伦比的。因为电影可以使思想剧情化，这就比用任何其他方法更容易为儿童所接受和理解。"法国著名电影学者让·路易·博得里在《基本电影机器的意识形态效果》一文中认为，"电影本身就是意识形态国家机器的一种"。①美国品牌专家西蒙·安霍尔特（Simon Anholt）也曾说，在塑造国家品牌方面，"电影、音乐、艺术和文学相当重要，它们使国家在人们心目中的形象色彩更鲜艳，细节更丰富，内容更充实，让人产生身临其境的感觉"。鲁迅先生也曾说过，"用活动电影来教学生，一定比教员的讲义好，将来恐怕也要变成这样"。②

案例：通过电影进行国家形象宣传

优秀的爱国主义影视片蕴藏着丰富的思想及艺术内涵，具有形象、直观、生动、可信、感染力强的特点，深受学生欢迎。当代学生欣赏这些爱国主义的影视作品（如《英雄儿女》《董存瑞》《地道战》《雷锋》《焦裕禄》《孔繁森》《我的1919》《任长霞》等），会激发他们的爱国主义情感和理想主义情怀。实践证明，运用影视作品对青少年进行思想政治教育，是行之有效的方法。

国家形象是一个复杂的系统，其组成包括政治、经济、文化等方面，各组成部分既相互制约，又相互影响。在全球化时代，国家形象不完全是一种客观存在，而是通过各种传媒报道、文艺作品、影视作品重塑出来的。"电影的表意符号具有一种相对简易的世界通用性，因而人们往往通过一个国家的电影来直观地了解和认识这一国家、民族或者文化的历史和现实"③，电影作为国家文化的重要组成部分，在很大程度上承担着构建和传播国家形象的历史使命。电影因其巨大的传播力和影响力，更应承担起提升国家形象的文化使命和文化重任。影视文化作为国家精神文化的重

---

① 王志敏. 电影学：基本理论与宏观叙述［M］. 北京：中国电影出版社，2002. 405.
② 王民. 电影课［M］. 上海：上海科学普及出版社，2004. 4.
③ 尹鸿. 国际化语境中的当前中国电影［J］. 当代电影，1996（06）.

要组成部分，在很大程度上承担着构建和传播国家形象的历史使命，当代电影应努力塑造富有时代气息和人文内涵的银幕形象，展现具有中国精神与中国气派的国家形象。①

以好莱坞为代表的美国电影在银幕上曾经成功创造"美国梦"，伴随着影像符号载体，自由平等、拼搏奋发的"美国梦"深入世界各地，深深影响了年青一代的生活观念和价值判断。美国电影往往通过神话般的虚构幻象给全世界的人们灌输美国的意识形态和价值取向。美国电影所创造的"美国"神话，随着在全球文化市场上的不断上演，逐渐在其他国家的大众心目中形成对于美国文化标准与价值观念的认同。美国电影以其宏大的场面，令人惊叹的高科技制作，精良的剪辑技巧，深深地虏获了人们的心。当我们将目光更多地投射到美国的大片中时，其电影中的思想、文化价值观念已悄悄地移植到了我们的头脑中。②

美国的这种做法值得我们学习。国家形象作为软实力的一种，是一个国家的外部公众、国际舆论和内部公众对国家各个方面的主观印象和总体评价，主要通过媒介和舆论传播，是国家整体实力的重要体现。国家形象对于增强人们对国家的认同起着重要的推动作用。电影中的国家形象的传播，作为国家软实力的集中体现，不仅具有社会层面的意义，更是一种国家文化和民族精神的传递。通过电影的影像叙事，将国家形象建构成具有国家意义的影像文本，不仅反映出国家形象的具体信息，更通过影像在观众的想象层面上传递了社会文化信息。就中国电影中的国家形象传播来说，中国的民族文化、意识形态和社会属性，是国家形象产生的基础，也是电影中国家形象的来源。③

近年来，随着中国国力的显著提升，中国价值观、影响力不断扩大，在银幕上塑造中国的大国形象，呈现中国精神、中国价值、中国风范，是每一个电影人的责任和使命。《建国大业》是一部纪实性、史诗性的作品，题材宏大，场面恢宏，明星云集。这部影片以抗战胜利至新中国成立前夕这一长时段历史作为背景，正面再现了中华人民共和国和政协诞生的历史过程，反映了中国共产党和各民主党派在反对蒋介石国民党独裁统治的斗争中，同舟共济，团结奋斗，为建立多党合作和政治协

---

① 张思维. 新世纪中国电影中的国家形象传播 [D]. 南京理工大学，2012.
② 张瑜. 浅议美国电影中的思想政治教育 [J]. 青年文学家，2013（21）.
③ 李少白. 中国电影史 [M]. 北京：高等教育出版社，2006. 223，224，225.

商制度所经历的艰难曲折直至取得最后胜利的光辉历程。《建国大业》既尊重了国家意志，又遵循了艺术规律，在国家形象的影像建构方面有了新的艺术突破，为中国电影增添了艺术新质。①

重视国家形象的影像塑造，是出于国家意识的觉醒和对文化自觉的担当。中华民族丰富的文化呈现，以爱国主义为核心的民族精神、以改革创新为核心的时代精神的主流价值观是国家形象的核心。对此，中国影协主席李前宽给出了恰切的总结，他说："要多创作有思想、有国家意识的电影，要立足脚下土地塑造中国形象。"②

（四）发挥家庭在思想政治教育中的重要作用

家庭作为一个公民的诞生之地，对人的政治情感的影响具有先主性，往往构成其政治社会化的基础。有研究表明，个体的许多基本政治态度都是在儿童时期甚至早在小学之前就开始形成了。③一个人在少儿时所接受的爱自由、爱法律、爱祖国的观念会深深扎根于其脑海中，并将陪伴他的一生。卢梭认为，教育是使人民得到"一个民族形式"的最重要的方法，"当他第一次睁开眼的时候，一个婴儿应当看到祖国"。④苏霍姆林斯基曾指出："爱国主义的神圣情感来自母亲。"⑤孩子的"爱"由己及人，首先是爱父母、亲属，再扩展到爱邻居、同学、朋友、老师等，进而爱国家，爱民族，爱本民族的文化和传统。

当下，由于不合理的家庭教育引发的社会问题不断凸显，诸如父母溺爱导致的青少年的违法犯罪事件，父母期望过高导致的大学生轻生等事件不断发生，家庭教育的缺失和不到位是造成这类事件发生的主要原因。⑥

家庭教育对学生思想政治品质的形成具有潜移默化的作用，家庭教育是思想政治教育的重要渠道。要充分认识到家庭教育在思想政治教育中的特殊作用，通过家

① 韩传喜. 进入历史的方式与国家形象的影像建构——以《建国大业》为中心的考察 [J]. 艺术广角，2009（06）.
② 李晓晨. 电影要担负起树立国家形象的重任 [N]. 文艺报，2011-12-29.
③ 曾水兵、陈油华. 论青少年国家认同教育的三种基本途径 [J]. 教育科学研究，2016（04）.
④ 曾水兵、陈油华. 论青少年国家认同教育的三种基本途径 [J]. 教育科学研究，2016（04）.
⑤ ［前苏联］苏霍姆林斯基.给教师的一百条建议 [M]. 周蕖等，译. 天津：天津人民出版社，1981. 157.
⑥ 高飞. 个体化视域下的思想政治教育 [J]. 思想教育研究，2016（02）.

庭熏陶、家训规诫、家长的言传身教来提高思想政治教育效果。家庭成员的言谈举止、态度和教育方式都会对子女的政治社会化产生影响。这种影响是在潜移默化的过程中形成的，甚至有着水滴石穿的巨大力量。在日常生活中，青少年对家乡和祖国的最初看法和感受首先来自于父母和其他亲近的成人以及教师，如果个体生命早期能够体验到周围人看到国家社会的积极的态度并为自己是其中的一员感到满意，那么他同样可以形成积极的态度，并由此产生对家乡和祖国的归属感、认同感以及自豪感。家长自身应树立正确的爱国理念，做好积极的榜样示范，营造良好的家庭氛围，引导少年儿童热爱祖国，增强国家意识，承继民族精神，为今后树立正确的世界观、人生观、价值观和社会主义荣辱观奠定基础。①

---

① 曾水兵、陈油华. 论青少年国家认同教育的三种基本途径［J］. 教育科学研究，2016（04）.

第二节　通过中华优秀传统文化教育增强文化认同

一、中华优秀传统文化的价值

传统文化是指在人类社会历史发展过程中积淀起来并渗透于民众整体意识和行为之中，世世代代传递的最有生命力的一切物质和精神文化现象（如风俗、道德、思想、艺术、制度、生活方式等）的有机复合体。任何一种现代文明，都必须从传统中吸取营养才能获得长足发展。任何一个国家和民族文化的传承、变革与发展，都是在传统文化基础上进行的。传统文化为全民族传承着共同的思维方式、传统风俗和精神遗产，形成全民族认同的价值取向、理想信念和精神家园。离开文化传统，乃至割断文化血脉，文化发展就会失去基础。①

"传统对我们来说是非常重要的。当历史的尘埃落定，有许多东西都化为乌有的时候，唯有文化以物质的或非物质的形态存在着，它是我们和遥远的祖先沟通的唯一的渠道，是我们这个民族悠久历史的物证，也是我们这个民族满怀自信地走向未来的文化的根基。"对于一个国家、一个民族来说，传统都是重要的，文化传统代表文化的主流，是其绵延发展的基础，是连接其历史、现实和未来的精神魂灵。文化传统的维系是文化认同的一个不可或缺的环节。传统文化是维系和发展国家认同的精神和纽带，传统文化的继承和弘扬是实现国家认同的基石。离开了语言、文字、历史等共同的文化记忆，国家认同将成无本之木、无源之水。

对于主要靠文化认同凝聚起来的中华民族而言，传统就显得更加重要。因为它就像是我们的影子，抛弃了传统，我们就会像德国作家沙米索的小说里《出卖影子的人》中的主人公那样，变成一个"没有影子的人"。奥地利裔英国经济学家弗里德里希·奥古斯特·冯·哈耶克（Friedrich August von Hayek）也曾说过，对于传统，

---

① 王斯敏. 造就实现中国梦的强大文化力量［N］. 光明日报，2014-04-28.

即便我们一时还不能理解，也要保持足够的尊重，因为传统是在漫长的历史过程中形成的，其中可能包含着一些也许还不为我们所知的智慧。

（一）中华优秀传统文化是中华民族生存和发展的力量源泉

中华民族在五千多年连绵不断的文明发展进程中创造了博大精深的优秀文化。中华优秀传统文化是中华民族的根基和血脉，丧失就要灭种。翻开人类文明发展史，曾经与中华文明相互辉映的古埃及文明、古巴比伦文明、古印度文明以及古希腊文明都相继解体，这些曾经放射过耀眼光芒、星汉璀璨的古老文明在历史发展中纷纷逝去或陨灭，唯有历史悠久的中华文明以其经久不衰的生命力，从漫长的历史荆棘中坚韧顽强地走来，历尽波折、起伏跌宕而从未中断。中国传统文化历时几千年长盛不衰，流传至今，充分说明了它确实是人类文明的精华。中华文化哺育了中华民族，是中国在很长历史时期成为世界上最强大、最繁荣国家的精神支柱。中华优秀传统文化是中华民族的独特精神标识和宝贵精神财富，是我们在世界文化激荡中立足的根基。

中华民族是一个以文化凝聚而不是以血缘联结的民族，因此，应把中华民族视为一个"文化民族"。博大精深的中华传统文化蕴含着中华民族最深沉的精神追求，代表着我们这个民族独特的精神标识，也是我们这个民族生生不息、发展壮大的丰厚文化滋养。"天人合一""民惟邦本""关乎人文，以化成天下""远人不服，则修文德以来之"等思想理念体现了中华民族在把握人类与自然、国家与社会以及人与人之间关系上独具特色的民族智慧，反映出中华民族在处理人类生存与发展的重大问题上对于人文与道德价值的高度重视和执着追求。[①]

中华民族在漫长奋斗历程中所积淀的深厚文化传统是民族生命力的不竭源泉。翻开中华民族发展史，在五千多年的发展中，中华民族始终以其顽强的毅力和生命力，历经磨难而信念弥坚，饱尝艰辛而斗志更强，历经生死存亡的考验，始终没有被压垮，反而愈挫愈勇、愈挫愈奋、愈挫愈坚，靠的就是不曾中断的中华传统文化，以及这种传统文化凝聚形成的强大无比的民族精神，而贯穿其中最重要的是我们共同坚守的理想信念。这种精神和理想信念，深深熔铸在我们民族的生命力、凝聚力

---

① 张瑜. 增强社会主义核心价值观教育的广度和深度［EB/OL］. http://theory.gmw.cn/2014-06/19/content_11664133.htm.

和创造力之中，成为中华民族生存和发展的力量源泉与文化根基，成为我们应对一切困难和挑战，奋发有为、开创未来的强大精神支柱。弘扬中华优秀传统文化，必将极大地增强中华民族的凝聚力。历史发展的实践一次次证明，每当中华民族处于危难艰辛的时刻，源自民族肌体深处的文化基因就会爆发出巨大的精神力量，把中国人民团结凝聚起来，自强不息、坚毅前行。作为世界文明史上唯一延续着的古老文明，中华传统文化已经成为流淌在民族血液之中的生命基因，培育了中华民族的精神气质，塑造了每一位中华儿女的历史记忆和身份认同。①

（二）中华优秀传统文化是中华民族的重要文化软实力

国家的强盛离不开文化的支撑。在全球化背景下，文化软实力日益成为综合国力的重要组成部分，而中华民族五千多年的悠久文明和灿烂文化正是我国文化软实力的集中体现。作为中华民族的重要文化软实力，中华优秀传统文化为中华民族的发展提供了强大的精神力量；中华文化是中国特色社会主义的沃土，为其提供了重要的思想来源。只有把中华优秀传统文化更好地融入中国特色社会主义建设中，才能造就实现中国梦的强大文化力量。②一个国家要想真正成为一个大国，不仅要有以经济为主体的硬实力，还要有以文化为主要内容的软实力。没有软实力，就只是一个物质外壳，没有内涵，没有支撑，不能叫真正的强国。一个民族要想真正自立于世界民族之林，不能只靠一个经济的躯体，还要有强大的精神文化支撑。③

在中国，文化认同就是中华民族文化认同，即以中国优秀传统文化为介质的民族自我肯定、自我同一、自我激励和自我凝聚。中华民族文化认同是对千百年来积累下来的殷厚传统文化和价值观念的认可和内化，使中华民族整体更具包容性和亲和力。国家凝聚力的产生则需顺应民族文化认同的发展趋势，寻求文化认同的方式，探索文化认同的路径，善于抓住契机，实现政治认同，使国家凝聚力日益明显，凝聚各种社会力量和全体国民。④全球化浪潮使中国的文化认同问题再次凸显，重构中

---

① 张瑜. 增强社会主义核心价值观教育的广度和深度［EB/OL］. http://theory.gmw.cn/2014-06/19/content_11664133.htm.

② 孙守刚. 弘扬优秀传统文化　振奋中华民族精神［EB/OL］. http://theory.people.com.cn/n/2014/0521/c40531-25042982.html.

③ 王国平. 着力提升国家文化软实力［N］. 经济日报，2012-08-17.

④ 林伟健. 国家凝聚力：从文化认同到政治认同［J］. 广东省社会主义学院学报，2009（03）.

国当代文化认同是我们不能忽视的文化问题。文化认同不仅仅是一个文化问题，而且是涉及国家主权和民族独立的重大问题。对于国人民族文化认同感的严重缺失，必须引起高度重视和警醒，必须对其进行及时的解决，否则将危及民族的生存和发展。只有感悟中华民族灿烂文化在世界历史文化中的地位，才能产生民族认同和国家认同。

一般而言，国家现代化是经济现代化、制度现代化和文化现代化的结合，而后者是中国面临的"攻坚战"。学者杜维明认为，"中国真正要崛起必须是文化的崛起"。①努力建构国家层面的共同文化，是增强我国国家凝聚力、保持社会稳定的重要因素。中华民族文化是各民族、各地区文化在长期交流互动中产生的、具有共同价值取向的文化整体，它凝结着各民族文化的共性，代表着各民族的利益诉求。中华民族文化是中华民族的血脉、灵魂和品格，中华民族文化认同是中华民族凝聚力的基础性、稳定性、深层次性的要素，是凝聚我国各族人民力量的"黏合剂"。在我国这样一个多元文化交织与碰撞的多民族国家，民族文化认同的形成无疑是一种强大的精神纽带和凝聚力量，它可以把全体社会成员紧密地团结在一起，给予人们共同的归属感，培育人们共同的美德，进而指导其日常行为和政治生活，使这个共同体能够世代延续下去。②

中华优秀传统文化具有重大的历史意义和现实价值，充分尊重和肯定中华优秀传统文化的价值，做到在继承优秀传统文化的基础上坚持保护利用、普及弘扬并重，始终坚守民族文化立场，维护民族文化基本元素，加强对优秀传统文化思想价值的全面认识、深入挖掘和科学梳理，大力建设中华民族优秀传统文化传承体系，更好地用民族优秀传统文化滋养民族生命力、激发民族创造力、铸造民族凝聚力，使优秀传统文化成为建设中华民族共有精神家园的重要支撑，成为新时代鼓舞人们前进的精神力量。③

在当今世界文化交流、交融、交锋日益频繁的背景下，在弘扬中华优秀传统文化的同时，还要学习借鉴人类一切优秀文化成果，在不断汲取各种文明养分中丰富

① 门洪华. 全球化与中国国家认同［N］. 中国社会科学报，2013-07-26.
② 宁德业、周磊、张珊. 增进民族文化认同：提升文化软实力的硬要求［J］. 理论导刊，2014（02）.
③ 黄建军. 提升国家文化软实力的途径［J］. 学习月刊，2012（21）.

和发展中华传统文化。要正确对待和汲取中华民族传统文化和外来文化的优秀成果，以更加理性、科学的态度进行文化反思、比较、展望；要继承和弘扬中华优秀传统文化而又体现社会主义时代精神，立足本国而又积极吸收借鉴国外文化发展的有益成果；要加强对外文化交流，吸收世界各国优秀文明成果，为实现中华民族伟大复兴的中国梦提供强大的精神支撑；要做到坚持古为今用、洋为中用，以更加开放的胸襟、包容的心态、自信的心理、开阔的视野对待外来文化；要广泛吸纳融汇世界各国优秀文化成果及其发展经验，在博采众长、兼纳百家之精华中不断赋予中华优秀传统文化强大的生机与活力，不断增强中华优秀传统文化的魅力和生命力。[①]

二、加强中华优秀传统文化教育的意义

（一）加强中华优秀传统文化教育有利于增强中华民族凝聚力

民族凝聚力是维系民族长盛不衰、国家兴旺发达的强大精神动力，它要靠诸多因素共同作用来促成，其中很重要的方面就是对民族优秀传统文化的了解、体悟和弘扬。中华民族凝聚力是使中华民族这一民族群体和全体成员结成有机整体，并推动中华民族整体不断向前发展的内在力量。这种凝聚力来源于世代民族成员对共同创造的五千年丰厚文化底蕴的认同感，中华文化始终是维系中华民族的精神纽带和民族凝聚力的不竭源泉，也正是有这种文化认同才促使古老的文明古国能屹立于当今世界的现代文明之林。[②]

中国优秀传统文化中丰富的哲学思想、人文精神、教化思想、道德理念等，可以为人们认识和改造世界提供有益启迪，可以为治国理政提供有益启示，也可以为道德建设提供有益启发。加强中华优秀传统文化教育，是增强中华民族凝聚力的有效途径。中华优秀传统文化是中国人生存智慧的结晶，是中华民族凝聚力和生命力之所在，继承中华优秀传统文化的珍贵遗产，在激励人心、提高民族自尊心和爱国主义思想方面，在促进社会主义现代化物质文明和精神文明方面，在当前构建社会主义和谐社会方面，都能起到积极作用。通过加强中华优秀传统文化教育，可以增强对中华悠久历史的认同，增加对中华民族统一的认识，从而极大地增强中华民族的凝聚力。

---

① 黄建军. 提升国家文化软实力的途径［J］. 学习月刊，2012（21）.
② 林伟健. 国家凝聚力：从文化认同到政治认同［J］. 广东省社会主义学院学报，2009（03）.

（二）加强中华优秀传统文化教育有利于提升青少年思想道德境界

传统文化是我们祖先传承下来的丰厚遗产，蕴含着丰厚的民族精神和道德理念，是我们在当代进行道德建设的重要思想养分。《国家"十一五"时期文化发展规划纲要》提出："要加强民族文化的保护与传播，重视中华优秀传统文化教育和传统经典、技艺的传承。"中华文化是中华民族生生不息、团结奋进的不竭动力。一个国家、一个民族如果失去了自己的历史文化，便失去了国家和民族赖以存在的根本，便失去了民族魂。作为一个中国人，不仅要了解中国的现在，而且要了解中国的历史和传统。

传统文化教育是培养青少年深厚文化修养、高尚道德情操、良好人格修养的重要途径。随着世界多极化、经济全球化的深入发展，国内经济社会的转轨转型，现代传播技术的迅猛发展，世界范围内各种思想文化的交流、交融、交锋更加频繁，社会思想观念日益活跃。由于青少年学生思想意识更加自主，价值追求更加多样，个性特点更加鲜明，导致社会上一些不良思想倾向和道德行为，对青少年学生的健康成长产生了不容忽视的影响。中国传统文化是伦理型的文化，注重完善人的道德修养和人格，注重培育人的思想观念和精神境界。中华传统文化中"自强不息"的积极进取精神、"厚德载物"的宽厚包容精神、"仁者爱人"的博爱大众精神、"己欲立而立人，己欲达而达人""己所不欲，勿施于人"的"忠恕之道"、"天下为公"的无私奉献精神、"克勤克俭"的勤劳俭朴精神、"和而不同"的尚中贵和精神、"富贵不能淫、贫贱不能移、威武不能屈"的大丈夫人格、"舍生取义"的自我牺牲精神、"生于忧患，死于安乐"的忧患意识、"诚实守信"的诚信品质等，对于塑造青少年学生的优良德行、陶冶高尚情操、提升道德境界、树立完善人格，具有不可忽视的重大价值。

（三）加强中华优秀传统文化教育有利于增强青少年的文化认同

当今世界，文化在综合国力竞争中的地位和作用更加凸显，越来越成为民族凝聚力和创造力的重要源泉。博大精深的中华优秀传统文化是国家和民族的精神纽带，是我们在世界文化激荡中立足的根基。培育民族精神，增强民族自尊心与自信心，关键是要解决文化认同问题。认同是共有的信仰和情感，是将一个共同体中不同的个人团结起来的内在凝聚力。文化认同要回答：是什么使中国人成为中国人？成为中国人意味着什么？它包括多方面的内容，价值观念、历史传统、道德风俗、生活方式、语言文字等，而中华民族的价值观无疑是内在于中国悠久的历史与传统之中的。

全球化以经济全球化为先导和基础，对世界的政治和文化产生了极为深刻的影响。它一方面使各民族和国家之间的联系和依赖得到了加强，某些传统国家的职能的确受到了挑战，但同时民族和国家的地位和作用并未明显衰弱，在某些方面还有所加强。要抵制文化帝国主义入侵，最好的办法就是将本国的传统文化价值观念深深地植根于广大人民，特别是尚未形成完整牢靠的价值体系的青少年心中，使他们不断接触、理解、牢记，进而尊重、欣赏它们。[①]

中华优秀传统文化体现着中华民族共同的理想信念。开展中华传统文化教育不仅关系到祖国优秀传统文化的传承，也关系到中华民族的存亡与复兴。青少年是祖国的未来、民族的希望，青少年的价值取向决定了未来整个社会的价值取向，而青少年又处在价值观形成和确立的时期，抓好这一时期的价值观养成十分重要。加强中华优秀传统文化教育，对于引导青少年学生增强民族文化自信和价值观自信，自觉践行社会主义核心价值观具有重要作用。[②]加强中华优秀传统文化教育，对于引导青少年学生全面准确地认识中华民族的历史传统、文化积淀、基本国情，认清中国特色社会主义的历史必然性，坚定走中国特色社会主义道路、实现中华民族伟大复兴中国梦的理想信念，具有重大而深远的历史意义。加强中华优秀传统文化教育，能够提高当代青少年学生的民族自豪感、认同感和归属感，从而使他们树立热爱祖国、报效祖国的理想信念。

总之，加强青少年优秀传统文化教育既是时代提出的紧迫课题，也是青少年自身发展的客观需要。

三、中华优秀传统文化教育面临的机遇与挑战

"百年大计，教育为本。"在当今全球化的浪潮中，在中西文化交流的背景下，毫无疑问应该坚持中华民族文化的主体地位，只有这样才能避免文化"失语"，才能实现国家认同，才能保持民族自尊、自信和自强，而这又必须通过教育来实现。教育是中华优秀传统文化继承和弘扬的重要手段，教育在继承和弘扬优秀传统文化中具有基础性、先导性作用，学校是继承和传播中华优秀传统文化的重要基地，是培育和弘扬社会主义核心价值观的重要渠道。因此，应该站在有利于民族发展的高度，

---

① 石中英. 学校教育与国家文化安全［J］. 教育理论与实践，2000（11）.
② 完善中华优秀传统文化教育指导纲要［EB/OL］. http://www.moe.gov.cn/publicfiles/business/htmlfiles/moe/s7061/201404/166543.html.

以民族文化的兴衰存亡为重。在教育活动实施过程中，应高度警惕和坚决反对西方文化对中华民族文化的挤压和遮蔽，采取切实有效的措施，遏制和消解西方文化建立的文化霸权及产生的负面影响。①

改革开放以来，中央和各级政府为推进中华优秀传统文化教育制定了一系列政策措施，使中华优秀传统文化得到了大力弘扬。1993年，中共中央印发《中国教育改革和发展纲要》，指出要重视对青少年进行中国优秀传统文化教育。1995年，《中华人民共和国教育法》明确规定，教育应当继承和弘扬中华民族优秀的历史和文化传统，吸收人类文明发展的一切优秀成果。1999年，《中共中央国务院关于深化教育改革全面推进素质教育的决定》指出："要有针对性地开展爱国主义、集体主义和社会主义教育，中华民族优秀文化传统和革命传统教育，理想、伦理道德以及文明习惯养成教育。"

2004年，教育部与中宣部联合发布了《中小学开展弘扬和培育民族精神教育实施纲要》。2006年，中央印发《国家"十一五"时期文化发展规划纲要》，对加强优秀传统文化教育做出了具体部署。教育部也多次下发加强优秀传统文化教育的相关文件。2010年，教育部下发《关于在中小学开展创建中华优秀文化艺术传承学校活动的通知》。2013年，教育部印发了《中小学书法教育指导纲要》。②2014年，教育部颁布了《完善中华优秀传统文化教育指导纲要》，要求在大中小学开展中华优秀传统文化教育。

此外，各地还相继出台了加强中华优秀传统文化教育的相关政策。如上海制定了《上海市学生民族精神教育指导纲要》，对学校开展传统文化教育提出了明确的要求和任务目标；山东出台了《义务教育地方课程传统文化课程实施指导意见》，并编写了"传统文化"教材，在全省中小学投入使用；江苏在全省小学中开展"中华经典诵读"系列活动，举办经典诵读比赛，让学生通过诵读经典感受传统文化教育的魅力。这些探索都为加强中华优秀传统文化教育积累了丰富的实践经验。③

① 曾洪伟. 文化"失语"、民族认同缺失与教育偏误［J］. 教育评论，2006（04）.
② 加强传统文化教育　增强青少年学生的民族文化自信和价值观自信［EB/OL］. http://www.sinoss.net/2014/0401/49769.html.
③ 加强传统文化教育　增强青少年学生的民族文化自信和价值观自信［EB/OL］. http://www.sinoss.net/2014/0401/49769.html.

进入21世纪以来，中华优秀传统文化教育不断加强，对于培养青少年良好的思想品德和行为习惯，培育和弘扬爱国主义精神，增强文化自觉自信等方面发挥了积极作用。但是，面对新形势、新要求，目前我国优秀传统文化教育的现状还不尽如人意，中华优秀传统文化教育还存在一些薄弱环节和突出问题。

当前，我国在优秀文化传统教育方面存在的主要问题是：对青少年中华优秀传统文化教育重要性的认识有待进一步提高；没有充分认识到学校教育在优秀文化传统教育中的独特价值，教育内容的系统性、整体性明显不足，教育内容流于肤浅，重知识讲授、轻精神内涵阐释的现象还比较普遍；课程和教材体系有待完善；没有充分认识到学生在优秀文化传统传承中的主体地位，教育的接受性差；教师队伍整体素质有待提升；全社会共同参与的教育合力有待加强等。

中华优秀传统文化教育存在的诸多问题，究其原因，主要有学校、家庭和社会三方面的因素。

（一）学校因素

在课程设置方面，一些学校对传统文化的价值认识不到位。目前国内传统文化教育依然无法作为一门独立的课程来设置，这使得传统文化教育的效果大打折扣。一些学校仍以应试教育为导向，由于学习时间有限，学生们只重视应试课程的学习，对中华民族优秀传统文化方面的知识已无暇顾及。同时，许多教师及学生认为，学习唐诗宋词、经典古文的目的就是为了应付考试，并非为领略和探究中华优秀传统文化的魅力。因此在中学生中就流行有三怕"一怕文言文，二怕写作文，三怕周树人（鲁迅）"的说法。这种"三怕"实则直指考试，因为考试一旦结束，就会把文化财富当成负担，丢得一干二净。除了一些耳熟能详的"床前明月光""谁知盘中餐"外，很少有学生还能全文背出《出师表》《兰亭集序》，更谈不上能完全理解文章的含义了。

传统文化教育的教学方法和手段相对滞后。在学校，由于传统文化被当作知识来传播而不是涵养与底蕴的养成，在具体的教学实践中，重知识讲授、轻精神内涵阐释的现象比较普遍。[①]同时，绝大多数学生在学校接受传统文化教育仅仅限于开设的语文、历史、政治课上，其内容也局限在古诗词、朝代简史上，并且授课内容单

---

① 张东刚. 完善青少年优秀传统文化教育［N］. 光明日报，2014-04-11.

调、形式枯燥，教师偏重知识灌输，单纯地让学生记忆一些传统文化知识，相对缺少对传统文化中蕴含的民族精神、道德情操、人文涵养的深入挖掘和讲授。由于教学缺乏感染力，学生对传统文化知识了解不多、兴趣不高。伴随着背完就忘的古诗词、古文等，中华文化这个"模糊的概念"似乎在青少年的生活中渐行渐远。因此，传统文化教育的教学方法和手段有待进一步创新，教育的吸引力、感染力有待进一步增强。

（二）家庭因素

家庭是社会最基本的细胞，也是基础教育的起点。教育子女成为一名品德高尚的人，家庭教育的作用不容忽视。多年来形成的教育功利化、应试化倾向是家庭优秀传统文化教育收效不理想的根本原因。一些调查发现，仍有不少家长没有认识到中华优秀传统文化的重要性，片面地认为语文、历史这些科目没有太大的用处，只有外语才是最重要的。不少城区家庭尤其是独生子女家庭对子女过分溺爱，万事以孩子为重的思想左右着家长们的行为，这样一来，不用说尊老爱幼、勤俭节约等传统美德没有耳濡目染传授于子女，反而有相当部分孩子形成了以自我为中心的思想。还有的父母因工作繁忙，无暇与孩子进行思想交流，更无时间引导他们学习传统文化；有的父母则片面追求高分数，整天让孩子忙于学习现有书本上的知识，而忽视对他们进行传统文化教育。

（三）社会因素

目前，开展传统文化教育的主体还是教师，场所还局限在校园，手段还主要依赖于课本，还没有完全形成全社会参与、多元化支撑的良好态势。[①]全社会关心支持传统文化教育的合力还未形成。

社会对传统文化的敬畏感式微。在全球化背景下，中国传统文化受到了西方文化的冲击，再加上社会对优秀传统文化的宣传力度不够，西方文化对当今中国青年一代的影响力远远超过了中国传统文化对他们的影响，导致青少年对传统文化的认识不深，传统文化在青少年心目中有淡化的趋势。纵观当下生活，我们忧心忡忡地发现，外来文化从精神到躯体，已经渗透到孩子们生活的方方面面。孩子们过的是圣诞节、愚人节，吃的是肯德基、比萨饼，穿的是耐克、阿迪达斯，看的是米老鼠、

[①] 教育部就《指导纲要》答记者问［EB/OL］. http://www.jyb.cn/china/gnxw/201404/t20140402_576506.html.

奥特曼，崇拜的明星是乔布斯、科比，一心一意想着出国留学、海外定居。[①]

社会对优秀传统文化的宣传力度不够。近几年，从韩流的侵袭到日本动画片的盛行，报纸杂志、广播电视及现代网络等主流媒体均对传统文化的宣传力度不够，宣传形式也不够新颖，导致一些学生更多地关注个人享受，缺乏自强不息的民族精神。有些学生从盲目"西化"到"哈日""哈韩"，忽视中华民族的优良传统，否定中国传统文化的价值。一些学生更缺乏必要的历史常识，淡忘中华民族光辉灿烂的历史文化，既说不清中国的朝代更替，更看不到中华民族的智慧和力量，感受不到中华民族古老文明的价值，民族自尊感低落，等等。[②]崇洋媚外现象的背后是传统文化的迷失。传统文化，特别是中华优秀传统道德教育存在严重缺失，如果任其发展下去，必将把孩子们领入一个片面和异己的地带。

四、加强中华优秀传统文化教育的有效途径

（一）通过学校教育传承传统文化

学校是进行传统文化教育的重要阵地，应积极采取有效措施，分学段有序推进中华优秀传统文化教育，使中华民族优秀的传统文化在校园里蓬勃发展。

1.通过课堂教学实施传统文化教育

第一，在中小学开设专门的中华优秀传统文化课程。

在中小学开展优秀传统文化教育，对于加强中小学生的思想道德教育，增强他们对中华传统文化的认同，提升他们的文明素质，无疑有着重要的意义。从相关调查来看，大多数中小学生对中国传统文化是喜欢接纳的，但由于受到应试教育的压力，他们又不得不以升学为第一要务，根本无暇顾及与升学没有直接关系的传统文化学习。在这种情况下，即使有些学校开展了诵读传统文化经典活动，甚至办起了传统的"私塾"等，但结果也是倡导者芸芸，身体力行者寥寥，使这些活动大都流于形式。究其原因，还是由于我们没有从旧的教育体制和教育理念中走出来。因此，国家应将传统文化教育纳入整个国民教育体系中，将传统文化课程作为中小学生的必修课列入教学大纲，并作为中考、高考的必考科目，使之制度化、规范化，彻底避免传统文化教育沦为形式的可能。

---

① 朱永新. 完善中华优秀传统文化教育刻不容缓［EB/OL］. http://news.xinhuanet.com/politics/2014-03/09/c_133172653.htm.

② 徐绍华. 大学生民族精神教育的挑战与对策［J］. 思想教育研究，2011（01）.

在中小学开设传统文化教育课，将传统文化教育纳入学生的必修课程。中小学应根据不同学段学生身心发展的特点开展传统文化教育。在小学高年级，以提高感受力为重点，开展认知教育，引导学生感受中华优秀传统文化的丰富多彩。在初中阶段，以增强理解力为重点，提高学生对中华优秀传统文化的认同度，引导学生认识我国统一的多民族国家的文化传统和基本国情。在高中阶段，以增强理性认识为重点，引导学生感悟精神内涵，增强对中华优秀传统文化的自信心。[①]中小学要根据自己的需要适当开设书法、绘画、传统工艺、古文鉴赏、诗词曲赋、民情风俗、京剧等反映民族优秀传统文化的课程，促使学生重视对传统文化的学习，让学生通过学习，了解传统文化知识、领悟传统文化精华、弘扬中国传统美德。

发挥中小学各科课程在传统文化教育中的重要作用。中国传统文化包罗万象，其内容大量地存在于语文、政治、历史等学科中，通过这些课程进行传统文化教育不仅是必要的，也是可能的。此外，地理、数学、物理、化学、生物等理科课程也应结合教学环节渗透中华优秀传统文化的相关内容。总之，中小学在全面推进素质教育的同时，应将优秀传统文化贯穿于学校德育工作和各科教学之中。

将传统文化知识纳入考试内容。传统文化不但要成为中小学的必修课，而且最好能把一些优秀的传统文化知识列入考试科目才能保证效果。近年来，在各地的中高考试卷中也逐渐增加了传统文化教育方面的内容。在2014年的北京语文试卷中，一个最突出的变化就是增加了传统文化因素。可以说，这份语文试卷是近年来最具传统文化含量的一份"母语"高考卷。试卷中多板块考题的语料选用，都有较强的传统文化色彩。从对联到古诗文、从传统习俗到文化废墟，中华文化的独有特色在试卷中处处闪现。

案例：2014年普通高等学校招生全国统一考试·语文（北京卷）
阅读下面的文字，完成1—4题。
"千门万户曈曈日，总把新桃换旧符。"贴春联是中国人过年时的一项传统民俗活动。人们通常在除夕这天，将写好的春联贴于门上。春联的字数可多可少，但上下联必须构成对仗，如四言联"春安夏泰，秋稔（rěn）冬祥"，六言联"冬尽梅花

---

① 徐绍华. 大学生民族精神教育的挑战与对策［J］. 思想教育研究，2011（01）.

点点，（　　　　　）"。春联寓意吉祥，言简意赅（gāi），深受人们喜爱。

　　春联是仅在春节这一特定时节张贴的对联，而对联还有其他种类，如婚联、寿联、挽联，以及为园林建筑<u>甲</u>（题写／题签）的楹（yíng）联等。对联的撰写，往往注重其<u>乙</u>（蕴涵／内涵）与品位。尤其是名联佳对，文辞讲究，意蕴丰富，<u>丙</u>（吟咏／涵咏）起来朗朗上口，齿颊留香。对联或镌（jùn）刻或书写，楷行隶篆，其中不乏艺术精品。

　　1. 文中加点字的注音和字形都不正确的一项是（2分）

　　A. 秋稔（rěn）冬祥　　　　　　　意蕴

　　B. 楹（yíng）联　　　　　　　　齿颊留香

　　C. 言简意赅（gāi）　　　　　　　撰写

　　D. 镌（jùn）刻　　　　　　　　　银银上口

　　2. 在文中方格处填入下列语句，恰当的一项是（2分）

　　A. 万户栖柳依依　　　　　　B. 千家喜气洋洋

　　C. 春回爆竹声声　　　　　　D. 春来微风缕缕

　　3. 在文中甲乙丙处依次填入词语，恰当的一项是（2分）

　　A. 题写　内涵　吟咏　　　　B. 题签　内涵　涵泳

　　C. 题写　蕴涵　涵泳　　　　D. 题签　蕴涵　吟咏

　　4. 下列关于"对联"的表述，正确的一项是（2分）

　　A. 字数限于四言和六言　　　B. 上下联讲究对仗和押韵

　　C. 只适合在喜庆场合张贴　　D. 常常与书法艺术相结合

　　第二，在大学开设传统文化教育通识课程。

　　高校是传播传统文化的最佳场所，大学教育作为国民教育的最高层次，在继承和发扬中华优秀传统文化方面负有不可推卸的责任。[①]大学是优秀传统文化传承的主要平台，如何将优秀的传统文化切实融入到当代大学教育实践之中，以优秀的文化

---

① 崔烨. 西方文化渗透的规避与应对——浅谈大学生思想政治教育工作［J］. 人民论坛，2013（01）.

精神濡染和塑造青年学子的心灵与人格，是高等教育面临的重大课题。[1]当前，在一些高校特别是理工类高校中，经济、法律等应用学科备受青睐，而文史哲等基础学科尚未受到足够重视。由于学生对中国传统文化接触不多，影响了他们对传统文化的认识。作为高校，不能把学习中国优秀传统文化看作是课外可有可无的消遣，应高度重视中国优秀传统文化教育的价值，用民族传统文化中的精华引导、熏陶、教育大学生，提高传统文化的吸引力，保持我国文化的优势使之立于不败之地。为了使传统文化代代传承和更新发展，高校应重视中华优秀传统文化的通识教育，可将传统文化教育作为学生的必修或选修课程，列入教学大纲，纳入学校课程体系。

开设优秀传统文化研讨课或选修课。有条件的高校可适当开设中华优秀传统文化的研讨课或选修课，课程内容可包括古代哲学、文学、艺术、科技、宗教、道德、教育等领域。实践证明，开设"中国历史文化""中国文化史""中国文化概论""中西文化差异与跨文化交际""中华民俗风情""名胜古迹赏析与风俗文化""唐宋诗词鉴赏""中国传统道德专题""中国传统法律文化专题""中国历史文化名人专题""中国古代思想史"等选修课是对大学生进行传统文化教育最直接、最迅捷的手段。高校还可选派一些精通传统文化的教师开设关于《周易》《论语》《诗经》等的讲座。在学生的基础课中增加有关中国传统文化的通识类课程，可为大学生较系统地学习传统文化知识提供必要的课程平台，使学生能够了解中国传统文化的历史，学习传统文化知识，领悟传统文化精华，发扬传统民族精神。[2]各高校还应丰富校内图书资源，大量引进中国传统文化相关书籍，为大学生进一步拓宽中国传统文化的学习空间。

多方位发掘专业课程的人文内涵。高校各专业均蕴含着丰富的传统文化内涵，高校要根据各专业特点，深入挖掘每个专业中蕴含的传统文化元素。教师在讲授文科课程专业知识的同时，也要注重挖掘其中蕴含的优秀传统文化资源，并结合学科特点融入中华优秀传统文化内容。譬如在讲授"大学语文"课程时，可以充分挖掘优秀文学作品的精神资源，从哲学、政治、历史、人文精神、文化品格、民俗风尚、审美意趣、语言文字等层面进行多维度的意义建构，将中华文化的精髓贯穿其中。

---

① 教育部关于印发《完善中华优秀传统文化教育指导纲要》的通知［EB/OL］. http://www.moe.edu.cn/publicfiles/business/htmlfiles/moe/s7061/201404/166543.html.
② 沈晴. 对大学生进行中国传统文化教育的途径［J］. 教育探索，2008（02）.

其他文史哲课程亦是如此。在讲授自然科学课程时，可以发掘自然科学和传统文化之间的关系。南开大学化学学院的杨光明教授在2014年南开大学和高等教育出版社共同主办的"传统文化与大学教育"高层论坛上曾谈到过化学与文化的联系：《天工开物》里面的化学记录，于谦《石灰吟》、杜甫《客从》等古诗中描写的关于碳酸钙的化学反应，"百炼成钢、信口雌黄、争风吃醋、炉火纯青"等蕴含着对物质化学性质、化学现象表述的成语……杨光明认为，在专业教学中，巧妙利用这些传统文化知识，不仅有利于传统文化基因的继承和发扬，也能激发学生的学习兴趣，潜移默化影响学生的思想和行为方式。[①]在教授自然科学课程时，还可以通过介绍学科发展史（如生物史、财政史、金融史、经济史、建筑史、物理史、化学史、数学史等）方法，强化专业的历史教育，使学生对中国科技史和优秀文化遗产有所了解。

2. 创新传统文化教育的方式与方法

相关调查发现，学生对传统文化教育感到最不满意的地方之一就是传统文化教育途径单一、教育方式刻板。在教学过程中，教师往往照本宣科，采取灌输的方法教授传统文化，无法展现传统文化多姿多彩的面貌，难以调动学生的学习积极性，致使学生对传统文化产生逆反心理。然而，同样是传统文化的传授，央视"百家讲坛"栏目推出的传统文化系列讲座却十分受人欢迎，为我们更有效地传播传统文化提供了很好的借鉴。首先，要注重对传统经典中的现代因子进行挖掘，从"现代视角"进行阐释和调整，做到古为今用。其次，在注重对历史深度和文化深度的设计与把握的同时，兼顾学生的文化基础和兴趣需要，不能居高临下，故作高深，过于强调学术性，要采取"平民立场"和普及的态度，从学术研究的高阁中走出来，运用深入浅出的方法，甚至可以"用非学术的语言来讲学术性的内容"，努力实现从"曲高和寡"向"和之者众"的转化，从而激发大学生对祖国历史和传统文化的浓厚兴趣。[②]

当前在进行传统文化教育时，应在继承传统教育理念的基础上，不断创新教学模式，充分利用现代多媒体技术，结合图画、音乐、表演等手段，创建丰富多彩的教育情景，寓教于乐，使学生在情感体验中获得陶冶。对青少年进行中华民族优秀

---

① 南开宣言：呼唤大学文化教育的"精彩配合"［EB/OL］. http://www.ahu.edu.cn/2a/c9/c160a10953/pagem.htm.

② 沈晴. 对大学生进行中国传统文化教育的途径［J］. 教育探索，2008（02）.

传统文化教育时，除了要结合他们的所见、所闻、所思、所想以外，重要的是要结合他们的知识水平、认知能力，针对他们的可接受性，强调其适度性。

3.提高教师的传统文化素养

在传统文化教育中，教师是一个具有决定性的因素，传统文化教育的质量在很大程度上取决于教师的教学水平。每位教师不仅要教好自己所任的学科，更要做好中华文化的传承工作，使中华文化在新的时期焕发出新的活力。由于多年来我国对传统文化师资队伍建设不太重视，导致当前从事传统文化教育的师资力量明显不足，教师的传统文化素养整体不容乐观，难以很好地胜任传统文化教学的任务。中国传统文化博大精深，非业余研究者所能胜任。从长远角度来看，需要全面提升教师的文化素养，建立一支高素质的传统文化教育教师队伍。

在高校，可通过派出学习、资助课题、与文化单位交流研讨等形式，建立一支熟悉中国传统文化的高水平专家型高校教师队伍，并造就一批国学功底扎实、勇于开拓创新的学术带头人，培养一批年富力强、政治和业务素质良好、锐意进取的青年学术骨干。①

在哲学社会科学教学科研骨干研修、高校思想政治理论课骨干教师研修、高校辅导员骨干培训中，加大中华优秀传统文化内容的比重。在长江学者奖励计划、新世纪优秀人才支持计划、高等学校青年教师培养计划等各类人才计划以及"万人计划"教学名师评选中，增加传统文化教学和研究人才的比重，培养和造就一批中华优秀传统文化教学名师和学科领军人物。在中小学教师资格考试内容中，应增加中华优秀传统文化的比重。在中小学教师国家级培训计划、义务教育学校校长和农村幼儿园园长研修培训计划、职业学校教师和校长素质提高计划中，增加中华优秀传统文化的培训内容，提高各级各类学校教师开展中华优秀传统文化教育的能力。②

加强中华优秀传统文化教育培训。各学校应为学科教师提升传统文化修养提供相应条件，组织灵活多样、丰富生动的进修活动。通过培养训练，造就一支熟悉中国传统文化历史、熟悉传统文化教材、熟悉教学方法，有独立教学能力的教师队伍。国家还应在自愿的基础上，通过严格的选拔程序，挑选出那些品学兼优、资质良好、

---

① 沈晴. 对大学生进行中国传统文化教育的途径［J］. 教育探索，2008（02）.

② 教育部关于印发《完善中华优秀传统文化教育指导纲要》的通知［EB/OL］. http://www.moe.edu.cn/publicfiles/business/htmlfiles/moe/s7061/201404/166543.html.

有志于传统文化教育研究的个体，从小施以专门培养，使之成为传统文化某一领域的专才或通晓各个领域的通才。

4.重视传统文化教材建设

我国近年出版了以中华民族传统美德为核心的一系列读物，如《中华千字文》《中华传统美德》《人之初名著导读》等。人民教育出版社出版的《中国传统文化教育全国中小学实验教材》以及中华书局出版的《中华诵·经典义理教程》已在全国中小学试用。此外，上海也推出了《中华优秀传统文化经典诵读》系列教材。教材选文循序渐进，内容精挑细选，解说通俗易懂，兼顾《三字经》等传统蒙学教材、经典古诗词以及反映中华优秀传统文化精华的文章，在内容选取上，还比较注重古诗文的画面感和音韵之美。该教材用学生喜闻乐见的诵读形式，对学生加强了中华优秀传统文化的熏陶。

教育部门应集中相关领域学者，编写一套涵盖幼教到研究生教育的权威传统文化教材。各个地方应结合本地域特点，编写出具有地域特色的中华优秀传统文化读本，为青少年传统文化教育提供良好的素材。此外，还可组织知名专家创作、编辑、出版适合青少年的传统文化教育普及读物和视听产品。

（二）开展校园文化活动

营造良好的传统文化学习氛围。传统文化要进课堂，但不能止于课堂。实施中华优秀传统文化教育，绝不能仅仅局限在课堂，弘扬中国优秀传统文化需要一个良好的校园氛围。要有效开展传统文化教育，就应该采用耳濡目染的方式，要依据校园文化所具有的潜移默化性、启发性等特点，在校园中营造一种良好的传统文化学习氛围，让学生时常沐浴在传统文化的气息中，不断接受传统文化的熏陶。

要创新校园文化品牌。优秀的校园文化品牌是学校的"文化名片"，能够生动诠释学校的历史内涵和文化传统，彰显学校的办学理念、办学特色和精神风采。要充分挖掘和发挥校风校训的育人内涵、育人作用，形成文化育人的浓郁氛围。继续抓好高雅艺术进校园、全国大中小学生艺术展演等活动，不断提升活动的审美和人文品质。要激发师生的原创能力，编排一批以爱国将领、革命英雄、科学先驱、道德模范、敬业典型、公益标兵等为原型的歌舞剧、音乐剧、话剧；创作一批以弘扬社会主义核心价值观为主题的歌曲、舞蹈、戏曲、相声、小品等文艺作品，建立核心价值观优秀文化作品资源库。①学校可以邀请专家、学者举办中国优秀传统文化专题报告、讲座、论坛；学校可通过设专栏、办专刊、设学校广播站等方式介绍中国传统文化；可以通过校园内的壁画、雕塑、板报、标语、图片、宣传画乃至建筑设计等方式对中国优秀传统文化进行渲染。校园里可以经常播放古曲、古乐，张贴古代先贤的语录，传播传统文化；可以通过举办"中华传统经典名篇诵读比赛""青少年文化节""古诗词写作"等活动宣传传统文化，让广大青少年从中领略到中华民族固有的道德观念和优秀的文化传统，培养学生树立正确的人生观，使他们成为一个有理想、有道德修养的人。可以开展以弘扬传统文化为主题的校园、社区等文娱活动，宣传中国传统文化。学校可以引导学生社团以中国优秀传统文化为内容，组织各种形式的社团活动。还可在传统节日组织各种民俗活动，紧紧围绕节日主题，体现民族风俗和民族心理。②

开展经典阅读活动。在传统文化教育中，学生学习书法、美术、音乐，了解民俗、节庆等知识固然重要，但阅读经典也很重要，因为传统文化的生命理想和价值观念都集中体现在文化典籍之中。通过习读经典，能让传统文化内化于心、外化于形，为君子人格的培养打下坚实基础。教育部和国家语言文字工作委员会曾推出以"亲近经典、承续传统"为主题的"中华诵·经典诵读"系列活动。各学校在学生中也广泛开展了经典阅读活动。通过开展优秀读书笔记评选、读书报告会、每月推荐读书书目、书评等活动，用"明德""亲（新）民""至善"和"格物""致知""诚意""正心""修身""齐家""治国""平天下"等优秀传统道德，让学生在潜移默化中接受优秀传统文化的熏陶。③

案例：苏州中学"钱穆国学社"的读书活动

2009年9月28日，苏州中学成立了一个新社团——钱穆国学社，这个以国学大师钱穆之名命名的学生社团成为苏州中学传承民族文化精神、复兴传统国学和提升

① 杜玉波. 深化社会主义核心价值观培育践行推动思想政治教育工作创新发展［J］. 中国高等教育，2015（05）.
② 沈晴. 对大学生进行中国传统文化教育的途径［J］. 教育探索，2008（02）.
③ 我们需要怎样的传统文化教育？［EB/OL］. http://blog.sina.com.cn/s/blog_503170b90100p8ou.html.

学生素质的新载体。当天，钱穆的儿子、清华大学教授、当代国学专家钱逊参加了成立仪式，并与苏州中学的学生进行了亲切交流。

钱穆国学社坚持每周举办一次读书会常规活动。社团每学期都会在《论语》《庄子》等中国传统文化经典中指定一本进行专题阅读。每次活动先由学生汇报读书心得，再由师生共同进行点评。此外，国学社还积极与著名高校及兄弟学校的相关团体进行互动：一方面，国学社每年都会在老师的带领下到复旦大学与文史哲各系的师生交流，复旦大学的一些著名教授也多次应邀来苏州中学讲学；另一方面，国学社每年都会组团参加由中国教育学会高中教育委员会和台湾素书楼教育基金会联合举办的全国中学生国学夏令营活动。①

林汐石同学自高一开始就参加了钱穆国学社，社团在徐樑老师的指导下坚持举办每周一次的读书会活动。社员们平时利用空余时间大量阅读各种人文经典，并在读书会上积极交流探讨在阅读时遇到的各种困惑，而各种充满思想闪光的学术习作也随之产生。同时，徐樑老师还多次带领社员前往复旦大学与各院系的师生座谈交流，由此开阔了社员们的学识和眼界。因此，除了林汐石同学在"复旦大学博雅杯人文知识大奖赛"中获得二等奖，并顺利进入复旦大学就读之外，国学社的其他社员也在各项比赛和高考中取得了优异成绩，不仅在国家文物局主办的"全国青少年世界遗产知识大赛"上屡获殊荣，考入南京大学、山东大学、华东师范大学、华东政法大学等国内著名高校的学生也不乏其人。

作为一种自愿参加、师生平等、相互切磋的读书会，它不同于课堂教学中的教师讲授与学生聆听，而是以共同阅读经典、共同讨论经典为主要活动方式。在读书会上，时不时可以听到老师与学生之间、学生与学生之间激烈而又愉快的争论，更会出现很多意想不到的思维闪光点。而在这样反复的辩难当中，师生一起体会到了阅读经典的快乐。②

中学开办国学社，近年在中国已非新鲜事，而苏州中学的"钱穆国学社"坚持开展阅读经典活动，通过阅读来弘扬国学精神，提高师生人文素养，这是值得各个学校借鉴的。

---

① 苏州中学园区校［EB/OL］. http://www.shssip.cn/dtlview.asp?c=139&id=5773&page=0.

② 我们需要怎样的传统文化教育？［EB/OL］. http://blog.sina.com.cn/s/blog_503170b90100p8ou.html.

挖掘传统节日的文化内涵。节日具有很强的仪式教化功能，现代国家自然而然地把它作为培养公民效忠国家、献身民族的载体。中国传统节日是中华民族悠久历史文化的一个组成部分，是民族文化传承的重要载体。中国传统节日形式多样，内涵丰富，蕴涵着国人心灵深处的共同点，比如重阳敬老、中秋团聚、清明祭祖，这些情感不可以轻易被抛弃，更不能随便被异化。学校可以清明节、端午节、中秋节、重阳节、元宵节等传统节日为契机，以青少年喜闻乐见的方式，组织开展相关纪念活动，积极营造尊重民族传统节日、热爱民族传统节日、参与民族传统节日的浓厚氛围，从而更好地传播中华民族的优秀传统文化，弘扬中华传统美德。同时还要重视传统节日和礼仪等非物质文化遗产的保护，继承和创新富有民族特色的传统节庆和礼俗，发挥它们在教育和移风易俗方面的功能。

案例：福州大学巧借中华优秀传统文化育人①

大学专业能力教育可以帮助学生成长为某一领域的专才，而传统文化教育则可以帮助学生成就更加美好的人生。在这方面，福州大学为各高校树立了一个很好的典范。

"桃之夭夭，灼灼其华。之子于归，宜其室家……"每次清晨途经福大的树林和湖边时，总能听到国学经典的吟诵声。学生吟诵国学经典的身影、清晨的鸟鸣和舒缓的太极拳，已经成为学校一道独特的风景。

在课堂上，思政课堂是育人的主渠道，学校将中华优秀传统文化教育融入思政课教学中，要求教师结合社会主义核心价值观、我的中国梦等时政要点热点开展宣传教育，并邀请山东孔子礼仪文化学校校长金辉等学者作客学校道德讲坛，引导大学生关注中华传统文化，增强大学生传承弘扬中华优秀传统文化的责任感和使命感。

在课外，学校注重举办传统文化节活动，让学生在参与中感受传统文化的魅力。学校先后举办了主题为"中国梦·文化魂""名礼立身·德兴福大"等一系列活动，学生踊跃参加锣鼓演奏、古筝演奏、古典舞蹈、汉服走秀、武术表演、汉字英雄大会等项目。福大人文社会科学学院学生张娟宏说："这些活动不仅生动有趣，而且贴近学生的生活实际，很容易激发学生的参与热情。"福大还积极引导学生通过社会实

---

① 福州大学：五大着力点实施优秀传统文化育人［EB/OL］. http://edu.qq.com/a/20141022/023442.htm.

践、感知、认识中华优秀传统文化，先后组织学生参加福州市文庙祭孔大典、参观林则徐纪念馆、参加寿山石诗文吟诵会等活动。此外，不少学院还依托社团引导学生进入社区关爱老人、义务维修家电等，把社会实践作为丰富传统文化的载体。

福州大学国学社举办的成人礼活动，也得到了不少学生的关注与推崇。活动现场，24名来自福州大学各学院的冠笄者在两位执事的带领下，踏着典雅的乐声自两侧缓步入场。福州市孔子学会秘书长孔海钦为冠者加冠、福州大学人文学院中文系副主任薛美秀教授为笄者及笄，现场气氛庄严却不失温馨。人文学院中文系主任梁桂芳老师表示："福州大学人文学院此次举办的传统文化节正好和国家完善、发展传统文化的发展方向相契合，传统文化是中华民族的根基，我们应当对这些知识有所了解，并且将它们发扬光大。人文学院以传统文化节为形式，传承传统文化，弘扬民族精神，增强校园的文化氛围，为共筑中国梦做出了应有的行动。"

端午节，福州大学国学社还举办了一次中华传统文化游园活动，其中有一个项目是包粽子。活动前期，志愿者对部分学生进行了包粽子义务培训，并引导学生关注端午节，关注屈原文化。仅当天下午，就有1000余人报名参加。该校物理与信息工程学院学生冉文文说："包粽子只是一个简单活动，却是开展传统文化教育的有效载体，使学生在做做玩玩中受到了熏陶。"

多年来，福州大学充分挖掘中华优秀传统文化的丰富内涵，不断创新教育载体与形式，通过思政课、传统文化节、道德讲坛、国学社、社会实践等"五大着力点"，引导学生完善人格修养、关心国家命运，自觉把个人理想和国家梦想、个人价值与国家发展结合起来。[①]

（三）营造良好的社会氛围

营造良好的家庭环境，充分发挥家庭在中华传统文化教育中的重要作用。长期以来，许多家长对传统文化缺乏正确的认知，把传统文化教育放到一个可有可无的角落，这直接影响了学生对传统文化的态度。家庭是孩子的第一课堂，家长是子女的第一任老师，家庭在传统文化教育中起着十分重要的作用。有效开展传统文化教育，家庭要发挥源头作用，家长要重视对孩子进行传统文化教育。家长可以通过不

---

① 福州大学：巧借中华优秀传统文化育人［N］. 中国教育报，2014-10-22.

断学习来增强对传统文化的认识和兴趣，将中华民族的诚信守约、勤劳俭朴、扶弱济贫、尊老爱幼等传统美德融入日常生活之中。家长还要以身作则、言传身教，形成珍视亲情、勤俭持家、邻里和睦的良好家风。同时，中小学在开展传统文化教育时，也要重视发挥家长、家长委员会、家长学校以及家庭教育指导机构的作用，把学校教育与家庭教育紧密结合起来，积极组织学生和家长共同参与传统文化体验活动，营造良好的传统文化教育氛围。

营造重视传统文化的社会风气。由于历史惯性的影响，在许多人心目中，传统成了落后、陈旧的代名词。在这种意识的主导下，城市规划、建筑设计直至衣食住行、婚丧礼仪、教育宣传等，都争先恐后地"与国际接轨"，似乎越洋化越时髦越好，导致我们的社会环境和生活方式趋于整齐划一甚至平庸低俗，文化品味越来越低。这种氛围加剧了下一代对传统文化的偏见与漠视。因此，大众媒体要时刻重视对中华传统文化的宣传，要确立正确的舆论导向，纠正社会轻视传统文化的不良风气，要宣传传统文化的精华，展示传统文化的魅力，提高全社会对中华传统文化的认识。文化、新闻出版广电等部门应积极创作弘扬中华优秀传统文化的各类文艺作品，着力提供丰富、生动的教育资源。可在电视台、广播电台开设中华传统文化专栏，在黄金时间对青少年播出。可在广场、公园、体育场等人流密集地段，增设适量的中华传统文化宣传栏，将健康文明、积极向上的诗词名段，勤勉励志的文化典故，名家作品等中华优秀传统文化以适当形式刊出；还可以采用书籍、音像制品等多种媒体手段，将中华民族的优秀传统用学生喜闻乐见的形式进行宣传。通过各种舆论宣传，在全社会形成敬畏、崇尚、尊重中华优秀传统文化的氛围，让广大青少年时时处处生活在传统文化的熏陶与感染之中，领略中华传统文化的魅力。

有效利用社会资源。传统文化教育的范围不能仅仅局限于校园内部，还可以借鉴世界各国青少年教育基地的建设经验，充分利用博物馆、图书馆、展览馆、公园、文化遗址、名胜古迹和各类教育资源，并以此开展形式多样的传统文化教育活动，增进学生的文化认同感。作为知识场所的博物馆，代表的是一种由国家权力认可的主流文化和主流秩序观，其藏品所体现的也是一种由国家权力所认可的集体记忆。博物馆展现了中国人民光辉的历史，可以使人们获得民族的自豪感和优越感。图书馆也是传播传统文化知识的重要渠道，要加大图书馆对青少年的吸引力和服务力度，要进一步丰富馆藏图书尤其是适合青少年阅读的图书数量和种类，扩大图书的覆盖面，缩小图书的更新周期，充分发挥图书馆的重要作用。

（四）充分发挥大众传媒的作用

传统文化可通过报刊、杂志、广播、电视等传播途径被人们接收。长期以来，报刊、影视、广播等媒介是青少年学习传统文化的重要途径。

案例：中国成语大会：电视媒体与传统文化的有效结合

成语是中华民族宝贵的文化遗产，堪称中华文化的"活化石"，其承载的人文内涵丰富、厚重。中国大量成语出自传统经典著作，体现了高超的智慧，表达着臧否人伦善恶、境界高下的中国价值观。成语是进入中华传统文化，了解中国的过去、现在和未来的钥匙。

为了使人们更好地了解中国的成语智慧，中央电视台和国家语言文字工作委员会联合主办了《中国成语大会》节目。该节目成为继《中国汉字听写大会》之后，又一档语言文字类电视节目。这场国家级大型文化赛事历时3个多月，每周末先后在综合频道和科教频道播出，共13期。

从形式上看，与《中国汉字听写大会》相比，《中国成语大会》在保留相似竞赛形式的基础上，融入了更多独特多元的创新构思，以游戏形式构成紧张精彩的晋级赛框架，细致展现了中国成语独有的语境之美。从信息量上看，《中国成语大会》总决赛全程使用了2000多条成语，全方位展示了成语之美。在节目中出现的成语不仅有古代神话、历史故事、文学经典，还有民间口语和外来语等。为了突出比赛的难度，在这些成语中也有意回避了大多数人都已经掌握并经常使用的，还有在千百年语言实践中很少被使用的，突出了成语的学习价值，很接地气。在舞美方面，《中国成语大会》基调靓丽，舞台设计前卫，节目组把参赛队伍分成三个队，从名字上就显示着浓浓的中国风，如春秋、尔雅、国风等。比赛过程借鉴了猜词游戏以及"谁来比划谁来猜"等综艺节目中常用的娱乐手段，巧妙地将中国文化的传统精髓融合在猜词竞技中，由一名队员描述成语的基本意思，其队友则要快速猜出成语答案。①从参与主体上看，来自全国各地的500位成语高手参加了比赛，晋级比赛的优秀选手有90%是年龄在20—30岁的年轻人。节目还邀请了毕淑敏、郦波、纪连海、蒙曼、

---

① "成语大会"有营养的大会［EB/OL］. http://news.hexun.com/2014−05−20/164932819.html.

钱文忠等文化名人担任评论嘉宾，对成语的来源、古意、典故等进行了深度解读，把蕴含于成语背后的历史文化内涵进行了深度挖掘。

《中国成语大会》具有深厚的文化内涵和较高的文化品质，是对传统文化的电视守卫。节目不是一场场组合秀，也不仅限于塑造"博闻强记"的参赛选手，而是将其定位为"中国智慧、自成语境"的传统文化传承上，试图通过电视平台，让成语回归到本来应该有的位置。[①]这档宣传传统文化和中国智慧的电视节目，掺杂了厚重的民族情感；观众在观看节目时，也能感受到博大精深的母语文化之美；学者型评委的加入，在为节目锦上添花的同时，也开展了一场国民文化普及教育。

《中国成语大会》以成语作为切入点，在电视上播出后引起了强烈反响，以成语为题材的传统文化热延伸到了图书、音像制品，带来了出版业的一场成语热。[②]《中国成语大会》彰显了传统成语文化的魅力，节目在弘扬和传承传统文化的同时，在全社会掀起了一股学习传统文化的热潮，引起了国民文化意识的觉醒，成功地激发了年轻人对传统文化的热爱，激发了广大观众尤其是青少年了解成语、热爱成语的热潮，提高了国人尤其是青少年的文化认同感和归宿感，铸就了全民的精神纽带，提高了国民的文化凝聚力和向心力，是一档不可多得的电视文化精品节目。

《中国成语大会》是立足于电视媒体而进行的一次文化传承实践，可谓是利用电视这一载体对传统文化进行有效传承和弘扬的成功范例。一些专家学者认为，在网络传播和快餐文化盛行的当下，蕴藏在古籍中的经典文字正日趋沉睡，传承百代甄选的中国智慧，弘扬自成语境的文化自信，成为国家媒体义不容辞的责任和担当。

案例:《中国诗词大会》：用流行方式传承文化基因[③]

《中国诗词大会》是中央电视台继《中国汉字听写大会》《中国成语大会》《中国谜语大会》之后，由科教频道自主研发的一档大型演播室文化益智节目。《中国诗词

---

① 韩东梅. 从《中国成语大会》看传统文化的电视传播［EB/OL］. http://qnjz.dzwww.com/cmga/201411/t20141104_11305750.htm.

② 韩东梅. 从《中国成语大会》看传统文化的电视传播［EB/OL］. http://qnjz.dzwww.com/cmga/201411/t20141104_11305750.htm.

③《中国诗词大会》爆红 用流行方式传承文化基因［EB/OL］. http://n.cztv.com/news/1196501.html.

大会》是央视首档全民参与的诗词节目，节目以"赏中华诗词、寻文化基因、品生活之美"为基本宗旨，力求通过对诗词知识的比拼及赏析，带动全民重温那些曾经学过的古诗词，分享诗词之美，感受诗词之趣，从古人的智慧和情怀中汲取营养、涵养心灵。

经过教育部、国家语言文字工作委员会、团中央推荐，导演组在北京、上海、吉林、湖南等地历时10个月进行海选，从全国5万多名诗词爱好者中筛选出106名诗词达人组成比赛选手团。这些选手来自各行各业，覆盖了7—60岁的各年龄段。他们中既有小学生、大学生，也有热爱中国文化的"老外"留学生；既有个体户、企业白领、诗人，也有农民、公务员、媒体人和退休教授。节目采用内循环的竞赛机制，每场比赛以5位挑战者对抗百人选手团的模式进行。赛场上的5位挑战者与百人选手团同时答题，除了比拼对错外，还要看5位挑战者每道题对抗百人选手团的击败率，以"对错+击败率"的计分方式，产生擂主进入下一轮竞赛。这种创新的赛制和评判标准，赋予106名选手更多的表现机会，增加了赛事的戏剧性，让水平高的选手有"返场"机会。

央视节目组遍访电视、诗词及社会文化研究等方面的专家，在充分学习调研的基础上，对赛制、内容和表现形式做了大胆创新，力求把《中国诗词大会》打造成一档突破创新、特色鲜明的诗词文化盛宴。作为主办方之一，共青团中央一直致力于引导广大青少年学习和掌握中华优秀传统文化的思想精华，挖掘和阐发讲仁爱、重民本、守诚信、崇正义、尚和合、求大同的时代价值，在传承优秀传统文化中滋养心灵、陶冶情操。

进入21世纪以后，随着计算机和网络技术的高速发展，全球形成了以报刊、杂志、广播、电视及网络为主要传播媒介的传播阵地，构建了一个立体的、多方位的、多维度的信息交换平台。据不完全统计，在"百度"中有关传统文化的资讯就有9980万条，多数为传播传统文化相关内容的视频、音像资料以及新闻报道，相关的网站有中国传统文化网、中华传统文化公益论坛官方网站、中国国学网等；还有上百个以传统文化命名的微信公众平台以及和传统文化有关的200余个微信公众平台，其推送的内容多为孔孟之道中劝人向善、勤学乐学、尊师重道、孝敬父母等优秀的中华传统文化。

　　在全球化时代，数字报纸、数字广播、数字杂志、数字电影、数字电视、移动电视、触摸媒体、电子游戏、智能手机等新媒体已普遍进入广大青少年的日常生活中。相对于报刊、广播、电视等传统媒体，新媒体内容无所不包，形式（文字信息、图片、声音、视频等）丰富多彩，为人们呈现了一个比传统媒体更缤纷多彩的世界。由于新媒体的这些特点，使它在弘扬优秀传统文化中有着十分重要的作用。因此，我们一方面要加强传统传媒对于传统文化的传播，另一方面还要充分利用新媒体的优势，构建一个完整的传统文化传播阵地。

第三节　通过历史教育增强历史认同

一、历史教育的重要性

历史教育是以历史和历史学为主要内容的教育活动。广义的历史教育，指人类社会各界所进行的以历史学为基础的教育活动。狭义的历史教育，特指学校教育中，以历史学为依托，以学生为主要培养对象，师生共同探究、成长的教育活动。

历史是进行国家认同教育的好教材，是爱国主义教育的源泉。国民对于国家认同感的形成需要对于中华民族的共同情感的深刻体认和对于中国人的身份认同的确立。没有这种深入国民内心的情感归属的确立，一个社会就不可能得到发展，也不可能应对挑战。没有对民族历史的深刻理解和记忆，国家认同意识就无从谈起。历史教育在强化历史认同、培育民族精神、培养青少年正确的国家观念和民族意识、培养历史素养方面具有不可替代的作用。

（一）有助于增强历史认同

国家是一种"历史—文化"共同体，国家认同的形成有赖于历史记忆的传承。国家认同与爱国主义都是建立在一定的历史文化基础上，历史文化是民族意识和群体认同的基础，具有发扬民族精神、培养爱国情操、增强国家认同的功用。历史是国家意识、爱国情怀的一个最基础的承接面。没有这个承接面，其他一切教育将因这个承接面的缺失而落空。历史具有保留"集体记忆"或"共同记忆"的功能。历史记忆一旦消失，随之而来的将是文化的断层与消亡，民族心理、国家认同也会随之改变或消失。"灭人之国，先去其史"的道理正在于此。只有了解中国五千年的历史，才会知道统一是中国历史的主流，统一时期也是中国社会发展、百姓安居乐业、国威远播的时期；只有深刻理解中国历史，才能知道中华民族自古以来就是一个爱好和平的民族，中华民族的血液中没有侵略他人、称霸世界的基因，才能够懂得中国人民不接受"国强必霸"的逻辑。①

　　历史认同承载着培养和强化中华民族认同感的社会功能。中国自古以来有敬天尊祖的文化传统，中国人的宗教意识相对较为淡薄，所以"历史认同"对于维系中华民族的凝聚力具有重要的作用。中国古谚有"器惟其新，人惟其旧"，在历史表象下含有历史共识等内在要素，并且正是历史文化的绵延不断，维系着中华民族血脉的传承，构筑了中国人精神家园的基石。对当前中国社会而言，学习历史有利于增强国家认同感和民族凝聚力。中国有独特的历史，在古代，中华民族创造的古代文明史是我们进行国民教育的重要内容。近代以来，中华民族经历了百年严峻挑战，在争取民族独立和富强之路上付出了许多牺牲和代价。现代中国人为民族发展而坚持奋斗的历史正是中国当下历史视野中的重要部分。了解中国在现代历史中的艰难奋斗和改革开放的发展，了解今天中国的现实状况，客观地看到中国在全球的位置，了解国家发展的未来前景，这样既可以避免妄自菲薄，也可以避免自夸自大。一方面认识到社会所取得的成就和国家对于个人的意义，另一方面也认识到个人对于国家的责任和所享有的权利。②

　　（二）有助于培育民族精神

　　民族精神是一个民族赖以生存和发展的精神支柱，是维系一个民族繁衍、生长、繁荣的基石。"一个民族，没有振奋的民族精神，没有高尚的民族品格，没有坚定的民族志向，不可能自立于世界之林。"历史教育的一个重要功能便是促进民族精神的养成。民族的自尊心和自信心来源于历史和传统，历史和传统以具体的、形象的、生动的资料为人们诠释了民族精神。在五千多年的发展中，中华民族形成了以爱国主义为核心的团结统一、爱好和平、勤劳勇敢、自强不息的伟大民族精神。伟大的民族精神既是在历史的发展中逐渐形成的，同时也是续写历史新辉煌的精神动力。

　　在全球化背景下，弘扬和培育民族精神是中学历史教育肩负的重要责任。历史教育是引导国人培养历史责任感的基础。培育和弘扬民族精神，目的是为了"使全体人民始终保持昂扬向上的精神状态"。而要使国人始终保持"昂扬向上的精神状态"，归根结底，就是要引导国人培养热爱祖国、振兴中华的强烈的历史责任感。在

---

① 吴玉军. 历史教育与国家认同［J］. 北京教育，2015（03）.
② 国民教育对于社会发展的意义［EB/OL］. http://wenku.baidu.com/view/62aa2b188762caaedd33d4c4.html.

这方面，历史教育同样具有不可替代性。通过对历史的学习，能使人们了解人类社会发展的基本脉络，总结历史经验教训，传承优秀的文化遗产，弘扬民族精神。

（三）有助于培养青少年正确的国家观念和民族意识

在国家认同教育中，历史教育扮演着十分重要的角色。要增强青少年的国家认同意识，除了要重视思想政治教育外，还需重视历史教育。历史教育绝不仅仅是简单的文字知识和史料数据的传授，更不是单纯的风花雪月或发思古之幽情，历史教育是培养公民国家意识的主要阵地。没有历史，一个社会就不会对自己的历史起点、对它的核心价值观以及过去的决定对当前的影响有一个共同的记忆；没有历史，就不能对社会中政治的或道德的问题进行任何合理的考察，就不可能有民族认同。"知之深，才能爱之切"，对民族的深厚感情，如自豪感、责任感、使命感等，都源于对民族历史的深刻了解。只有对历史和传统了解很深的人，才会对自己民族、国家、文化产生较强的认同感，同时担负起民族振兴的重担。一个人如果不了解自己国家、民族的历史，就不可能成为具有高度文化素养的合格公民。一个国家、民族如果不重视自己的历史，就不可能发展成为高度文明的民族国家。人们一旦忘却历史，就会淡化民族认同，民族凝聚力必将大大削弱。

青少年时期是树立正确国家观念和民族意识的关键时刻，而历史正是帮助他们树立正确国家观念和民族意识的重要课程之一。通过进行历史教育，可使青少年了解到我们这个多民族国家在历史上是怎样形成的，各个民族在历史上为多民族国家的形成和发展做出了哪些贡献，中华民族又是怎样形成和发展的，她为人类做出了哪些贡献。青少年只有懂得中国历史，才能真正了解中华民族，才能形成正确的国家观念和民族意识，才能谈得上热爱自己的祖国、民族，才能坚定维护国家统一和民族团结。

（四）有利于培养青少年的历史素养

历史素养在一个人的素养中占有重要的地位。一个人无论将来从事什么职业，都必须具有一定的历史素养，必须关注社会、了解国家，具有民族精神和历史使命感。一个人历史责任感的形成，有赖于具备开阔的历史视野和正确的历史观。难以想象，一个缺乏基本的历史常识和历史感的人，会有振兴民族的历史责任感。历史教育可以为国民提供必要的历史素养，以开阔视野，并养成科学的历史观。[①]国学大

[①] 郑师渠. 历史教育与民族精神的弘扬［J］. 史学史研究，2003（01）.

师钱穆在《国史大纲》中有一段话："当信任何一国之国民，尤其是自称知识在水平线以上之国民，对其本国已往历史，应该略有所知。""所谓对其本国已往历史略有所知者，尤必附随一种对其本国已往历史之温情与敬意。"法国一位前总理也曾说过："忽视历史教育，就会使我们新的一代丧失民族意识。"意大利学者克罗齐曾言："历史是生活的老师。"历史虽然不像数学、物理、化学那样立竿见影，但是它对青少年的意义是重大的，历史对学生的作用主要体现在信仰、观念、精神、智慧和思维能力上。

中国作为世界文明古国之一，具有悠久的历史。在几千年的历史发展中，创造了灿烂的历史文化。历史教育对于提升青少年的历史素养有着重要的作用。在全球化时代，历史教育与现代化的关系已经超越了历史学科本身的范围而具有文化传承和国家认同意蕴。学习中国历史特别是近代史和现代史，能使学生了解祖国的历史和现状，从而培养他们的国家认同感、归属感、责任感，树立爱国主义精神。而学习世界史，则可以增进学生对其他民族的认识和理解，使其具备开阔的胸襟和多元的文化观，积极应对全球化时代面临的危机和挑战。

二、历史教育面临的问题

中国自古以来就形成了重视历史的优良传统，历代统治者均注重从历史中吸取经验教训。古人云：欲亡其国，先亡其史。欲兴其国，先明其史。中国古代学者有"国可亡、史不可亡"的警语。唐代史学家刘知幾指出："史之为用，其利甚博，乃生人（民）之要务，为国家之要道。"近代以来，有识之士更加认识到历史文化与民族危亡的关系。清代思想家龚自珍在《古史钩沉论》中总结有四种"必先去其史"："灭人之国，必先去其史；隳人之枋，败人之纲纪，必先去其史；绝人之材，湮塞人之教，必先去其史；夷人之祖宗，必先去其史。"梁启超曾言："史学者，学问之最博大而最切要者也，国民之明镜也，爱国心之源泉也。"[①]鲁迅在《华盖集》中也曾写道："历史上都写着中国的灵魂，指示着将来的命运。"[②]对历史无所知晓的民族，必是无文化的民族。现代哲学家任继愈先生则认为"史学关系到国家的存亡"，"是国家兴亡之学，民族盛衰之学"，必须重视历史学和历史教育工作。

---

① 梁启超. 新史学［M］. 北京：商务印书馆，2014. 85.
② 鲁迅全集（第3卷）［M］. 北京：人民文学出版社，2005. 17.

历史教育在中国源远流长，至今已有数千年的历史。清朝末年，中国废除了科举制，建立现代学校，历史课始终是各级学校教育的必设课程。"文革"以后，学校历史教育逐步恢复正常，培养出了一大批新型历史研究人才。然而，从我国目前的现实状况来看，由于受急功近利、实用主义等教育思想的影响，在学校教育中，人们纷纷把注意力转向所谓"有用"的学科，而把历史学科看成是"无用"学科。由于对历史教学不重视，导致青少年学生的历史知识贫乏、历史意识淡漠，当前历史教育形势严峻。据一份关于青少年对中国历史知识掌握情况的抽样调查显示，在参加1065名受测试者中，平均得分为27.69分，及格率为15%，而受过高等教育者的平均得分也只有33.46分，仅比一般人高出5.77分。对此，有识之士深感忧虑，并提出了批评意见。一位中科院的院士著文认为，新中国成立以来教育的主要失误有二：一是重应试教育，轻能力培养；二是不重视历史教育，许多学生爱国思想淡薄。[①]

（一）高校历史教育举步维艰

受到社会上流行的历史无用论和社会科学学科不断分化的影响，中国高等教育把培养技术应用型人才作为教育目的，历史教育在高校逐步趋于边缘化。高校历史系是从事历史教学和研究的主力军，在市场经济的冲击下，陷入了招生难、学生就业难的困境中，历史教学形势不容乐观。相当数量的高校历史专业所招收的新生基本上是从其他专业调配而来的，学生们往往不安心专业学习。在各高校纷纷扩大招生规模的同时，许多学校的历史系却不断缩小招生规模，还有不少大学将历史系改成旅游文化管理学系或开设旅游文化管理学专业以图生存。

在高校各专业的课程设置中，历史教育所占比重少之又少。高校除了历史专业的学生，历史课或者被当作可有可无的选修课程，或者在政治理论课程中充当"绿叶"，历史教育不受重视。像中文、政治教育等文科类专业，必修课程中早已不见历史课的踪迹，专业选修课中也大多是这样。只有在全校性的选修课中才有"中华文明史""世界文明史"之类的历史课程，但这些面向全校文理工各科学生开设的课程，很难讲到一定的深度，不能满足文科类学生的需要，而且授课的效果也很成问题。在高等师范院校中，对历史学科的教学也极不重视，历史学科被视为"小儿科"。

在当今一些高校中，一些学者以"理性思考"为名否定历史，有的学者以"重

---

① 郑师渠. 历史教育与民族精神的弘扬［J］. 史学史研究，2003（01）.

新评价"为名歪曲历史、"戏说"历史，甚至还有学者认为历史无用。一些人以反对"激进主义"为名，否定革命；一些学者以"研究范式"的转换为名，用所谓的"现代化史观"取代"革命史观"，认为革命就是杀人流血，是"疯狂和幼稚"的，只能起破坏作用；一些学者认为近代以来的中国革命是少数职业革命家"制造出来"的，是强加给中国人民的；认为清政府虽然腐败，但已经在搞"新政""立宪"，革命反而搞糟了，导致军阀混战，宣称"如果不反帝反封建，中国早就现代化了"；有的学者甚至对西方列强的侵略满怀感激，对中国没有完全沦为殖民地感到遗憾，说什么"鸦片战争一声炮响，给中国送来了近代文明"，这样一来，太平天国、辛亥革命以及中国共产党领导的革命斗争都被否定了，洪秀全、孙中山等被丑化、贬低，慈禧、李鸿章等则被美化、拔高。[①]

（二）中小学历史教育存在诸多问题

对历史课定位不准确。国民的历史教育主要依赖基础教育阶段中的历史课来实现，但目前多数学校对历史教学并不重视。在小学阶段没有单独开设历史课，而是与其他学科合设为社会课。在中学阶段，历史科目仍然是众多被"边缘化"的学科之一。除文科师生以外，历史课往往被视为可有可无的"副科"，教师教学热情不高，学生学习历史的积极性也不高。在高考指挥棒的影响下，文科学生对历史的学习，更多的是从应试的角度去理解和记忆，历史仅仅是升学的工具。部分学生由于受传统偏见的影响，仍认为历史是一门知识性学科，只需死记硬背即可，而不需理论的思考和理解。多数学生对历史知识的学习仅仅局限于记忆—应试的思维理解过程，而且大多停留在"知其然而不知其所以然"的机械记忆阶段，无暇体会历史事实背后所蕴含的文化价值。

中学历史课未受到相应重视。在许多学校，中学历史课的课时数一压再压。在初中，历史课不纳入中考，只有毕业考，而且毕业考均为本校自己出题，实行开卷考。由此，学生、家长等就会认为学不学历史不会影响学生的学业，于是就让学生放弃对历史学科的学习而把精力放在要中考的科目上。历史学科就成为副科，不受重视。如在初三，历史课每周只开一节，并常被语文、数学、英语等学科挤占，有学生甚至在初三时根本就没学过历史。在高中阶段，由于初中对历史学习不重视，

---

① 闵绪国、龙钰. 青年历史教育苍白不容忽视 [J]. 探索与争鸣，2012（07）.

给高中的历史教学带来了困难。学生对基本史实不了解，使其无法对历史事件进行理性的分析。对于理科生来说，在高一会考完后，就不再学习历史，其历史知识少得可怜，即便是上了大学，如果不进历史系，这些学生终生不再接受系统的历史教育，中学学的那些历史知识，大概也都忘得差不多了。在这种情况下，作为国民教育之一的历史教育还有多少成效是可想而知的。如果学生初中毕业就去就业，其历史知识可想而知。现在许多青少年包括大学生，"不知有汉，何论魏晋"，对祖国历史知之甚少。[①]以浙江省教育厅发布的普通高中课程计划为例，在高一年级学生的必修课中，语文、外语均为384课时，数学为332—384课时，物理为158课时，化学为140课时，历史、地理、生物均为105课时，思想政治为192课时。可见，高中生历史课的必修学时明显偏少。在高中，文理分科（文理分科一般是在高二年级开始前，部分学校提前至高一第二学期开始前）后，3/4左右的学生将进入理科班，而这部分学生在高一年级的历史学习只需要通过会考就行。在现行高考体制下，会考作为一种达标性而非选拔性的水平考试，与高考完全脱钩，因此，相当一部分高一学生出于高考功利性目的，将历史等学科当成了副科，而把主要时间和精力用于应付来自语、数、外、理、化等课程的铺天盖地的作业，对于史、地等课程则只是在会考之前做些必要的应试准备。这样，这部分学生未等高中毕业就把仅有的历史知识还给了老师。同时，不可否认的事实是，至少有50%选择学文科的学生，不是真正出于对文科的爱好，而是因为理科基础差而进入文科班的。对这部分学生来说，学文科实属无奈。这在很大程度上也影响了中学历史教育质量的提升。[②]

　　历史教学目标单一。由于受到高考指挥棒的"指导作用"，全国大部分地区的历史教育仍旧没有走出应试教育的窠臼，一些历史教师在历史课中只注重传授与考试有关的历史内容，没有将历史教育与人文精神教育、人格培养联系起来。这种历史教育既不符合青少年的心理特点，也难以达到预期的效果。

　　历史教材内容枯燥。目前初中开设了中国历史、世界历史课，高中开设了中国近代史、世界近代史课。我国现有中学历史教材多为大学历史课本的缩写本，教材没有贴近生活，缺乏人物及相应事迹，概念多，现成的结论多，叙述形式呆板，缺

---

① 郑师渠. 历史教育与民族精神的弘扬［J］. 史学史研究，2003（01）.

② 中学历史教育的苍白与困境［EB/OL］. http://www.xzbu.com/5/view-3497719.htm.

乏趣味性，不能引起学生的学习兴趣。如关于中国现代史部分，教材上都是大段大段的结论，没有过程的叙述，不能触及学生的情感，学生对其不感兴趣，加之教师为完成教学进度，采用原始说教方式，不能进行适当展开，这样学生就更无法接受。有学生就曾说，学习这一段历史感觉就像在学政治。

历史教学方法单一。在当前中学历史教学尤其在高中历史教学中，教师往往采取灌输式教学模式，过于重视知识传授和解题能力培养，忽视了历史教学应有的人文教育功能。在高中历史教学中，大多教师都是以服务高考为宗旨，注重挖掘历史事件的背景，淡化事件的经过，注重深刻分析其历史影响。这种重两头、轻中间，重结论、轻史实的做法势必让学生的学习索然无味。在现代教学手段日益发展的今天，中学历史教学如仍采用传统的教学形式，一味向学生灌输历史知识，要求学生死记硬背，便难以调动他们学习历史的积极性。

历史教师教学水平不高。在当前，我国中学历史教师的学历和职称总体偏低，特级、高级教师的比例尤其低。在一些学校，任何人都可以教历史课，一些兼职教师几乎没有接受系统的历史教育和教学训练，历史教学质量难以得到保证。

三、历史教育的途径、方法

历史教育绝不是可有可无的装饰。历史是一叶扁舟，承载着历代先辈们无数的光荣与梦想；历史是一幅画卷，展示着国家、民族艰难成长的印记；历史是一壶美酒，浸润着国家、民族文化的芳香；历史是一面镜子，映衬出时代发展的原貌。[①]龚自珍的名言"出乎史，入乎道""亡人国，必先亡其史"一针见血地道出了历史教育的重要性。历史同国家的生死存亡息息相关，历史教育是关乎国家兴衰荣辱的大事。历史教育关乎国家与民族的安全，应列为国民教育最重要的内容。

历史教育在文化教育中具有十分重要的地位。学校教育是历史教育的前沿阵地，应该充分发挥"历史育人"的积极作用，使学生通过对历史的学习，认识到中华文化一脉相承的传统，激发他们对祖国历史文化的敬仰，进而引导学生树立正确的世界观、人生观、价值观。

（一）重视大学历史教育

大学历史教育专业肩负着培养高素质历史专业人才的重任。大学历史教育，有

[①] 白旭娇. 中小学生国家公民身份认同与国家公民教育研究［D］. 南京师范大学，2012.

助于形成公民的爱国主义精神和情感，有助于促进大学生历史文化认同感和政治认同度的提升。然而，当前大学历史教育并未能充分发挥其应有的教育功能。作为以培养历史教育人才为主要目标的历史教育专业，要主动肩负起这一重要历史使命，加快改革步伐，加大建设力度，切实提高人才培养质量，在为社会输送高质量人才的同时，彰显其自身的价值。[①]

造就优秀的师资队伍。历史专业建设的成败关键在教师，没有一支责任感强、理论功底扎实、教学能力和科研能力过硬、热爱并精于历史教育的师资队伍，专业建设是不可能取得理想效果的。与发达国家相比，我国高校历史教育无论是在理论研究层面还是教学实践层面，都还比较薄弱。要改变目前历史教育落后的局面，关键在于培养和造就一支具有先进思想观念、扎实理论功底、较强教学科研能力的高素质人才队伍。因此，必须把队伍建设放到重中之重，通过合理引进、高层次进修、在职研修、深入基础教育第一线等途径，努力建设一支数量适当、结构合理、能力强、素质高的师资队伍。[②]

科学构建课程体系。课程是实现人才培养目标的重要载体，科学构建课程体系对实现人才培养目标具有重要的意义。历史学科是中国高等教育中的传统基础学科，在提升国民素质方面的作用是其他学科不可替代的。高校要本着"优化结构、拓展类型、整合内容、强化创新"的原则，按照"多样化、模块化、小型化、专题化、前沿化"的标准，构建具有大学特色的历史教育专业课程体系。拓宽专业口径，开设相关学科课程和辅修系列课程；改革通史课，增设重要的专门史课程、史学理论课程和史学研究方法课程，如"史学名著研读""中美关系史""经济史"等；加大"历史教学论"课程改革力度，增设历史教育类微型选修课，如"历史教学心理学"等；强化科研能力的训练，开设研究型课程，如"史学论文写作""史家论文研读"等；适应学生的不同发展需要，搭建学科专业类和教师专业类两个课程模块。[③]

优化教学内容和教学方法。在高校历史教学中，教学内容要做到精、新、广、实。精是指教学内容要精练，反映本学科领域的精华；新是指教学内容要吐故纳新，及时反映本学科领域最新的研究成果；广是指教学内容要丰富多彩，广泛吸纳相关

① 侯雁飞. 大学历史教育专业建设探索［N］. 光明日报，2009-10-28.
② 侯雁飞. 大学历史教育专业建设探索［N］. 光明日报，2009-10-28.
③ 侯雁飞. 大学历史教育专业建设探索［N］. 光明日报，2009-10-28.

学科的内容；实是指教学内容要真实、实用。同时，在高校历史教学中，还需加大教学方法的改革力度，克服填鸭式、满堂灌和一言堂教学方式，积极采用反思性教学、微格教学、专题研讨、课题研究、实践考察等教学方法，培养学生终身学习的能力、探究的能力和实践的能力。[①]

案例：《中国近现代史纲要》教学方式探讨

《中国近现代史纲要》课程是按照教育部2005年"马克思主义理论与思想政治理论课"课程改革方案，于2007年春季学期开始面向全国高校本科生开设的一门必修的思想政治理论课。《中国近现代史纲要》身兼历史教育和思想政治教育的双重职能，它讲述了160余年来中华民族争取民族独立、人民解放和国家繁荣富强的可歌可泣的历史，帮助大学生正确了解中国的昨天、今天和明天，增强实现中华民族伟大复兴的历史使命感和责任感。

历史既是科学，又是艺术。历史的艺术性强调的是历史的实践功能，包括教育功能和认识功能。历史学的教育主要表现为促使人们回想过去，从而启迪心智。而历史最重要的认识功能在于它能帮助人类认识自我。当代哲学家卡西尔提出：艺术和历史学是我们探索人类本性的最有力的工具。要提高《中国近现代史纲要》的教学实效性，教学人员就必须以历史的艺术性作为突破口，充分挖掘历史教学方法多元化的可能性。近些年来，中国近现代史已成为了大众媒体关注的焦点，电影、戏剧、电视剧、报告文学、小说纷纷从中选取素材，运用艺术手法再现历史场景，使历史走出高校和研究机构，降落到民间。如近年来深受欢迎的电视连续剧《亮剑》《狼毒花》《走西口》，电影《太行山上》《建国大业》以及纪实片《走向共和》《百年中国》等。尽管艺术加工会让作品不可能完全忠实于历史真相，但是丰富多样的艺术形式为《中国近现代史纲要》的教学提供了形象的补充。而历史艺术作品跟高校课堂的结合必须通过现代教育技术手段来实现。因此，把现代教育技术手段引进《中国近现代史纲要》的课堂，就成为了提高课程教学实效性的关键。

在《中国近现代史纲要》课程的讲授过程中，主讲老师应该利用网络和多媒体等现代教育技术手段，把反映重大历史题材的经典影片纳入教学内容当中，使大学

---

① 侯雁飞. 大学历史教育专业建设探索［N］. 光明日报，2009-10-28.

生在欣赏经典影片的过程中，掌握历史发展的内在规律，掌握"两个了解"，领会"三个选择"，使原本枯燥乏味的思想政治理论课变得生动形象。由于提高大学生的思想认识是课程教学的最终目的，所以纳入课程教学内容中的经典影片主要是指那些以中国近现代史上反映重大战争、革命、建设、改革的重大历史事件为原型，以爱国主义和社会主义教育为宗旨，弘扬社会主旋律，能够引起大学生心灵共鸣的严肃题材的影片。这类影片有很多，比如讲抗日战争史，可以选择《太行山上》《东京审判》《南京大屠杀》《南京！南京！》；讲解放战争史，可以选择《重庆谈判》和《开国大典》。对于这些影视作品中的人文素质教育资源的挖掘，是提高《中国近现代史纲要》教学实效性的重要手段。①

（二）重视中小学历史教育

中小学教育是国民文化教育的重要阶段，一个人系统接受历史教育、了解祖国的历史主要是在中小学阶段，其人格的塑造也主要是在这个阶段。中小学历史教育在培养学生的民族认同感和民族价值观方面，具有其他学科难以替代的独特地位和作用。因此，在全球化时代，中小学历史教育非但不能削减，反而应当大大加强。著名历史学家龚书铎认为，"中国人知道本国历史，主要就在中学阶段。中学生应该接受比较系统的历史教育，否则形不成基础。中国文化有代表性的都应写进教材，学生要知道"②。

在小学阶段，应根据小学生的年龄特点，讲授一些历史趣味故事，调动学生学习历史的积极性。在初中阶段，应将历史课从社会课中独立出来，加强中国史教育，培养学生的"国民性"和"国家意识"，陶冶学生的爱国主义情操。在高中阶段，文理科学生都要认真学习中国近现代史。对学生而言，学习中国历史特别是近代史和现代史，能使其了解祖国的历史和现状，从而培养他们的民族认同感、国家归属感，树立为祖国、为人民勇于献身的精神。同时，在全球化时代，学生还应学习一些世界史知识。学习世界史，可增进学生对其他民族的认识和理解，培养学生的人文精神，使其具备开阔的胸襟和多元的文化观，从而能够从更宽广的视角，感悟和认识

---

① 徐占春. 关于加强大学历史教育的思考——兼论《中国近现代史纲要》教学实效性 [J]. 教育文化论坛，2009（02）.

② 转引自郑师渠. 历史教育与民族精神的弘扬 [J]. 史学史研究，2003（01）.

中国历史文化在世界历史文化中的地位。

（三）选择灵活多样的历史教学方式

在全球化时代，历史教育是提高我国青少年历史认同感的一种有效方式。然而，目前在我国中小学，空洞、抽象的教学内容，说教式的教学方式使得历史教育整体缺乏活力，无法激起学生学习的兴趣。曾有学者对北京市的2107名学生进行了一项调查，结果发现，在学生最不愿意学习的科目中，历史位列第三位。在学生对15门功课喜欢程度由低到高的排列中，历史位居第二。在被学生视为"枯燥、没意思的课"的排序中，历史位居第五。历史课在学生心目中的位置如此低下，不得不让人反思。[①]

要改变当前中小学历史教学的现状，就必须从改变历史教学方式入手。

第一，运用多媒体技术创设情境和解读历史。

利用多媒体教学激发学生学习历史的兴趣。历史意味着过去，是已经过去了的人类社会的实践活动。历史知识的过去性特点表明，在历史课上，完全靠教师的讲述会比较枯燥，学生的学习兴趣也会不高。再加上现在的历史教材考虑到学生的减负问题，内容删减不少，这样就加大了学生对一些历史问题理解的难度，也给教师的教学、学生的理解带来了一定困难。多媒体教学手段不受时间和空间的限制，既可以提供大量的历史信息，又可以给学生提供直观的历史场景，变抽象为具体，变空洞为生动，激发学生的好奇心和求知欲，使学生积极投身于课堂教学中，大大提高历史教学的效果，使学生更好更快地掌握历史知识。

例如，在学习必修一《祖国统一大业》一课"香港回归"这一内容时，一位历史教师通过播放香港回归时政权交接的视频，使学生有身临其境的感觉，获得了较好的课堂教学效果。

例如在讲"南京大屠杀"时，教师的语言无论如何生动都难以把日本侵略者的滔天罪行表达得淋漓尽致，这时便可通过视频资料创设影视教学情境。通过给学生播放电影《南京》，日本侵略者在南京犯下的罪行通过动态的画面展现在学生眼前，加之悲恸沉重的解说，学生被深深震撼了，在无形中加强了学生的爱国意识，理解

---

① 刘颖．中学历史教学对民族认同感的培养［D］．云南师范大学，2008．

了"落后就要挨打"的教训，自然而然会萌发出为了国家强盛而努力学习的念头。同时，学生在观看影片的过程中，对于日本修改教科书，小泉参拜靖国神社等问题也有了认识和理解，从而加深了学生对本民族国家历史与当今情况的了解，加强了学生的民族认同感。①

历史不仅具有过去性，同时又很具体，有事件的起因、经过、结果，有人物的语言、思想及特定的心理活动，有遗址、遗物等。但由于编写教材的简约性，使本来引人入胜的史实大为失色。教师在课堂上如利用多媒体技术优势，采用音频、视频、图像、动画等方式，创设影视教学情境，则可以直观、形象地再现过去的历史事件，帮助学生树立起历史的时空和动态概念，既可以增强学生对历史史实的认识，轻松愉快地接受和理解历史知识，又能使学生产生感情共鸣，从而提高学生的学习效果。

例如在讲《中国历史》第一册《秦始皇统一六国》这一内容时，可利用计算机直接模拟秦始皇消灭六国的过程，用一种颜色代表秦国初期，逐渐去掉六国的不同颜色而成为一色来代表秦统一六国的疆域，并配合声音渲染当时的战争气氛，利用直观的教学方法加深学生对历史发展过程的认识与理解。每一课中，都可以通过展现一些历史人物、建筑物、科技成就、文化作品、手工艺品、名胜古迹（遗迹）等图片，来激发学生探究历史的兴趣和情感，诱发学生在感情和行为上的参与意识，燃起学生学习兴趣的火花，使学生尝到学会研究和探讨历史的乐趣。实践证明，使用多媒体教学，是目前激发学生学习兴趣有效而实用的手段。②许多杰出的历史人物、重大事件以及一些古代文化遗存，通过多媒体再现给学生，会具有鲜明的形象性和趣味性，能很好地吸引学生的注意力，引起学生的积极思维，加深学生对重要知识的理解。

例如，在讲授中国古代史《楚汉战争》内容时，一历史教师节选了电视剧《汉王刘邦》中与教材有关的部分内容。首先是战马厮杀的场面，以显示战争的残酷性，

---

① 刘颖. 中学历史教学对民族认同感的培养［D］. 云南师范大学，2008.
② 丁家富. 让多媒体辅助教学走进历史新课程［J］. 中国信息技术教育，2009（04）.

在血与火的交战中，闪出"楚汉战争"字幕。其次是刘邦、项羽的进军路线、交战地点。再次是四面楚歌，以表现刘邦以弱胜强、以智取胜的情节。最后是垓下大战，项羽自刎。这种教学方式为学生感知历史提供了丰富的直观资料，使学生掌握了历史战争、历史人物等知识，同时向学生展示了古战场、古服饰、古礼仪等传统文化艺术，这样既增强了历史真实感，丰富了教学内容，又激发了学生的学习兴趣。①

在讲《两汉经营西域和对外关系》一课中，一历史教师在讲述张骞第一次出使西域时，结合教材上的有关知识内容，播放了电影《张骞》的剪辑片断，使学生了解张骞在出使西域途中，虽被匈奴拘禁10余年，经历了种种困难，但它从未丢弃汉朝的使节，匈奴单于硬叫它娶了当地人做妻，已经生了儿子，也没能动摇他完成任务的决心。从影片中让学生感受张骞忠于国家，不屈不挠的优良品德，并再现了张骞出使西域历经艰难险阻这一生动的历史场面，从而使学生对张骞的这种顽强的意志力惊叹不已，从而加深了对张骞的了解。②

运用网络历史资源构建历史学习新模式。历史博大精深，史料浩如烟海，而目前的中学历史教材由于篇幅所限，只能涉及其中很少一部分史料。要想让学生感知丰富的、有血有肉的历史，单靠教师在课堂教学之余补充的史料是远远不够的，根本无法满足对历史学科有兴趣的学生的强烈求知欲望。如果充分利用互联网资源，该状况就能得到很大改善。互联网上关于历史的教学资源十分丰富，各大综合网站所提供的搜索引擎中都有关于历史的分类。如在"新浪网"上，可以查到关于历史的几十个目录、几千个相关网站，仅社会科学栏的历史类别中，就有古代史、近代史、现代史、军事史、考古学、研究机构、史学理论、科技史、人类大屠杀史、"文革"纪事、博物馆与文物、历史人物、参考资料、通史、艺术史、哲学史、地域文化等十几个大类、几百个相关网站，而且还不断有新的网站加盟。众多的网络历史资源为历史教师提供了个人业务进修的空间，也为学生课余了解历史提供了丰富的

---

① 黄素龙、廖雪波. 现代信息技术：搭建历史教学新模式的桥梁［EB/OL］. http://www.pep.com.cn/gzls/js/jxyj/kt/201103/t20110328_1029684.htm.
② 丁家富. 让多媒体辅助教学走进历史新课程［J］. 中国信息技术教育，2009（04）.

资源。学生可以凭自己的兴趣爱好，自主学习，以补充历史课堂学习的不足。[①]

第二，组织学生参与课堂讨论。

课堂讨论或辩论指教师或学生提出有商榷性或探讨性的问题，然后由教师组织全班学生或小组进行充分讨论，经过教师的诱导、点拨，得出结论的方法。比如在中国近代史中，关于辛亥革命问题，辛亥革命到底是胜利了还是失败了，按照以往的教学，很多学生很难理解其胜利及失败的内涵。一历史教师在讲到这一内容时，通过讨论的形式，让学生参与进来，充分发表自己的观点和看法，最后教师再进行总结，让学生理解辛亥革命的成功是因为推翻了封建帝制，失败是因为袁世凯篡夺了革命果实。学生通过参与讨论，既掌握了历史知识，又感受了学习历史的乐趣。[②]

例如：在学习七年级下册第4课《科举制的创立》时，一教师设计了以下讨论题目："你对古代科举制有什么看法？你所期盼的考试改革是怎样的？结合现在的考试制度，提出对考试改革的意见和建议。"这一系列问题紧贴学生的现实生活，与学生关系密切。学生在分组讨论的基础上畅所欲言。通过讨论，学生认识问题、思考问题的能力大大提高，学生间的合作交流意识也进一步增强了。[③]

总之，在历史课上组织学生讨论，既可以激发学生的学习兴趣，活跃学生的思维；又有利于培养学生多方面的能力（如分析问题和解决问题能力、口头表达能力等）；还有利于加深学生对历史知识的理解。需要注意的是，在进行课堂讨论或辩论时，教师对于问题的设计要立足教材，体现知识的综合运用，要强化历史与现实的结合和思考，以拓展学生的思维空间。

第三，鼓励学生动手制作历史教具。

美国华盛顿图书馆的墙上有这样一句名言，"我听见就忘记了，我看见就记住了，

---

① 黄素龙、廖雪波. 现代信息技术：搭建历史教学新模式的桥梁［EB/OL］. http://www.pep.com.cn/gzls/js/jxyj/kt/201103/t20110328_1029684.htm.

② 张文英. 课改反思：让历史课堂充满生机和活力［EB/OL］. http://www.pep.com.cn/czls/js/jxyj/kg/201008/t20100825_736421.htm.

③ 刘芳. 让历史课堂充满生机和活力［EB/OL］. http://www.pep.com.cn/czls/js/jxyj/kt/201101/t20110106_1006368.htm.

我做了就了解了"，该名言说明了亲身实践的重要性。这句名言运用到历史学习中，就是要让学生自己动手动脑。为了增强学生学习历史的积极性，加深学生对历史知识的理解，可尝试让学生动手制作历史教具。

例如，在讲《气象万千的宋代风貌》时，学生对宋代衣服有严格的等级限制很好奇，老师因势利导布置了一个家庭作业：分组制作宋代的服饰，并撰写解说词。学生们对这个作业很有兴趣，他们查找资料、制作服饰、撰写稿件，其搜集的知识已超出了课本的范畴，学生们用报纸、碎布头制作的服饰，体现了巨大的创新潜力。此外，还可让学生用橡皮制作雕版印刷品和活字印刷品，理解唐宋印刷术的发展，等等。[①]

例如，在学习历史七年级（上）《灿烂的青铜文明》时，教师通过让学生用油泥或泥巴模仿商周青铜器制作一件器物，不仅可以让学生感受到商周时期青铜器的工艺精美，认识到青铜器的制作和发展本身是人类社会的一大进步，体验制作的乐趣，而且还可以培养学生动手的能力。在教授《祖国境内的远古人类》这一内容时，让学生亲自动手打磨两件生产和生活用具，并尝试着用它去从事简单的劳动。学生积极参与，一名学生在作业中写道："我试着用石头打制石铲，可那石头一点儿也不好打，既要有力气，还要有些技巧，一不小心会把手打烂，即使不打手，一会儿，手也会磨破，费尽了力气，总算做成了，试着去铲地，只能蹭一点点地皮，原始人生活可真不容易啊！"通过参与制作并使用石器等活动，学生很容易体验到古人生活劳作的艰辛，通过不同时期生产工具的对比，能使学生体会到生产工具的先进与否对人类的生活、生存及社会发展所起的重要作用。[②]学生制作历史作品，既调动了学生学习历史的热情，又使学生在动手中感悟到了历史的无穷魅力。

第四，模拟角色扮演。

新课程改革提倡学生自主学习、合作学习、探究学习，要求在历史教学中转变

---

① 高畅．巧用多种方式，打造魅力历史课堂［EB/OL］．http://www.pep.com.cn/czls/js/jxyj/kt/201402/t20140214_1179540.htm.

② 王文华．历史教学中如何培养学生的兴趣——以人民教育出版社七年级（上册）为例［EB/OL］．http://www.pep.com.cn/czls/js/jxyj/kt/201402/t20140221_1180026.htm.

传统学习方式。角色扮演无疑是实现这种转变的方法之一。在历史课堂教学中创设模拟情境，鼓励学生自编自演《文成公主入藏》《商鞅变法》《杯酒释兵权》等历史短剧，不仅能渲染课堂气氛，而且可以增强学生学习历史的兴趣，更好地体现学生在课堂教学中的主体地位。学生要表演历史短剧，必须先读教材、理解教材、查阅相关资料，再分工合作，整个过程既是学习的过程，也是创作的过程。通过角色扮演活动，不仅使学生了解了历史、认识历史，还学会了获取知识、表达情感，更重要的是激发了学生强烈的求知欲、创造力，锻炼了学生的合作交流、编辑整理、表述表演等多种能力，也加深了对历史知识的理解。此外，角色扮演还使学生学会了自主管理及合作共事，也为那些平时成绩不好的学生提供了自我展示的平台，激发了他们学习历史的主动性和积极性。没有道具，学生就自制道具，用烟盒、毛线做成皇帝的冕旒，用女生的头饰制作成文成公主的头饰等，使表演具有真实感，富有感染力。通过角色扮演，缩短了学生与历史的距离，让学生尝试从当时人们的立场和处境去思考问题，做出判断，提高学生学习历史的兴趣，促进学生对历史认识的主动建构。[1] 例如，在讲到"巴黎和会"时，通过让学生分角色扮演英国首相、法国总理、美国总统，刻画他们的心理活动，学生对巴黎和会的性质有了深入理解。再如讲《秦王扫六合》一课时，可让学生表演历史短剧，理解秦始皇统一采取的政治、经济、文化措施。在表演过程中，学生可以加入自己对问题的理解，不仅使课堂气氛活跃起来，而且将生涩的历史知识趣味化，学生以一种生动有趣的方式完成了学习任务。同时，学生也认识到了我国统一多民族国家的形成过程。在模拟情境的过程中，学生还投入了感情，这样也有利于国家认同感的培养。[2]

案例：不一样的历史课[3]

在英国的一些学校，历史教学不受狭隘的教室课堂限制，秉持一种"大课堂"观念，即开放的课堂观念。

---

① 王文华. 历史教学中如何培养学生的兴趣——以人民教育出版社七年级（上册）为例［EB/OL］. http://www.pep.com.cn/czls/js/jxyj/kt/201402/t20140221_1180026.htm.

② 刘颖. 中学历史教学对民族认同感的培养［D］. 云南师范大学，2008.

③ 曾永江. 域外采风：英国历史课堂的启示［EB/OL］. http://www.pep.com.cn/czls/js/jxyj/kt/201008/t20100825_735912.htm.

在历史课上，老师带领学生坐校车来到一个称为"废墟"的地方，主要去了解17世纪的手工业。废墟里没有五光十色，也没有勃勃生机，映入眼帘的一切都是破败与废旧。废墟完全保留了维多利亚时代的原貌，工作人员的穿着服饰也是那个时代的。来到这里，历史似乎停滞了。按照要求，全班学生统一换上了废墟工作人员提供的粗布服装和看似滑稽的棉毡帽。学生们亲自参与了蜡烛的制作，用羊毛织布，制作皮鞋等等，用那些古老、简陋的工具体验17世纪手工业的水平。孩子们虽然身上沾满了尘土，脸上布满了汗珠，但他们脸上不时地显现出发自内心的笑容。

为了让史料鲜活起来，英国的历史教师们还常采用倒转时空的策略，营造历史场景。老师穿上古代服装，扮演古代人的形象，复制历史情景，给学生带来最为直接的体验。在这种教学环境里，学生仿佛置身于历史之中，和老师一起以历史人物的身份"亲历"历史，这样的体验带来的心灵冲击是学习书本知识所无法比拟的。

（四）开展历史学科课外活动

为了提高中小学历史教学效果，可寓历史教育于生动活泼、愉快有趣的活动之中。在中小学历史教学中，可适时适地开展以下历史课外活动：观看历史资料影片，阅读历史文献读物，举行重大节日、爱国事件、伟大人物的纪念活动，举行历史报告会或历史讲座，学习历史乡土教材，编制历史年代知识表卡，漫谈历史故事会，开办"史学园地"，举办历史知识竞赛，举办历史知识演讲会，举办历史游园活动，举办历史图片展览等。通过开展形式多样的历史学科课外活动，既可以让学生充分领略历史知识的博大精深，又可以很好地调动学生学习历史的兴趣。[①]

观看历史题材影视作品。人们认识事物离不开感觉和印象，电视、录像、电影，因其有生动的故事情节、直观的场景画面、典型的人物塑造等，可以让学生感知到具体、生动、形象的事物，所以较受学生欢迎。2008年的北京奥运会开幕式，用一幅历史画卷徐徐地拉开了中华上下五千年的文明，给全世界观众上了一道中华历史文明的大餐，受到了广泛好评。在课外，应尽可能多地选择一些爱国主义题材的作品让学生观看，比如《从鸦片战争到五四运动》《火烧圆明园》《甲午风云》《少年毛泽

---

① 王兴发. 历史新课改教学新理念［EB/OL］. http://www.pep.com.cn/czls/js/jxyj/kg/201008/t20100825_736404.htm.

东》《三大战役》《开国大典》等。借助影视普及历史知识，还必须重视历史剧这一为人们所喜闻乐见的形式。一些成功的历史剧，如描写重大革命历史题材的《大决战》《长征》等作品，确实起到了宣传革命历史的很好作用。①这既可以冲破时空、地域限制，帮助学生动态地理解历史知识，又可以让学生"重返历史"，"身临其境"地接受生动形象的历史教育。

指导学生阅读历史读物。历史教育既需要庄重严肃的方式，也需要轻松活泼的方式。阅读相关历史读物，即是学生学习历史的一种重要方式。教师可以向学生推荐经典历史书目，可供学生课外阅读的历史读物有很多，如小学生可以读冯国超的《世界上下五千年》、欧阳文青编的《影响世界历史的100件大事》；初高中生可以读汤因比的《历史研究》、费正清主编的《剑桥中国晚清史》等，还可以读各种专门性的通俗历史读物、历史题材的文学作品以及有关的历史文献等。历史教师还可以结合历史教学内容，有针对性地推荐学生阅读一些文学读物，借助文学作品的力量，挖掘先进人物的影响力，如通过献身抗日的杨靖宇将军、爱国将领吉鸿昌、人民的好总理周恩来、时代的榜样雷锋等爱国人物事迹的感染力，来传递民族精神正能量。②历史教师在组织学生阅读时，可以对学生进行必要的阅读指导，还可以要求学生写阅读心得、读书笔记或读书报告，在班上进行交流。

案例:《安妮日记》——一本了解二战史的"活课本"

《安妮日记》是德国籍作家安妮·弗兰克（Anne Frank）在遇难前两年藏身密室时的生活和情感的记录。作为一名成长中的少女，她在日记中吐露了与母亲不断发生冲突的困惑以及对性的好奇。同时，对于藏匿且充满恐怖的25个月的密室生活的记录，也使这本《安妮日记》成为德军占领下的人民苦难生活的目击报道。几十年来，《安妮日记》成为人性、和平、反战和反种族歧视的教科书，成为一本了解二战史的"活课本"。

在安妮的故乡荷兰，绝大部分小学都会组织孩子们讨论历史和二战。在相互交流的过程中，孩子们阅读《安妮日记》的兴趣被有效激发。时至今日，安妮已经成

---

① 郑师渠. 历史教育与民族精神的弘扬［J］. 史学史研究，2003（01）.
② 曾水兵、檀传宝. 国家认同教育的若干问题反思［J］. 中国教育学刊，2013（10）.

为一个"世界标签"，她象征着纳粹德国统治下的受害者，甚至成为宗教迫害和暴政统治下受害者的象征，"人们聊起那段历史，就会谈到大屠杀，就会谈到安妮"。

对很多读过《安妮日记》、看过相关图片展或电影电视的孩子们来说，这是他们认识和了解纳粹及法西斯主义的开始。他们当中的大多数人，会在翻过日记最后一页的同时，在内心深处将纳粹牢牢地钉在耻辱柱上。《安妮日记》的展览走到哪里，哪里就会出现《安妮日记》阅读热，相关的电影和戏剧往往也会同时上演。《安妮日记》自1947年首次出版以来，已经被翻译成了60多种语言，在世界各国的发行量超过了3000万册。[1]

《安妮日记》还成为欧洲许多大学的研究课题。为什么《安妮日记》的故事具有如此强大的生命力？因为它来自最真实的人性。安妮通过日记的内心倾诉，让人们看到了对生存的渴望。安妮在日记中表现出的对自由与和平的追求，在一代又一代人的心灵深处引起强烈共鸣。它给全世界为和平奋斗的人们带来希望的同时，也让人们对那些试图重温历史旧梦的人格外警惕。

一本小姑娘的日记，能够在世界范围内对法西斯思潮形成如此持久而强大的威慑力，这对亚洲国家的二战史教育及其相关影视作品的创作来说，具有启示意义。亚洲的今天，依然面临日本军国主义阴魂不散的威胁，怎样通过二战故事的讲述来巩固和扩大正义的力量，形成更为强大的舆论压力，是值得探讨的课题。[2]

利用历史纪念日进行历史教育。历史的记忆存在于历史书上的记载、传说和文学艺术的描绘中，更存在于一些历史古迹（如长城、故宫等）和一些传统节日中。一些历史时间符号（如国庆节、清明节、端午节、中秋节、春节等传统节日以及各种习俗等）也是国家认同的重要部分。这些有形或无形的历史记忆符号，记载了民族过去经历的光荣与梦想、不幸与灾难。许多国家都致力于保护这些有形或无形的历史记忆符号。伊夫·安德烈（Eve Andre）认为，历史和地理具有三个目标：锻造民族特性，促进融合，传播价值观。其中地理锻造学生关于自己国家领土的想象，"地理产生自我中心论的强调，它唤起了对祖国的热爱，强调地缘政治方面，并酿

---

① 丁刚.《安妮日记》的力量 [N]. 人民日报，2013-11-18.
② 丁刚.《安妮日记》的力量 [N]. 人民日报，2013-11-18.

造出集体文化。历史也履行同样的功能"①。国家的历史书写和历史叙事包括国家经历的"屈辱"和遭受的"苦难"。如同英国著名哲学家约翰·密尔指出的那样，民族国家的历史，应包括"集体荣耀和屈辱，快乐和遗憾。"②因而，在大多数民族国家叙事中，我们能够看到国家"失败的形象，与之相连的遗迹和仪式，以及与之相关的神话和象征"③。如果说"荣耀"和"辉煌"叙事是国家认同构建的一种激励机制，那么，"屈辱"和"苦难"叙事则是国家认同构建的一种自我反省机制。"追溯每个国家的历史，不同的时期均有过遭受外来暴力'侵袭、压迫与支配'的可能，从而导致创伤记忆的形成。"④对于国家认同构建而言，这种创伤记忆和"苦难"叙事具有重要功能。

案例：设立国家公祭日增进历史认同

2014年2月25日，第十二届全国人大常委会第七次会议审议通过了全国人大常委会关于确定中国人民抗日战争胜利纪念日的决定草案和关于设立南京大屠杀死难者国家公祭日的决定草案，确定9月3日为"中国人民抗日战争胜利纪念日"，设立12月13日为"南京大屠杀死难者国家公祭日"。此次设立国家公祭日，来自民间的长期呼吁、政协的连续提案、中日关系的曲折反复以及国家重建历史与政治认同的明确意向。

设立胜利日、公祭日，祭奠死难者，敦促民众不忘历史，已成为国际上的惯常做法。全世界各个国家都会在国家层面上采取措施纪念历史上造成重大民族牺牲的事件，以推动本国及其他国家政府与民众增进对历史的认知和沟通。包括联合国2005年确定的"国际大屠杀纪念日"在内，国际上有许多类似的"公祭日"，比如波兰的"奥斯维辛集中营解放纪念日"、德国的"大屠杀受害者纪念日"、俄罗斯的"卫国战争胜利纪念日"、以色列的"大屠杀纪念日"、美国的"珍珠港事件纪念日"、新

---

① 伊夫·安德烈. 和平共处的责任、能力与愿望——世界与地区：为学会共存而学习历史与地理［J］. 教育展望（中文版），1998（02）.

② Steven J. Mock. *Symbols of Defeat in the Construction of National Identity*，Cambridge University Press，2012，p. 276.

③ 叶欣. 国家公祭：社会记忆与国家认同［J］. 河海大学学报（哲学社会科学版），2015（02）.

④ 杨丽萍. 试论建国初期上海市民的翻身感［J］. 华东师范大学学报（哲学社会科学版），2006（02）.

加坡的"全面防卫日"、韩国的"光复纪念日"等。在纪念日公祭仪式上，各国政要及民众会开展大规模的集体敬献花圈、公开演讲等活动，在仪式中强化"想象共同体"（民族）的命运意象和实在性。就重大历史事件设立公祭日具有重要的历史意义。这些纪念日的最大价值就是让侵害者和受害者及其后人不忘历史，敬畏生命，珍视和平。官方祭奠不仅深化本民族为国际正义付出的代价和做出的贡献，还对人类反思历史起着重要的作用。从民族国家意义上看，设立国家公祭日有助于政府和民众牢记历史过往，提醒民众避免再次陷入同样的遭遇，同时提振民族精神。设立国家公祭日也有利于向其他国家展示相关国际主张的历史来源，推动在国际层面上的历史研究，促进全世界对真实历史史实的理解，支持国家在特定国际问题中的立场。①

　　以南京大屠杀为例，我国关于二战的历史纪念活动长期处于民间和地方层次，比如南京市的纪念活动从1994年开始坚持了20年，但由于缺乏国家公祭的法律安排，在规模与影响力上颇显不足。与之对照的是，作为侵略国与战败国的日本，每年在国内以原子弹事件展开战争祭奠。为了悼念遭日军南京大屠杀的死难者和所有在日本帝国主义侵华战争期间惨遭日本侵略者杀戮的死难者，牢记侵略战争给中国人民乃至世界人民造成的深重灾难，表达对南京大屠杀遇难同胞的深切哀悼，我国将2014年12月13日设立为首个"南京大屠杀死难者国家公祭日"。由此，中国对二战历史的记忆在最高立法机构得到了重申，以立法形式对南京大屠杀死难者进行纪念，这是中华民族走向成熟的一个重要标志。

　　我国此次设立国家公祭日具有重要的现实意义。设立国家公祭日，体现了国家重建历史认同与国家认同的政治意识与政治意志。此次关于公祭的国家实践，将南京大屠杀祭奠活动从民间与地方政府层次提升至国家层次，对于塑造国家意识与国家认同具有积极意义。设立国家公祭日，进行国家级高层次的纪念活动，将有助于向中国人民和世界各国人民传播历史事实的真相；有助于对中国和世界人民发挥良好的教育作用；有助于对中国和世界各国的青少年产生长远的历史教育、善恶教育、是非教育、价值观念教育作用；有助于培育未来一代正确的历史观、正确的价值观，使青年一代肩负起历史的重托，制止残暴与无道，维护世界和平，推动人类

---

① 国外有哪些"公祭日"［EB/OL］. http://roll.sohu.com/20140228/n395823711.shtml.

进步。[①]

　　总之，设立国家纪念日是铭记本国重大历史、让本国民众世代牢记那段历史的通用方式。在我国设立国家纪念日既能让国人更好地了解历史、激发国人的民族自豪感，又能培育未来一代正确的历史观、正确的价值观，有助于青年一代更好地肩负起历史的重托。

（五）提高历史教师的素质

　　要提高中小学历史教育实效，历史教师需要不断提高自身素质。

　　历史教师需要有强烈的国家认同感。知识只是认同感培养的基础，真正的国家认同感培养必须融入学生的情感体验。历史教师向学生传授的不仅仅是历史知识，更重要的是传达一种情感，进而激发学生的历史认同感。在教学过程中，历史教师要注重情感把握，要善于抓住历史事件中有情感的事件，去激发学生的爱国主义热情，最终达到以"情"致"动"的良好效果。历史本身就为我们提供了丰富的情感素材，如讲人文思想、科技创新时，需要历史老师有自豪之情；讲红军长征、抗战胜利时，需要历史老师有激昂之情；讲岳飞被害、谭嗣同殉难时，需要历史老师有悲愤之情；讲改革开放、中国崛起时，需要历史老师有奋发之情；等等。这种以情叙史的方式也是历史教师独有的特色。[②]

　　历史教师需要不断完善知识结构。随着知识社会化和社会知识化程度的日益提高，自然科学、社会科学和人文科学在高度分化的基础上走向高度统一的趋势越来越明显。作为中学历史教师，不应是固守于一门学科的狭隘专业人士，而应成为具有丰富知识的人才。对每一位历史教师来说，科技、文学、宗教、艺术、哲学等，都应在他的视野之内。"问渠哪得清如许，为有源头活水来。"如果把历史教学比作那清如许的渠，阅读就是历史教学的源头活水。历史教师只有广采博览，不断学习新知识，才能使自己的知识结构不断得到更新，才能多角度、全方位地为教学输送汩汩活水，才能不断使教学充满新的生命力。在历史教学中，历史教师如果具有良好

---

① 周永生. 设"公祭日"的五大现实意义 [EB/OL]. http://opinion.huanqiu.com/opinion_world/2014-02/4865296.html2014-02-27.

② 胡柏玲. 专家视点：从《百家讲坛》到历史教学 [EB/OL]. http://www.pep.com.cn/czls/js/jxyj/kt/201008/t20100825_735906.htm.

的语文功底，在教学中若能恰当地引用古诗，则既能让学生领略古诗风韵，又能提高学生理解历史问题的能力。

案例：巧用古诗教授"中国古代史"①

在讲初中历史《秦朝统治与秦末农民战争》一课时，一教师通过巧妙利用古诗来教授"楚汉战争"的内容，取得了很好的效果。

师生共同欣赏杜牧《题乌江亭》、王安石《乌江亭》两首诗：

题乌江亭

杜　牧

胜败兵家不可期，包羞忍辱是男儿。

江东子弟多才俊，卷土重来未可知。

乌江亭

王安石

百战疲劳壮士哀，中原一败势难回。

江东子弟今虽在，肯与君王卷土来。

教师提出问题：楚汉战争以项羽的失败而告终，关于失败的话题，杜牧和王安石存在分歧，请说出不同的论点论据。由赏诗转入史论。学生纷纷发表意见。随后教师进行总结：杜牧感叹项羽缺乏百折不挠的精神，认为胜败是兵家常事，属文人的借题发挥。王安石审时度势，认为项羽败局已定，很难东山再起，属政治家的咏史之作。两人不同的立场、不同的视角得出的是不同的结论。

昭君和亲是中华民族史上的一件大事。在讲《秦汉时期我国少数民族》一课时，为了更具体地讲明汉与匈奴的"和"，一教师补充了"昭君和亲"一目，并引出苏郁的《咏和亲》和张仲素的《王昭君》古诗：

咏和亲

苏　郁

关月夜悬青冢镜，塞云秋薄汉宫罗。

---

① 闻有红. 教学案例：咏史古诗的妙用［EB/OL］. http://www.pep.com.cn/gzls/js/jxyj/kl/201107/t20110715_1057083.htm.

君王莫信和亲策，生得胡雏虏更多。

王昭君

张仲素

仙娥今下嫁，骄子自同和。

剑戟归田尽，牛羊绕塞多。

　　教师随后进行总结：苏郁反对和亲，认为和亲无益于和平，只能适得其反。张仲素则认为和亲起到了"化干戈为玉帛"的作用。随后，教师向学生提出问题，你同意哪种观点？学生议论纷纷，有的说苏郁是大汉族主义，有的说张仲素看到了民族团结的美好前景……

　　历史教师需要不断提高教学水平。历史教学不能仅局限于教授历史知识，更重要的是要培养学生的历史认同感。历史本身是一门内容丰富、趣味性很强的学科。但由于种种原因，学生对历史学习没有多大兴趣，甚至对历史学科产生了抵触情绪，其中一个主要原因是他们喜欢的历史史实在历史课本中往往只是个大概，没有生动的故事情节。因此，历史教师在教学中切忌照本宣科，必须肯动脑筋、肯下功夫，要把"死"的历史材料、历史知识教"活"。一是为学生创设历史情景，给学生制造认知冲突，以此激发学生兴趣，引导学生参与，启发学生思考。将历史知识糅进故事情节之中，把史实故事化。因为在浩瀚的历史长河中，每一个历史人物、每一个历史事件，都包含生动感人的真实故事。作为历史教师，应还原历史中曲折的、生动的情节，这样就可以吸引学生，激发学生的兴趣，使知识易于接受，将学生引入乐而忘返的胜境，从而对教材的理解也能更加深刻。[①]二是精心设计一些探究性问题，让学生去研究、探讨，使学生在研究相关历史中了解历史事物、评价历史人物、把握历史现象，并从中受到历史教育。三是加强与学生的交流和沟通。教学中，针对一些开放性问题，教师适时将其展示出来，师生共同探讨。在讨论时，教师要以参与者身份参与到学生中，与学生共同研究。教师要营造民主、平等、和谐的课堂氛围，让学生大胆质疑，各抒己见。四是适当设计一些活动课，让学生针对具体的历

---

① 安玉奎. 浅析新课程改革下的初中历史教学［EB/OL］. http://www.pep.com.cn/czls/js/jxyj/kg/201412/t20141230_1227589.htm.

史人物、历史现象、历史问题收集并整理资料，或进行历史小辩论，或编演历史短剧等。这样，就可以让"死"的历史材料、历史知识成为激发学生求知和参与、启迪学生心灵的"活"的营养。

历史教师应增强问题意识。在现实生活中，为什么一些学生喜欢易中天先生的《品三国》而不喜欢中学的历史课？其中一个原因是历史教师在教学中缺失了问题意识。易中天先生的《品三国》，一般是先提出问题，由问题来引发人们的好奇，然后再来"品"，通过问题来加强与观众的互动。如在讲《品三国》第十六集《得寸进尺》中，他先设计了这样一个问题：赤壁之战后，曹操又进行了三次战争，即破马、韩，征孙权，伐张鲁。三次战争时间都不超过一年。曹操甚至宁肯半途而废，也要返回邺城。那么，曹操为什么要这样做？他每次都匆匆忙忙地赶了回去，究竟要做什么？是什么事情让他一直在牵挂着呢？这是易中天先生常用的方法，每一集的开头都这样引入，即先叙述相关的史事，创设一个矛盾的情景，再从史实中发现问题、提出问题。[1]在当前的中学历史教学中，教师往往缺乏问题意识，在课堂上设置的问题往往太简单，不能引起学生的注意，甚至有些教师把问题设置成了填空题的形式，把本来丰富多彩、能够给人以智慧的历史搞成了干巴巴的"木乃伊"，这严重影响了历史教学的质量。

案例1：根据讲授内容巧妙设置相应问题

在中学历史课堂教学中，教师应根据讲授内容巧妙设置相应问题。如在学习《秦王扫六合》一课时，一历史教师在课上给学生抛出了一个问题：假如你是秦始皇，你将采取哪些措施来巩固统一，使你成为千古一帝？学生的探究热情一下子就被点燃了，展开积极思考并陈述精彩观点，加之教师的赞许肯定及恰到好处的点拨，使课堂教学效果得到了升华。在讲到"洋务运动"时，教材中有这样一段材料：甲午战争中国战败以后，李鸿章伤感地说："我办了一辈子的事，练兵也，海军也，都是纸糊的老虎，……不过勉强涂饰，虚有其表。"一历史教师根据这段材料，巧妙地设疑：如果你是李鸿章的部下，你该怎样安慰这位失意的老人？学生要回答这个问题，

---

[1] 王宗彬. 由易中天品三国热看中学历史教育的缺失 [EB/OL]. http://www.pep.com.cn/czls/js/jxyj/kt/201008/t20100825_735904.htm.

就必须掌握洋务运动的相关内容，这就培养了学生阅读、分析、综合等解决历史问题的能力。[①]

案例2：历史课巧借古诗设置相应问题

在学习七年级下册第18课《收复台湾和抗击沙俄》时，一历史教师精选了有代表性的四句诗："青山有幸埋忠骨，留取丹心照汗青。未敢忘危负年华，开辟荆榛逐荷夷。"借助此诗的魅力，该教师设置了如下问题：请结合上面四句诗，说说诗中涉及了哪些历史人物？他们的主要事迹是什么？你从他们身上学到了哪些优秀的品质？

这些问题从一个新颖角度，把岳飞、文天祥、戚继光、郑成功四位英雄志士的志向和胸怀与国家的命运紧紧地联系在一起，多媒体的设计又给问题的展示增添了特殊的效果：通过黄色字体与红色的背景交相辉映，在伸展、缩放、溶解等变换多样的形象展示中，显得倍加醒目和突出，从而激发了学生的思考和想象，使得学生的思维异常活跃，引发了学生的热烈讨论。学生从中获得了深刻的情感体验：在诗中，学到了历史；在诗中，更学会了做人。[②]

---

① 高畅. 巧用多种方式，打造魅力历史课堂［EB/OL］. http://www.pep.com.cn/czls/js/jxyj/kt/201402/t20140214_1179540.htm.

② 刘芳. 让历史课堂充满生机和活力［EB/OL］. http://www.pep.com.cn/czls/js/jxyj/kt/201101/t20110106_1006368.htm.

第四节　通过母语教育增强语言认同

母语（Mother Language），亦称第一语言，是一个人最早接触、学习并掌握的一种语言。《现代汉语词典》对"母语"的解释是：一个人最初学会的语言。《辞海》里对母语作出了如下注明："儿童习得的第一语言，多为本民族或本国语言。"联合国教科文组织认为母语是"人在幼年时习得的语言"。教育家洪宗礼主持的中外母语教材比较研究组认为，"母语，一个人最初学会的一种语言，在一般情况下是本民族的语言或某一方言。如果某一民族的标准语是所在国人民共同使用的语言，那它就是国语了"①。

一、母语教育的重要性

1999年，联合国教科文组织宣布，从2000年起，把每年2月21日定为"世界国际母语日"，这凸显了母语的重要作用。

广义的母语教育即通过母语进行的各种各样的教育，涵盖文化、科学、艺术、历史、哲学、道德等方面。狭义的母语教育即本民族的语文教育，即"一个人最初学会的一种语言，在一般情况下是本民族的标准语言"。

母语教育关系到民族的凝聚力、向心力。通过母语教育，让学生在母语中认识自己的民族、自己的祖国，确认自己的民族身份和国家身份，培育民族性格和民族精神，确立为民族复兴的志向。母语教育的过程实质上就是培养公民对民族文化认同的过程。母语教育在外在价值上，是母语的运用能力训练；在内在本质上，是人的精神培育，是一种民族文化的传承。母语教育是学生打开民族文化宝库和人类文

---

① 中外母语教材比较研究课题组. 中外母语教材比较研究论文集［M］. 南京：江苏教育出版社，2001．5.

明之窗的钥匙。母语教育不仅仅是使受教育者获得语言技能，更重要的是使受教育者认同母语文化。加强母语教育就是强化民族文化的认同感，增强民族的自豪感。母语教育本身也就是一种文化的传承活动，它对培养人们的民族情操、增强民族的凝聚力具有重大的意义。母语教育在任何时候都不能有任何松懈，否则，这种母语的失责其实是民族责任感和使命感的丢失。①警惕母语教育的滑坡绝不是危言耸听，增强对母语的教育意识，就是对母语的一种支援，甚至是一种捍卫。轻视母语教育就是消逝和丧失本民族的文化。现代国家大都是多民族国家，对官方语言的界定、标准化以及教学已经成为世界各多民族国家建构的首要任务之一。②

（一）母语教育事关国家主权

母语不仅仅是一种工具，还是一个民族国家主权的象征。众所周知，国家主权神圣不可侵犯，而主权的存亡与一国的母语息息相关。维护语言文字主权，在一定程度上就是维护文化主权。法国作家都德（Dude）在短篇小说《最后一课》中，描述了19世纪70年代德国普鲁士军队占领了法国领土阿尔萨斯后，首先要做的就是强令当地学校只许教德语，迫使法国国民弃法语学德语。都德借语言教师韩麦尔之口道出了母语在民族和国家定位中的重要作用。"亡了国当了奴隶的人民，只要牢牢记住他们的语言，就好像拿着一把打开监狱大门的钥匙。"都德的箴言至今如雷贯耳。当一个民族沦为奴隶时，只要它好好地保存自己的语言，就好像掌握了打开监牢的钥匙。美国作家亚历克斯·哈里（Alex Harry）的长篇小说《根》，表现了人们为捍卫母语而进行不屈不挠的抗争。两百年前的俄罗斯虽然曾经流行讲法语，但是一直用俄语抵制拿破仑法军的占领。自古以来，大国成长总是伴随着保卫母语、保护主权的过程。全世界大约有6000种语言和方言，每一个国家和民族都十分重视保持自己母语的纯洁性。英国、德国、法国、俄罗斯、意大利、加拿大等国都通过立法，保护本国官方语言文字在大众传媒和公共领域的使用和主权地位。

母语教育事关国家主权，是任何一个国家的基础教育，在国际上，除殖民地半殖民地外，没有一个国家不重视本国的母语教育。就世界各国的建构历程来看，大力推进母语教育往往被视作促进国家统一与融合的最重要手段和途径。

---

① 成尚荣. 母语教育与民族文化认同［J］. 教育研究，2007（02）.
② ［加］威尔·金里卡. 少数的权利——民族主义、多元文化主义和公民［M］. 邓红风，译.
上海：世纪出版集团，2005. 346.

（二）母语教育事关民族命运

德国哲学家马丁·海德格尔（Martin Heidegger）说，"语言是存在的家"。母语是我们存在的精神家园，在"家"里，我们才会获得人生关怀，才不会似浮萍四处飘荡，才会找到自己和我们这个民族的内在理由。母语是一个民族文化的根，体现着对民族文化的认同。①

母语是民族形成的基本要素。母语是一个民族的精髓，是民族生命的一部分。一个民族的智慧、技艺、宗教、风俗、历史，都深深地蕴藏在他的母语里。因为每一种母语都是一个民族灵感的源泉、创造力的钥匙以及文明的传承体，失去一种语言就意味着断送一种文明。母语是一个民族最重要的交际工具，同时也是一个民族的文化与精神载体。母语也是根植于民族灵魂与血液的文化符号。她不仅是一种代表工具，还真实记录了一个民族的文化踪迹，成为延续历史与未来的血脉。从历史的发展看，一个国家走向世界往往都伴随着语言的推广。在国际交流中，发展自己的语言、推广自己的语言，是一个国家和民族走向强大的必由之路。著名教育家于漪说，母语对外是一道屏障，而对内却是黏合剂。②海德格尔说："语词乃供出者，它给我们什么呢？"③是啊，母语给我们什么呢？我们的母语里充满着人文价值，她给了我们人文教养的尺度，给了我们终极的关怀；我们的母语里凝炼着传统和历史的精粹，而传统往往是一种力量，她给了我们民族延续的血脉，给了我们民族的魂魄；我们的母语里蕴藏着智慧，她给了我们流淌着的思想、灵动着的智慧以及快乐、愉悦、幸福的智慧表情……可以说，母语是我们这个民族自立于世界先进民族之林的文化源头和动力。④

母语是一个民族文化的根基，是民族身份的标志和象征，母语与国家、民族的命运是紧密相连的。热爱自己的民族，首先就该从热爱自己的母语开始，失去了母语，就失去了民族文化之根。消灭一个国家的最好办法，就是消灭该国的语言文字和文化传统。当年，日本人在东北实行"不准学汉字，不准说汉话"的愚民政策。

---

① 成尚荣. 母语教育与民族文化认同［J］. 教育研究，2007（02）.
② 沈祖芸. 一辈子学做教师——三问于漪［N］. 中国教育报，2005-07-15.
③［德］马丁·海德格尔. 人，诗意地安居［M］. 郜元宝，译. 桂林：广西师范大学出版社，2002. 54.
④ 成尚荣. 母语教育与民族文化认同［J］. 教育研究，2007（02）.

侵略者头目昭田龟二曾说，"派100名教师去教中国人学日语，效果可能比派100个师团去镇压更管用"。使用母语也是认同祖国的最有效方式之一，保护母语就是保护自己赖以生存的文化基因。现代国家本质上是"民族国家"，即当国家和民族融为一体时才形成现代意义上的民族国家。这里的民族更准确地说应为"国族"，是人们在历史上形成的一个有共同语言、共同地域、共同经济生活以及表现在共同文化上的共同心理素质的稳定的共同体。母语教育不仅蕴含着民族文化传承的深刻意义，同时也潜在发挥着巨大的民族整合功能，母语教育对培养一个人的民族情操具有重大意义。

（三）母语教育事关语言认同、文化认同

国家认同的核心是文化认同，语言认同无疑是一个最重要的文化标志。语言认同是国家认同的基础。语言记录着人类文化发展的历史，反映着社会文明进步的成果，语言是文化的有机组成部分，而且是极其重要的一部分，是延续和发展文化的工具。一个民族在长期的共同生产劳动中，因社会交流的必要性而形成或创造了属于该民族的语言。经由某民族的使用并普遍推广后的语言，无疑会加深民众之间的友谊和个体对于民族的认同情感。民族语言，既是民族之间区别的一种标志，又成为民族繁荣昌盛的精神纽带。尤其是那些发展成熟的语言，成了自我认同的根本要素，"才是建立一条无形的、比地域性更少专横性、比种族性更少排外性的民族边界的根本要素"。

母语是民族文化的载体，正是母语在被使用的过程中滋生了文化、创造了文化。一个民族是依靠她的文化站立起来的，而文化又是在母语中创生的。习得母语，就获得了民族的文化基因和文化胚胎。母语教育联结着文化认同，加强母语教育实质上是在增强民族文化认同。学者李宇明认为："个体通过母语获得母语所承载的民族文化，民族文化是个体认知和形成人生价值取向的基底，人的社会归属感来自于对母语文化的认同。对母语的情感也就是对民族的情感。"[①]若要发展民族文化，必须要发展母语，加强母语教育。学习母语的过程，既是掌握语文知识，更是了解民族文化、接受民族文化传统熏陶的过程。母语教育不仅关乎受教育者语文技能的提高，更关乎一代代人质素的全面提升和人格的全面发展，关乎民族文化的认同、存亡和

---

① 李君. 构建和谐语言生活应处理好四对关系［N］. 中国社会科学报，2015-01-12.

发扬光大。①加强母语教育实质上是全球化进程中一个十分重要的命题。放弃母语就是消逝和丧失本民族的文化。正因如此，日本著名文化学家岸根卓郎在《文明论——文明兴衰的法则》一书中如是说："放弃母语，就是通向亡国（毁灭文明）的捷径。"母语，我们共同的源头，我们民族的根。记住母语，我们才会有民族记忆、历史记忆，才知道，我们是谁，我们从哪里来，又要到哪里去。习得母语，就是获得了民族的文化基因和文化胚胎。②

（四）母语教育是一切教育的基础

母语教育在整个教育活动中有着举足轻重的作用，母语教育是基础教育，是学生学好其他课程的基础，也是学生全面发展和终身发展的基础。母语在个体的人生中占有重要的地位，母语教育是为学习者终身可持续发展而孵化"语言童子功"，正如德国语言学家魏斯格贝尔（Weisgerber）所言：从个体来说，一个孩子从出生之日起就进入了民族语言流，他的母语决定了自己一生的精神格局和语言行为。俄国著名学者乌申斯基（Huskiness）也曾说过："本民族语言是一切智力发展的基础和一切知识的宝库。"哈佛大学前校长查尔斯·艾略特（Charles Elliot）说："我认为有教养的青年男女唯一应该具有的必备素养，就是精确而优雅地使用本国的语言。"

母语是一切学科的基础。要学好任何一门学科，都需要母语的阅读能力和写作能力作为强有力的支撑，否则，就无法达到目的。不管哪门学科的材料，几乎都和母语有关联，一切创新实践活动，都是在母语的知识、能力、思维的参与下完成的。教育是心智成长的过程，而母语是心智成长最重要的环境之一。③德国哲学家弗里德里希·威廉·尼采（Friedrich Wilhelm Nietzsche）曾经指出：母语是"真正的教育由之开始的最重要、最直接的对象"，良好的母语训练是"一切后续教育工作"的"自然的、丰产的土壤"。我国学者周国平认为，母语就好比文化母乳，在母语的滋养下，人们学会了思考、表达和交流。虽然后续教育有不同领域和学科之分，但一切教育的基本要求是正确地读、想和写，而这种正确性正是通过良好的母语训练打下基础的。④母语教育是其他一切教育的基础，它为学生接受其他教育提供了一种其他

---

① 陈洪、李瑞山. 母语高等教育：从危机到转机［J］. 中国高等教育，2008（Z1）.
② 成尚荣. 母语教育与民族文化认同［J］. 教育研究，2007（02）.
③ 周国平. 母语是教育的起点［N］. 现代教育报，2013-11-20.
④ 周国平. 母语是教育的起点［N］. 现代教育报，2013-11-20.

学科所无法取代的工具和媒介，为学生提高认识、激发思维、修身养性、培养世界观和人生观提供了坚实的基础。

二、强化汉语母语教育的重要性

近代国学大师章太炎提倡国粹教育，目的是为了激发种性，救亡图存，"不是要人尊信孔教，只是要人爱惜我们汉种的历史。这个历史，是就广义说的。其中可以分为三项：一、语言文字，二、典章制度，三、历史人物。……若能明了中国的历史文化，我想即使是全无心肝的人，那爱国爱种的心，必定风发泉涌，不可遏抑的"。为什么"语言文字"是首要的国粹呢？他认为：中国文字"与地球各国绝异"；中国"小学"所研究的造字，"也是社会学的一部分，若不是略知小学，史书所记，断断不能尽的"；近代出现大量新事物需造新字，"若非深通小学的人，总是不能妥当"。而且，"文辞的本根，全在文字。唐代以前，文人都通小学，所以文章优美，能动感情"。[①]

语言是文化的基础、民族的象征，是国家"软实力"的核心。中国是语言资源比较丰富的国度，包括汉语在内有130种不同语系的语言。中华民族五千年的优秀文化最深刻地留存于汉语之中。从某种意义上讲，一部中国文化史就等于是一部汉字和汉语言史。我们有"半部《论语》治天下"的儒家经典，有"世界三大兵书"之一的《孙子兵法》，有百经之首的《易经》，有涵盖天地的《道德经》。无论是《诗经》《楚辞》、汉赋、唐诗、宋词、元曲、明清小说，以及古今典范的文言文、白话文作品，还是《左传》《史记》《三国志》《资治通鉴》，也不论是儒、道、释，还是科技、医药、农学等等，这些优秀文化创造了汉语言文字的辉煌，并成为中华文化的优秀代表，而这些优秀文化都是凭借母语传承下来的。这些精美的以汉语言表达方式为主的文学作品，不仅可以加深国人对民族优秀传统文化的认同，增强学生的民族自豪感，而且可以使世界上不同种族的人们感受到中华文化的无穷魅力。

中国是四大文明古国中唯一一个历经劫难，却始终完整保存自己传统文化的大国，这同我们的祖先留给我们的汉语以及汉文化承载的中华智慧密不可分。在我国，不能动摇母语在语言类教学中的主流地位，必须重视汉语能力的培养。从甲骨文、金文演进而来的汉语言文字是我们的母语，其源远流长的历史是我们中华民族智慧

---

① 章炳麟. 章太炎的白话文［M］. 大连：辽宁教育出版社，2003. 72，73.

不断凝聚、文明不断升华的过程。楚辞、汉赋、唐诗、宋词，格律讲究，词汇丰富，语感错落有致，语调起伏跌宕，或壮丽豪迈气势磅礴，或清丽婉约一咏三叹。书法中真草隶篆行，异彩纷呈。这些灿烂的篇章和飞扬的文采，绽放出中国文化独特的艺术魅力和韵味。也正因为如此，汉语言文字在海内外中华儿女中有着强烈的认同感和归属感，在一定程度上成为中华民族的象征和中国的标志，其维系同根情感的作用是无可替代的。①

振兴中华必先振兴汉语。汉语是我国优秀传统文化的主要载体，是凝聚所有中华子孙的纽带。保卫汉语关系到中华文化的传承，也关系到中华民族的凝聚力。对于中国这样一个统一的多民族国家，必须依法确立一种能够为大多数国民所理解和沟通的语言，而满足这一条件的唯一一种语言就是汉语。汉语是由一系列方言构成的国人使用最为广泛的语言，是中国几千年来、特别是秦汉以来历朝历代的官方语言。汉语是我国各民族族际交流用语，是国家通用语言，是我国综合国力的要素，是我们的软实力。汉语作为中华人民共和国法定的国家通用语言，承载着中国数千年的民族文化。把汉语确立为全国通用语，不仅是国家统一的需要，而且是全社会进行跨区域、跨民族沟通的现代化建设需要。全世界以汉语为母语的总人数居各语种之首。我国汉语言所形成的文化内涵一定程度上体现了中国人的思维方式和特点，是构成民族精神以及强大凝聚力的深层文化基因。汉语水平既是提高本民族人文素质的基础，也是培养国家认同的重要载体。汉语具有五千年的历史，是中华民族立于世界民族之林的重要标志，是炎黄子孙的精神归宿。汉语在传承中华传统文化的同时，也塑造着当代的精神文明，支撑着创新型国家的建设。王蒙曾作过一场关于《为了汉字文化的伟大复兴》的报告，他在报告中指出，在全球化的语境下，由于英语、拉丁文在国内的普遍使用，中华母语遭受到前所未有的伤害。面对汉语母语出现的空前危机，他呼吁全球华人共同保卫汉语，展开一场汉语保卫战。被誉为"西方文明最伟大的人物之一"的德国学者莱布尼兹（Leibniz）认为汉语是自古希腊以来西方梦寐以求的语言，是世界上最先进的文字。他在学了汉语之后说，"如果中华民族的复兴没有汉语地位提升紧随其后，我们就有一百个理由为此而感到羞愧"。

虽然在古代其他国家也有象形文字，但只有汉字维系至今。汉字是上古时期世

---

① 刘汉俊. 请尊重我们的母语［N］. 人民日报，2004-04-20.

界上各大文字体系中唯一传承至今的表意文字，蕴含着丰富的文化内涵和审美意蕴，是我们民族祖先智慧的结晶，是中华文明最灿烂的瑰宝之一。在汉字博大精深的文化根基里，蕴藏着不可侵犯的民族尊严、强大的民族意识和自强不息的创造智慧。汉字是世界上使用人数最多的文字，是在世界上影响最大的中国符号，是中国贡献于人类文明的第五大发明。[①]中国是地域辽阔的多民族、多方言国家，汉字是维护国家统一、社会和谐的重要工具。中国文化传统的血脉，留存于汉字之中。纵观四大文明古国，唯独汉字历经几千年及繁简变迁，至今还在使用，实足以令人自豪。[②]汉字作为中华文化的骄傲，它不仅是一种交流工具，更有深刻、深厚的精神涵养和审美功能。作为一种重要的交际工具和文化载体，汉字与人们的生活息息相关。进入电子时代，伴随着电脑、手机等电子产品的普及，人们在纸上书写汉字的机会越来越少，这导致人们书写能力的退化，表现为不同程度的提笔忘字、频繁写错别字等现象。书写能力退化只是"汉字危机"之表层，更深层次的危机则是汉字灵魂的丧失，即汉字的历史和文化被遮蔽了，人们在学习和使用汉字时，只知怎样写、怎样用，不知为什么要这样写和用，汉字逐渐被躯壳化。长此以往，不仅会影响中华民族的文化传承，而且会危及国家文化安全。[③]

维护语言文字主权，在一定程度上就是维护文化主权。《中华人民共和国国家通用语言文字法》第五条规定："国家通用语言文字的使用应当有利于维护国家主权和民族尊严。"由于受殖民文化的影响，少数国家的人民已不能自如地使用自己的母语，其母体文化正渐渐失去生存的根基。他国之痛如前车之鉴，当使我们警醒。不可否认，中国改革必须在开放的环境下进行，世界范围内的文化激荡正风起云涌，中国的先进文化也必须在借鉴和交融中与时俱进。但是，我们不能邯郸学步，丢掉自我，必须树立语言文字的主权意识，"与国际接轨"并不是与"西文"接轨，更不能在"接轨"中偏离自己的轨道，尤其要警惕殖民文化和不良文化的入侵，抵御霸权和强势

---

① 中国汉字听写大会的宗旨［EB/OL］. http://kejiao.cntv.cn/2013/07/03/ARTI1372844184747580.
sht.
② 贾宇. "中国汉字听写大会"引发文化思考［EB/OL］. http://blog.sina.com.cn/s/blog_6bef90a
a0102e3si.html.
③ 沈祖春. 认识与应对"汉字危机"［N］. 光明日报，2014-05-10.

语言文字对中国语言文字主权的侵蚀。①汉语课程是我们中华民族的母语课程，其教育质量将直接影响中国公民工作、学习和生活的质量，影响到中华悠久文明和优秀文化的传承，影响到中华民族的未来。

三、加强汉语母语教育的举措

（一）国家出台相应政策确保母语的重要地位

汉语是中华民族的精神财富，加强汉语教育应从法律、机制上加以保证。②现阶段我国要建设人力资源强国，推动社会主义文化大发展、大繁荣，而一个不重视母语教育、国家通用语言文字普及推广程度不高、国民语文应用能力不理想的国家，称不上是一个人力资源强国，更谈不上社会主义文化的大发展、大繁荣。为此，国家应出台相应法规保护自己的母语，推广自己的母语。

我国是一个多民族、多语言、多方言的人口大国，推广和普及国家通用语言文字是维护国家主权与尊严、体现国家核心利益的战略举措，它不仅有利于促进各民族经济文化的交流，而且事关中华民族传统文化的认同和传承，事关国家统一和民族团结。学者章太炎曾指出：汉语言文字之学不但是国粹的一部分，而且是中国人了解本国历史文化的工具。他认为，"欲知国学，则不得不先知语言文字"。语言文字学在他心目中是宣传爱国思想、激发民族自尊心的一个重要内容。③国家通用语言文字的确立可以在一定程度上起到凝聚国民意识、树立国民民族精神的作用，对国家的社会和经济发展具有促进作用。统一规范的国家通用语言对一个现代化国家来说是必不可少的，学习、推广、掌握国家通用语言文字是提升国家认同感的重要手段。世界发达国家通用或官方语言的推广和普及工作早在其工业化和现代化的进程中就已基本完成，而在我国一些少数民族地区，国家通用语言普及程度还远远达不到一个现代化国家应有的水平，因此推广国家通用语言仍将是一项长期的工作和任务。④

2000年10月31日，第九届全国人民代表大会常务委员会第十八次会议通过了

---

① 刘汉俊. 请尊重我们的母语 [N]. 人民日报，2004-04-20.

② 施燕华. 保卫母语，法国经验值得借鉴 [N]. 人民日报（海外版），2010-05-07.

③ 李越华. 全球化进程中文化的民族性与国家文化安全 [J]. 烟台大学学报（哲学社会科学版），2001（03）.

④ 苏金智、夏中华. 语言、民族与国家 [M]. 北京：商务印书馆，2013. 162.

《中华人民共和国国家通用语言文字法》，并于2001年1月1日起正式实行，这标志着我国的语言文字工作走上了更加科学规范的法治化轨道。随后，2001年6月6日《人民日报》发表了题为《为祖国语言的纯洁和健康继续奋斗》的评论员文章。这些举措，为纯洁祖国语言起到了巨大作用。在2005年2月25日召开的年度国家语言文字工作会上，针对目前社会上对方言前途的讨论以及重外语轻母语的现象，时任教育部副部长、国家语言文字工作委员会主任袁贵仁指出，目前在语言教学中，要纠正重视外语学习和使用而忽略或削弱本国语言文字学习和使用的现象。2006年末至2007年，随着汉语的国际传播逐步开展，国内学界也开始关注母语及母语教育，公共舆论中重视母语价值、提高汉语地位的呼声日渐高涨。

（二）重视学校母语教育

1.重视大学语文教育

2006年9月，中共中央办公厅、国务院办公厅发布的《国家"十一五"时期文化发展规划纲要》特别提到："高等学校要创造条件，面向全体大学生开设中国语文课。"其后，教育部相关部门在高等教育质量工程建设中提出了"在普通高等学校，推进大学语文课建设"。教育部高等学校中国语言文学学科教学指导委员会对高等学校"大学语文"教学改革组织了研讨会，国家语言文字工作委员会和教育部相关人士也明确表示，不能忽视中华民族优秀传统文化的学习和传承，大学应该承担起文化传承的功能和使命，强调语言文字对中华文化传承具有不可替代的作用。国家与教育行政部门对"大学语文"教学的关注，使高校对这门课程的认识有所提高和重视。①

中华传统文化最深刻地留存于汉语之中，汉语与民族文化血脉相连，密不可分。要使我国青少年继承和弘扬民族的优良传统，在学习世界通用语言的同时，必须加强汉语语言及优秀的传统人文教育，使青少年熟练掌握汉语，增强历史知识，增强对中国文学艺术的鉴赏能力，进而有力地传承与传播中华传统文化，也使中华民族的技术发明、社会伦理、价值观念等迅速走向世界。在高等院校应把汉语的教育教学工作作为对大学生进行素质教育的一项基本措施来抓，向学生传授必要的汉语知识，培养他们驾驭母语的能力，向他们宣传国家的语言文字政策法规，培养他们对

---

① 陈洪、李瑞山. 母语高等教育：从危机到转机［J］. 中国高等教育，2008（Z1）.

民族语言的自豪感，从而使他们正确地使用祖国的语言文字，自觉地维护祖国语言的纯洁和健康，这是一项非常有意义的工作。①

在高校加强"大学语文"课教学。"大学语文"承载着母语教育的重要任务。通过开设"大学语文"课程，可以增强学生的文化认同。在相当长的一段时间里，高校对"大学语文"的性质定位不明确，在课程设置上，不重视"大学语文"科目的开设，"大学语文"总体上处于"边缘化"地位，仅被看作是对中小学语文学习不足、大学生语文能力较弱的弥补措施。这与将"大学语文"课程作为一、二年级文化素质教育或通识教育的核心课程的要求相去甚远。②为此，取消或减少"大学语文"课程的做法要及时纠正，"大学语文"课程只能加强不能削弱，要改进教学内容和教学方法，要通过教学提高大学生的中文表达和写作能力。一些学者建议国家用立法的形式确定"大学语文"的重要地位，即高校应把"大学语文"列为必修必选课，汉语不过关（未达到六级水平）不能毕业，不能考研和就业。

加强汉字历史和汉字文化的教学和研究。汉字是中华民族重要的文化载体。我国著名历史学家、语言学家陈寅恪曾言："凡解释一字，即是作一部文化史。"汉字的字形构成、音读、意义等，皆与汉字文化息息相关。从考古学的观点看，不同时期各种载体上的汉字，相当于"活化石"，可以结合相关学科考察彼时的历史和文化。另外，字义的引申也能反映民族心理与思维方式，通过分析本义和引申义之间的关系，可以窥见古人的文化心理，此即"思维的考古"。③为应对汉字的深层危机，除了要重视汉字的教学和汉字教材的编写外，还需加强汉字历史和汉字文化的研究。只有切实加强汉字历史和汉字文化的研究，唤回汉字的灵魂与精神，让国人对汉字既知其然又知其所以然，才能重塑文化自信，增强国家文化软实力。

2.重视中小学母语教育

教学语言是国家主权不可分割的一部分，改变教学语言就是国家主权的部分丢失。我国中小学的教学语言是汉语，汉语母语教育是当前中小学国家认同教育的基础内容。中国要走向世界，中华文化要影响人类，我国中小学从现在开始，就一定要强化母语教育，树立自己的价值文化，决不容许西方文化和崇洋媚外之风气

①　刘汉俊.请尊重我们的母语［N］.人民日报，2004-04-20.
②　陈洪、李瑞山.母语高等教育：从危机到转机［J］.中国高等教育，2008（Z1）.
③　沈祖春.认识与应对"汉字危机"［N］.光明日报，2014-05-10.

弥漫校园。

中小学阶段是母语教育的关键时期。母语教育在我国中小学教育中具有无可比拟的地位。各级教育行政部门和中小学要站在对国家、对历史负责的高度，应始终对母语教育予以高度重视，积极推进母语教学，把学习汉语、写好汉字作为中小学教育教学的重要任务，以此提高学生的母语水平。

提高中小学语文教师的素质。母语振兴，希望在教师。语文教师的素质与中小学母语教育的质量密切相关。中小学语文教师要树立正确的母语教育观，要深入了解母语的特点，不断提高自身的母语水平，提高对母语的理解和运用能力，实现从工匠型、技术型向专家型的转变。一名优秀的语文教师，必须是有丰厚的文化底蕴支撑起他的诗性，有高超的教育智慧支撑起他的灵性，有宏阔的课程视野支撑起他的活性，有远大的职业境界支撑起他的神性。语文老师应该是儒雅的，有丰厚的文化底蕴；语文老师应该是睿智的，有高超的教育智慧；语文老师应该是悲悯的，有远大的职业境界。语文教育要给学生打下精神的种子，语文教师要做播种精神的人。如果一个学生从他的课堂走出去，在漫长的生命旅途中，驻足回首时，能有一种精神归属感，那么这样的语文教育就是成功的。

保证语文课程的课时量。语文是通往认识中国文化与中国历史的桥梁。如果一个人没有良好的语文基础，就不能对中国文化和历史有很好的理解。语文教育不仅能起到培养人文素养的作用，也承担着培养民族文化认同感与自信心的重要功能。在义务教育阶段，提高母语水平的主渠道在课堂。在全国实施的义务教育新课程方案中，义务教育阶段必学课程约17门，其中语文课程的课时最多，占到义务教育阶段九年总课时的20%—22%，数学课时占总课时的13%—15%，英语课时占总课时的6%—8%；高中阶段，母语和数学、英语的课时是一致的。[①]但在实施过程中，经常有其他课挤占语文课的现象。一些学校把数学、外语放在最重要的地位，语文不受重视。因此，基础教育阶段，学校应当按照课程方案的规定，开齐课程、开足课时，要在课程设置上把母语学科放在首位。在语文教学中，要保证语文课的课时，提高

① 关于重视母语教育，提高汉语能力的提案［EB/OL］. http://2010zxnews.people.com.cn/GB/180903/10966710.html.

语文课的教学质量，不断提高学生的汉字书写能力、应用能力和口语表达能力。①

发挥中小学语文教学的育人功能。多年来，在中高考指挥棒的指引下，语文教育脱离了文学和生活，变成了不折不扣的应试教育。在这种教育体制下，学生不但无法体味到母语的优美动人之处，反而产生了厌烦心理，要他们熟练掌握母语，不啻为天方夜谭。在母语教育中既要突出语言本身的工具性，更要体现它的民族性和人文性，从而使学生在语言的学习中不断加深对祖国文化的理解与热爱，提高学生对国家的亲和力和身份认同感，努力培育起涂尔干所说的"集体意识"，进而把广大青少年凝聚在一起。②语文不仅是中小学最重要的一门课程，相对于其他学科，它还承载着传播中华文化的任务。当下的语文教学改革首先应该回归人文传统，回归"以文化人"，充分发挥语文学科的德育、智育和美育功能，全面提高学生的语文素质与语文能力，以完成语文教学的育人任务。语文教学不仅要注意工具性的训练，而且要贯彻思想教育。语文教材向来是"文以载道"的，蕴含着丰富的思想文化因素。语文教师要结合教学实际，缘文释道，因道释文，使学生在学习语文的过程中逐步树立科学的世界观和正确的人生观。③中小学语文教师要创造性地理解教材，树立母语资源开发意识，积极开发课程资源，拓宽教材范围，灵活运用多种教学策略，把充满语言美、文学美的课堂呈现给学生，使学生在母语学习中感受到母语的美及对人生的价值。只有这样，才能把母语的美彰显和传达给学生，才是理想的母语教学。④

完善中小学语文教材的编写工作。教材是课程的重要组成部分。中小学语文教材作为母语教材，有着特殊的地位和作用：一方面应具有语文学科特点，着力培养中小学生语文能力；另一方面则要在继承和弘扬中华民族优秀传统文化上发挥重要作用。要提高中小学语文教学水平，还需完善语文教材的编写工作。自从教育部引入竞争机制，鼓励有条件和能力的地方可以自行编写语文教材以来，中小学语文教材顿时百花齐放，涌现出了几十种版本的语文新教材。但同时，在实行一纲多本政策的过程中也产生了一些问题，比如语文教材评价机制不够健全、语文教材推广市

---

① 关于重视母语教育，提高汉语能力的提案［EB/OL］. http://2010zxnews.people.com.cn/GB/180903/10966710.html.
② 苏守波、李涛. 国家认同与当代青少年公民意识教育［J］. 中国青年研究，2015（08）.
③ 缪迅. 让人文传统回归语文教学［N］. 中华读书报，2014-12-03.
④ 王和平. 论母语教育及其文化的价值与建设［J］. 教育学报，2007（06）.

场混乱等，其中部分教材遭到了社会的严厉批评。在对语文教材的众多质询声中，对某些编者在经济利益驱动下不顾语文教学的规律，各自为政，不顾及各学段教材基本的整体性与协调性的做法，也进行了尖锐的批评。母语教育是关系到民族未来及民族个性培育的重大事业，是我们最崇高的"公共利益"。这就要求参与教材编写的每个人，都必须要有崇高的道德感、责任感及对民族语文教育的神圣感。如何让学生通过语文学习，在潜移默化中将语文素养、传统文化、时代特色、人文关怀等渗透到情感中，这是新时期对语文教材编写者提出的更高要求。

加强中小学书法教育。汉字和以汉字为载体的中国书法是中华民族的文化瑰宝，是人类文明的宝贵财富。书法教育是基础教育阶段重要的教育内容之一，对培养学生的书写能力、审美能力和文化品质具有重要的作用，它还能够传承书法文化，消除使用输入法给人们的汉字记忆带来的负面影响。当前，随着信息技术的迅速发展以及电脑、手机的普及，人们的交流方式以及学习方式都发生了极大变化，中小学生的汉字书写能力也有所减弱。汉字是世界上最难书写的文字，独特的方块字形需要不断记忆、反复练习才能形成书写能力。为了推动汉字书写的规范普及工作，教育部于2011年印发了《开展中小学书法教育的意见和纲要》，建立了389所中小学规范汉字书写教育特色学校，并连续组织了三届以"书写经典，传承文明"为主题的全国学生规范汉字书写大赛。为进一步推进中小学书法教育，2013年1月，教育部还发布了《中小学书法教育指导纲要》，对中小学书法教育的理念、目标、内容、实施建议作了具体说明，要求将书法教育纳入中小学教学体系，要求学生按年龄、分阶段学习硬笔和毛笔书法。

（三）借鉴他国母语教育的经验

在全球化背景下，世界各国深刻认识到母语教育在传承民族文化、增强国家认同感方面所起的重要作用，对母语教育倍加重视。我国在开展母语教育的过程中，不仅要总结自己母语教育的经验，还要正确吸收和借鉴其他民族和国家加强母语教育的经验。法国、日本、美国等国重视母语教育的经验就值得我们学习和参考。

对于法国人来说，法语不仅仅是"世界上最美的语言"，而且与法国的文化、历史、传统及国家名誉息息相关，是法兰西民族立于世界最重要的基础。因此，法国人宁可付出巨大代价，也要维护法语的纯洁和独立。在全球化时代，为了警惕英语对法语的侵蚀，法国采取了多种措施捍卫法语的地位。

案例：法国出台多项办法捍卫母语的纯洁性

立法先行。法国专门制定了两部法律来捍卫法语的地位。1992年6月，法国密特朗政府推动"语言入宪"成功，法兰西宪法中增加了"法国官方语言为法语"这一附加条款；1994年，通过《法语使用法》(即《杜邦法》)，法律一方面承认个人表达的自由，另一方面要求所有的公共场所、国家机关、企业、媒体等使用规范的法语。法案规定：公共场所标语、公告等必须用法语，如果是引进的广告，原文旁必须附加法语，并且字体不小于原文；召开国际会议，主办者需提供所有文件的法语概要；外企的内部文件也必须有法语翻译。法国公民、法人签订合同必须有法语文本，任何个人违反此法令将罚款5000法郎，法人则罚款25000法郎。[①]

政府主导。总理府成立了法语最高理事会，由总理亲自主持，主要对法语的使用、发展、推广战略进行研究、讨论，并制定方针、政策。同时还在文化部设立新词和术语委员会，协同法兰西文学院定期发布新词的译法。如：电子邮件出现后，有一段时间，人们用e-mail很多，后经文化部发布禁令，政府各部门、官方文件、出版物或网站都不得使用e-mail，而必须用法语规范词"courrier é lectronique"来表达。法国领导人还以身作则地捍卫法语的地位。2006年3月，时任法国总统的雅克·希拉克在出席欧盟首脑会议第一次工作会议期间，当听到同胞塞埃用英语演讲时，希拉克带领法国外长等官员愤怒离席。

媒体带头。法国媒体在规范语言中发挥了十分重要的作用，在这方面报纸杂志尤其做得好。报纸会定期刊登保卫法语的文章。如在法国的《世界报》等大报上，每隔一段时间就会刊登不同作者撰写的关于保护法语的文章，人们把阻止英文词语和使用方式的做法称为是"一场旷日持久的战争"。[②]法国最高视听委员会的职责之一就是监督广电部门使用纯正的法语，一旦发现他们没有遵守，就会勒令纠正。[③]

群众监督。在一次民意调查中，95%的法国人认为法语是国民身份的第一要素，是法兰西民族的共同财富。民众非常重视保持法语的基本特性(清晰、准确)。如发现媒体用语不当或使用不规范时，他们会通过各种方式向最高视听委员会或有关媒体提出意见。法国民众还成立了各种民间组织进行监督，甚至作为民事方起诉那些

① 法国出台多项办法捍卫母语纯洁性 [N]. 北京晚报，2012-11-19.
② 法国出台多项办法捍卫母语纯洁性 [N]. 北京晚报，2012-11-19.
③ 施燕华. 保卫母语，法国经验值得借鉴 [N]. 人民日报（海外版），2010-05-07.

不规范使用法语的有关责任人。①

　　日本政府充分认识到国语与国家和民族的关系，把国语教育中培养学生对民族文化的认同看作是国家现代化的教育基础。日本人把母语课程尊称为"国语"，自1900年日本"国语科"独立以来，日本的国语教育获得不断发展。无论是小学、初中还是高中，都十分重视培养学生对国语的尊重，重视对民族文化和民族精神的认同。1998年日本教育课程审议会在《日本教育课程标准的改善》报告中指出：国语教育的改善重点是通过小学、初中、高中，培养重视语言教育的立场，提高对国语的关心和尊重；同时培养学生丰富的语言感觉和尊重对方的思想立场、进行语言交流的能力。这个改善意见，体现于此后的《日本高中国语学习指导要领》（1999年）和《日本初中国语教学大纲》（1998年）中。"加深对语言文化的爱好，丰富语感，培养尊重国语的态度"一直是日本母语课程的重要目标。②日本文部省2004年修订的《小学国语学习指导纲要》规定，一年级国语课时比算术多158课时；国语课时数占一年级学年课时总数的35%。尽管此后每年国语课时数所占比例逐年减少，但到六年级时，国语课时数仍然比算术多出25课时。

　　美国政府对母语教育也十分重视。1983年，美国"国家高质量教育委员会"出台了《国家在危急之中：教育改革势在必行》的报告。报告中提出："中学英语教学应该使毕业生具备：理解、解释、评价和使用他们阅读过的东西；写作结构严谨、有力度的文章；顺利地倾听并颇有见解地讨论一些观念；了解我们的文学遗产，以及这些遗产如何增强想象力和对伦理的理解，它怎样与今天生活和文化中的风俗习惯、观念和价值发生关系。"为了让8岁的孩子具备独立阅读能力，美国前总统克林顿曾在白宫亲自倡导"美国独立阅读挑战计划"，并动员联邦政府和社会各界力量参与其中。目前，全美有37个州都根据联邦政府的"不让一个孩子掉队"法案，订立了母语教学的课程标准和统考标准，因此，母语教学在全国各级学校教学的内容，基本是一样的。2010年，美国政府为提升母语教育质量，颁布了具有全国统一性质的英语学科课程标准——《州立英语共同核心标准》（ Common Core State Standards for

① 施燕华. 保卫母语，法国经验值得借鉴［N］. 人民日报（海外版），2010-05-07.
② 柳士镇、洪宗礼. 中外母语课程标准译编［M］. 南京：江苏教育出版社，2000. 416，475.

ELA，简称"英语核心标准"）。为适应"英语核心标准"对母语评价改革的新要求，美国政府通过"力争上游计划"（Race to The Top），支持"为升学与就业做准备同盟"（The Partnership for Assessment of Readiness for College and Careers，简称PARCC）等组织建构基于"英语核心标准"的学业评价体系（简称"PARCC英语评价体系"）。①

案例：英语拼字比赛——美国规模最大的文化教育类赛事

美国拼字比赛（The Scripps National Spelling Bee）又译作拼字大赛、拼字蜜蜂、拼字狂等，是一种流行于北美英语地区、享有国际盛誉的年度英语竞赛。该比赛是一项以儿童为对象的英语拼字竞技游戏，目的在于帮助学生提高英语拼写能力，增加英语词汇量，为将来的英语学习提供帮助。拼字大赛也是美国历史上持续最长、规模最大的文化教育类赛事。美国首次举办全国性在校学生的英语拼字比赛是在1925年，由肯塔基州的《信使报》编辑部主办。此后每年举办一次，在二次世界大战期间拼字大赛被停顿了几年。后来E.W.斯克里普斯集团成为这项比赛的赞助机构，到2013年5月，已举办了86届拼字大赛。该比赛从全国8岁到14岁的学生中进行选拔，参赛者必须尚未从八年级毕业（上高中之前）（美国小学5年，初中3年，高中4年）和未到15岁生日。参赛的学生被称为是"拼字蜜蜂"，大约是取他们努力拼字的意思。所有公立、私立、教会和其他类型的学校学生都可以参加这一比赛，参加者必须先通过班选拔、校选拔、地区选拔、州选拔等层层关卡，最后筛选下的180人将参加在华盛顿举行的总决赛。

拼字比赛的基本规则是，当主持人念出一个词，参赛者就要开始把字母口述拼出来。参赛者可以重新再拼，但已念出的字母或字母顺序不可再更改。只要参赛者拼错了一个词就会立刻被淘汰。比赛以回合制举行，直至淘汰到最后一位参赛者为止。赢得决赛的选手会得到奖杯及对应名次的奖金。奖金都公布在了National Spelling Bee的官方网站上。第一名大约除可以得到斯克里普斯集团提供的20000美元外，还可以获得如韦伯斯特字典等公司提供的奖金及奖学金约为30000美元。

美国全国拼字比赛从1925年延续至今，一代代孩子参加，每年的拼写大赛由美

---

① PARCC. PARCC Overview PPT［EB/OL］. http://www.Parcconline.org/sites/parcc/files/PARCC_Overview_November2011.pptx，2011-09-22/2012-10-10.

国娱乐与体育节目电视网直播，有超过 400 万观众热捧。[①]2002 年获提名奥斯卡金像奖最佳纪录长片奖的电影《拼字比赛》(Spellbound) 就记录了 1999 年度美国全国拼字比赛的情况，讲述了 8 名来自不同地区、不同家庭背景的儿童在比赛中的经历。此外，拼字比赛也曾被用作小说和音乐剧的题材。拼字比赛已成为美国全民关注的带有民族性质、国家精神的活动。[②]每年全球有超过 1100 万学生参加美国全国拼字比赛。2009 年，中国正式加入了美国英文拼字大赛的队伍。

（四）发挥"考试"指挥棒的作用

世界各国的研究都表明，对人们母语能力的培养有利于增强国家认同感。为了加强母语教育，欧美发达国家都对人们的母语能力提出了具体的要求，并设置了相应考试。在我国，出现汉语冷外语热情况的原因之一，是在我国诸多考试中英语都是硬件条件，而作为母语的汉语则没有相应考核要求。[③]要提高母语的地位，政府应该在教育、就业、学位、职称考核认定、公务人员考核聘用等方面规定汉语能力标准，引导、激励大家学好汉语，提高汉语应用水平。[④]

加快汉语能力评价标准和考评体系建设。为了提升国民的汉语应用能力，2008 年，国家语言文字工作委员会与教育部考试中心合作研发了"汉语能力测试"体系，从听、说、读、写四个方面全面考查应试者的汉语综合能力。[⑤]2011 年 12 月 24 日，被誉为我国"汉语四六级"的首个"汉语能力水平测试"(HANYU NENGLI CESHI，简称"HNC") 在上海、北京、江苏、云南、内蒙古、湖南和天津七地开考。该测试由教育部、国家语言文字工作委员会推出，由教育部考试中心组织实施，是我国第一个全面考查听、说、读、写能力的汉语母语语言评价系统。实践证明，实施汉

---

① 美国拼字大赛已火了多年 [EB/OL]. http://edu.ifeng.com/gundong/detail_2013_09/05/29346075_0.shtml.

② 拼字比赛 [EB/OL]. http://zh.wikipedia.org/wiki/.

③ 语文专家谈母语教育　称应营造重视母语氛围 [EB/OL]. http://www.chinanews.com/edu/2012/04-10/3808365.shtml.

④ 关于重视母语教育，提高汉语能力的提案 [EB/OL]. http://2010zxnews.people.com.cn/GB/180903/10966710.html.

⑤ 关于重视母语教育，提高汉语能力的提案 [EB/OL]. http://2010zxnews.people.com.cn/GB/180903/10966710.html.

语考试是提高母语水平的一种有效手段，以考促学，以评促学，能带动全社会重视对汉语的学习及使用。

（五）营造良好的母语学习氛围

母语教育质量的提高不是一朝一夕的事情，它需要形成一个良好的语言氛围。由此，必须加强母语及文化建设，大力宣传母语教育的重要意义，为母语教育的顺利开展营造一个良好的环境。

各级党政机关、教育文化、新闻出版、广播电视、公共服务单位，都应该自觉遵守《中华人民共和国国家通用语言文字法》，形成人人尊重本民族语言文字的氛围。大众传媒、出版机构等文化单位更应该肩负起这一义不容辞的文化重任，做自觉维护母语尊严、保护汉语言文字纯洁性的榜样。在学校、政府部门强制使用普通话，在其他公共场所鼓励使用母语；把母语作为通信、交往的第一语言（如在通信的提示音中把母语排在第一，而不是现在把英语排在第一）。中小学应该营造良好的母语学习氛围，多开展语文活动课（如辩论赛、朗诵赛、故事会、演讲比赛、戏剧演出等），让学生通过实践活动提高汉语应用能力。只有创造良好的汉语学习与运用环境，提高整个民族的汉语水平与素养，我们才能不愧对近百年来反殖民主义的战士，不愧对中华民族的祖先，不愧对几千年的中华文明。

案例:《中国汉字听写大会》——通过电视进行母语教育

为了协助宣传、落实《中华人民共和国国家通用语言文字法》和《国家中长期语言文字事业改革和发展规划纲要》，为了传承中华民族的汉字精神，由中央电视台和国家语言文字工作委员会联合举办的大型电视活动《中国汉字听写大会》于2013年在中央电视台综合频道（CCTV-1）和中央电视台科教频道（CCTV-10）播出。该节目是中央电视台隆重推出的大型国家级汉字听写推广活动，也是全国第一档原创形态的汉字听写教育类电视节目。节目邀请国内语言文化专家担任裁判和解说，央视著名播音员轮番担任读词主考官，从参赛代表队中决出一名年度汉字听写冠军。节目邀请来自全国31个省、自治区和直辖市以及在内地受教育的港澳台学生组成32支代表队参加，比赛以"报听写"的形式进行，选手们比拼"写字"，形成紧张精彩的多场次晋级比赛框架，共计形成12期电视节目，每期节目时长90分钟。2013年8月3日，首届《中国汉字听写大会》在CCTV-1和CCTV-10同步播出以来，受到了全国各界人士的喜爱与鼓励。2014年的《中国汉字听写大会》引入了例句，例句一般均引自中国古代和现当代名家经典。

该节目让学生领会了汉字崇高的美感和深广的哲思情理，让观众深入了解了汉字和汉字书写文化。节目播出后兴起了一股书写和认读汉字的热潮，人们从中找回了对传统文化的认同感。2013年第一届《中国汉字听写大会》总决赛全国收视率超越《中国好声音》位列第一，激发了广大观众对中国文化、民族文化的热爱与渴望。

增强国家语言实力，提高国民语言能力，构建和谐语言生活，是实现中华民族伟大复兴中国梦的重要内容。随着电子技术的飞速发展，在"提笔忘字"现象越发严重的今天，该节目唤醒了更多的人对文字基本功的掌握和对汉字文化的学习，对建设优秀传统文化传承体系、弘扬中华优秀传统文化、推进国家语言文字事业的发展产生了重大和深远的影响。①

（六）处理好汉语母语教育与少数民族语言教育的关系

在全球化背景下，一些多民族或多移民的国家在推广国家通用语的同时，也尊重不同民族对本族语言和文化的认同感，以保持语言的多样性。

汉语是中华民族的标准语言，而汉语又是在与各少数民族母语的互动中发展、繁荣起来的。各少数民族语言承载着其自身的文化，保护少数民族语言也是保护各少数民族的权利。《中华人民共和国宪法》明确规定："各民族都有使用和发展自己的语言文字的自由。"汉语并不能取代少数民族语言。②强调汉语母语教育，并不排斥少数民族语言的教育。③我国是一个多民族国家,55个少数民族分别使用80多种语言。这些语言分属汉藏、阿尔泰、南亚、南岛、印欧等5个语系。不同语系的语言特点相差很大，各种民族语言同汉语之间也存在许多不同。在加强汉语母语教育的同时，还需注意保护少数民族的语言文化。只有保持多民族语言文化，才能使中华文化更加丰富多彩。

我国在处理汉语和少数民族语言关系问题上总体是成功的。各自治区都制定了

---

① 中国汉字听写大会：听写的是汉字　追捧的是文化［EB/OL］. http://news.xinhuanet.com/zgjx/2013-10/12/c_132792426.htm.
② 李君. 构建和谐语言生活应处理好四对关系［N］. 中国社会科学报，2015-01-12.
③ 成尚荣. 母语教育与民族文化认同［J］. 教育研究，2007（02）.

相应的语言文字工作条例，为少数民族语言文字的使用提供了法律保障。比如《内蒙古自治区语言文字工作条例》规定：各级人民政府应当优先发展、重点扶持以蒙古语言文字授课为主的各级各类教育，培养兼通蒙汉两种语言文字的各类专业人才。在实际生活中，少数民族语言也受到了相应重视。如从拉萨到西宁的列车上，既有普通话播音，也有藏语播音。①

（七）处理好母语教育和外语教育的关系

目前，我国学校母语教育正面临着全球化的挑战，母语教育课时量远不及美国、日本、法国等国家，教育质量也不及中国20世纪50—60年代母语教育水平。

在全球化时代，英语的通行为人类的交流和沟通提供了便利，这是一件好事，但是如果过分夸大英语的作用，甚至让它凌驾于母语之上，好事就会变成坏事。一个只有英语的世界是单调的世界。据说远古时代的人类讲着同一种语言，他们决心造一座直耸天际的巨塔，企盼能登上天堂，由于齐心协力的人类将通天塔越造越高，上帝开始感到恐惧，于是釜底抽薪，令人类各自说着不同的语言，人类无法沟通，通天塔便半途而废。这个故事是对人类存在不同语言的一种诗意的解释，但人类语言和文化的多样性绝不是一种可怕的魔咒，而是一份宝贵的财产。②因此，英语在今天固然重要，但无论如何，汉语母语的主体地位也是绝对不能忽视的。其主体地位是不能替代也无法替代的，外语始终只能是一种辅助工具。在英语全球扩散的背景下，如何处理母语教育与外语教育的关系，是关涉民族语言生存发展的大问题。在全球化过程中，在与世界接轨的过程中，我们一度忽略了母语教育，过分强调外语教学，使学生怠慢了汉语母语的学习。大力加强汉语教育，全面提升汉语话语权，是当下中国必须解决的迫在眉睫的重大问题。

在英语教学中正确处理中国文化与英语国家文化的关系。英语作为当前最为强势的语言种类，它自身所携带的英语国家的文化和观念不但弱化着学生的母语文化能力和民族认同感，对我国传统民族文化也造成了很大的冲击。随着英语在世界范围内的使用不断扩大，学生对英语国家文化的了解往往比对中国本土文化的了解更加深入，这对中国传统文化的发扬造成了不利影响。长久以来，我国大学英语教学

---

① 李君. 构建和谐语言生活应处理好四对关系［N］. 中国社会科学报，2015-01-12.
② 顾钧. 欣赏法国人面对英语的淡定. 中国文化报［N］. 2011-03-03.

都撇开母语文化而独行，无论是英语教学大纲还是英语教育工作者，都对中国传统文化在英语教学中的作用没有足够的认识，脱离了我国社会的现实状况。青少年学生处在人生转折的关键时期，他们的思想十分活跃，对新鲜事物充满了好奇，接受新鲜事物很快，但同时，他们辨别是非的能力也十分欠缺。青少年作为未来的国家栋梁，他们自身的中国文化认同与民族文化关系十分密切，中国文化的缺失将有可能使民族文化精华的传承中断。作为英语教师，在英语教学中应重视培养学生平等交流的文化意识，避免学生被西方文化所同化，在教学中要不断地向学生渗透中国传统文化元素，培养学生正确的世界观、价值观，使学生在学好英语的同时更好地加深对中国本土文化的认识。

参考文献

书籍类：

1. ［德］埃米尔·涂尔干. 社会分工论［M］. 渠东，译. 北京：生活·读书·新知三联书店，2000.

2. ［德］马丁·海德格尔. 人，诗意地安居［M］. 郜元宝，译. 桂林：广西师范大学出版社，2002.

3. ［德］马克斯·韦伯. 经济与社会（上卷）［M］. 林荣远，译. 北京：商务印书馆，1998.

4. ［德］于尔根·哈贝马斯. 交往与社会进化［M］. 张博树，译. 重庆：重庆出版社，1989.

5. ［德］于尔根·哈贝马斯. 在事实与规范之间［M］. 童世骏，译. 北京：生活·读书·新知三联书店，2003.

6. ［古希腊］亚里士多德. 政治学［M］. 吴寿彭，译. 北京：商务印书馆，1965.

7. ［加］威尔·金里卡. 少数的权利——民族主义、多元文化主义和公民［M］. 邓红风，译. 上海：世纪出版集团，2005.

8. ［加］威尔·金利卡. 多元文化的公民身份——一种自由主义的少数群体权利理论［M］. 马莉、张昌耀，译. 北京：中央民族大学出版社，2009.

9. ［美］戴维德·波普诺. 社会学［M］. 刘云德等，译. 沈阳：辽宁人民出版社，1988.

10. ［美］杜赞奇. 从民族国家中挽救历史——民族主义话语与中国现代史研究［M］. 王宪明，译. 北京：社会科学文献出版社，2003.

11. ［美］菲利克斯·格罗斯. 公民与国家——民族、部族和族属身份［M］. 王建娥、魏强，译. 北京：新华出版社，2003.

12.［美］莱斯利·里普森. 政治学的重大问题［M］. 刘晓等，译. 北京：华夏出版社，2001.

13.［美］曼纽尔·卡斯特. 认同的力量［M］. 曹荣湘，译. 北京：社会科学文献出版社，2003.

14.［美］塞缪尔·亨廷顿. 文明的冲突与世界秩序的重建［M］. 周琪、刘绯、张立平、王圆，译. 北京：新华出版社，2002.

15.［美］塞缪尔·亨廷顿. 我们是谁?——美国国家特性面临的挑战［M］. 程克雄，译. 北京：新华出版社，2005.

16.［美］约瑟夫·斯特雷耶. 现代国家的起源［M］. 华佳等，译. 上海：格致出版社，2011.

17.［英］E.B.泰勒. 原始文化［M］. 连树声，译. 上海：上海文艺出版社，1992.

18.［英］安东尼·吉登斯. 失控的世界［M］. 周红云，译. 南昌：江西人民出版社，2001.

19.［英］戴维·赫尔德等. 全球大变革——全球化时代的政治、经济与文化［M］. 杨雪冬等，译. 北京：社会科学文献出版社，2001.

20.［英］德里克·希特. 公民身份——世界史、政治学与教育学中的公民理想［M］. 郭台辉、余慧元，译. 长春：吉林出版集团有限责任公司，2010.

21.［英］雷切尔·沃克. 震撼世界的六年——戈尔巴乔夫的改革怎样葬送了苏联［M］. 张金鉴，译. 北京：改革出版社，1999.

22.［英］约翰·汤姆林森. 全球化与文化［M］. 郭英剑，译. 南京：南京大学出版社，2002.

23.不列颠百科全书（第4卷）［Z］. 北京：中国大百科全书出版社，1999.

24.陈嫦如. 让高尚成为自然：爱国主义教育效果研究［M］. 厦门：厦门大学出版社，2005.

25.邓小平文选（第3卷）［M］. 北京：人民出版社，1993.

26.费孝通. 论人类学与文化自觉［M］. 北京：华夏出版社，2004.

27.顾友仁. 中国传统文化与思想政治教育的创新［M］. 合肥：安徽大学出版

社，2011.

28.韩喜平、吴宏政. 国家核心价值观与公民文化研究［M］. 长春：吉林大学出版社，2010.

29.郝时远、阮西湖. 苏联民族危机与联盟解体［M］. 成都：四川民族出版社，1993.

30.何俊芳、周庆生. 语言冲突研究［M］. 北京：中央民族大学出版社，2010.

31.贾英健. 全球化背景下的民族国家研究［M］. 北京：中国社会科学出版社，2005.

32.贾英健. 全球化与民族国家［M］. 长沙：湖南人民出版社，2003.

33.江宜桦、李强. 华人世界的现代国家结构［M］. 台北：商周出版社，2003.

34.江宜桦. 自由主义、民族主义与国家认同［M］. 台北：扬智文化事业股份有限公司，1998.

35.李少白. 中国电影史［M］. 北京：高等教育出版社，2006.

36.李晓岗. "9·11"后美国的单边主义与世界［M］. 天津：天津人民出版社，2007.

37.李友梅、肖琪、黄晓春. 社会认同：一种结构视野的分析［M］. 上海：上海人民出版社，2007.

38.梁启超. 梁任公近著（第1辑）［C］. 北京：商务印书馆，1923.

39.林滨. 全球化时代的价值教育［M］. 北京：人民出版社，2011.

40.刘跃进. 国家安全学［M］. 北京：中国政法大学出版社，2004.

41.柳士镇、洪宗礼. 中外母语课程标准译编［M］. 南京：江苏教育出版社，2000.

42.鲁迅全集（第3卷）［M］. 北京：人民文学出版社，2005.

43.马克思恩格斯全集（第1卷）［M］. 北京：人民出版社，1956.

44.马克思恩格斯选集（第1卷）［M］. 北京：人民出版社，1995.

45.申小龙. 汉语与中国文化（修订本）［M］. 上海：复旦大学出版社，2008.

46.苏金智、夏中华. 语言、民族与国家［M］. 北京：商务印书馆，2013.

47.苏振芳. 当代国外思想政治教育比较［M］. 北京：社会科学文献出版社，2009.

48.汪晖、陈燕谷. 文化与公共性［M］. 北京：生活·读书·新知三联书店，2005.

49.王成兵. 当代认同的人学解读［M］. 北京：中国社会科学出版社，2004.

50.王永炳. 公民与道德教育——世纪之交的伦理话题［M］. 新加坡：SNP综合出版私人有限公司，2000.

51.俞可平. 全球化与政治发展［M］. 北京：社会科学文献出版社，2005.

52.俞可平等. 全球化与国家主权［M］. 北京：社会科学文献出版社，2004.

53.詹小美. 民族精神论［M］. 广州：中山大学出版社，2007.

54.张海洋. 中国的多元文化与中国人的认同［M］. 北京：民族出版社，2006.

55.赵晖. 社会转型与公民教育：中国公民教育目标与内容体系的建构［M］. 北京：人民教育出版社，2007.

56.郑惠卿. 凯兴斯泰纳教育论著选［M］. 北京：人民教育出版社，2003.

57.中国大百科全书编辑委员会. 中国大百科全书·民族卷［M］. 北京：中国大百科全书出版社，2004.

58.中国大百科全书编辑委员会. 中国大百科全书·政治学卷［M］. 北京：中国大百科全书出版社，1992.

59.中外母语教材比较研究课题组. 中外母语教材比较研究论文集［M］. 南京：江苏教育出版社，2001.

60.周中之、石书臣. 社会主义核心价值体系教育探索［M］. 上海：上海人民出版社，2007.

61.朱桂莲. 爱国主义教育研究［M］. 北京：中国社会科学出版社，2008.

期刊类：

1.阿迪力·买买提. 论全球化背景下的民族身份认同和爱国主义——对爱国主义情感的民族学解读［J］. 黑龙江民族丛刊，2011（05）.

2.陈达云. 少数民族大学生国家认同教育创新初探［J］. 中南民族大学学报（人文社会科学版），2009（05）.

3.陈洪、李瑞山. 母语高等教育：从危机到转机［J］. 中国高等教育，2008（Z1）.

4.陈茂荣. 论"民族认同"与"国家认同"［J］. 学术界，2011（04）.

5.陈锡敏.　经济全球化背景下的高校爱国主义教育［J］.　高校理论战线，2002（01）.

6.陈志科.　当前中学生思想政治状况的基本判断——基于2011年全国中学生思想政治状况的调查与分析［J］.　教育科学，2013（06）.

7.成尚荣.　母语教育与民族文化认同［J］.　教育研究，2007（02）.

8.崔新建.　文化认同及其根源［J］.　北京师范大学学报（社会科学版），2004（04）.

9.崔烨.　西方文化渗透的规避与应对——浅谈大学生思想政治教育工作［J］.　人民论坛，2013（01）.

10.冯建军.　公民身份的国家认同：时代挑战与教育应答［J］.　社会科学战线，2012（07）.

11.冯向辉.　论全球文化形成中的文化认同与冲突［J］.　社会科学战线，2007（01）.

12.高丙中.　民间的仪式与国家的在场［J］.　北京大学学报，2001（01）.

13.辜秋琴.　经济全球化对爱国主义教育的冲击与对策［J］.　成都理工大学学报（社会科学版），2003（04）.

14.顾成敏.　公民教育与国家认同［J］.　郑州大学学报（哲学社会科学版），2011（07）.

15.郭艳.　意识形态、国家认同与苏联解体［J］.　西伯利亚研究，2008（08）.

16.韩传喜.　进入历史的方式与国家形象的影像建构——以《建国大业》为中心的考察［J］.　艺术广角，2009（06）.

17.韩震.　论国家认同、民族认同及文化认同———一种基于历史哲学的分析与思考［J］.　北京师范大学学报（社会科学版），2010（01）.

18.韩震.　全球化时代的公民教育与国家认同及文化认同［J］.　社会科学战线，2010（05）.

19.何大隆.　英国：合力传播核心价值观［J］.　瞭望，2007（22）.

20.何慧星、吴新平、李智敏.　新疆高校民汉学生"五观"教育认同感研究［J］.　当代青年研究，2008（05）.

21.何京.　俄罗斯的国家公民道德教育［J］.　外国中小学教育，2007（01）.

22.贺金瑞、燕继荣. 论从民族认同到国家认同［J］. 中央民族大学学报（哲学社会科学版），2008（03）.

23.侯丹娟. 欧洲中小学公民教育综述［J］. 教学与管理，2012（02）.

24.侯旭平. 全球化背景下的爱国主义教育简论［J］. 求索，2003（06）.

25.胡伟. 合法性问题研究：政治学研究的新视角［J］. 政治学研究，1996（01）.

26.黄德展. 对台传播中的国家认同危机［J］. 青年记者，2010（03）.

27.黄岩. 浅析多民族国家的国家认同［J］. 赤峰学院学报（汉文哲学社会科学版），2007（05）.

28.黄岩. 试论全球化与国家认同［J］. 前沿，2007（11）.

29.贾志斌. 如何加强少数民族大学生的国家认同教育［J］. 西北民族大学学报，2011（01）.

30.蒋一之. 英国公民教育的历史变革与现状分析［J］. 外国教育研究，2003（11）.

31.寇东亮. 震灾、国家认同与爱国主义教育［J］. 郑州大学学报（哲学社会科学版），2008（06）.

32.李崇林. 边疆治理视野中的民族认同与国家认同研究探析［J］. 新疆社会科学，2010（04）.

33.李建华. 社会主义核心价值观的提炼［J］. 红旗文稿，2012（05）.

34.李庆杨、刘晓鸥. 国外爱国主义教育及其对我国的启示［J］. 沈阳大学学报：社会科学版，2012（03）.

35.李瑞君. 论现代文化的国家认同功能［J］. 理论导刊，2012（03）.

36.李慎之. 全球化与中国文化［J］. 太平洋学报，1994（02）.

37.李晓娟、董娅. 青少年消费西方文化制品的调查［J］. 青年研究，2005（09）.

38.李永政、王李霞. 文化融合与民族大学生国家认同教育［J］. 民族学刊，2014（01）.

39.李忠、石文典. 当代民族认同研究评述［J］. 西北民族大学学报（哲学社会科学版），2008（03）.

40.林伟健. 国家凝聚力：从文化认同到政治认同［J］. 广东省社会主义学院学报，2009（03）.

41.刘常庆. 文化教育基金会注重历史教育［J］. 上海教育，2011（21）.

42.刘丹. 全球化时代的公民身份变迁与国家认同的建构［J］. 思想理论教育. 2012（11）.

43.吕芳. 北京部分高校大学生国家认同的调查与分析［J］. 政治学研究，2010（04）.

44.吕芳. 北京部分高校大学生国家认同的调查与分析［J］. 政治学研究，2010（04）.

45.吕耀中. 英国学校公民教育新举措［J］. 当代教育科学，2009（18）.

46.马得勇. 国家认同、爱国主义与民族主义［J］. 世界民族，2012（03）.

47.马文琴. 全球化时代的国家认同教育［J］. 教育学术月刊，2008（10）.

48.莫红梅. 多民族国家视域下的公民身份与国家认同［J］. 教学与研究，2010（09）.

49.牟钟鉴. 关于宗教与社会主义社会相互关系的思考［J］. 中央民族大学学报，1999（05）.

50.倪云芳. 文化全球化对我国大学生的影响及对策［J］. 学校党建与思想教育，2005（10）.

51.欧阳常青、苏德. 学校教育视阈中的国家认同教育［J］. 民族教育研究，2012（05）.

52.彭正梅. 美国社会的认同危机和高等教育［J］. 上海高教研究，1997（07）.

53.钱雪梅. 从认同的基本特性看族群认同与国家认同的关系［J］. 民族研究，2006（06）.

54.任剑涛. 胡适与国家认同［J］. 开放时代，2013（06）.

55.任勇. 从认同的二元性看未来两岸关系的发展趋势［J］. 世界经济与政治论坛，2006（03）.

56.沈晴. 对大学生进行中国传统文化教育的途径［J］. 教育探索，2008（02）.

57.斯琴格日乐. 全球化时代少数民族大学生的国家认同教育［J］. 青海民族大学学报（教育科学版），2011（04）.

58.孙杰远. 少数民族学生国家认同的文化基因与教育场域［J］. 教育研究，2013（12）.

59.陶东风. 民族国家与文化认同［J］. 开放时代，1999（06）.

60.滕星、张俊豪. 试论民族学校的民族认同与国家认同［J］. 中南民族学院学报（哲学社会科学版），1997（04）.

61.涂可国. 试论中国文化软实力发展的现状、问题及其对策［J］. 山东经济，2008（06）.

62.万俊人. 爱国主义是首要的公民美德［J］. 道德与文明，2009（05）.

63.汪信砚. 全球化中的价值认同与价值观冲突［J］. 哲学研究，2002（11）.

64.王成兵. 国家认同：当代认同问题研究的新焦点［J］. 学术论坛，2010（12）.

65.王春光. 新生代农村流动人口的社会认同与城乡融合关系［J］. 社会学研究，2001（03）.

66.王仲孚. 历史认同与民族认同［J］. 历史教学问题，2001（01）.

67.吴军民、齐耀铭. 法国青少年的公民意识与公民教育［J］. 青年研究，2000（08）.

68.吴琼. 当代国外思想政治教育方法及其启示［J］. 求实，2000（15）.

69.吴雪萍、张程. 促进社会和谐的英国公民教育［J］. 教育发展研究，2007（6A）.

70.吴玉军、吴玉玲. 新加坡青少年国家认同教育及其启示［J］. 外国中小学教育，2008（07）.

71.吴玉敏. 公民道德建设中的民族认同与国家认同相统一探析［J］. 青海师范大学学报（哲学社会科学版），2010（05）.

72.武卉昕、徐宁. 俄罗斯公民道德教育的复归［J］. 西伯利亚研究，2009（02）.

73.夏桂霞. 应重视多民族国家青少年的国家意识认同教育［J］. 民族教育研究，2010（04）.

74.谢东宝. 新加坡国家认同感教育及其启示［J］. 青年探索. 2009（02）.

75.徐赐成. 历史教育当以振兴民族精神为己任［J］. 陕西教育（综合），2013（06）.

76.徐黎丽. 论多民族国家中民族认同与国家认同的冲突——以中国为例［J］. 西北师大学报（社会科学版）. 2011（01）.

77.徐绍华. 大学生民族精神教育的挑战与对策［J］. 思想教育研究，2011（01）.

78.徐则平. 试论民族文化认同的"软实力"价值［J］. 思想战线，2008（03）.

79.闫帅旗、杨月和. 文化认同：新时期国家认同建构中的重要向度［J］. 法制与社会，2010（25）.

80.颜俊儒. 加强我国边疆少数民族地区的国家认同建设论纲［J］. 贵州民族研究，2012（06）.

81.杨海萍. 新疆大学生国家认同教育的现状调查与路径选择［J］. 新疆师范大学学报（哲学社会科学版），2010（04）.

82.杨雪冬、王列. 关于全球化和中国研究的对话［J］. 新华文摘，1998（02）.

83.伊夫·安德烈. 和平共处的责任、能力与愿望——世界与地区：为学会共存而学习历史与地理［J］. 教育展望（中文版），1998（02）.

84.尹鸿、国际化语境中的当前中国电影［J］. 当代电影，1996（06）.

85.俞可平. 论全球化与国家主权［J］. 马克思主义与现实，2004（01）.

86.曾洪伟. 文化"失语"、民族认同缺失与教育偏误［J］. 教育评论，2006（04）.

87.曾竟. 国家认同：爱国主义的内核［J］. 辽宁行政学院学报，2012（02）.

88.曾水兵、班建武、张志华. 中学生国家认同现状的调查研究［J］. 上海教育科研，2013（08）.

89.曾水兵、檀传宝. 国家认同教育的若干问题反思［J］. 中国教育学刊，2013（10）.

90.曾水兵. 加强中小学生国家认同教育的理性思考［J］. 中国教育学刊，2012（11）.

91.詹小美、王仕民. 文化认同视域下的政治认同［J］. 中国社会科学，2013（09）.

92.张宝成. 民族认同与国家认同之比较［J］. 贵州民族研究，2010（03）.

93.张兵娟. 全球化时代的仪式传播与国家认同建构［J］. 郑州大学学报（哲学社会科学版），2010（05）.

94.张弘. 社会转型中的国家认同：乌克兰的案例研究［J］. 俄罗斯中亚东欧研究，2010（06）.

95.张怀重. 加强大学生政治认同教育的探析［J］. 社科纵横（新理论版），2008（06）.

96.张建军、李乐. 论国家认同与爱国主义 [J]. 前沿，2013（07）.

97.张军. 全球化视域下的国家认同及其建构 [J]. 青海社会科学. 2012（02）.

98.张嵘. 英国高校思想政治教育的发展及其启示 [J]. 现代教育科学（高教研究版），2011（06）.

99.张素蓉、张明秀. 论当代大学生的国家认同教育 [J]. 教育评论，2013（02）.

100.张堂瑞、佐斌. 社会认同理论及其发展 [J]. 心理科学进展，2006（14）.

101.张瑜. 浅议美国电影中的思想政治教育 [J]. 青年文学家，2013（21）.

102.赵明玉、饶从满. 现代化进程中的国家建构与公民教育 [J]. 比较教育研究，2008（05）.

103.赵明玉. 法国公民教育述评 [J]. 外国教育研究，2004（06）.

104.赵秋生、贾鼎. 统一战线视域中的国家认同 [J]. 河北师范大学学报（哲学社会科学版），2010（05）.

105.赵天安. 外国爱国主义教育点滴 [J]. 思想政治课教学，1995（07）.

106.郑富兴、高潇怡. 经济全球化与国家认同感的培养 [J]. 教育研究与实验，2005（03）.

107.郑富兴、高潇怡. 经济全球化与国家认同感的培养 [J]. 教育研究与实验，2005（03）.

108.郑富兴. 经济全球化与国家认同感的培养 [J]. 教育研究与实验，2005（03）.

109.郑晓云. 当代边疆地区的民族认同与国家认同——从云南谈起 [J]. 中南民族大学学报（人文社会科学版），2011（04）.

110.周平. 对民族国家的再认识 [J]. 政治学研究，2009（04）.

111.周中之. 全球化背景下的民族精神教育初探 [J]. 思想理论教育，2005（03）.

112.朱锋. 爱国：中国人的骄傲与忧思 [J]. 中国与世界观察，2005（01）.

113.左高山. 政治忠诚与国家认同 [J]. 马克思主义与现实，2012（02）.

114.佐斌. 论儿童国家认同感的形成 [J]. 教育研究与实验，2000（02）.

学位论文类：

1.白旭娇. 中小学生国家公民身份认同与国家公民教育研究 [D]. 南京师范大

学，2012.

2.陈晶．11至20岁青少年的国家认同及其发展［D］．华中师范大学，2004.

3.杜兰晓．大学生国家认同研究［D］．浙江大学，2014.

4.郭艳．全球化语境下的国家认同［D］．中共中央党校，2005.

5.姜宝莲．我国蒙古族青少年国家认同研究［D］．西北师范大学，2010.

6.李素华．对政治认同的功能和资源分析［D］．复旦大学，2005.

7.李卫．全球化背景下爱国主义教育探析［D］．吉林大学，2013.

8.彭芙蓉．现代化进程中的国家认同研究［D］．西北师范大学，2009.

9.秦向荣．中国11至20岁青少年的民族认同及其发展［D］．华中师范大学，2005.

10.苏晓龙．当代国际意识的变迁和国家认同的建构［D］．山东大学，2009.

11.孙秀艳．青年公务员社会认同及其引导研究［D］．福建师范大学，2011.

12.王海稳．论全球化时代的爱国主义教育［D］．浙江大学，2001.

13.张贺．延吉市朝鲜族初中生K族认同研究［D］．延边大学，2008.

14.张思维．新世纪中国电影中的国家形象传播［D］．南京理工大学，2012.

15.郑慧．初中生国家认同教育研究［D］．郑州大学，2012.

16.朱斌．当代江西城市高中生民族认同感的调查与研究［D］．江西师范大学，2006.

中文报纸类：

1.本报评论员．为祖国语言的纯洁和健康继续奋斗［N］．人民日报，2010-06-06.

2.常培育．文化进入最重要的时代，如何释放"中国价值"［N］．人民日报，2010-09-13.

3.程天权．充分认识加强和改进大学生思想政治教育的重要性［N］．光明日报，2004-12-29.

4.崔展华．引导青年树立社会主义核心价值观［N］．人民日报，2013-06-20.

5.丁刚．《安妮日记》的力量［N］．人民日报，2013-11-18.

6.杜兰晓．大学生国家认同的四维内涵［N］．光明日报，2014-02-26.

7.法国出台多项办法捍卫母语纯洁性［N］.北京晚报，2012-11-19.

8.符懋濂.族群认同、文化认同与国家认同［N］.新加坡联合早报，1999-12-21.

9.福州大学：巧借中华优秀传统文化育人［N］.中国教育报，2014-10-22.

10.顾钧.欣赏法国人面对英语的淡定［N］.中国文化报，2011-03-03.

11.国家认同感是爱国教育的核心［N］.光明日报，2010-10-08.

12.侯雁飞.大学历史教育专业建设探索［N］.光明日报，2009-10-28.

13.李君.构建和谐语言生活应处理好四对关系［N］.中国社会科学报，2015-01-12.

14.李晓晨.电影要担负起树立国家形象的重任［N］.文艺报，2011-12-29.

15.刘汉俊.请尊重我们的母语［N］.人民日报，2004-04-20.

16.刘邵宏.新媒体与大学生社会主义核心价值观培育［N］.光明日报，2014-07-02.

17.刘志琴.爱国和误国［N］.学习时报，2008-04-11.

18.卢昌军.利用新媒体创新大学生思想政治教育［N］.人民日报，2011-12-06.

19.卢丽君.让学生更有文化自信和民族自尊［N］.中国教育报，2006-03-03.

20.沈祖春.认识与应对"汉字危机"［N］.光明日报，2014-05-10.

21.沈祖芸.一辈子学做教师——三问于漪［N］.中国教育报，2005-07-15.

22.施燕华.保卫母语，法国经验值得借鉴［N］.人民日报（海外版），2010-05-07.

23.王国平.着力提升国家文化软实力［N］.经济日报，2012-08-17.

24.王斯敏.造就实现中国梦的强大文化力量［N］.光明日报，2014-04-28.

25.吴舸.营造大学生核心价值观教育的无形环境［N］.光明日报，2015-08-26.

26.吴晓林.国家认同在民族政治整合中的作用［N］.中国社会科学报，2010-01-21.

27.吴玉敏.实现民族认同与国家认同相统一［N］.人民日报，2009-12-17.

28.谢晓尧.高校宣传思想工作，也要"互联网+"［N］.人民日报，2015-09-

11.

29.薛中国. 关于"政治认同"的一点认识［N］. 光明日报，2007-03-31.

30.杨业华. 把培育和践行核心价值观融入大学生思想政治教育全过程［N］. 光明日报，2014-01-15.

31.张东刚. 完善青少年优秀传统文化教育［N］. 光明日报，2014-04-11.

32.张先亮、苏珊. 语言认同：通往语言和谐之路［N］. 中国社会科学报，2011-12-06.

33.赵存生. 全球化时代的爱国主义教育［N］. 中国教育报，2008-03-04.

34.郑永年. 中国要建设国家认同［N］. 环球时报，2004-08-16.

35.周国平. 母语是教育的起点［N］. 现代教育报，2013-11-20.

36.卢丽君. 让学生更有文化自信和民族自尊［N］. 中国教育报，2006-03-03.

37.赵存生. 全球化时代的爱国主义教育［N］. 中国教育报，2008-03-04.

38.吴玉敏. 实现民族认同与国家认同相统一［N］. 人民日报，2009-12-17.

39.郑永年. 中国要建设国家认同［N］. 环球时报，2004-08-16.

40.张先亮、苏珊. 语言认同：通往语言和谐之路［N］. 中国社会科学报，2011-12-06.

41.薛中国. 关于"政治认同"的一点认识［N］. 光明日报，2007-03-31.

42.符懋濂. 族群认同、文化认同与国家认同［N］. 新加坡联合早报，1999-12-21.

43.杜兰晓. 大学生国家认同的四维内涵［N］. 光明日报，2014-02-26.

44.常培育. 文化进入最重要的时代，如何释放"中国价值"［N］. 人民日报，2010-09-13.

45.本报评论员. 为祖国语言的纯洁和健康继续奋斗［N］. 人民日报，2010-06-06.

46.刘汉俊. 请尊重我们的母语［N］. 人民日报，2004-04-20.

47.程天权. 充分认识加强和改进大学生思想政治教育的重要性［N］. 光明日报，2004-12-29.

48.周国平. 母语是教育的起点［N］. 现代教育报，2013-11-20.

49.丁刚.《安妮日记》的力量［N］. 人民日报，2013-11-18.

50.崔展华. 引导青年树立社会主义核心价值观［N］. 人民日报，2013-06-20.

51.卢昌军. 利用新媒体创新大学生思想政治教育［N］. 人民日报，2011-12-06.

52.刘邵宏. 新媒体与大学生社会主义核心价值观培育［N］. 光明日报，2014-07-02.

53.法国出台多项办法捍卫母语纯洁性［N］. 北京晚报，2012-11-19.

54.施燕华. 保卫母语，法国经验值得借鉴［N］. 人民日报（海外版），2010-05-07.

55.国家认同感是爱国教育的核心［N］. 光明日报，2010-10-08.

网络资源类：

1.胡鞍钢. 中国高校教师不应是西方话语的传声筒［EB/OL］. http://news.youth.cn/wztt/201502/t20150211_6469997.htm.

2.张丽. 认同与践行：大学生核心价值观培育的着力点［EB/OL］. http://theory.gmw.cn/2014-03/27/content_10815326.htm.

3.闵小益. 多元化与主旋律——关于新时期在青年中开展主流意识教育的思考［EB/OL］. http://www.cycs.org/article.asp?category=1&column=101&id=1183.

4.张瑜. 增强社会主义核心价值观教育的广度和深度［EB/OL］. http://theory.gmw.cn/2014-06/19/content_11664133.htm.

5.国外学科教学中的德育研究［EB/OL］. http://www.xsdwyx.com/xssp/Article_Show.asp?ArticleID=754.

6.百度百科网. http://baike.baidu.com/view/.

7.国家认同感是爱国教育的核心[EB/OL]. http://news.ifeng.com/opinion/gundong/detail_2010_10/08/2719082_0.shtml.

8.论当代中国国家认同和国家统一的基础［EB/OL］. http://www.hafxw.cn/xfx/ShowArticle.asp？ArticleID=297869.

9.国民教育对于社会发展的意义［EB/OL］. https://wenku.baidu.com/view/62aa2b188762caaedd33d4c4.html.

10.升旗之争下的国家认同［EB/OL］. http://www.gmw.cn/01gmrb/2009-07/20/

content_950657.htm.

11.美国的爱国主义教育［EB/OL］. http://www.haijiangzx.com/2012/attention_0925/21683.html.

12.吴鲁平、刘涵慧、王静. 公民国家认同的特点及其与对外接纳度的关系研究［EB/OL］. http://pol.cssn.cn/zzx/zzxll_zzx/201310/t20131026_616778.shtml.

13."成语大会"有营养的大会［EB/OL］. http://news.hexun.com/2014-05-20/164932819.html.

14.杨玉玲. 文化认同：爱国主义教育的战略工程［EB/OL］. http://theory.people.com.cn/GB/41038/10049946.html.

15.张小平. 清醒认识西方的文化输出［EB/OL］. http://www.ahfao.gov.cn/news/NewsDetails.aspx？Id=9633.

16.胡惠林. 为何要强调"国家文化安全"［EB/OL］. http://politics.rmlt.com.cn/2013/1120/185408.shtml.

17.传统节日法定化与国家认同［EB/OL］. http://www.gmw.cn/content/ 2005-04/04/content_209395.htm.

18.美国加强爱国主义教育 增进新一代对国家的认同［EB/OL］. http://edu.qq.com/a/20120210/000217.htm.

19.培养创新人才，重视母语教育［EB/OL］. http://www.cycs.org/Article.asp？ID=11844.

20.国民教育对于社会发展的意义［EB/OL］. http://www.qianlong.com/2012-05-21.

21.中国高中学生的优势与不足——中日韩美高中生比较研究报告［EB/OL］. http://edu.gmw.cn/2012-04/10/content_3932996.Htm.

22.国外爱国主义教育的内容和途径［EB/OL］. http://gz.eywedu.com/21cnjy/TS013004/0014_ts013004.htm.

23.吴农. 漫谈·土耳其教育之感［EB/OL］. http://www.ts.cn/special/content/2006-12/12/content_1472512.htm.

24.《中国传统文化教育全国中小学实验教材》正式首发［EB/OL］. http://learning.sohu.com/20120929/n354197760.shtml.

25.孙守刚. 弘扬优秀传统文化 振奋中华民族精神［EB/OL］. http://theory. people.com.cn/n/2014/0521/c40531−25042982.html.

26.徐宛芝、王拓. 中国汉字听写大会：听写的是汉字 追捧的是文化［EB/OL］. http://news. xinhuanet.com/zgjx/2013−10/12/c_132792426.htm.

27.中国汉字听写大会的宗旨［EB/OL］. http://kejiao.cntv.cn/2013/07/03/ ARTI1372844184747580.sht.

28.南开宣言：呼唤大学文化教育的"精彩配合"［EB/OL］. http://www.ahu. edu.cn/2a/c9/c160a10953/pagem.htm.

29.完善中华优秀传统文化教育指导纲要［EB/OL］. http://www.moe.gov.cn/ publicfiles/business/htmlfiles/moe/s7061/201404/166543.html.

30.加强传统文化教育增强青少年学生的民族文化自信和价值观自信［EB/OL］. http://www.sinoss.net/2014/0401/49769.html.

31.教育部就《指导纲要》答记者问［EB/OL］. http://www.jyb.cn/china/gnxw/2 01404/t20140402_576506.html.

32.朱永新. 完善中华优秀传统文化教育刻不容缓［EB/OL］. http://news.xinhua net.com/politics/2014−03/09/c_133172653.htm.

33.教育部关于印发《完善中华优秀传统文化教育指导纲要》的通知［EB/OL］. http://www.moe.edu.cn/publicfiles/business/htmlfiles/moe/s7061/201404/166543.html.

34.40所高校倡议：大学教育要弘扬中华优秀传统文化［EB/OL］. http://www. cssn.cn/zx/zx_gx/news/201406/t20140622_1221367.shtm.

35.专家呼吁将传统文化教育列为专门必修课［EB/OL］. http://learning.sohu. com/20140422/n398631982.shtml.

36.我们需要怎样的传统文化教育?［EB/OL］. http://blog.sina.com.cn/s/blog_ 503170b90100p8ou.html.

37.福州大学：五大着力点实施优秀传统文化育人［EB/OL］. http://edu. qq.com/ a/20141022/023442.htm.

38.文化传承意义重大《中国成语大会》很有营养［EB/OL］. http://www. stardaily. com.cn/3.1/1405/20/448196.html.

39.韩东梅. 从《中国成语大会》看传统文化的电视传播［EB/OL］. http://qnjz.

dzwww.com/cmga/201411/t20141104_11305750.htm.

40.法国抬高移民门槛 语言关难通过必须忠于法国价值［EB/OL］. http://news.xinhuanet.com/world/2012-01/05/c_111377861.htm.

41.当前中学历史教学中存在的问题与对策建议［EB/OL］. http://hist.cersp.com/xspd/200701/5345_2.Html.

42.国外有哪些"公祭日"［EB/OL］. http://roll.sohu.com/20140228/n395823711.shtml.

43.周永生. 设"公祭日"的五大现实意义［EB/OL］. http://opinion.huanqiu.com/opinion_world/2014-02/4865296.html2014-02-27.

44.陶丽. 大学母语教育的现状与反思［EB/OL］. http://www.zhdxyw.com/Article_Show.asp？ArticleID=213.

45.郝时远. 关于中华民族建构问题的几点思考［EB/OL］. http://roll.sohu.com/20120420/n341141598.shtml.

46.李俊. 取消"语文"——为我们的母语课程正名［EB/OL］. http://wen.org.cn/modules/article/view.article.php/1220/c0.

47.关于重视母语教育，提高汉语能力的提案［EB/OL］. http://2010zxnews.people.com.cn/GB/180903/10966710.html.

48.贾宇."中国汉字听写大会"引发文化思考［EB/OL］. http://blog.sina.com.cn/s/blog_6bef90aa0102e3si.html.

49.中国汉字听写大会:听写的是汉字 追捧的是文化［EB/OL］. http://news.xinhuanet.com/zgjx/2013-10/12/c_132792426.htm

50.美国的母语教学是这样的［EB/OL］. http://jingyan.baidu.com/article/adc8151357bc9af723bf73d9.html.

51.美国大学的母语教育［EB/OL］. http://www.360doc.com/content/13/1120/16/5654163_330791287.shtml.

52.美国拼字大赛已火了多年·［EB/OL］. http://edu.ifeng.com/gundong/detail_2013_09/05/29346075_0.shtml.

53.拼字比赛［EB/OL］. http://zh.wikipedia.org/wiki/.

54.语文专家谈母语教育 称应营造重视母语氛围［EB/OL］. http://www.

chinanews.com/edu/2012/04-10/3808365.shtml.

英文文献类：

1.Andreas Pollmann. National at tachnient among Berlin and London headteachers: the explanatory impact of national identity, national pride and supranational at tachnient［J］. *Educational Studies*，2012（11）.

2.Derek Heater. *A History of Education for Citizen* ［M］. RoutledgeFalmer，2004.

3.Ellwood P. Cubberley. *Public Education in the United States: A Study and Interpretation of American Education History* ［M］.Houghton Mifflin，Boston，Massachusettts，1934.

4.Gutmann. *Democatic Education* ［M］. Princeton: Princeton University Press，1988.

5.M.Hjerm. National Identities，National Pride and Xenophobia: A Compari-sonof Four WesternCountries ［J］. *Acta Sociologica*，1998，Vol. 41，No. 4.

6.Norbert Finzsch，Dietmar Schirmer. *Identity and Intolerance—Nationalism，Racism，and Xenophobia in Germany and the United states* ［M］.London: Cambridge University Press，1998.

7.Orit Ichilov. *Citizenship and Citizenship Education in a Changing World* ［M］. London: Woburn Press，1998.

8.Orit Ichilov. *Political Socialization*，Citizenship Education，and Democracy ［M］. NewYork: Teachers College Press，1990.

9.Osler，A.& Starkey，H. Education for democratic citizenship: a review of research,policy and practice 1995-2005 ［J］. *Research Papers in Education*,2006,21（4）.

10.Richard G. Niemi,Jane Junn. *Civic Education: What Makes Students Learn* ? ［M］. New Haven: Yale University Press，1998.

11.Ross Poole. *Morality and Modernity* ［M］. Routledge，1991.

12.T.L.Fitzgerald. *Metaphors of Identity* ［M］. N. Y. : State University of New York Press，1993.

后 记

本书是我承担的贵州师范大学博士科研课题"全球化时代的国家认同教育研究"的最终成果。

选择国家认同教育问题进行研究源于2008年。当时我正在北京师范大学教育学院攻读教育学博士学位，时年正赶上全国教育学博士生学术论坛在北京师范大学召开，于是我花了一个多月的时间写了一篇关于"全球化时代的国家认同教育"的文章提交论坛并被论坛收录，随后便将论文作了一些修改并在《教育学术月刊》杂志上得以发表。2011年，在论文基础上我又将此内容申请了贵州师范大学博士科研课题。于是，从2012年开始，在一边工作的同时，一边便开始了《全球化时代青少年国家认同教育研究》书稿断断续续的写作工作，由于种种原因，书稿曾一度被搁浅了下来，并成了我的一块心病。2016年，我又重新拾起书稿，最终在12月底完成了全部书稿内容。

在本书的成书过程中，需要感谢的人很多。

感谢我的硕士生导师朱德全教授，没有他的指导和帮助，我也不会顺利获得教育学硕士学位。

感谢我的博士生导师张斌贤教授，在我学术成长的过程中，张老师结合我的实际，不仅为我选择了学术研究领域，还不断给我悉心指导和帮助。

本书出版，还要特别感谢中华书局的祝安顺老师和潘媛媛老师，他们对本书的出版付出了辛勤的劳动，没有他们的大力支持和热心帮助，此书也不能顺利出版。

感谢本人所在单位贵州师范大学教育科学学院各位领导和同事对我的关心和帮助。

感谢一直以来帮助我的各位同学和朋友！

最后，还要特别感谢我的家人，你们永远是我不断前行的坚强后盾，没有你们的关怀和鼓励，我也不会取得任何成绩。

　　本书在写作过程中，参考了许多学者的相关研究成果，从中获得了许多有益的启示，在此一并表示感谢！

　　由于水平有限，本书在写作过程中，难免有许多不足之处：如所参考的英文文献较少，所采用的一些数据略显陈旧，同时各章节之间内容还不够平衡，书中的一些观点也还有一些疏漏、不当与错误之处。对于书中存在的种种不足，恳请读者能够批评指正。

　　本书只是对"全球化时代的国家认同教育"做了一些初步探索，未来还有许多值得继续研究的课题。在本书即将出版之时，我申报的"中国留美大学生国家认同研究"课题还有幸获得了2017年教育部人文社科项目资助，这对我来说，莫不是一个极大的鼓励。尽管在未来研究之路上还会遇到许多困难，但我还是会坚持不懈地去努力克服。

马文琴

于贵州师范大学花溪大学城